O RECURSO DE REVISTA
NO CONTENCIOSO ADMINISTRATIVO

MIGUEL ÂNGELO OLIVEIRA CRESPO
JURISTA

O RECURSO DE REVISTA
NO CONTENCIOSO ADMINISTRATIVO

*Dissertação de Mestrado em Ciências
Jurídico-Políticas*

O RECURSO DE REVISTA NO CONTENCIOSO ADMINISTRATIVO

AUTOR
MIGUEL ÂNGELO OLIVEIRA CRESPO

REVISÃO
LÍDIA MARTINS

EDITOR
EDIÇÕES ALMEDINA, SA
Avenida Fernão de Magalhães, n.º 584, 5.º Andar
3000-174 Coimbra
Tel.: 239 851 904
Fax: 239 851 901
www.almedina.net
editora@almedina.net

PRÉ-IMPRESSÃO • IMPRESSÃO • ACABAMENTO
G.C. – GRÁFICA DE COIMBRA, LDA.
Palheira – Assafarge
3001-453 Coimbra
producao@graficadecoimbra.pt

Setembro, 2007

DEPÓSITO LEGAL
262835/07

Os dados e as opiniões inseridos na presente publicação
são da exclusiva responsabilidade do(s) seu(s) autor(es).

Toda a reprodução desta obra, por fotocópia ou outro qualquer processo,
sem prévia autorização escrita do Editor,
é ilícita e passível de procedimento judicial contra o infractor.

À memória do meu Pai

Para a Madalena

PREFÁCIO

A presente obra constitui a primeira monografia elaborada em Portugal sobre matéria de recursos de decisões jurisdicionais no processo administrativo e representa também uma das primeiras grandes monografias temáticas sobre um instituto processual administrativo no quadro do sistema saído da reforma de 2002-2003. Pode dizer-se que tem por módulos nucleares o sucessivo exame do regime geral do recurso de revista no Contencioso Administrativo e dos aspectos específicos dos regimes dos recursos excepcional de revista e de revista per saltum. *Como se retira da justaposição entre o parágrafo introdutório e o parágrafo conclusivo, a investigação tem como ideia axial a da necessidade de adequação dos meios processuais de impugnação das decisões jurisdicionais à natureza e ao papel de tribunal supremo do órgão* ad quem. *Para a mais nítida perspectivação do recurso de revista no Contencioso Administrativo, o Autor antecede o seu exame pela análise desta figura na jurisdição comum em Portugal e em algumas jurisdições administrativas estrangeiras e faz seguir esse exame de uma ponderação entre as respectivas potencialidades enquanto instrumento jurisprudencial do progresso do Direito e as virtualidades de outros institutos, como o recurso para uniformização de jurisprudência e o reenvio prejudicial.*

A circunstância de o júri de mestrado haver atribuído classificação de dezassete valores a um candidato não inserido no corpo docente de uma faculdade e, portanto, não onerado pela responsabilidade da investigação para efeito de leccionação, constitui um sinal encorajador de que, cada vez menos, a investigação jurídica aprofundada e responsável será um apanágio exclusivo da profissão docente e de que vamos assistir à emergência de elevados perfis doutrinários noutros quadrantes das profissões jurídicas. A pouco e pouco, apercebemo-nos de que as coisas estão a mudar neste domínio também em Portugal. O alargamento do acesso ao mestrado científico e ao doutoramento e provas académicas de elevado nível por parte de elementos não profissionalizados no ensino universitá-

rio denotam a tendência para a expansão de elites dotadas de excelente capacidade de elaboração teórica no âmbito de outros quadrantes da actividade jurídica. É também natural e desejável que, no quadro da reforma das universidades que ora se vai iniciando, se criem condições para uma maior osmose entre o exercício da docência e o de outras profissões por parte dos titulares dos mais elevados graus académicos obtidos em condições de excelência.

Sem prejuízo de algumas limitações e problemas que sempre enfrenta quem trilha um território quase inexplorado, a presente obra proporciona um elevado contributo à densificação processual da dimensão constitucional do Supremo Tribunal Administrativo enquanto tribunal supremo da ordem jurisdicional administrativa. Para além da decisão casuística dos casos mais relevantes, mas, ao mesmo tempo, através dela, cabe-lhe desempenhar uma função insubstituível no desenvolvimento do Direito e na garantia da sua unidade. O desempenho de tal tarefa requer um manejo subtil do leque de meios processuais próprios do exercício da suprema jurisdição. O Autor desenvolve a esse propósito ideias próprias e claras, sublinhando o carácter primacial do recurso de revista excepcional, reforçado, no seu entender, pela «força psicológica de precedente» de que se revestem os acórdãos a esse título proferidos. Esteada numa «expressa intenção de prevalência» por parte do legislador, essa força atingirá o seu zénite quando haja a adopção da forma de julgamento ampliado. Sob esta perspectiva, avulta o relevo estratégico do processo prévio de admissão, que MIGUEL CRESPO analisa em constante diálogo crítico com o material proporcionado pela jurisprudência, assim se conformando com a melhor tradição no domínio da construção teórica do Direito Administrativo. Fica suficientemente evidenciada a ocorrência de um preenchimento valorativo de conceitos jurídicos indeterminados, também ele submetido a parâmetros de proporcionalidade e igualdade sob a abóbada do princípio da efectividade da tutela. Isso não exclui, porém, neste exercício da Kompetenz-Kompetenz, *a consecução de um «princípio da selecção», como «única solução capaz de concentrar nos supremos tribunais uma função verdadeiramente útil e de deles retirar um contributo efectivo para a unidade e o desenvolvimento do direito».*

A par de outras, destaco ainda duas análises que contribuem para o elevado interesse da presente monografia.

Uma delas é a respeitante aos poderes de cognição do tribunal de revista. O princípio é o do carácter substitutivo do recurso, sem prejuízo de afloramentos do sistema cassatório quando haja necessidade de ampliação da matéria de facto ou quando a decisão impugnada se ache ferida de nulidade por insuficiência de fundamentação ou omissão de pronúncia. O aspecto mais relevante é o da necessária ultrapassagem da jurisprudência tradicional, que veda ao tribunal de revista o conhecimento de questões que não tenham sido apreciadas pela decisão impugnada. Impõe-se uma aplicação adaptativa do processo civil à luz das exigências da materialidade da garantia, ou seja, do asseguramento dos requisitos processuais de reconstituição da situação actual hipotética e, também, de recomposição da legalidade objectiva. Como MIGUEL CRESPO demonstra, também é essa a única solução que se compagina com os pressupostos de admissibilidade da revista excepcional, que se não compadecem com uma segmentação artificial da questão a conhecer resultante de aspectos fortuitos do desenvolvimento da relação processual.

Um outro plano em que a análise desenvolvida se revela de grande interesse é o da relação entre o recurso de revista e outros instrumentos processuais votados à consolidação do papel do Supremo Tribunal Administrativo como esteio principal do desenvolvimento do Direito Administrativo e da unidade da sua aplicação. Embora nos não pareça que se pudessem congregar no quadro do recurso de revista todas as iniciativas processuais visando ultrapassar dialeticamente a oposição de acórdãos, importa acompanhar o raciocínio do Autor quando futura o papel crescentemente residual do recurso para uniformização de jurisprudência. São igualmente interessantes as suas considerações sobre a dinâmica interactiva do reenvio prejudicial e da revista excepcional.

Trata-se, em suma, de um contributo de peso para um desenvolvimento de uma dogmática especificamente administrativa dos recursos de decisões jurisdicionais, em que a frequente originalidade dos ângulos de análise se combina com um recurso extenso à doutrina consagrada e um relance ágil sobre os meandros da jurisprudência.

Lisboa, Julho de 2007

JOSÉ MANUEL SÉRVULO CORREIA

NOTA PRÉVIA

O presente texto corresponde, com pequenas alterações de forma, à dissertação de mestrado, apresentada na Faculdade de Direito da Universidade de Lisboa, em 15 de Setembro de 2006 e objecto de provas públicas em 28 de Março de 2007, perante um júri constituído pelo Professor Doutor Sérvulo Correia, na qualidade de Presidente e orientador, pelo Professor Doutor Pedro Gonçalves, na qualidade de arguente, pela Professora Doutora Maria João Estorninho e pelo Professor Doutor Eduardo Santos Júnior.

Ao Senhor Professor Sérvulo Correia fico a dever a sábia orientação, a disponibilidade permanente e o incentivo à presente publicação, além – e não é o menos – do exemplo enquanto cultor do direito público.

Ao Senhor Professor Pedro Gonçalves fico a dever o privilégio da arguição da dissertação e a clareza e precisão do juízo crítico formulado.

Sem prejuízo da exclusiva responsabilidade do autor pelo resultado alcançado, neste momento em que a dissertação vislumbra a luz do dia, cabe registar alguns breves, mas relevantes, agradecimentos: à Carla Lopes, ao Dr. Renato Saraiva, ao Serge Attelann e à minha Mãe.

Leiria, 10 de Junho de 2007.

MIGUEL ÂNGELO OLIVEIRA CRESPO

PLANO DE ESTUDO

§ 1
INTRODUÇÃO

1. Delimitação do tema e plano de estudo.
2. As funções do Supremo Tribunal Administrativo: da Constituição de 1976 à reforma legal de 2002/2003.
3. A excepcionalidade do exercício por um Supremo Tribunal de competências em primeira instância. Comparação com o Supremo Tribunal de Justiça. Menção de experiências estrangeiras.
4. O papel de um Supremo Tribunal. Sequência.

§ 2
O RECURSO DE REVISTA NA JURISDIÇÃO COMUM E NALGUNS DIREITOS ESTRANGEIROS

1. O recurso de revista na jurisdição comum.
2. O recurso de revista nalguns direitos estrangeiros:
   a) Alemanha.
   b) França.
   c) Espanha.

§ 3
O RECURSO DE REVISTA NO CONTENCIOSO ADMINISTRATIVO: REGIME GERAL.

1. Aplicação no tempo.
2. Objecto.
3. Fundamento: violação da lei substantiva ou processual.

14   *O Recurso de Revista no Contencioso Administrativo*

4. Tramitação processual.
   4.1. Legitimidade.
   4.2. Efeito.
   4.3. Interposição do recurso e alegações. Admissão no tribunal *a quo*.
   4.4. Intervenção do Ministério Público.
5. Poderes de cognição do tribunal de revista: tendencial sistema de substituição, com afloramentos do sistema de cassação.
6. Especificidades nos processos em massa.

§ 4
O RECURSO EXCEPCIONAL DE REVISTA

1. A consagração do duplo grau de recurso jurisdicional: razão de ser. Confronto com a efectividade da tutela jurisdicional administrativa.
2. A utilização de conceitos indeterminados: ideia geral.
3. Outras situações processuais em que foram utilizados conceitos indeterminados.
4. Os conceitos indeterminados adoptados. Concretização jurisprudencial: os casos de admissão.
5. A utilização de conceitos indeterminados como exigência do princípio da igualdade.
6. A (in)determinabilidade de acesso: constitucionalidade.
7. A utilização de conceitos indeterminados em face do princípio da proporcionalidade.
8. Relevância do critério de admissibilidade no âmbito dos poderes de cognição do tribunal de revista.
9. Apreciação preliminar sumária: critérios para a recusa do preenchimento dos pressupostos de admissão.
10. Apreciação preliminar sumária: ónus de alegação dos pressupostos de admissão do recurso.
11. Apreciação preliminar sumária: exigências de fundamentação.
12. A formação de juízes que efectua a apreciação sumária.

§ 5
O RECURSO DE REVISTA *PER SALTUM*
PARA O SUPREMO TRIBUNAL ADMINISTRATIVO

1. Recurso jurisdicional directo da primeira instância para o tribunal supremo. Critério de admissibilidade: questões de direito.

Plano de Estudo   15

2. Requisitos: valor da causa superior a 3 milhões de euros ou indeterminável e não se tratar de questões de funcionalismo público ou relacionadas com a protecção social.
3. Devolução do processo ao tribunal de segunda instância, mediante decisão definitiva do relator. Manifestação do princípio *pro actione*.

§ 6
O RECURSO DE REVISTA: ALCANCE

1. Força jurídica da jurisprudência do STA em sede de revista.
2. Adopção de julgamento ampliado: por necessidade ou conveniência em assegurar a uniformidade da jurisprudência, reforçada pela importância fundamental da questão e/ou por uma melhor aplicação do direito.
3. Relação com o recurso para uniformização da jurisprudência: primazia, complementaridade ou carácter residual.
4. O efeito do reenvio prejudicial em sede de revista.

§ 7
A CONFIGURAÇÃO DO SUPREMO TRIBUNAL ADMINISTRATIVO COMO UM VERDADEIRO SUPREMO TRIBUNAL: UMA APROXIMAÇÃO.

Conclusões

ABREVIATURAS

Ac.	– Acórdão
AJDA	– L'Actualité juridique – Droit administratif
BFD	– Boletim da Faculdade de Direito da Universidade de Coimbra
BMJ	– Boletim do Ministério da Justiça
BVerwG	– Bundesverwaltungsgericht
CC	– Código Civil
CE	– Conseil d'État
CJA	– Cadernos de Justiça Administrativa
CJA	– Code de justice administrative
CPC	– Código de Processo Civil
CPA	– Código de Procedimento Administrativo
CPTA	– Código de Processo nos Tribunais Administrativos, aprovado pela Lei n.º 15/2002, de 22 de Fevereiro, e alterado pela Lei n.º 4-A/2003, de 19 de Fevereiro
CRP	– Constituição da República Portuguesa
CSTAF	– Conselho Superior dos Tribunais Administrativos e Fiscais
DDC	– Documentação e Direito Comparado
ETAF/84	– Estatuto dos Tribunais Administrativos e Fiscais, aprovado pelo Decreto-Lei n.º 129/84, de 27 de Abril
ETAF	– Estatuto dos Tribunais Administrativos e Fiscais, aprovado pela Lei n.º 13/2002, de 19 de Fevereiro, e alterado pela Lei n.º 107-D/2003, de 31 de Dezembro
LEC	– Ley de Enjuiciamiento Civil
LJCA	– Ley de la Jurisdicción Contencioso-Administrativa de 13 de Julho de 1998.
LOFJT	– Lei de Organização e Funcionamento dos Tribunais Judiciais (Lei n.º 3/99, de 13 de Janeiro)
LPTA	– Lei de Processo nos Tribunais Administrativos, aprovada pelo Decreto-Lei n.º 267/85, de 16 de Julho.

MP	– Ministério Público
OVG	– Oberverwaltungsgericht
RDP	– Revista de Direito Público
REDA	– Revista española de Derecho Administrativo
RFDA	– Revue Française de Droit Administratif
RFDUL	– Revista da Faculdade de Direito da Universidade de Lisboa
RIDA	– Revue internationale de droit comparé
RLJ	– Revista de Legislação e Jurisprudência
ROA	– Revista da Ordem dos Advogados
SI	– Scientia Ivridica
STA	– Supremo Tribunal Administrativo
STJ	– Supremo Tribunal de Justiça
TAC	– Tribunal Administrativo de Círculo
TCA	– Tribunal Central Administrativo
TS	– Tribunal Supremo espanhol
VG	– Verwaltugsgericht
VwGO	– Verwaltungsgerichtsordnung

§ 1

INTRODUÇÃO

1. Delimitação do tema e plano de estudo

1. A instituição do recurso de revista constitui uma das novidades decorrentes da reforma do contencioso administrativo, com uma repercussão que se antevê como determinante na estruturação da jurisdição administrativa e no desenvolvimento do direito administrativo material. Neste instituto processual desenha-se com maior lhaneza o contributo da jurisdição na evolução do direito material do que noutras sedes, em que se trata com maior agudeza a realização da tutela jurisdicional e a protecção dos direitos e interesses dos particulares. O novo Código de Processo nos Tribunais Administrativos é a esse título elucidativo de uma preocupação na efectivação de uma tutela jurisdicional que garante os direitos e interesses daqueles que se socorrem da via jurisdicional, mas também comporta outras virtualidades, de que aqui apenas caberá acentuar a que concerne ao recurso de revista e ao seu contributo para a unidade do sistema jurídico. Neste lastro será admissível que as soluções jurisprudenciais tomadas venham a condicionar, senão a determinar, o desenvolvimento do direito administrativo material.

O tratamento de um instituto processual que se situa num patamar distante da vida diária da urbe, não significa que a sua incumbência se distancie do concreto, bem pelo contrário. O facto deste recurso se situar no âmbito da competência do mais alto tribunal da jurisdição administrativa constitui um cunho fortemente relevante do papel que as decisões dimanadas por sua via poderão difundir sobre o quotidiano, directa ou indirectamente.

É ao nível mais elevado que se situa o ponto que unifica e justifica uma ordem jurisdicional própria. A ele se reserva, no cume da pirâmide, um papel unificador e até purificador da crescente produção jurisprudencial, nascida de um número muito mais significativo de tribunais de primeira e segunda instâncias, emergindo daí uma força irradiante que o Supremo Tribunal procurará infundir à sua (mais diminuta, espera-se) actividade.

A reforma do contencioso administrativa introduziu no ordenamento jurídico processual administrativo um conjunto de alterações e novidades cuja repercussão não é ainda totalmente apreensível. Nesse amplo leque situa-se o recurso de revista até esse momento inexistente no processo administrativo e que, só com a nova estruturação e distribuição de competências pelos diversos tribunais que integram a jurisdição administrativa, foi possível consagrar.

O objecto da presente monografia é a análise desse novo recurso jurisdicional do contencioso administrativo. A escolha do tema assentou em três perspectivas principais: a primeira, decorrente da novidade do recurso jurisdicional e subsequente necessidade de ponderação da sua regulação legal; a segunda, pela introdução de pressupostos de admissão assentes no preenchimento valorativo de conceitos indeterminados; e por fim, a própria e tendencial alteração do papel a desenvolver pelo STA, atenta a específica função desempenhada por este recurso. Este último aspecto determinou o alargamento do leque da análise a empreender, por ser certo que o tratamento do recurso de revista já justificava um adequado enquadramento na estruturação da jurisdição e do seu lugar no quadro das actividades jurisdicionais entregues ao Supremo Tribunal.

Não se ignora também que, com a nova configuração dos recursos jurisdicionais no contencioso administrativo, vai ganhar especial relevo a possibilidade de acesso ao STA em sede de revista, na medida em que num número não negligenciável de situações e contrariando hábitos até aí existentes (também por via da redistribuição de competências), os contendores deixarão – por regra – de ter acesso ao mais alto tribunal da jurisdição administrativa. Um dos domínios em que essa contingência se deparará é o do contencioso das autarquias locais; neste, a via normal de recurso, exceptuando a hipótese de revista *per saltum*, será o tribunal central, a que só se seguirá o STA se forem preenchidos os pressupostos de admissão da revista ou da uniformização de jurisprudência, hipóteses que se revelarão muito pouco frequentes (como tem sido visível). O contencioso das autarquias locais ficará tendencialmente restringido aos tribunais de primeira e segunda instâncias.

Deve adiantar-se que o objecto se restringe ao direito processual administrativo e não ao direito processual em geral ou àquele e ao direito processual civil. O objecto é o recurso de revista no contencioso administrativo, cuja delimitação e desenrolar exigem interacções com o direito processual civil que serão consideradas, mas que, sob pena de repetição escusada, não pode consistir numa dupla percepção exaustiva de duas realidades que comunicam.

2. O plano de estudo que se encontra pormenorizadamente enunciado assenta em duas chaves-mestras: em primeiro lugar, o tratamento do geral a que se seguirá o atendimento ao particular, em segundo lugar, a preponderância conferida ao específico regime jurídico do recurso de revista constante do CPTA, em preterição do integral desenvolvimento da normação processual civil. Aceita-se o risco da insuficiência e inclusive da parcialidade, mas não pareceria plausível que, em face das significativas novidades ancoradas no direito processual administrativo, por si só justificativas de aturado desenvolvimento e reflexão, se acabasse num esforço dispersivo por não cuidar em especial do que é novo e do que mais toca ao contencioso administrativo e à sua reforma. É inevitável que os direitos se complementem e que os estudos que na doutrina se vão desenvolvendo do mesmo modo convirjam no sentido da compreensão global do direito. Parece menos exigível, perante a limitação inerente ao presente tipo de trabalho, que seja adequado generalizar e repetir o estudado quando se revela mais profícuo e adequado à realidade actual do direito o desenvolvimento de um estudo que se centre essencialmente no direito processual administrativo e no estrito regime jurídico que dele emana.

Importa também fazer ressaltar a especial relevância conferida ao recurso excepcional de revista (artigo 150.°, CPTA), nomeadamente pelo desenvolvimento dos aspectos concernentes à fase de admissão do recurso. Esta apresenta-se como uma etapa nova e determinante no recurso de revista no contencioso administrativo, sendo aquela que maior atenção tem merecido por parte da jurisprudência, o que decorre naturalmente das instantes e insistentes tentativas de acesso ao recurso em causa e, por sua via, ao Supremo Tribunal Administrativo.

Importa ainda explicitar o método adoptado no desenvolvimento da monografia em função dos sete parágrafos na qual se divide. Num primeiro momento, é efectuado um enquadramento das funções do STA, temporalmente limitado ao período que se inicia com a Constituição de 1976 e que comporta dois marcos especiais, a reforma de 1984/85 e a reforma de 2002/2003. Cabe nessa sequência averiguar da excepcionalidade do exercício por um Supremo Tribunal de competências em primeira instância, com recurso a algumas experiências estrangeiras e ao STJ. Ditame que se justifica pelo facto – emergente da análise precedente – de o STA se ter caracterizado fortemente, num determinado período, como um tribunal de primeira instância, sendo útil avaliar se, apesar da evolução registada, são detectadas situações externas similares ou próximas, para, adiante, se poder ponderar a configuração do STA no que concerne ao tipo de funções que desenvolve. Ainda na antecâmara do recurso de revista no contencioso administrativo se revelará profícuo atender, em geral, ao recurso de revista na jurisdição comum e nalguns direitos estrangeiros, não como afloramentos estanques, mas antes numa perspectiva de eixos capazes de contribuir para a compreensão e posicionamento da revista na jurisdição administrativa. A escolha dos direitos estrangeiros abordados teve em consideração a sua utilidade e relevo para a aludida compreensão. Apesar de ser atendível a experiência anglo-saxónica no que toca à admissão dos recursos pelos tribunais supremos, optou-se por apenas considerar esses elementos na ponderação a efectuar no § 4.

No que concerne já especificamente ao recurso de revista que congloba os três parágrafos seguintes, seguiu-se uma orientação que parte do geral para o particular, primeiro, enumerando e reflectindo sobre os aspectos comuns do recurso de revista, e depois, atendendo às concretas especificidades do recurso excepcional de revista (artigo 150.°, CPTA) e do recurso de revista *per saltum* (artigo 151.°). No recurso excepcional de revista colocar-se-á o enfoque muito em especial nos pressupostos de admissão, por ser essa a principal originalidade que comporta no ordenamento jurídico processual nacional. É o ponto em que se colocam maiores dificuldades e problemas e é, ao mesmo tempo, aquele em que tem existido uma produção jurisprudencial que já permite aproveitar os contributos que daí emanam. A este respeito deve adiantar-se que se está perante um estudo de direito processual administrativo, no qual se atenderá com algum pormenor – em especial, na utilização de conceitos indeterminados como pressupostos de admissão do recurso de revista – aos contributos da jurisprudência provinda da formação específica de admissão, sem que o detalhe com que se vai olhar para esse contributo logre transformar este estudo num ensaio de crítica jurisprudencial. Entende-se que esta primeira fase, em que começa a ser implementada a reforma do contencioso administrativo, justifica, de um modo especial, a consideração dos modos de interpretação e aplicação das normas processuais, nomeadamente daquelas que introduzem novidades para as quais não existe sequer paralelo no ordenamento jurídico nacional. O recurso de revista *per saltum,* que também constitui uma inovação, merece um tratamento próprio, que residirá, essencialmente, na fase de admissão do recurso, atenta a delimitação legalmente configurada.

Passa-se, em seguida, da problemática extremamente importante e à qual se dedica um esforço substancial do estudo que se empreende, relativa à admissão e permissão dos dois tipos de recurso de revista, para o afloramento do alcance das decisões finais que, posteriormente, no seu âmbito são proferidas. E aqui, ainda que se atenda à projecção na matéria do processo civil, é indispensável recorrer às concretas exigências do processo administrativo e a outras soluções processuais que ele comporta. Pense-se na adopção do julgamento ampliado por necessidade ou conveniência em assegurar a uniformidade da jurisprudência e nas implicações emergentes da relação a estabelecer com o recurso para uniformização da jurisprudência (atento o volte-face que lhe foi incutido com a admissão dependente do trânsito em julgado da decisão) e dos efeitos emergentes do reenvio prejudicial (também este um instituto novo que não tem lugar paralelo no processo civil).

Por último caberá aferir, na decorrência dos contributos que se foram recolhendo ao longo do estudo, se o STA se configurará como um verdadeiro Supremo Tribunal, altura de repescar, por exemplo, as pistas enunciada no n.º 4 do § 1, no que respeita ao papel de um Supremo Tribunal. A resposta passará pela análise da admissibilidade de um terceiro grau de jurisdição assente numa escolha do STA, sedimentada na antiguidade dos juízes, e por "delegação lata" do legislador, o que implicará reconhecer a afirmação do princípio da selecção como critério definidor do exercício do poder jurisdicional em sede de revista. Esta aferição do papel do STA e da sua colocação num determinado posicionamento no quadro da jurisdição administrativa dependerá, de igual modo, da justificação e extensão do exercício de competências em primeira instância, enfim, de todo o tipo de funções que, à luz da reforma, lhe ficaram consignadas.

Provavelmente, a final, sobressairão mais as incertezas, as dúvidas e os escolhos encontrados no caminho do que o pleno esclarecimento de todas as questões suscitadas pelo tema. Mais do que pretender-se uma caracterização indelével e definitiva, que o estado do direito não permite sequer alcançar, tentou-se apenas lavrar um contributo para a compreensão das inúmeras dificuldades que o recurso de revista e o novo papel atribuído ao STA continuam a ter, apesar da reforma do contencioso administrativo em vigor. Se, ao menos, decorrerem das páginas que se seguem

24 O Recurso de Revista no Contencioso Administrativo

algumas pistas, algumas tentativas de superação, algumas reflexões preliminares, já se poderá ter por satisfeita parte da tarefa empreendida.

2. As funções do Supremo Tribunal Administrativo: da Constituição de 1976 à reforma legal de 2002/2003

3. Os projectos de Constituição submetidos a discussão na Assembleia Constituinte não revelavam especial atenção à jurisdição administrativa, indo da pura integração desta jurisdição na ordem judicial até à mera referência à existência de tribunais administrativos, integrados ou não na ordem judicial, deixando assim em aberto a opção entre o modelo espanhol e o modelo alemão[1]. Na Constituição de 1976 (versão originária) apenas se veio a admitir a possibilidade de existirem tribunais administrativos e fiscais (artigo 212.°, n.° 3), no preceito que enumerava as categorias de tribunais. A hipótese meramente habilitante não resolvia de imediato a questão dependente da opção entre a dualidade ou unidade de jurisdição, apesar de decorrer dos preceitos seguintes uma clara institucionalização da jurisdição comum, encimada pelo Supremo Tribunal de Justiça, definido como «o órgão superior da hierarquia dos tribunais judiciais» (art. 215.°). A jurisdição administrativa não foi extinta, mas também não mereceu qualquer desenvolvimento do legislador constituinte. Foi aberta a porta à existência de determinado tipo de tribunais, deixando-se o desenvolvimento dessa possibilidade ao critério do legislador e à sua ampla liberdade de conformação.

É nesta configuração constitucional que se concretiza a primeira grande reforma do contencioso administrativo pós-Constituição de 1976, da qual resulta «uma organização judiciária administrativa e fiscal autónoma da organização judiciária comum»[2]. Com a aprovação do ETAF em 1984 altera-se[3] a repartição de competências entre os tribunais adminis-

---

[1] Cfr. CÂNDIDO DE OLIVEIRA, *Organização Judiciária Administrativa (e Tributária)*, Coimbra, 2003, pp. 184 ss., com menção pormenorizada às propostas apresentadas pelos diversos partidos representados na Assembleia Constituinte.

[2] Cfr. CÂNDIDO DE OLIVEIRA, *Organização Judiciária...*, p. 188.

[3] Para a situação anterior, cfr., entre outros, MARCELLO CAETANO, *Manual de Direito Administrativo*, II. Coimbra, 1999, 10.ª edição, (6.ª reimpressão), pp. 1352 ss.; MARIA DA GLÓRIA GARCIA, *Do Conselho de Estado ao actual Supremo Tribunal Administrativo*. Lisboa, 2005, 2.ª edição, pp. 89 ss.; CÂNDIDO DE OLIVEIRA, *Organização Judiciária...*, pp. 179 ss.

trativos de primeira instância e o Supremo Tribunal Administrativo, dando-se como justificação o excesso de trabalho com que o Supremo se vinha confrontando, (cfr. preâmbulo do Decreto-Lei n.° 129/84, de 27 de Abril).

É o artigo 26.°, do ETAF de 1984, que enuncia as competências em primeira instância do STA, exercidas pelas subsecções da secção de contencioso administrativo. Sem prejuízo do carácter exaustivamente descritivo, é relevante atender a essas diversas matérias, até para melhor se aquilatar da evolução ocorrida e do papel do Supremo Tribunal. O STA era competente, em primeira instância, para apreciar recursos de actos em matéria administrativa do Presidente da República, da Assembleia da República, das Assembleias Regionais dos Açores e da Madeira e da Assembleia Legislativa do território de Macau, dos seus presidentes e dos outros membros das respectivas mesas, dos presidentes do Tribunal Constitucional e do Tribunal de Contas, do Provedor de Justiça, do Conselho Superior de Defesa Nacional, do Conselho Superior do Ministério Público, do Procurador-Geral da República e da comissão de eleições prevista na Lei Orgânica do Ministério Público, tal como recursos de actos administrativos do Governo e dos seus membros, dos ministros da República para as regiões autónomas e dos órgãos colegiais de que os mesmos façam parte; recursos de actos administrativos dos governos regionais e dos seus membros, do governador e dos secretários-adjuntos do território de Macau e recursos de actos administrativos dos chefes de estado-maior e dos órgãos colegiais de que todos façam parte, assim como do Vice-Chefe do Estado-Maior General das Forças Armadas. Em todos os casos antes enumerados incluía-se também a competência relativa aos pedidos de suspensão de eficácia desses actos.

Também era competente para conhecer pedidos de declaração de ilegalidade, com força obrigatória geral, de normas regulamentares ou de normas emitidas no desempenho da função administrativa, desde que tais normas tivessem sido julgadas ilegais por qualquer tribunal, em três casos concretos ou desde que os seus efeitos se produzissem imediatamente, sem dependência de um acto administrativo ou jurisdicional de aplicação, com excepção daquelas normas que fossem da autoria de órgãos da administração pública regional ou local e das pessoas colectivas de utilidade pública administrativa e de concessionários.

Estavam, em suma, incluídas nas competências directas (ou em primeira instância) do STA, a impugnação de actos administrativos do Governo e dos seus membros, do Presidente da República, da Assembleia da

República e do seu Presidente, dos Ministros da República e do Provedor de Justiça. Esta solução legal é ainda uma manifestação de continuidade em relação à situação anterior, por via da qual se congregava no STA um conjunto muito relevante de competências directas[4]. Como se verá, esta é uma das tendências assumidas pela reforma de 2002/2003, em que voltam a ser retiradas competências em primeira instância ao STA, mantendo-se todavia outras. A linha de continuidade constata-se pela permanência no Supremo de competências em primeira instância, variando apenas a sua extensão.

O STA era competente, pelas subsecções, para conhecer dos recursos de decisões dos tribunais administrativos de círculo[5], além de também lhe caber a resolução de certos conflitos de competência e de jurisdição[6]. O pleno da secção do contencioso administrativo detinha competências para uniformização da jurisprudência, para reapreciação de acórdãos das subsecções e para conhecer, em primeira instância, recursos de actos do Conselho Superior dos Tribunais Administrativos e Fiscais ou do seu presidente[7]. Já ao plenário cabia conhecer dos acórdãos das secções que, relativamente ao mesmo fundamento de direito e na ausência de alteração substancial da regulamentação jurídica, adoptassem solução oposta à de acórdão de diferente secção ou do plenário (no âmbito da uniformização de jurisprudência) e aos conflitos de jurisdição[8].

Em 1989, com a segunda revisão constitucional, dá-se uma significativa transformação da Constituição jurisdicional, o Supremo Tribunal Administrativo ganha o foro de se apresentar expressamente mencionado nas categorias de tribunais [artigo 211.°, n.° 1, alínea b)], mais, é definido como «o órgão superior da hierarquia dos tribunais administrativos e fiscais», o que o coloca em igual circunstância com a já existente qualificação do Supremo Tribunal de Justiça. Para afastar manifestações de infe-

---

[4] No preâmbulo do Decreto-Lei n.° 129/84, de 27 de Abril (ETAF/84) é referida «uma nova repartição de competências entre os tribunais administrativos de 1.ª instância, (...), e a 1.ª Secção do Supremo Tribunal Administrativo, de forma a aliviar este do excesso de trabalho que sobre ele vem recaindo nos últimos anos». Desta feita transfere-se para a primeira instância «a competência para conhecer dos recursos interpostos dos institutos públicos e da maioria dos actos praticados por delegação dos membros do Governo».

[5] Cfr. artigo 26.°, n.° 1, alínea a), ETAF/84.

[6] Cfr. artigo 26.°, n.° 1, alíneas j) e l), ETAF/84.

[7] Cfr. CAUPERS/RAPOSO, *Contencioso Administrativo Anotado e Comentado*. Lisboa, 1994, p. 37, e artigo 24.° ETAF/84.

[8] Cfr. artigo 22.°, ETAF/84.

Introdução 27

rioridade vindas do passado é claramente estabelecido que o presidente do STA é eleito pelos respectivos juízes, não sendo esse encargo atribuído a qualquer outro órgão constitucional de carácter político[9], assegurando-se a independência dos tribunais e o autogoverno da magistratura[10]. A revisão constitucional foi ainda mais longe ao estipular como competência dos tribunais administrativos a resolução dos litígios emergentes das relações jurídicas administrativas (art. 214.°, n.° 3). Não tendo assegurado, ainda, aos juízes da jurisdição administrativa as mesmas condições funcionais de que usufruíam os seus congéneres dos tribunais judiciais, sublinha-se a consagração do estatuto constitucional do STA e a delimitação do objecto da jurisdição administrativa.

Após a reforma de 1984/1985, a criação de um tribunal intermédio, ao nível de segunda instância, constituiu a mais relevante intervenção legal em matéria de organização judiciária. Já tinha sido defendida a criação de um tribunal administrativo central para o qual fossem transferidas competências quer dos tribunais de círculo, quer do STA e com competências exclusivas em matéria de funcionalismo público[11], sem que a proposta houvesse logrado a sorte de consagração legal. Do mesmo modo havia sido propugnada a criação de um ou mais tribunais administrativos de segunda instância, como via de descongestionamento do STA e dos tribunais administrativos de círculo[12].

Através do Decreto-Lei n.° 229/96, de 29 de Novembro (no uso de autorização legislativa[13]), foi criado o Tribunal Central Administrativo, que visava descongestionar o volume de trabalho que assoberbava o STA. O Tribunal Central detinha competência sobre todo o território nacional

---

[9] De acordo com o artigo 1.°, do Decreto-Lei n.° 23 185, de 30 de Outubro de 1933, o Presidente do STA era «nomeado livremente pelo Governo de entre indivíduos diplomados em direito que tenham exercido elevados cargos públicos», cfr. MARIA DA GLÓRIA GARCIA, *Do Conselho...*, pp. 89 ss., com a aprovação da Lei Orgânica do STA, a competência passa do Governo para o Presidente do Conselho, continuando a manter-se o carácter livre, (p. 103) e artigo 2.°, do Decreto-Lei n.° 40 768, de 8 de Setembro de 1956, solução que vigorará até ao 25 de Abril de 1974.

[10] Cfr. MARIA DA GLÓRIA GARCIA, *Do Conselho...*, p. 118.

[11] Cfr. FREITAS DO AMARAL, *A evolução do direito administrativo em Portugal nos últimos dez anos*, in *Contencioso Administrativo*. Braga, 1986, citado por Gonçalves Lopes, *O Tribunal Central Administrativo e a IV Revisão Constitucional*, in *Escritos de Direito Público*. Braga, 2002, p. 121.

[12] Cfr. SÉRVULO CORREIA, *Linhas de Aperfeiçoamento da Jurisdição Administrativa*. ROA, ano 51, pp. 182 s. e 189.

[13] Conferida pela Lei n.° 49/96, de 4 de Setembro.

e conhecia em matéria de facto e em matéria de direito[14], exercendo essencialmente funções no âmbito do funcionalismo público. O TCA conhecia em primeira instância os recursos de actos administrativos ou em matéria administrativa do Governo e dos seus membros, dos Ministros da República e do Provedor de Justiça, desde que relativos ao funcionalismo público; conhecia os recursos de actos administrativos ou em matéria administrativa dos órgãos do governo próprio das Regiões Autónomas e seus membros, do Chefe de Estado-Maior-General das Forças Armadas, dos Chefes de Estado-Maior dos três ramos das Forças Armadas, dos órgãos colegiais de que algum faça parte, com excepção do Conselho Superior de Defesa Nacional, assim como de outros órgãos centrais independentes ou superiores do Estado de categoria mais elevada que a de director-geral, quer se trate ou não de matérias de função pública; e também de pedidos de declaração de ilegalidade de normas regulamentares, desde que os seus efeitos se produzissem imediatamente, sem dependência de um acto administrativo ou jurisdicional de aplicação[15].

O TCA exercia, de igual modo, competências em segundo grau de jurisdição relativamente a decisões dos tribunais administrativos de círculo em duas hipóteses: se tivessem por objecto matéria relativa ao funcionalismo público ou se essas decisões tivessem sido emanadas através de meios processuais acessórios[16].

A atribuição de funções ao TCA em primeira instância e a sua subtracção ao STA foi delimitada pela referência ao objecto do processo – matérias de funcionalismo público –, o que poderia suscitar algumas dúvidas quanto à real abrangência deste enunciado; para evitar tais transtornos, o legislador introduziu também uma noção na qual se prescreve que se consideram actos e matérias relativas ao funcionalismo público os

---

[14] Artigos 36.º, n.º 1 e 39.º, ETAF/84, na redacção do Decreto-Lei n.º 229/96, de 29 de Novembro.

[15] Cfr. artigo 40.º, ETAF/84, na redacção do Decreto-Lei n.º 229/96, de 29 de Novembro, no qual se fazem outras menções.

[16] Artigo 40.º, alínea a), ETAF/84, na redacção do Decreto-Lei n.º 229/96, de 29 de Novembro. Cfr. GONÇALVES LOPES, *O Tribunal Central Administrativo...*, p. 152, assinalando a disparidade de tratamento que esta solução pode originar, no processo normal, a primeira instância é o tribunal de círculo, o recurso é para o STA, no pedido de suspensão de eficácia, a primeira instância é a mesma, mas o tribunal de recurso é o Tribunal Central.

Introdução

que tenham por objecto a definição de uma situação decorrente de uma relação jurídica de emprego público[17].

A instituição deste tribunal foi identificada como influência directa da criação em França das *Cours Administratives d'Appel*, ocorrida em 1987, mas implementada de forma diferente daquela que veio a ser seguida em Portugal. As *Cours* não foram sobrecarregadas com competências em primeira instância do Conselho de Estado, antes assumiram as competências por este detidas em instância de recurso das decisões dos tribunais administrativos, além de que a transferência foi efectuada de forma faseada. Já com a criação do Tribunal Central seguiu-se outra via, transferindo-se de imediato todas as competências previstas, incluindo aquelas em que tivessem sido interpostos recursos perante o STA nos três meses anteriores à entrada em actividade do novo tribunal[18], o que se traduziu numa significativa sobrecarga do recém-criado tribunal.

Esta solução foi objecto de críticas na doutrina pelo facto de concentrar no Tribunal Central competências em primeira e segunda instâncias e também por não levar até ao fim a ideia de criação de um tribunal de competência especializada em matéria de funcionalismo público (algumas delas ficam nos tribunais de círculo), continuando a persistir no STA competências em primeira instância[19]. Referenciava-se que a repartição de competências, de então, entre o STA e o TCA não assentava em «qualquer fundamentação dogmática», antes se baseando num critério estatístico[20].

A criação do Tribunal Central, se teve por efeito diminuir o stock de processos existentes no STA, não logrou eliminar o «privilégio das altas

---

[17] Artigo 104.º, do ETAF/84, na redacção do Decreto-Lei n.º 229/96, de 29 de Novembro. Cfr., de igual modo, VIEIRA DE ANDRADE, *A JustiçaAdministrativa (Lições)*. Coimbra, 1.ª edição, 1998, p. 82.

[18] Cfr. SÉRVULO CORREIA, *Direito do Contencioso Administrativo* I. Lisboa, 2005, pp. 598 s., acentuando a influência francesa e o demérito da solução adoptada em Portugal.

[19] Cfr. PEREIRA DA SILVA, *A Propósito da Criação do Tribunal Central Administrativo*, in *Ventos de Mudança no Contencioso Administrativo*. Coimbra, 2000, p. 14. AROSO DE ALMEIDA, *Novas Perspectivas para o Contencioso Administrativo*, in *Juris et de Jure*. Porto, 1998, p. 532, considerava que a eficácia da tutela «exige que o Supremo Tribunal Administrativo deixe definitivamente de possuir, seja em que circunstância for, competências de julgamento em primeira instância». Cfr., do mesmo autor, *Contributo para a reforma do sistema do contencioso administrativo. Direito e Justiça*, vol. IX, tomo 1, 1995, p. 121.

[20] Cfr. MÁRIO TORRES, *A reforma do contencioso administrativo: Que metodologia?*, CJA, n.º 9, 1998, p. 10; FERNANDES CADILHA, *Ainda a Reforma do Contencioso Administrativo*, CJA, n.º 2, 1997, pp. 3 ss.

autoridades administrativas» de se submeterem exclusivamente a tribunais superiores, sendo que, na prática, desta reforma resultam dois tribunais inundados de processos. Num primeiro momento o STA ficou aliviado de um conjunto de processos que apreciava em primeira e segunda instâncias, com isso sobrecarregando o novo tribunal; mas, em seguida, e havendo a tendência de recorrer sempre da primeira decisão, no caso, dos actos em matéria de funcionalismo público dos membros do Governo, do Tribunal Central para o Supremo Tribunal, os processos de que se pensava aliviar o STA acabavam por lá chegar em sede de recurso[21]. A reforma de 1996 foi apodada de «voltada para o passado», «sem portanto equacionar a eventual saturação do sistema»[22].

Ao STA ficaram, nesta sequência e, em suma, a caber competências de primeira e segunda instâncias e, ainda, de uniformização de jurisprudência, tendo esta sido alargada a diversas outras possibilidades de colisão, nas circunstâncias legais enunciadas, entre acórdãos (de diferentes formações) do STA ou entre acórdãos deste e do Tribunal Central ou entre acórdãos deste último[23]. Detinha competências em segundo grau de jurisdição para conhecer dos recursos de acórdãos da secção de contencioso administrativo do Tribunal Central, proferidos em primeira instância, e de recursos de decisões dos Tribunais Administrativos de Círculo para os quais não fosse competente o Tribunal Central[24]. Em primeira instância mantém, no geral, as competências que já lhe estavam atribuídas, exceptuando-se os actos relativos ao funcionalismo público[25].

Independentemente das críticas que lhe tenham sido apontadas, esta reforma legislativa que teve por efeito a criação de um Tribunal Central, situado entre os tribunais de círculo e o Supremo Tribunal, produziu efeitos no posicionamento do STA, ao ter aliviado a carga processual decorrente do facto de um conjunto significativo de processos que lhe estavam cometidos de forma directa terem passado para um tribunal intermédio. Podendo não ter sido a solução perfeita, ela teve de qualquer modo o mérito de abrir caminho à consequente diminuição de tarefas a cargo do

---

[21] Cfr. CÂNDIDO DE OLIVEIRA, *Organização Judiciária...*, pp. 192 ss.

[22] Cfr. GONÇALVES LOPES, *O Tribunal Central Administrativo...*, p. 144.

[23] Cfr. artigo 22.°, alíneas a), a') e a'') e artigo 24.°, alíneas b) e b'), do ETAF/84, na redacção do Decreto-Lei n.° 229/96, de 29 de Novembro.

[24] Cfr. artigo 26.°, n.° 1, alíneas a) e b), do ETAF/84, alterado pelo Decreto-Lei n.° 229/96, de 29 de Novembro.

[25] Cfr. VIEIRA DE ANDRADE, *A Justiça...*, 1.ª edição, p. 80; CÂNDIDO DE OLIVEIRA, *Organização Judiciária...*, pp. 199 s.

Introdução 31

STA em termos directos e facultar a possibilidade futura de existência de recursos jurisdicionais em terceiro grau de jurisdição.

4. A reforma do contencioso administrativo implementada através de diplomas de 2002 e 2003, que vigora desde 1 de Janeiro de 2004, visou a consagração plena da tutela jurisdicional administrativa efectiva. As soluções legais aí consignadas e o espírito em que se encontrava imbuído o legislador tiveram como ideia central esse princípio[26].

O princípio da tutela jurisdicional administrativa efectiva traduz um conjunto de axiomas cuja concretização legal e jurisprudencial condiciona o intérprete e o aplicador da lei; constitui, nas palavras de SÉRVULO CORREIA, «o principal eixo axiológico estruturante do Direito Processual Administrativo», tendo o efeito de fazer prevalecer a justiça material sobre a justiça formal, impondo como exigência constitucional a «materialidade da justiça administrativa»[27]. A efectividade tem um conteúdo amplo: obtenção dentro de um prazo razoável de uma decisão com força de caso julgado, obtenção de uma decisão que deve ser de mérito, adequação da decisão à situação subjectiva ou ao interesse metaindividual ou público, a decisão ter efeito útil e a decisão de mérito poder ser concretizada jurídica e materialmente[28].

Havendo a preocupação de assegurar o respeito pelo princípio da separação e da interdependência dos poderes, que desde logo veda aos tribunais administrativos a possibilidade de julgarem da conveniência ou oportunidade da actividade da Administração, foram conferidos aos tribunais administrativos, de modo genérico, três relevantes poderes que representam o signo da reforma. Os tribunais administrativos podem fixar oficiosamente um prazo para o cumprimento dos deveres que imponham à Administração[29]; a cominação desse prazo pode ser cumulada com a aplicação de sanções pecuniárias compulsórias[30]; e, em sede de execução

---

[26] Cfr. AROSO DE ALMEIDA, *O Novo Regime do Processo nos Tribunais Administrativos*. Coimbra, 2.ª edição, 2003, p. 14.

[27] Cfr. SÉRVULO CORREIA, *O princípio pro actione e o âmbito da cognição no recurso de revista*, CJA n.º 48, Novembro/Dezembro de 2004, p. 47 e *Direito do Contencioso...*, I, pp. 745 s.

[28] A construção é de SÉRVULO CORREIA, *Direito do Contencioso...*, I, p. 745.

[29] Concretizado nos artigos 44.º (acção administrativa comum), 77.º, n.º 2 (ilegalidade por omissão de normas), 108.º, n.º 1 e 110.º, n.º 4 (intimações) CPTA.

[30] Concretizado nos artigos 44.º (acção administrativa comum), 49.º (acção administrativa especial), 66.º, n.º 3 (condenação à prática de acto devido), 108.º, n.º 2 e 110.º,

32   *O Recurso de Revista no Contencioso Administrativo*

de sentenças, pode ser proferida sentença que produza os efeitos do acto administrativo devido (se a prática e o conteúdo do acto forem estritamente vinculados) ou providenciar a concretização material do determinado na sentença[31]. Consagra-se assim o princípio da plena jurisdição dos tribunais administrativos[32].

O STA tem registado uma evolução no que respeita às competências jurisdicionais por si exercidas em primeira instância e, não desconsiderando a existência das mutações ocorridas, pode assinalar-se como um elemento de permanência o facto de continuarem entregues ao mais alto tribunal da jurisdição administrativa competências directas. O carácter de continuidade do contencioso administrativo também se comprova e ressalta por essa característica.

No anteprojecto de ETAF submetido a discussão pública era, no essencial, mantida a solução até aí vigente em matéria de atribuição de competências em primeira instância ao STA. No período de discussão pública foi aflorado o tipo de papel a desempenhar pelo Supremo Tribunal, e se, por um lado, foi criticada a possibilidade de submeter todos os litígios emergentes de relações jurídicas administrativas em primeira instância aos tribunais de círculo, houve quem, em contrário, defendesse essa solução, admitindo a eventualidade de nalguns processos, em função do autor do acto impugnado, esse tribunal funcionar em colectivo de juízes. Por outro lado ainda, foi defendida uma «utilização mais intensiva da fórmula do Tribunal Central Administrativo» que poderia assumir todas as competências entregues em primeira instância ao STA, permitindo que este funcionasse como tribunal de revista, apesar de também se terem revelado receios quanto ao perigo subjacente a esse abandono de determi-

---

n.º 5 (intimações), 168.º (execução para prestação de facto infungível), 169.º (sanção pecuniária compulsória – regime geral), 176.º, n.º 4 e 179.º, n.º 3 (execução de sentenças de anulação de actos administrativos), CPTA. Cfr. do autor *As Sanções Pecuniárias Compulsórias no Código de Processo nos Tribunais Administrativos- A Caminho da Efectividade da Tutela Jurisdicional Administrativa*, relatório, inédito, 2004.

[31] Concretizado nos artigos 109.º, n.º 3 (intimação para protecção de direitos, liberdades e garantias), 167.º, n.º 6 (execução para prestação de factos ou de coisas) e 179.º, n.º 5 (execução de sentenças de anulação de actos administrativos) CPTA.

[32] Cfr. FREITAS DO AMARAL/AROSO DE ALMEIDA, *Grandes Linhas da Reforma do Contencioso Administrativo*. Coimbra, 2004, 3.ª edição, pp. 55 ss.; AROSO DE ALMEIDA/ /FERNANDES CADILHA, *Comentário ao Código de Processo nos Tribunais Administrativos*. Coimbra, 2005, p. 31; AROSO DE ALMEIDA, *O Novo...*, pp. 14 s.; VIEIRA DE ANDRADE, *A Justiça Administrativa (Lições)*. Coimbra, 2003, 4.ª edição, pp. 162 s.

nadas matérias da competência directa do Supremo Tribunal[33]. Das posições expostas parece, em síntese, resultar alguma abertura à concentração das competências em primeira instância no Tribunal Central, atendendo à relevância dos interesses públicos e dos valores económicos que poderiam estar em causa no que concerne aos actos administrativos cuja competência directa recai no STA, justificando-se assim a sua não devolução aos Tribunais de Círculo[34]. Apesar da discussão e do aventar de outras soluções, certo é que foram mantidas soluções decorrentes do passado, conferindo ao Supremo Tribunal competências em primeira instância, o que tem repercussões no posicionamento do STA como adiante se verá.

Com a aprovação do novo ETAF, pela Lei n.º 13/2002, de 19 de Fevereiro, já alterada pela Lei n.º 107-D/2003, de 31 de Dezembro, o STA conhece em primeira instância: processos em matéria administrativa relativos a acções ou omissões do Presidente da República, da Assembleia da República e do seu Presidente, do Conselho de Ministros, do Primeiro-Ministro, do Tribunal Constitucional e do seu Presidente, do Presidente do STA, do Tribunal de Contas e do seu Presidente e do Presidente do Supremo Tribunal Militar, do Conselho Superior de Defesa Nacional, do Conselho Superior dos Tribunais Administrativos e Fiscais e do seu Pre-

---

[33] Nos diversos sentidos enunciados, cfr. SÉRVULO CORREIA, *Intervenção*, pp. 62 s.; VIEIRA DE ANDRADE, *Intervenção*, p. 71; PEREIRA DA SILVA, *Vem aí a reforma do contencioso administrativo (!?)*, pp. 80 ss.; CÂNDIDO DE OLIVEIRA, *Apontamentos sobre a reforma do direito processual administrativo*, p. 98 e *Organização dos tribunais administrativos e fiscais*, p. 288; FREITAS DO AMARAL, *Considerações gerais sobre a reforma do contencioso administrativo*, p. 108; MÁRIO TORRES, *Organização e competência dos tribunais administrativos*, pp. 139, 142, todos in *Reforma do Contencioso Administrativo*, I.

[34] É invocado o argumento da idade e experiência dos juízes de primeira instância, mas esses factores não se revelam, sem mais, susceptíveis de fundamentar a desconfiança na atribuição dessas decisões aos tribunais de círculo, aliás, se for admitido recurso jurisdicional dessa decisão, nunca o interesse público será prejudicado. Falta também demonstrar que a idade confira aos titulares da judicatura em mais altas instâncias, por si, a percepção clarividente dos interesses superiores do Estado, como alguma jurisprudência bem demonstra. De qualquer modo, não se nega relevo à invocação dos interesses públicos subjacentes como eventualmente justificativos de uma atribuição dessas matérias à segunda instância, pelo menos, durante o período de tempo estritamente necessário ao aumento e consolidação dos juízes actualmente a exercer funções na primeira instância. Cfr., quanto a essas objecções, as referências relatadas por CASTRO RANGEL, *Organização dos Tribunais e Tramitação Processual*, in *Reforma do Contencioso...*, I, p. 639, referindo-se à possibilidade de serem efectuados, em primeira instância, juízos de constitucionalidade e accionado o mecanismo de reenvio prejudicial para o Tribunal de Justiça da União Europeia.

sidente, do Procurador-Geral da República e do Conselho Superior do Ministério Público; pedidos de adopção de providências cautelares relativos aos processos da sua competência; pedidos que sejam cumulados com os mencionados em primeiro lugar, mesmo que alguns deles separadamente não fossem da sua competência, por força da regra geral permissiva de cumulação de pedidos; acções de regresso, fundadas em responsabilidade por danos resultantes do exercício das suas funções, propostas contra juízes do STA e dos tribunais centrais administrativos e contra magistrados do Ministério Público que exerçam funções junto destes tribunais ou equiparados.

A menção a processos em matéria administrativa relativos a acções ou omissões requer mais algumas observações. Atenta a configuração das acções previstas no CPTA e a evolução terminológica deste preceito do ETAF [artigo 24.º, n.º 1, alínea a)], pode questionar-se se a previsão apenas inclui a acção administrativa especial ou se, pelo contrário, é mais vasta e abrange todo o tipo de pedidos em que podem ser demandados os órgãos aí enumerados e, portanto, pressupondo também a utilização da acção administrativa comum[35]. No sentido enunciado em primeiro lugar, invoca-se a distribuição de processos deliberada pelo Conselho Superior dos Tribunais Administrativos e Fiscais, que referencia apenas as acções administrativas especiais de actos dos órgãos superiores do Estado[36]. Esta referência meramente administrativa não se pode ter por determinante, a classificação em sede de distribuição não detém o porte de se sobrepor aos próprios termos da lei. Se se admitir que o Primeiro-Ministro e o Conselho de Ministros podem ser demandados por qualquer dos pedidos que tramita segundo a acção administrativa comum e se aceitar que a solução em matéria de delimitação das competências em primeira instância atendeu à qualidade do demandado e/ou ao objecto do processo (aos interesses públicos e monetários envolvidos), poder-se-á estar a aceitar, seguindo a grelha classificativa do CSTAF, que nuns casos a competência recai sobre

---

[35] Identificando o problema, cfr. MÁRIO e RODRIGO ESTEVES DE OLIVEIRA, *Código de Processo nos Tribunais Administrativos/Estatuto dos Tribunais Administrativos e Fiscais Anotados*, I. Coimbra, 2004, p. 82, referindo que «a razão abstracta sugere-nos que se adira à lição de VIEIRA DE ANDRADE, a pragmática, à classificação judicial», p.83. A posição de VIEIRA DE ANDRADE, apenas mencionada sem explicações, é a de que estarão em causa «todos os processos relativos a essas entidades e não apenas [os] processos impugnatórios dos respectivos actos», cfr. *A Justiça...*, p. 140, nota 216.

[36] Deliberação publicada em AROSO DE ALMEIDA/FERNANDES CADILHA, *Comentário...*, pp. 125 s.

o tribunal de círculo (os da acção administrativa comum) e noutros sobre o STA (os da acção administrativa especial). Isso origina uma disparidade de tratamento que a qualidade do demandado e o objecto do processo podem não recomendar. Se se tratar de uma situação em que ocorra a cumulação de pedidos a que corresponderiam diferentes formas de processo, deve seguir-se a forma da acção administrativa especial, o que significa que tramitará perante o STA, por ser o tribunal competente para essa acção. Nestes casos, o pedido a que corresponderia a forma de acção administrativa comum é cumulado com o pedido a que corresponde a forma de acção administrativa especial. Semelhante situação ocorrerá quando, para a apreciação de um dos pedidos, seja competente o STA e dos outros, um tribunal de círculo; aqui será o Supremo competente para decidir quanto a ambos (artigo 21.º, n.º 1, CPTA). Esta realidade parece aconselhar a que, no âmbito das competências directas do STA quanto a acções ou omissões em matéria administrativa de órgãos constitucionais, seja admissível a apresentação dos pedidos que conformam os dois tipos de acção principal do contencioso administrativo[37].

Na caminhada, o STA, que tem vindo a perder competências em primeira instância, deixa agora de as exercer em relação a actos de Ministros e de Secretários de Estado, dos Ministros da República e do Provedor de Justiça e para justificar esta exclusão aponta-se «a depuração das competências do STA»[38]. Invoca-se, também, uma redução drástica das situações em que o STA funciona como tribunal de primeira instância[39].

Em defesa da atribuição de competências directas ao STA, SÉRVULO CORREIA esgrime diversos argumentos. O primeiro, decorre do facto de em diversos ordenamentos estrangeiros também ser comum a atribuição de competências em primeira instância a tribunais superiores ou mesmo ao mais alto tribunal, o que permite a conclusão de que «a reserva de competências de primeira instância ao STA em acção administrativa especial tem uma justificação plenamente actual»[40]; em segundo, esta reserva de competências assenta na «dimensão dos interesses em conflito» e não em qualquer consideração atinente ao tratamento privilegiado das autoridades

---

[37] SÉRVULO CORREIA, *Direito do Contencioso...*, I, p. 703 não esclarece a sua posição, apesar de adiante se referir a uma reserva de competências em primeira instância do STA em acção administrativa especial, p. 705.

[38] Cfr. M. e R. ESTEVES DE OLIVEIRA, *CPTA/ETAF*, I, p. 82.

[39] Cfr. VIEIRA DE ANDRADE, *A Justiça...*, p. 137.

[40] Cfr. SÉRVULO CORREIA, *Direito do Contencioso...*, I, p. 705.

demandadas[41], ao que acresce o facto de a instituição da alçada implementar o critério da importância da causa através do seu valor, com relevo em matéria de recurso; por último, alega que a regra da desconcentração administrativa implica que o posicionamento no extremo mais elevado da hierarquia significa um maior relevo dos interesses em causa[42]. O autor que se vem mencionando, não dando o seu acordo às críticas proferidas aquando da discussão pública da reforma, admite outra possibilidade, que seria a de transferir para os tribunais centrais todas as competências em primeira instância do STA e as daqueles para os tribunais de círculo, proposta já formulada nessa mesma discussão, dando como exemplo o conjunto de competências exercidas em primeira instância pelo *Oberverwaltungsgericht*[43]. Aponta, ainda, a existência de uma assimetria entre o TCA e o STA no que respeita ao exercício desse tipo de competência, sublinhando a discordância, quanto ao exercício pelos tribunais de círculo, de competências em primeira instância relativamente a actos e omissões de Ministros e Secretários de Estado[44]. Esta posição não está isolada na doutrina nacional, havendo quem aplauda a solução legal, invocando quer a qualidade do demandado, quer o objecto do processo[45].

Por mera constatação pode concluir-se que a tendência quanto ao exercício de atribuições em primeira instância pelo STA, tem sido no sentido da sua redução, pois em nenhuma das reformas do contencioso administrativo, contadas desde a Constituição de 1976, se caminhou na direcção do reforço dessas competências em primeira instância. É, no entanto, justo consignar que a viragem mais forte ocorreu com a reforma de 2002//2003, da qual deriva a mais acentuada afirmação de transformação do STA num tribunal supremo – desde logo, pela criação do recurso de revista na ordem jurisdicional administrativa. Nada parece impedir que, em função da avaliação que vier a ser feita da repercussão prática da consecutiva transferência de matérias anteriormente apreciadas em primeira instância

---

[41] Acentuando com veemência a ideia de se estar perante uma deferência protocolar, cfr. PEREIRA DA SILVA, *A Propósito da Criação...*, p. 13 e *O Contencioso Administrativo no Divã da Psicanálise*. Coimbra, 2005, p. 216; WLADIMIR BRITO, *Lições de Direito Processual Administrativo*. Coimbra, 2005, p. 33; MÁRIO TORRES, *Organização e Competência dos Tribunais Administrativos*, in *Reforma do Contencioso...*, I, p. 142.

[42] Cfr. SÉRVULO CORREIA, *Direito do Contencioso...*, I, p. 706.

[43] Cfr. SÉRVULO CORREIA, *Intervenção*, in *Reforma do Contencioso...*, I, p. 62 e *Direito do Contencioso...*, I, p. 706.

[44] Cfr. SÉRVULO CORREIA, *Direito do Contencioso...*, I, p. 706.

[45] Cfr. M. e R. ESTEVES DE OLIVEIRA, *CPTA/ETAF*, I, p. 81.

pelo STA para os tribunais administrativos de círculo, se continue a caminhar no sentido da retirada dessas competências directas ao STA, contanto que os resultados da reforma se revelem manifestamente positivos. Só o tempo poderá dar esta resposta. Isto não significa, no entanto, que essas competências transitem para os TAC. Deverá em cada momento ser-se capaz de prudentemente evoluir sem choques bruscos ou com efeitos reflexos indesejáveis.

Além das mencionadas competências em que o STA decide em primeira instância, através das subsecções da secção de contencioso administrativo, também lhe cabem outras funções, nomeadamente em matéria de recursos jurisdicionais (apelação, agravo e revista) e de conflitos de competência, assim como ao nível da uniformização de jurisprudência e ao estabelecimento, em sede de reenvio prejudicial, do sentido em que deve ser resolvida uma questão de direito nova. É, também, competente em segunda instância para apreciar recursos de acórdãos que os tribunais centrais tenham proferido em primeiro grau de jurisdição, situações que serão muito escassas. Os tribunais centrais apenas decidem em primeira instância as acções de regresso, fundadas em responsabilidade por danos resultantes do exercício das suas funções, propostas contra juízes dos tribunais administrativos de círculo (e dos tribunais tributários), bem como contra magistrados do Ministério Público que prestem serviço junto desses tribunais (artigo 37.°, alínea c), ETAF).

Assim, o STA decidirá os conflitos de competência entre os tribunais administrativos[46], os recursos das decisões de primeira instância dos tribunais centrais (que serão raras) e os recursos contra decisões proferidas em primeira instância por uma das subsecções da secção de contencioso administrativo (que acabará por ser a situação mais frequente de exercício de funções em segunda instância); em casos excepcionais, conhece recursos de revista em matéria de direito relativamente a decisões do tribunal central ou directamente da primeira instância.

Verifica-se, deste modo, a circunstância de o STA, nas suas diferentes formações de julgamento (subsecção e pleno da secção) exercer, em

---

[46] Matéria a que têm dedicado algum labor na sequência da reforma do contencioso administrativo, pelo facto de os tribunais de círculo liquidatários terem adoptado uma interpretação restritiva da sua competência, em matéria de definição do tribunal competente para conhecer o pedido executivo relativamente a uma decisão por eles tomada. Como não poderia deixar de ser, o STA definiu em termos exactos que o tribunal competente é aquele que ditou a sentença a executar.

simultâneo, competências em primeira e segunda instâncias, não lhe estando conferida, em regra, uma competência em terceiro grau de jurisdição. A existência de três graus de jurisdição continua a ser uma excepção. Tendo por base o direito anterior à reforma, afirmava-se claramente que na jurisdição administrativa só existia um segundo grau de jurisdição, com excepção do recurso por oposição de julgados (em que poderia ocorrer um terceiro grau de jurisdição)[47], ou seja, de uma decisão jurisdicional proferida em primeira instância apenas existia um grau de recurso, ao contrário da jurisdição comum, em que podiam existir dois graus de recurso.

Um novo tipo de função desenvolvido pelo STA consiste na emissão de pronúncia vinculativa sobre uma questão de direito nova, a solicitação de um tribunal administrativo de círculo, o designado reenvio prejudicial. A figura vem reportada do *avis du Conseil d'État*, encontrando previsão no artigo L.113-1 CJA[48], tendo a sua importação sido suscitada no período de discussão pública que antecedeu a reforma do contencioso administrativo[49], referindo-se o seu carácter preventivo capaz de recuperar «uma tradição de reflexão, ponderação, maturação»[50]. O reenvio prejudicial é admissível quando a um tribunal administrativo de círculo se coloque uma questão de direito nova, que suscite dificuldades sérias e possa vir a ser colocada noutros litígios (artigo 93.°, n.° 1). Este reenvio não está exclusivamente dependente da apreciação que se faça no tribunal de primeira instância quanto à verificação dos requisitos enunciados, ele tem de passar ainda pelo crivo de uma formação específica constituída por três juízes de entre os mais antigos do STA, que detém o poder de liminarmente recusar o pedido por falta de preenchimento dos pressupostos já identificados ou pela escassa relevância da questão (artigo 93.°, n.° 3). Não se pretende que o STA venha a ser inundado por todo o tipo de pedidos de pronúncia, mas antes que se debruce sobre as questões de direito novas realmente merecedoras da sua mobilização[51]. Uma das justificações aduzidas para a pre-

---

[47] Cfr. SÉRVULO CORREIA/AYALA/MEDEIROS, *Vers une protection juridictionelle commune des citoyens en Europe (?)*, in *Estudos de Direito Processual Administrativo*. Lisboa, 2002, p. 23; CÂNDIDO DE OLIVEIRA, *Organização Judiciária...*, p. 202.

[48] Cfr. CHAPUS, *Droit du contentieux administratif*. Paris, 2004, 11.ª edição, pp. 275 ss.; DEBBASCH/RICCI, *Contentieux administratif*, Paris, 2001, 8.ª edição, p. 84.

[49] Cfr. MARIA DA GLÓRIA GARCIA, *As medidas cautelares entre a correcta prossecução do interesse público e a efectividade dos direitos dos particulares*, in *Reforma do Contencioso...*, I, pp. 447 s.

[50] Cfr. MARIA DA GLÓRIA GARCIA, *As medidas...*, p. 448.

[51] Quanto a este novo mecanismo, cfr. SÉRVULO CORREIA, *Direito do Conten-*

visão deste mecanismo processual reside na redistribuição de competências dentro da hierarquia do contencioso administrativo, nomeadamente pelo facto de se terem atribuído aos tribunais administrativos de círculo quase todas as competências em primeira instância, motivo de algum temor quanto à qualidade das decisões, o que imporia a previsão de um mecanismo capaz de transferir, em casos determinados, a resolução de questões de direito novas para o STA[52]. Esta justificação apresenta-se relativamente menorizadora para os juízes colocados na primeira instância, apesar de depender de iniciativa nascida nesse âmbito[53], parecendo induzir que o legislador confia na primeira instância, mas sem confiar especialmente na capacidade de aí se superarem as dificuldades sérias colocadas pelas questões de direito novas. Afigura-se mais plausível justificar a introdução deste mecanismo pelo facto de por sua via se poderem vir a evitar decisões jurisdicionais contraditórias e por, ao mesmo tempo, se promover a uniformização da jurisprudência. A este respeito e recaindo nos tribunais centrais a função de tribunal regra de recurso jurisdicional – atentas as posteriores dificuldades de acesso ao recurso excepcional de revista e às reduzidas hipóteses de verificação da revista *per saltum* – talvez não tivesse sido despropositado admitir, à semelhança francesa[54], fonte inspiradora deste aspecto da reforma, que os tribunais de segunda instância também pudessem requerer a pronúncia vinculativa do STA sobre questões de direito novas nas mesmas condicionantes já detalhadas. Esta solução teria, pelo menos, a vantagem de evitar que o Supremo Tribunal acabe por se distanciar demasiado da realidade e lograria diminuir o número de admissões de revista excepcional, acelerando o tempo de decisão dos litígios. Bem se compreende que, se a questão de direito em disputa já tivesse sido objecto de pronúncia pelo STA, dificilmente seria viável a admissão do recurso de revista e ainda menos a alteração, em tão reduzido período de tempo, do sentido jurisprudencial fixado. Resta ape-

---

cioso..., I, pp. 698 ss.; AROSO DE ALMEIDA/FERNANDES CADILHA, *Comentário...*, pp. 475 ss.; AROSO DE ALMEIDA, *O Novo...*, 2.ª edição, pp. 249 s.; MANUEL MARTINS, *O Reenvio Prejudicial ao STA no Novo Contencioso Administrativo*, in *Estudos de Direito Público*, Lisboa, 2006, pp. 453 ss.; MÁRIO e RODRIGO ESTEVES DE OLIVEIRA, *CPTA/ETAF*, I, pp. 539 ss.

[52] Cfr. AROSO DE ALMEIDA, *O Novo...*, p. 250.

[53] A formulação do texto é proposital na medida em que a dificuldade séria é sentida pelo juiz da causa, mas a iniciativa está confiada ao presidente do tribunal de círculo. Cfr., quanto a esta problemática, SÉRVULO CORREIA, *Direito do Contencioso...*, I, p. 701.

[54] Cfr. artigo L.113-1 CJA e bibliografia citada na nota 48.

40   *O Recurso de Revista no Contencioso Administrativo*

nas registar que se trata de uma das novas funções adquiridas pelo STA, por via da reforma do contencioso administrativo 2002/2003, e que visa acentuar o seu papel como regulador do sistema[55]. Tudo a justificar a sua referência e posterior ponderação em sede de formulação do papel do STA.

3. A excepcionalidade do exercício por um Supremo Tribunal de competências em primeira instância. Comparação com o Supremo Tribunal de Justiça. Menção de experiências estrangeiras

5. Ainda que a inexistência de qualquer tribunal supremo com as competências em primeira instância exercidas pelo STA, se na verdade ocorresse, não constituísse factor impeditivo da sua permanência e justificação, é curial apurar qual a prática existente ao nível de alguns países com os quais se tem mantido um influxo de soluções jurídicas e com o próprio Supremo Tribunal de Justiça. Se em relação a este último, adiante-se já, a situação é totalmente incomparável, já no que concerne aos tribunais supremos com competências na jurisdição administrativa, não se chega com a mesma facilidade a uma conclusão que confine o STA a uma situação de isolamento ou de imperene originalidade.

O Supremo Tribunal de Justiça, órgão superior da hierarquia dos tribunais judiciais (artigo 210.°, n.° 1, CRP), detém competências de instância nos casos em que a lei o determinar (artigo 210.°, n.° 5, CRP). A regulação legal das competências de instância que podem ser exercidas pelo STJ constitui reserva relativa de competência legislativa da Assembleia da República (artigo 165.°, n.° 1, alínea p), CRP), podendo ser objecto de autorização legislativa ao governo. É uma das matérias em que, pela sua relevância na organização do Estado, foi imposta a intervenção do parlamento, mesmo que esta se limite à definição do sentido e extensão da autorização, nos casos em que se confie ao governo a pormenorizada e concreta normação relativa à organização e competência dos tribunais.

Em regra, o STJ apenas conhece de matéria de direito (artigo 26.°, LOFTJ) sendo, portanto, um tribunal de revista. Mas a regra comporta excepções. Em determinados casos tipificados na lei, o Supremo aprecia

---

[55] É o sentido expresso na exposição de motivos da proposta de lei do ETAF, in *Reforma do Contencioso Administrativo*, III. Coimbra, 2003, p. 17, aludindo a essa integração do *avis* na função reguladora de um tribunal supremo, CHAPUS, *Droit du contentieux...*, p. 276.

Introdução 41

em primeira instância algumas matérias que lhe foram confiadas pela sua relevância social e política (artigo 72.°, n.° 1, CPC, no qual se narra que o Supremo conhece das causas que por lei sejam da sua competência). Estas competências, em primeira instância, respeitam, essencialmente, ao foro criminal. As secções julgam processos por crimes cometidos por juízes do Supremo e dos tribunais da Relação e por magistrados do Ministério Público que exerçam funções junto desses tribunais e julgam acções propostas contra juízes do Supremo e dos tribunais da Relação e magistrados do Ministério Público colocados nesses tribunais, por causa das suas funções (artigo 36.°, alíneas b) e c), LOFTJ). O pleno das secções julga o Presidente da República, o Presidente da Assembleia da República e o Primeiro-Ministro pelos crimes que tenham praticado no exercício das suas funções (artigo 35.°, n.° 1, alínea a), LOFTJ). Ou seja, está em causa a responsabilidade criminal de alguns titulares de cargos políticos e a responsabilidade criminal e civil de juízes do Supremo e das Relações, assim como dos magistrados do Ministério Público que aí exerçam funções. Trata-se de competências meramente residuais, de exercício muito raro e que se justificam pelo estatuto político e social dos visados. A lei entendeu atribuir foro especial a alguns dos titulares de órgãos de soberania, em função do objecto do processo (não generalizando a qualquer tipo de pretensão que contra eles possa ser deduzida). Confere-se, ao fim e ao cabo, um controlo mais exigente e efectuado por parte daqueles que, em princípio, detêm maior experiência e mérito profissional para proferir uma decisão justa em função do melindre que esses processos sempre causariam. Atente-se que, no caso do Presidente da República, uma condenação pela prática de um crime tem imediatas implicações políticas (a destituição do cargo e a impossibilidade de reeleição – artigo 130.°, n.° 3, CRP); a iniciativa do processo é da Assembleia da República, no que difere do regime aplicável aos outros cidadãos, ocorrendo uma distinção entre os crimes praticados no exercício de funções e aqueles outros praticados para além das funções. Discutiu-se se, com a criação do Tribunal Constitucional, não faria sentido que este processo jurisdicional de responsabilização criminal por crimes praticados no exercício de funções pudesse (ou devesse) ser atribuído ao Tribunal Constitucional e não ao Supremo Tribunal de Justiça[56], fazendo ressaltar o carácter político que necessariamente envolve esse processo.

---

[56] Cfr. GOMES CANOTILHO/VITAL MOREIRA, *Constituição da República Portuguesa Anotada*. Coimbra, 3.ª edição, 1993, p. 575.

O exercício destas competências pelo Supremo Tribunal de Justiça, enquanto tribunal de instância, não tem por efeito qualquer transformação ou diminuição do seu papel essencial de tribunal de revista, competente para apreciar questões de direito e não para apreciar, pela primeira vez, um determinado litígio que perante ele fosse presente para dirimir. Aliás, as competências de instância concentram-se essencialmente na esfera criminal e não na sua actuação cível, pelo que a sua existência não configura qualquer espécie de suporte para a avaliação das competências atribuídas ao Supremo Tribunal Administrativo. A mera comparação teria também de ter em consideração a génese e a evolução claramente diferenciadas entre ambas as ordens jurisdicionais, não constituindo, pois, qualquer óbice ao desenho jurídico da distribuição de competências na ordem jurisdicional administrativa.

O *Bundesverwaltungsgericht*, que é o tribunal supremo da jurisdição administrativa alemã, sendo essencialmente um tribunal de revista, detém ainda assim algumas competências em primeira instância. São três as matérias em causa: conflitos de direito público, desde que de natureza não constitucional, entre a Federação e os Estados ou entre Estados; pedidos relativos à proibição de associações emanadas pelo Ministro Federal do Interior; e pedidos contra a Federação relativos a operações do Serviço Federal de Informação (§ 50, n.º 1, da *Verwaltungsgerichtsordnung*). Trata-se de questões residuais e cuja atribuição ao BVerwG reside na relevância do objecto.

Até 1953 o Conselho de Estado francês foi o juiz administrativo de direito comum, era o tribunal competente para todos os litígios administrativos com excepção daqueles que tivessem sido expressamente atribuídos a uma outra categoria de tribunais, e portanto era, em regra, o juiz de primeira instância. Este princípio datava de 13 de Dezembro de 1889, tendo sido fixado no *arrêt Cadot*. Com a crescente litigiosidade posterior à afirmação de tal princípio, a situação tornou-se incomportável, nomeadamente pelo cada vez maior período de tempo necessário à resolução dos litígios apresentados perante o Conselho de Estado. Através de um decreto de 30 de Setembro de 1953 o carácter de jurisdição comum em primeira instância foi transferido do Conselho de Estado para os tribunais administrativos. Apesar desta transferência, o Conselho de Estado manteve, por atribuição[57], algumas competências em primeira instância, também ditas

---

[57] Cfr. DEBBASCH/RICCI, *Contentieux...*, p. 114; GAUDEMET, *Traité de Droit Administratif*, T.1. Paris, 16.ª edição, 2001, p. 379.

competências directas[58], e, como justificação, foi referido quer o facto de ser necessário garantir um juiz único para as hipóteses de impugnação de actos administrativos cujo âmbito de aplicação ultrapasse a competência territorial de um só tribunal administrativo, quer a importância do próprio processo (as justificações foram mencionadas na exposição de motivos do decreto). Esta reserva de atribuições em primeira instância constitui uma marca da «origem histórica e da imbricação na administração da jurisdição administrativa»[59]. Ao mesmo tempo foi perdendo algumas atribuições contenciosas em primeira instância para os tribunais administrativos, e também por transferência para os tribunais judiciais ou por eliminação do respectivo objecto (por exemplo, independência da Argélia), mas essa perda foi compensada por novas competências[60].

O Código de Justiça Administrativa determina que as competências directas (ou em primeira instância) são atribuídas ao Conselho de Estado em função do objecto do litígio ou do interesse na boa administração da justiça (artigo L.311-1). CHAPUS classifica em três tipos a competência directa do Conselho de Estado: relativas ao objecto do litígio (de ordem geral ou particular), relativas ao interesse na boa administração da justiça e relativas ao recurso de interpretação e ao recurso de apreciação da legalidade[61]. O detalhe com que se vai tratar esta classificação justifica-se por permitir aquilatar da dimensão das competências exercidas em primeira instância, já que a mera referência ao objecto do litígio, tendo por referência o seu grau de importância, redundaria na imprecisão de não ser per-

---

[58] Cfr. CHAPUS, *Droit du contentieux...*, p. 292, que justifica a preferência por «competência directa» em lugar de competência «*en premier et dernier ressort*»; no mesmo sentido, GAUDEMET, *Traité...*, p. 379.

[59] Cfr. GAUDEMET, *Traité...*, p. 379.

[60] Cfr. CHAPUS, *Droit du contentieux...*, pp. 293 s. O autor refere que, se em 1954 as competências directas do Conselho de Estado eram meia-dúzia, em 2004 chegavam à vintena, reconhecendo, no entanto, que nalguns casos são meramente residuais.

[61] Neste último caso trata-se de recursos declarativos, que visam obter uma declaração. O recurso de apreciação da legalidade apenas pode ser intentado incidentalmente, enquanto que o recurso de interpretação pode ser interposto a título principal ou incidental. Com estes recursos conjuga-se o processo, instituído pela reforma de 1987, que permite aos tribunais de primeira e segunda instâncias, em questões de direito novas, reenviar o assunto ao Conselho de Estado, estando em causa, em regra, a interpretação e a apreciação da legalidade. Sobre os recursos referidos, que não se desenvolvem, cfr. CHAPUS, *Droit du contentieux...*, pp. 334, 713 ss. e 1256; DEBBASCH/RICCI, *Contentieux...*, p. 883 ss., em especial, p. 888, quanto ao recurso de interpretação a título principal perante o Conselho de Estado.

ceptível a sua verdadeira extensão. O primeiro tipo respeita ao objecto do litígio, tendo subjacente a importância do processo, que, pela relevância da matéria envolvida, suscita e impõe o seu conhecimento pelo mais alto tribunal da jurisdição administrativa. Esta questão deve carecer de resposta breve, pelo menos, ao ponto de não envolver a precedência da sua apreciação pelas instâncias anteriores. Mas este padrão da importância do litígio não pode motivar a submissão directa ao Conselho de Estado de todas as questões a que se atribui elevado valor, sob pena de fazer sucumbir o órgão a que fosse atribuída tal competência[62]. O artigo R.311-1, *CJA* discrimina três hipóteses em que a competência directa é conferida ao Conselho de Estado, em termos gerais: o recurso dirigido contra «*ordonnances*» do Presidente da República e decretos (1.°), o recurso contra certos actos dos Ministros (2.°) e o recurso contra decisões de organismos colegiais com competência nacional (3.°). O objecto do recurso contra decretos é mais amplo do que a mera enunciação legal indicia, podendo ter por objecto: uma decisão de indeferimento de um pedido com vista à modificação de um decreto; o silêncio de um decreto, isto é, a pretensão consistir na anulação de um decreto por este omitir certas decisões; a omissão na adopção de uma medida que, se fosse proferida, o seria por forma de decreto (este último caso, em que claramente não existe um decreto, foi admitido pela jurisprudência com base em critérios de oportunidade)[63]. O recurso contra decisões ministeriais é bem mais do que isso, além de incluir os regulamentos e actos administrativos não regulamentares (neste último caso, aqueles que devem ser precedidos de consulta – «*avis*» – ao Conselho de Estado) dos ministros, tomando como equivalentes a estes, o primeiro-ministro («*arrêtés*» e «*circulaires*»), os secretários de Estado (quer exerçam competências por delegação do ministro, quer próprias), o Presidente da República («*arrêtés*») e as autoridades às quais os ministros tenham delegado a prática de determinados actos, que sejam considerados como proferidos pelo ministro delegante[64]. O recurso contra decisões de organismos colegiais com competências de âmbito nacional, abrange um conjunto significativo de entidades, desde conselhos nacionais de ordens profissionais (com competências em matérias não disci-

---

[62] Cfr. CHAPUS, *Droit du contentieux...*, p. 295.

[63] Estes exemplos de situações enquadráveis no objecto do recurso mencionado no n.° 1, do artigo R.311-1, *CJA*, constam de CHAPUS, *Droit du contentieux...*, pp. 297 s., cfr., também, DEBBASCH/RICCI, *Contentieux...*, p.137.

[64] Cfr. CHAPUS, *Droit du contentieux...*, p. 299.

Introdução 45

plinares) até decisões administrativas do Tribunal de Contas e dos júris nacionais de exames[65].

Tendo ainda por referência o objecto do litígio, podem ser enumerados três conjuntos de situações em que são atribuídas competências directas específicas ao Conselho de Estado: quando esteja em causa um litígio relativo à situação individual de funcionário nomeado por decreto do Presidente da República (artigo R.311-1, 3.º), (esse litígio tem um carácter estatutário, é relativo aos direitos e obrigações do estatuto do funcionário)[66]; as questões relativas à designação ou à eleição de titulares de certos organismos (com âmbito nacional: conselho superior dos tribunais administrativos e das *cours administratives d'appel* e conselho superior de magistratura; conselhos regionais e Parlamento Europeu)[67]; existe um conjunto de outras competências de que se pode destacar a oposição à mudança de nome (artigo L.311-2) e o recurso contra decisões ministeriais relativas ao controlo das concentrações económicas (artigo R.311-1, 9.º)[68].

As competências atribuídas ao Conselho de Estado em função do interesse na boa administração da justiça reportam-se à necessidade de garantir que, em relação a situações-limite, em que a aplicação das regras gerais de competência não permite alcançar um resultado recomendável, se torna conveniente identificar soluções que, à partida, não seriam claramente do foro do Conselho de Estado, mas que lhe são conferidas tendo por objectivo a boa administração da justiça. Podem estar em causa os litígios de ordem administrativa com origem em territórios não submetidos a um tribunal administrativo (ou a um conselho do contencioso administrativo), tal sendo o caso de litígios relativos a decisões de embaixadores em relação a funcionários do serviço, ambos a exercer funções em território estrangeiro, ou de litígios ocorridos em alto mar[69]. São da competência directa do Conselho de Estado os recursos dirigidos contra actos administrativos cujo campo de aplicação se estenda para além da competência territorial de um só tribunal administrativo (artigo R.311-1, 5.º). Trata-se

---

[65] Estes e outros exemplos em CHAPUS, *Droit du contentieux...*, pp. 302 s. e DEBBASCH/RICCI, *Contentieux...*, p. 143.

[66] Cfr. CHAPUS, *Droit du contentieux...*, pp. 307 ss., o autor identifica como funcionários abrangidos pela norma citada no texto, os membros do Conselho de Estado e do Tribunal de Contas, os magistrados judiciais e os professores do ensino superior, (p. 308).

[67] Cfr. CHAPUS, *Droit du contentieux..*, pp. 311 ss.

[68] Cfr. outras indicações em CHAPUS, *Droit du contentieux...*, pp. 313 ss.

[69] Cfr. artigo R.311-1, 6.º, *CJA* e CHAPUS, *Droit du contentieux...*, pp. 316 ss.

de situações em que seriam concorrencialmente competentes pelo menos dois tribunais administrativos e que, em lugar de definir um critério de distribuição dessa competência, a solução passou pela sua descarga no Conselho de Estado. Neste âmbito pode ser impugnado quer um regulamento, quer um acto não regulamentar (acto administrativo unilateral)[70]. Para determinar o campo de aplicação do acto, a jurisprudência concebeu um método que assenta na distinção entre efeitos directos e efeitos indirectos, o que não deixa de tornar difícil a aplicação desta norma[71]. A relevância desta norma atributiva de competência directa tem diminuído ao longo do tempo, o que mais se acentuou, como bem se compreende, pelas atribuições contenciosas constantes do artigo R.311-1, 2.º e 4.º, *CJA*, tornando muito eventuais os casos em que ocorra dificuldade em determinar a extensão do campo de aplicação de um acto administrativo[72]. Também é atribuída competência directa ao Conselho de Estado nas situações em que ocorra conexão entre matérias que seriam conhecidas perante um tribunal administrativo e outras que seriam da competência directa daquele (artigo R.341-1 s., *CJA*). O Código identifica três hipóteses de conexão: são apresentados directamente ao Conselho de Estado dois pedidos, no mesmo recurso, sendo que para um deles o Conselho é competente em primeira instância e em relação ao outro a matéria é da competência de um tribunal administrativo; cada um dos pedidos, apesar da conexão, é apresentado em separado aos órgãos jurisdicionais competentes; ou, por fim, os dois pedidos são apresentados ambos no tribunal administrativo quando, em relação a um deles, seria competente o Conselho de Estado[73]. No primeiro caso, o Conselho de Estado é competente para decidir sobre ambos os pedidos, nos seguintes, o presidente do tribunal administrativo deve remeter o processo ao Conselho de Estado, por ser este o órgão jurisdicional competente. A remessa do processo é determinada por «*ordonnance*» não fundamentada e insusceptível de qualquer recurso, não adquirindo esta decisão força de caso julgado[74]. Inicialmente, o Conselho de

---

[70] Cfr. CHAPUS, *Droit du contentieux...*, p. 319.

[71] Cfr. CHABANOL, *Code de justice administrative*. Paris, 2.ª edição, 2004, p. 264. CHAPUS assinala que a utilização daquele método provoca naturais hesitações, sendo que «a subjectividade do apreciador e a sua sensibilidade a considerações de oportunidade terão o seu papel», *Droit du contentieux...*, p. 324.

[72] Cfr., neste sentido, CHAPUS, *Droit du contentieux...*, p. 326.

[73] As hipóteses estão indicadas nos artigos R.341-1, R.341-2 e R.341-3, *CJA*; cfr. CHAPUS, *Droit du contentieux...*, p. 327.

[74] Nos termos do artigo R.351-6, aplicável por força do artigo R.341-4, *CJA*.

Introdução 47

Estado reconduziu o conceito de conexão a uma necessária subordinação de um pedido a outro, adoptando mais tarde outro entendimento que assenta numa concepção de convergência entre os pedidos que devem respeitar a um mesmo assunto[75].

Pelo panorama descrito pode concluir-se que o Conselho de Estado é, dos tribunais supremos da jurisdição administrativa, aquele que reúne um maior número de competências contenciosas em primeira instância e, assim, é também aquele que apresenta mais dificuldades quanto à sua caracterização como exclusivo ou preponderante tribunal de cassação. A percentagem na distribuição dos processos decididos é a esse respeito claramente elucidativa. A situação actual do Conselho de Estado encontra suporte na origem histórica do contencioso administrativo em França e da sua contínua evolução, desta se concluindo que se se acentuou a componente da cassação, até por via da criação de tribunais de segunda instância e da instituição dos tribunais administrativos como jurisdição comum do contencioso administrativo, ainda restou no berço ancestral um relevante conjunto de matérias que o mais alto tribunal decide em primeira instância (ou, dizendo de outro modo, como competência directa).

Em Espanha, dentro do critério hierárquico ou vertical, identifica-se um critério objectivo que recorre à natureza da pretensão para distribuir as competências pelos diferentes tribunais. Na natureza da pretensão inclui-se o seu fundamento jurídico-material, o conteúdo do acto e o órgão do qual emanou. É em função destes elementos que se distribuem as competências jurisdicionais, tendo sido com esse suporte que se escolheram as competências atribuídas em primeiro grau de jurisdição à Sala do Contencioso-Administrativo do Tribunal Supremo[76].

O Tribunal Supremo, órgão jurisdicional superior em todas as ordens[77], exerce um significativo conjunto de competências em primeira instância, relativamente a actos e disposições do Conselho de Ministros e de Comissões Delegadas do Governo, a actos e disposições do Conselho Geral do Poder Judicial e a actos e disposições em matéria de pessoal, administração e gestão patrimonial adoptados pelos órgãos competentes

---

[75] A concepção inicial e a sua posterior evolução estão detidamente analisadas em CHAPUS, *Droit du contentieux...*, p. 328 ss. O autor sublinha que a tendência actual fica mais dependente dos factos do caso concreto e do bom senso, do que de considerações estritamente jurídicas, (p. 330). Cfr., também, DEBBASCH/RICCI, *Contentieux...*, pp. 153 ss.

[76] Cfr. GONZÁLEZ PÉREZ, *Manual de Derecho Procesal Administrativo*. Madrid, 3.ª edição, 2001, pp. 135 s.

[77] Artigo 123.º, n.º 1, da Constituição Espanhola, de 27 de Dezembro de 1978.

do Congresso dos Deputados, do Senado, do Tribunal Constitucional, do Tribunal de Contas e do Defensor do Povo, (artigo 12.º, n.º 1, LJCA). Este exercício de competências em primeira instância pela Sala do Contencioso-Administrativo do Tribunal Supremo é uma constante histórica, que data pelo menos de 1845 e se mantém até à actualidade[78]. A atribuição ao Tribunal Supremo destas funções fundamenta-se no facto de se tratar dos órgãos de hierarquia superior e por isso deterem maior relevância política e administrativa[79]. É, no entanto, contestado que, em relação às questões de pessoal e de administração e gestão patrimonial de alguns órgãos constitucionais, a competência recaia sobre o Tribunal Supremo quando poderia estar distribuída a outro tribunal, com o relevante efeito de contribuir para o descongestionamento daquele[80].

Cabe sublinhar o facto dos actos e disposições do Conselho de Ministros constituírem matéria da competência do Tribunal Supremo, que assim se vê configurado simultaneamente como tribunal de primeira instância e tribunal de cassação, o que se afigura ser uma matriz caracterizadora do sistema jurisdicional administrativo espanhol, desse modo contribuindo para a modelação de uma lógica transnacional, que concebe como natural a existência no supremo tribunal de competências de primeira instância e de cassação, sem que tal confluência se traduza na atribuição de um estatuto especial à Administração, antes considerando a relevância política, social e administrativa das questões que aí se discutem e da repercussão que a resolução desses litígios necessariamente comportará.

O Conselho de Estado italiano não detém qualquer competência em primeira instância, na medida em que foram transferidas na totalidade para os tribunais administrativos regionais, criados em 1971[81]. Exerceu esse tipo de competência desde 1889 – ano da sua criação – até àquele momento. O Conselho de Estado foi desde a sua criação juiz de único grau, com estritas excepções[82].

---

[78] Cfr. RIVERO YSERN, *Artículo 12*, REDA, n.º 100, p. 173.

[79] Cfr. RIVERO YSERN, *Artículo 12*, REDA, n.º 100, p. 173.

[80] Cfr. RIVERO YSERN, *Artículo 12*, REDA, n.º 100, p. 174.

[81] Cfr. CASSARINO, *Manuale di Diritto Processuale Amministrativo*. Milão, 1990, p. 168; CAIANIELLO, *Manuale di Diritto Processuale Amministrativo*. 1997, 2.ª edição (reimpressão), pp. 346 e 737. Das decisões do Conselho de Estado admite-se um recurso de cassação para o Tribunal de Cassação, estando em causa motivos atinentes à jurisdição, cfr. SATTA, *Giustizia Amministrativa*. Milão, 3.ª edição, 1997, p. 461; CAIANIELLO, *Manuale...*, p. 299; CASSARINO, *Manuale...*, pp. 499 ss.

[82] Cfr. CASSARINO, *Manuale...*, p. 113.

A *Supreme Court* é essencialmente um tribunal constitucional[83], mas isso não significa que não lhe estejam atribuídas outras funções. A *Supreme Court* foi criado pela Constituição Americana, de 7 de Setembro de 1787 (artigo III, secção I). É, de igual modo, a Constituição que fixa as matérias para as quais o Supremo é competente em primeira instância. Nelas se incluem as causas respeitantes a embaixadores, enviados diplomáticos e cônsules e aquelas em que seja parte qualquer Estado federado[84]. Na prática, esta competência, bastante limitada, reduz-se aos litígios entre Estados, tendo por objecto as respectivas fronteiras ou os direitos sobre águas e, também, quanto a acções dos Estados-Unidos contra um ou alguns Estados concernentes a uma questão de âmbito constitucional[85].

De um estudo comparativo resulta que, em regra, os tribunais supremos dos países aí considerados detêm competências directas (ou em primeira instância). Estão em causa questões relativas a ministros ou magistrados de nível superior, a conflitos de competências e a conflitos entre Estados federados[86].

Do breve excurso à volta das competências exercidas em primeira instância por alguns supremos tribunais, pode concluir-se que, com excepção do italiano, a regra é a de deterem competências em primeira instância, o que permite concluir que o STA se integra na tendência comum, apesar de se aproximar, em termos quantitativos, da solução vigente relativamente ao Conselho de Estado francês, facto que justificou o maior desenvolvimento que se lhe conferiu e, de algum modo, também do Tribunal Supremo espanhol.

---

[83] Cfr. Griswold, *La Cour Suprême des États-Unis*, RIDC, 1978, p. 97; Bacelar de Vasconcelos, *A Separação dos Poderes na Constituição Americana*. Coimbra, 1994, p. 33.

[84] Artigo III, secção II, n.º 2, da Constituição norte-americana. No qual se refere que em todas as outras causas, o Supremo Tribunal terá competência em recurso tanto em matéria de direito como de facto, admitindo-se o estabelecimento de excepções.

[85] Cfr. Griswold, *La Cour...*, p. 98.

[86] Cfr. Tunc, *Synthèse*, RIDC, 1978, p. 15, identificando os países agrupados em função do tipo de matérias. Essas competências são mencionadas nos relatos de cada tribunal supremo.

4. O papel de um Supremo Tribunal. Sequência

6. A contraposição entre supremos tribunais que adoptem o modelo de cassação ou o modelo de revista constitui um bom padrão para a verificação da experiência evolutiva ocorrida. Os tribunais de cassação, com origem francesa, tinham como missão, na sua primeira fase de existência, a defesa formal da lei, preocupavam-se em garantir a obediência à lei, pelo que se limitavam a uma aplicação mecânica do texto legal. Verificada que fosse a violação formal de uma lei, o tribunal cassava a decisão e reenviava o processo para novo julgamento na instância de origem. Esta fase, que foi de curta duração, não chegou a existir em Portugal[87]. Depressa se veio a constatar que a lei carecia de interpretação e de integração por parte dos tribunais, o que representava um adequado cumprimento da função jurisdicional. Os supremos tribunais passaram, nesta segunda fase, a visar, não só a defesa formal da lei, mas a uniformidade da jurisprudência, sendo esta compreendida como a «uniformidade da jurisprudência na interpretação das leis», continuando pois em causa a mera defesa da lei. Suscitou-se a questão, relevante para a definição do objectivo dos supremos tribunais, de saber se a interpretação da lei é realizada em abstracto ou em concreto, acabando por prevalecer a segunda alternativa, porque só se se controlar a decisão concreta é que se apura o sentido da lei[88]. Assim se caminha para a terceira fase, na qual o objectivo dos supremos tribunais continua a ser a uniformidade da jurisprudência, mas num sentido diferente do anteriormente assumido, passando a jurisprudência a ser assumida num sentido próprio, traduzindo «decisão jurisdicional de casos concretos», passando aqueles tribunais a visar a aplicação da lei[89]. Esta evolução da «intencionalidade funcional» dos supremos tribunais, com a assunção do controlo das decisões jurisdicionais concretas, faz com que se supere a função de mera anulação (cassação) para passar a, exercendo efectivamente uma função jurisdicional, decidir definitivamente a causa em último grau. Esta percepção é mais evidente nos tribunais de revista do que nos tribunais que adoptam o modelo de cassação[90].

---

[87] Cfr. CASTANHEIRA NEVES, *O Instituto dos "assentos" e a função jurídica dos Supremos Tribunais*, RLJ, n.° 3492, pp. 37 s.

[88] Cfr. CASTANHEIRA NEVES, *O Instituto dos "assentos"*..., RLJ, n.° 3493, p. 52.

[89] Cfr. CASTANHEIRA NEVES, *O Instituto dos "assentos"*..., RLJ, n.° 3494, p. 67.

[90] Cfr. CASTANHEIRA NEVES, *O Instituto dos "assentos"*..., RLJ, n.° 3494, p. 68.

No âmbito da jurisdição ordinária são absolutamente insignificantes as hipóteses em que o Supremo Tribunal detém e exerce competências em primeira instância. Esta distanciação do Supremo Tribunal à concreta realidade das lides em primeiro grau, não tem sido objecto de reparos ou objecções susceptíveis de justificar uma mudança da perspectiva adoptada. Mas se os litigantes não o reclamam, se as situações jurídicas objecto do litígio não o exigem, se a organização judiciária existente, apesar de sofrer de diversos anquilosamentos, não o solicita, é normal que ao STJ se guardem outras tarefas mais afins com a sua função e que não beliscam, de modo algum, os interesses envolvidos nos processos dirimidos nos tribunais de primeira instância.

Já em relação ao STA a realidade material e jurídica se apresenta de um modo mais complexo, como que a requerer uma outra atenção por parte do legislador ordinário. Atente-se que a atribuição de competências contenciosas ao STA em primeiro grau de jurisdição não decorre do cumprimento de qualquer imperativo constitucional. A Constituição não impõe que certas competências sejam exercidas pelo STA em primeira instância, trata-se de uma decisão do legislador ordinário que, em face das circunstâncias e das opções políticas que pretenda implementar, detém uma relativamente ampla margem de liberdade na conformação das funções do STA, contanto que não se descurem as verdadeiras tarefas que lhe cabem, em benefício de outras que são (ou podem ser) negligenciáveis. Tanto é assim que em relação ao STA não existe uma norma do tipo previsto para o STJ, nos termos da qual este tribunal funcionará como tribunal de instância nos casos que a lei determinar (artigo 210.º, n.º 5, CRP). Esta redacção não inculca que em relação à ordem judicial seja obrigatório o exercício de competências em primeiro grau por parte do STJ, mas antes que, dada a sua natureza refractária no que toca ao tipo de função que lhe cabe desempenhar, é possível e que a previsão legislativa tem directo suporte constitucional.

Importa atender, de algum modo, ao percurso histórico do contencioso administrativo para perceber que o tribunal situado no cume da jurisdição administrativa (quando esta existia autonomamente) sempre deteve e exerceu competências directas ou em primeira instância. O que, sendo um parâmetro revelador de estabilidade e de continuidade na concepção das suas competências, não autoriza que se conclua pela sua inevitabilidade ou se atribua um carácter mais preponderante a este elemento histórico do que a outras considerações de relevância diversa. Não se ignora, como ficou antes assinalado, que a tendência legislativa tem revelado uma redução continuada de competências em primeira instância atribuídas ao STA. Esta redução não significou ainda o completo desaparecimento desse tipo de competências, apesar de alguma doutrina insistentemente o reclamar. A dimensão e a justificação para a manutenção destas competências é, aqui, abordada em função da ponderação que se fará, a final, quanto à efectiva repercussão que a conformação de competências em primeira instância entregues a um Supremo Tribunal pode apresentar na afirmação do seu papel principal. Importa atender que ante o exposto o STA não se destaca pelo isolamento quanto a esta questão, é típica a atribuição desse tipo de competências aos supremos tribunais, variando a sua extensão. Não se afasta que, em tempo próximo, o volume de atribuições do STA em primeira instância venha a diminuir, seguindo-se uma sugestão que assenta na devolução dessas competências para os tribunais centrais[91]. Esta possível consequência da tendência evolutiva manifestada requer maturação e paciência, as trepidações rápidas e instantâneas poderiam lograr um maior desarranjo imediato do que contribuir utilmente para a efectividade da tutela jurisdicional administrativa. Com o assumir de funções de revista – essência de um verdadeiro supremo tribunal – e a constante redução de competências em primeira instância, parece que ficará dependente do sucesso da reforma em execução a decisão quanto ao desiderato reivindicado por parte da doutrina, optando-se então por alguma das soluções já invocadas.

No período de discussão pública da reforma o assunto também foi aflorado, mas posteriormente foi demonstrado que em vários outros países regem sistemas em que são atribuídas aos tribunais supremos ou a tribunais superiores competências em primeira instância[92]. Partindo dessa constatação, SÉRVULO CORREIA conclui que «a reserva de competências de primeira instância ao STA em acção administrativa especial tem uma justificação plenamente actual e corresponde ao sentido geral das soluções legislativas hodiernas»[93]. A justificação apontada assenta no relevo dos interesses em conflito, o que acaba por confluir com a explicação enun-

---

[91] Cfr. SÉRVULO CORREIA, *Direito do Contencioso...*, I, p. 706. O autor assinala a existência de uma assimetria na solução adoptada, em face do carácter invertido da distribuição de competências em primeira instância entre o STA e os TCA.

[92] Cfr. SÉRVULO CORREIA, *Direito do Contencioso...*, I, pp. 703 ss.

[93] Cfr. *Direito do Contencioso...*, I, p. 705, a menção que o autor reconduz apenas à acção administrativa especial, parece dever também incluir a acção administrativa comum, nos termos que supra se demonstraram, § 1, n.º 2.

Introdução 53

ciada na Alemanha para manter competências em primeiro grau de jurisdição ao BVerwG, que reside na generalidade e na essencialidade dos interesses controvertidos[94]. Persistem posicionamentos críticos quanto à solução legal adoptada cujo argumento principal assenta na deferência protocolar que determina a apreciação jurisdicional pelo STA em primeiro grau de jurisdição de certos actos administrativos[95] ou aludindo a uma natureza aristocrática do autor do acto[96]. Foi também invocado que a distribuição de competências em primeira instância se funda «em argumentos pouco convincentes ou mesmo pouco racionais»[97].

Detecta-se uma contínua evolução no equilíbrio entre a propensão para a natureza de tribunal de revista e a ponderação e salvaguarda de determinados interesses de maior relevância. Os pólos da questão, com a multiplicação de funções atribuídas ao STA, exigem deste um maior envolvimento e capacidade de distinção, mas não se revelam – nesta fase da análise – incompatíveis ou escolhos com potencial para diminuir ou impedir a afirmação do STA como um tribunal supremo. A resposta definitiva, no entanto, só poderá ser fornecida mais adiante. A configuração do STA enquanto verdadeiro Supremo Tribunal será objecto de avaliação detida no § 7, que será o momento de aludir à repercussão de funções cumulativas em diferentes níveis de jurisdição no âmbito do mesmo tribunal.

---

[94] Cfr. SÉRVULO CORREIA, *Direito do Contencioso...*, I, pp. 704 s.; a enunciação da posição alemã, quanto à justificação recolhida na obra citada, é de BIER (p. 704, nota 428). Cfr., também, FREITAS DO AMARAL, *Considerações Gerais...*, in *Reforma do Contencioso Administrativo*, I, p. 108, alegando que os actos administrativos em causa envolvem «altos valores nacionais, ou elevados valores financeiros», considerando perigosa a sua apreciação pelos tribunais administrativos de círculo, por estarem muito distanciados das questões relativas aos actos administrativos do Governo.

[95] PEREIRA DA SILVA, *A Propósito da Criação...*, p. 13, posição reafirmada em *O Contencioso Administrativo...*, p. 216.

[96] Cfr. WLADIMIR BRITO, *Lições...*, p. 33.

[97] Cfr. CATARINA CASTRO, *Organização e Competência dos Tribunais Administrativos*, in *A Reforma da Justiça Administrativa*, Coimbra, 2005, p. 59. A autora conclui afirmando que ao STA foi «atribuída a tarefa de verdadeiro tribunal de revista».

§ 2

O RECURSO DE REVISTA NA JURISDIÇÃO COMUM E NALGUNS DIREITOS ESTRANGEIROS

1. O recurso de revista na jurisdição comum

7. A menção ao recurso de revista no processo civil justifica-se pela sua importância evidente como termo aferidor das especificidades da previsão de um recurso deste tipo no contencioso administrativo, mas também, e com maior relevância, pelo facto das disposições processuais civis se aplicarem com adaptações na jurisdição administrativa. Existe uma dupla remissão, por um lado genérica, afirmando o carácter supletivo do disposto na lei processual civil (artigo 1.°, CPTA), e por outro traduzindo-se numa concreta aplicação do disposto na lei processual civil no que concerne aos recursos ordinários das decisões jurisdicionais (artigo 140.°, CPTA), em ambos os casos com as necessárias adaptações. Na primeira, a aplicação é supletiva, no caso dos recursos jurisdicionais é uma aplicação directa, apenas atenuada pelas necessárias adaptações, o que significa que, a não regulação processual pormenorizada da tramitação dos recursos jurisdicionais na lei do processo contencioso administrativo se supre pela directa aplicação das disposições contidas na lei processual civil, com as adaptações correspondentes à natureza própria do contencioso administrativo. A relação entre o processo civil e o processo administrativo caracteriza-se pela injuntividade e porosidade[98]. A injuntividade traduz-se em estar vedada às partes a escolha entre o processo civil e o processo admi-

---

[98] Cfr., desenvolvidamente, quanto às relações entre o processo civil e o processo administrativo, SÉRVULO CORREIA, *O prazo de alegação no recurso fundado em oposição de acórdãos no Supremo Tribunal Administrativo. Um caso paradigmático do problema da aplicação da lei de processo civil no contencioso administrativo*, in *Estudos de Direito Processual Administrativo*, pp. 265 ss. e *Direito do Contencioso...*, I, pp. 754 ss.

nistrativo, já a porosidade manifesta-se pela unidade dos processos com pedidos cumulativos e pela aplicação adaptativa da lei processual civil[99].

O carácter descritivo implicado nesta menção ao recurso de revista na jurisdição comum prende-se com o fim que justifica a sua presença: por um lado, está em causa o mesmo tipo de recurso, mas com uma existência muito anterior[100], representando um termo comparativo e eventualmente detentor de capacidade de influência para o seu congénere e recém-chegado ao contencioso administrativo; por outro lado, o regime processual civil é aplicável, com as necessárias adaptações, aos recursos ordinários das decisões jurisdicionais proferidas nos tribunais administrativos (artigo 140.º CPTA), como é o caso do recurso de revista.

O recurso de revista é um recurso ordinário, delimitando-se pelo objecto e pelo fundamento específico. O objecto é a decisão que julga o mérito da causa, em regra, proveniente da Relação, sendo indiferente que se trate de acórdão proferido em recurso de apelação ou em recurso de agravo, o fundamento específico é a violação da lei substantiva, é um recurso «de crítica vinculada», limitada aos erros de direito[101], admitindo--se acessoriamente que a revista também assente em nulidades da sentença ou acórdão (artigo 721.º, n.º 2[102]) e em violação de lei de processo (artigo 722.º, n.º 1).

A revista apenas é admissível de acórdão que se tenha pronunciado sobre o mérito da causa, o que não sucederá se ela se fundar em motivo processual, como sejam as nulidades previstas nos artigos 668.º e 716.º, CPC. Admite-se, em termos distintos, que a revista tenha como fundamento a contradição de acórdão da Relação com outro dessa ou de outra Relação, sobre a mesma questão fundamental de direito, a menos que a orientação naquele perfilhada esteja de acordo com a jurisprudência fixada pelo STJ, (artigo 678.º, n.º 4). Não se está perante uma revista que tenha por fundamento a violação de lei substantiva, mas antes a contradição entre decisões jurisdicionais proferidas na mesma ins-

---

[99] Cfr. SÉRVULO CORREIA, *Direito do Contencioso...*, I, pp. 754 ss. O autor formula três postulados dogmáticos, da máxima importância no que respeita à relação entre os processos administrativo e civil, (pp. 756 s.).

[100] Cfr. PAULO MÊREA, *Bosquejo Histórico do Recurso de Revista*. Separata BMJ, n.º 7. Lisboa, 1948.

[101] Cfr. AMÂNCIO FERREIRA, *Manual dos Recursos em Processo Civil*. Coimbra, 5.ª edição, 2004, p. 222.

[102] Neste número, salvo menção expressa em contrário, todos os artigos citados são do Código do Processo Civil.

tância[103]. Existem, por outro lado, situações em que é possível configurar, no âmbito do mesmo processo, a existência de dois recursos de revista. A hipótese está enunciada no artigo 730.°, n.° 2, CPC: se o Supremo Tribunal de Justiça, por falta ou contradição dos factos, devolver o processo à instância precedente, a decisão que por esta vier a ser adoptada pode ser submetida a revista (a segunda nesse processo). Outra hipótese consta da parte final do n.° 3, do artigo 722.°[104].

Ao mais alto tribunal da ordem judicial apenas cabe exercer um controlo sobre a matéria de direito. Isto significa que, em regra, não pode alterar os factos que tenham sido fixados pelo tribunal recorrido, ou seja, o tribunal de revista não conhece matéria de facto[105], ressalvados os casos excepcionais previstos no artigo 722.°, n.° 2. Não cabe na sua esfera o controlo sobre a prudente convicção dos juízes acerca de cada facto[106]. Permite-se-lhe, apesar disso, a consideração de factos (para os juízos pressupostos no controlo da matéria de direito) que se devam ter por adquiridos desde a primeira instância, assim como os factos notórios ou de «conhecimento funcional»[107]. Ao Supremo caberá, antes, o controlo da qualificação jurídica dos factos, a subsunção dos factos à norma jurídica aplicada (incluindo a interpretação dos conceitos e a concretização dos conceitos indeterminados contidos na sua previsão) e a correcção da aplicação da norma[108]. As operações atrás enumeradas constituem questões de direito, adequando-se por isso à função a que está destinado o Supremo Tribunal, conforme à respectiva consagração legal. Importa aduzir que a revista está excluída, atento o seu fim, quando da sua interposição e decisão não decorrer «qualquer função de harmonização da aplicação da lei»[109]. Esta circunstância verificar-se-á sempre que a decisão assuma um carácter discricionário ou assente em juízos de equidade[110].

---

[103] Acentuando o carácter de conflito jurisprudencial aqui revelado, cfr. TEIXEIRA DE SOUSA, *Estudos sobre o novo Processo Civil*. Lisboa, 2.ª edição, 1997, p. 420.

[104] Fazendo referência a ambos os exemplos, cfr. TEIXEIRA DE SOUSA, *Estudos...*, p. 421.

[105] Nesta vertente não pode determinar a produção de prova sobre aspectos não atendidos pelas instâncias anteriores, nem «censurar a apreciação da prova realizada», cfr. TEIXEIRA DE SOUSA, *Estudos...*, p. 426.

[106] Artigo 655.°, n.° 1, CPC. Exemplo dado por TEIXEIRA DE SOUSA, *Estudos...*, p. 423.

[107] Cfr. TEIXEIRA DE SOUSA, *Estudos...*, p. 427 e artigo 514.° CPC.

[108] Cfr. TEIXEIRA DE SOUSA, *Estudos...*, pp. 423 s.

[109] Cfr. TEIXEIRA DE SOUSA, *Estudos...*, p. 424.

[110] O autor que se tem acompanhado refere tratar-se de um «critério de decisão» que não é normativo, mas individual ou concreto, cfr. TEIXEIRA DE SOUSA, *Estudos...*, p. 424.

É concebível que o Supremo entenda, com base no fundamento alegado, que o acórdão da Relação desrespeitou a lei, mas que a decisão nele contida deve ser mantida com outro fundamento; neste caso estar-se-á perante uma situação em que a violação da lei constatada «não constitui um fundamento absoluto da procedência do recurso»[111]. Esta possibilidade de manutenção da decisão recorrida com fundamento diferente pressupõe que os factos fixados pela instância se revelam suficientes para que o Supremo possa ditar essa decisão, em caso contrário, o processo é devolvido à instância precedente (artigos 729.°, n.° 3 e 730.°, n.° 1, CPC)[112].

Importa atender à respectiva tramitação processual. O requerimento de interposição do recurso de revista é dirigido ao tribunal que proferiu a decisão recorrida, no prazo de dez dias (artigos 687.°, n.° 1 e 685.°, n.°1). O desembargador-relator deve indeferir o requerimento se a decisão não admitir recurso, se tiver sido interposto fora de tempo ou se o requerente não possuir as condições necessárias para recorrer (artigo 687.°, n.° 3)[113]; em contrário, o recurso é admitido, sendo fixados a espécie e o efeito (artigo 687.°, n.° 4). A decisão de indeferimento pode ser objecto de reclamação para o presidente do STJ, não sendo apreciada pela conferência na Relação (artigos 688.°, n.° 1, 700.°, n.° 3). O despacho proferido ao abrigo do artigo 687.°, n.° 4, não comporta efeitos vinculativos para o tribunal de revista, podendo as partes impugná-lo apenas nas alegações. As alegações são apresentadas na Relação, no prazo de 30 dias (artigo 698.°)[114]. Sublinha-se aqui a existência de dois momentos: um primeiro, de interposição do recurso, que motivará uma decisão do relator quanto à sua admissão e, depois, sendo admitido, de apresentação das alegações, nas quais o recor-

---

[111] Cfr. TEIXEIRA DE SOUSA, *Estudos...*, p. 425.

[112] Cfr. TEIXEIRA DE SOUSA, *Estudos...*, pp. 425 s., sublinhando que a decisão confirmatória da decisão da Relação com distinto fundamento deve ser precedida de adequada avaliação, nomeadamente da existência de factos não julgados pela instância que tenham a capacidade de impedir o funcionamento do distinto fundamento.

[113] São três os pressupostos processuais específicos ou requisitos de admissibilidade dos recursos: a recorribilidade da decisão impugnada, a tempestividade da interposição do recurso e a legitimidade do recorrente, cfr. RIBEIRO MENDES, *Recursos em Processo Civil*. Lisboa, 2.ª edição, 1994, p. 150 e *Os Recursos no Código de Processo Civil Revisto*. Lisboa, 1998, p. 46.

[114] Ao abrigo do disposto no artigo 724.°, n.°1 aplica-se o preceituado quanto ao recurso de apelação no que respeita à interposição, apresentação de alegações e expedição do recurso de revista, pelo que as referências no texto à aplicação desses preceitos decorre desta remissão que, por economia, não se repetirá em todas as ocasiões em que se referirem os termos reguladores da apelação aplicáveis à revista.

O recurso de revista na jurisdição comum e nalguns direitos estrangeiros 59

rente tentará demonstrar o fundado do recurso. Se por qualquer razão o recorrente não apresentar as alegações, o recurso é julgado deserto (artigo 690.°, n.° 3), o que pode decorrer, por exemplo, de uma posterior falta de interesse em prosseguir a lide. As alegações estão sujeitas a algumas exigências específicas quando em causa esteja uma questão de direito, como é o caso da revista. Nesta hipótese as conclusões devem mencionar as normas jurídicas violadas, o sentido com que as normas que constituem fundamento jurídico da decisão deviam ter sido interpretadas ou aplicadas, e, se estiver em causa erro na determinação da norma aplicável, a norma jurídica que deveria ter sido aplicada (artigo 690.°, n.° 2). Se faltar alguma destas especificações o recorrente deve ser convidado a apresentá-las, sob pena de não se conhecer do recurso, na parte afectada (artigo 690.°, n.° 4)[115].

Após as alegações ainda resta ao tribunal recorrido a possibilidade de suprir as nulidades do acórdão ou de corrigir os lapsos manifestos (artigos 668.°, n.° 4 e 669.°, n.° 3), o que determina a não subida do recurso ou a redução do seu âmbito, desde que o recorrido não se oponha. Subindo o recurso, é distribuído ao juiz-conselheiro que ficará como relator (artigo 700.°, n.° 1). Cabe ao relator apreciar se o recurso é o próprio, se deve manter-se o efeito que lhe foi atribuído, se ocorre alguma circunstância que obste ao conhecimento do seu objecto ou se as partes ainda devem ser convidadas a aperfeiçoar as conclusões das alegações, (artigo 701.°, n.° 1).

Quanto à admissão importa sublinhar dois aspectos: por um lado, o facto da admissão da revista passar por dois crivos, primeiro, do relator do tribunal *a quo* e, em seguida, pelo relator do tribunal *ad quem*, numa situação de normalidade. Se o recurso não for admitido no tribunal *a quo*, é possível apresentar reclamação perante o presidente do STJ, ao qual caberá decidir da admissão; se o admitir, o tribunal *ad quem*, no caso o próprio STJ, pode ainda decidir em sentido contrário (artigo 689.°, n.° 2). Por outro lado, a admissão da revista reside em critérios objectivos cuja verificação é mensurável de modo relativamente claro. Primeiro, a causa tem de ser de valor superior à alçada do tribunal de que se recorre e contanto que a decisão impugnada seja desfavorável para o recorrente em valor superior a metade dessa alçada; segundo, a verificação de um conflito jurisprudencial, o acórdão de que se pretende recorrer está em con-

---

[115] No qual também se admite o convite quando as conclusões faltem, sejam deficientes, obscuras ou complexas.

tradição com outro dessa ou de diferente Relação, sobre a mesma questão fundamental de direito e não observa o requisito enunciado em primeiro lugar (alçada), tendo como limite negativo a concordância com a jurisprudência já anteriormente fixada pelo STJ; terceiro, se a decisão tiver sido proferida contra jurisprudência uniformizada do STJ, é sempre admissível recurso (artigo 678.°, n.os 1, 4 e 6). A admissão está dependente de vários filtros decisórios no tribunal recorrido e no tribunal de recurso e, se houver reclamação, implicando a intervenção do presidente do STJ[116], carecendo da verificação de um de dois requisitos gerais, o valor da causa e a existência de um conflito jurisprudencial, nos termos enunciados.

O relator no tribunal *ad quem* pode ainda julgar sumariamente o recurso se a questão a decidir for simples, por já ter sido apreciada jurisdicionalmente, de modo uniforme e reiterado, ou se o recurso for manifestamente infundado (artigos 701.°, n.° 2 e 705.°, por remissão do artigo 726.°).

É o relator no tribunal *a quo* que determina o efeito do recurso, numa decisão que não vincula o tribunal *ad quem*, que volta a apreciar o efeito fixado (artigos 687.°, n.° 4 e 701.°, n.° 1, este, por remissão do artigo 726.°). Em sede de revista, a regra é a de que o recurso tem um efeito meramente devolutivo, só terá efeito suspensivo em questões que respeitem ao estado das pessoas[117] (artigo 723.°). A atribuição de efeito suspensivo significa que a decisão impugnada fica suspensa até que seja proferida a decisão definitiva; quando o efeito é meramente devolutivo, apesar da pendência do recurso, a decisão pode ser executada[118].

Ao julgamento do recurso de revista são aplicáveis as regras do julgamento da apelação, com as especificidades constantes dos artigos 727.° a 731.° e com as excepções dos artigos 712.° e 715.°, n.° 1. A exclusão do disposto no artigo 712.° é compreensível por respeitar à modificabilidade da decisão de facto que, nalgumas situações aí enumeradas, é possível e que está negada ao STJ por ser um tribunal de revista competente apenas

---

[116] O que significa que, no limite, podem existir três patamares de aferição quanto à admissão do recurso de revista, com as correspondentes decisões.

[117] Incluem-se nesse âmbito, as acções de anulação de casamento, de separação ou divórcio, de reconhecimento de paternidade ou maternidade, cfr. LEBRE DE FREITAS/ /RIBEIRO MENDES, *Código de Processo Civil Anotado*, vol. 3.°. Coimbra, 2003, p. 125.

[118] Cfr. quanto aos efeitos dos recursos em geral, TEIXEIRA DE SOUSA, *Estudos...*, pp. 406 s. (o autor considera tratar-se de efeitos extraprocessuais); CASTRO MENDES, *Processo Civil*, III. Lisboa, 1999, pp. 107 s.; RIBEIRO MENDES, *Recursos...*, pp. 177 ss.; AMÂNCIO FERREIRA, *Manual...*, pp. 166 ss.

em matéria de direito. A exclusão do artigo 715.°, n.° 1 justifica-se pelo facto desse ponto estar tratado, de modo parcelarmente distinto, no artigo 731.°, não sendo sempre inevitável que o Supremo substitua a Relação. Já, pelo contrário, e à falta de intenção excludente expressa, é aplicável o artigo 715.°, n.° 2, por via do qual se consente que o tribunal de revista conheça, se tal se revelar possível, outras questões que tenham ficado prejudicadas em função da solução dada ao litígio. Esta solução é uma inovação da reforma processual de 1995/96 e foi encarada como representando um «avanço do sistema de substituição em sacrifício do sistema de cassação»[119], à qual é apontado «algum ilogismo» quando se atenda à regra que determina a devolução do processo à instância recorrida (artigo 731.°, n.° 2)[120].

8. Com a reforma do processo civil de 1995/1996 foi introduzido no ordenamento nacional um recurso de revista *per saltum* para o STJ. Os termos desta solução, que visou diminuir o assomo de trabalho das Relações, foram de tal modo restritivos, que a utilização desta via específica de acesso ao Supremo raramente ocorreu. O legislador da reforma justificou a introdução deste recurso invocando a necessidade de diminuir a utilização de sucessivos graus de jurisdição e de, ao nível da matéria de facto, existir efectivamente um segundo grau de jurisdição, o que se traduz num acréscimo de trabalho nessa sede, que se procurou obviar com a subida directa dos recursos em matéria de direito para o Supremo Tribunal. Foi discutida a exigência de acordo das partes para acesso a este recurso, à semelhança de soluções existentes noutros países, ideia que não se adoptou após ponderação da «nossa cultura judiciária» (cfr. preâmbulo do Decreto-Lei n.° 329-A/95). Na segunda fase da reforma, ocorrida em 1996, houve ainda a introdução de um requisito restritivo que veda a utilização deste recurso se existirem agravos retidos, nos termos do artigo 735.°, CPC, (subida diferida)[121].

As reacções a esta inovação legislativa foram das mais díspares. De um lado, a solução foi criticada por poder conduzir a que a Relação perca o alcance de tribunal superior e por aportar ao Supremo um elevado

---

[119] Cfr. AMÂNCIO FERREIRA, *Manual* ...., p. 255.

[120] A crítica foi formulada por AMÂNCIO FERREIRA, *Manual* ..., p. 255, que admite a salvação da unidade do sistema por via da redução em um grau de jurisdição da decisão definitiva a dar ao processo.

[121] Cfr. preâmbulo do Decreto-Lei n.° 180/96, de 25 de Setembro.

número de processos[122]; de outro lado, aplaudida por ser excessivo admitir três graus de jurisdição, quando se discutem estritamente questões de direito[123]. As críticas revelaram-se desacertadas, pois nenhum dos cenários previstos se verificou, apesar de não ter sido também alcançado o desiderato de eliminar um grau de jurisdição na discussão de questões de direito. A introdução desta solução *per saltum* foi, no entanto, capaz de gerar uma outra discussão quanto à necessidade de se estabelecerem critérios rigorosos de acesso ao STJ, sob pena deste tribunal se ver assoberbado em processos e não conseguir prosseguir a sua finalidade de tribunal supremo. Foi sugerida a adopção, como critério de admissão de um recurso perante o STJ, de se tratar de processos de relevante importância material e imaterial, além dos relativos à uniformização de jurisprudência[124].

Constituem requisitos cumulativos de admissão deste recurso: a) que o seu objecto seja uma decisão de mérito proferida em primeira instância; b) que seja admissível recurso até ao Supremo, tendo em conta que o valor da causa seja superior à alçada dos tribunais judiciais de segunda instância e o valor da sucumbência exceda metade dessa alçada; c) que as partes apenas aleguem questões de direito, nos termos em que este conceito constitui fundamento do recurso de revista (artigos 721.°, n.os 2 e 3 e 722.°, n.os 1 e 2, CPC); d) que não existam agravos retidos que devam subir nos termos do artigo 735.°, n.° 1; e) que seja requerida, nas conclusões, que o recurso da decisão de mérito da primeira instância suba directamente ao Supremo Tribunal[125]. Importa dedicar mais alguma atenção aos requisitos de admissão do recurso *per saltum*.

---

[122] Cfr. PAIS DE SOUSA/CARDONA FERREIRA, *Processo Civil – Aspectos Controversos da Actual Reforma*, 1997, pp. 146 ss., citado por AMÂNCIO FERREIRA, *Manual* ..., p. 249.

[123] Cfr. SAMPAIO E NORA, *A Reforma do Processo Civil em Sede de Recursos*, in *Ab Vno Ad Omnes*, 1998, p. 408.

[124] A proposta é de PAIS DE SOUSA/CARDONA FERREIRA, *Processo Civil – Aspectos Controversos da Actual Reforma*, citada por AMÂNCIO FERREIRA, *Manual* ..., p. 249. Este último autor referencia também a solução adoptada ao nível do contencioso administrativo (art. 150.°, CPTA) e o exemplo espanhol e norte-americano. Suscitando problemas sérios, à proposta daqueles primeiros autores, em face da introdução de «grande discricionariedade na definição desses conceitos relativamente indeterminados» constitucionalmente censurável, cfr. RIBEIRO MENDES, *Os Recursos...*, p. 101.

[125] Cfr. LOPES DO REGO, *Comentários* ....., I, p. 619; RIBEIRO MENDES, *Os Recursos...*, p. 100; AMÂNCIO FERREIRA, *Manual...*, p. 251.

Quanto ao valor da causa ou da sucumbência é aplicável o disposto no artigo 678.°, n.° 1, que é a regra geral em matéria de recursos, nos termos acima analisados. A redacção do artigo 725.°, n.° 1, CPC inculca a ideia de que o valor da alçada e da sucumbência devem ser superiores à alçada da Relação, mas quanto a este último basta que ultrapasse metade dessa alçada, sendo ambos requisitos cumulativos[126].

No que concerne às questões de direito, vale o regime aplicável no normal recurso de revista, as violações de lei processual não podem constituir o objecto principal do recurso *per saltum*, podendo apenas ser invocadas a título acessório[127].

A possibilidade de acesso *per saltum* ao STJ depende da inexistência de agravos retidos que subam com o primeiro recurso que haja de subir imediatamente (artigo 735.°, n.° 1, CPC). Este requisito foi introduzido pelo diploma de 1996 e veio ainda restringir mais a possibilidade de uso deste recurso[128].

Como último requisito, menciona-se a suficiência de uma das partes, nas conclusões, solicitar que o recurso suba directamente ao Supremo, não sendo necessária a concordância da outra parte, constituindo assim um direito potestativo na esfera do recorrente[129]. A solução adoptada prendeu-se com o facto, explicitado no preâmbulo do decreto-lei de 1995, de se adivinhar que a exigência de acordo, quando as partes têm interesses contraditórios, redundaria na impossibilidade prática de funcionamento deste recurso. Nem esta via foi capaz de cativar a utilização deste recurso, o que também se pode justificar pelo facto de que, ao interessado na demora, agradará mais percorrer todos os graus do que eliminar uma das etapas (atente-se que o recurso não é obrigatório). Mesmo que estejam reunidos todos os requisitos, o recorrente pode optar por se dirigir à Relação e, se esta não lhe conceder provimento, só então recorrer ao Supremo. Nada impede, no entanto, que ambas as partes requeiram nas suas conclusões a subida directa ao STJ[130].

---

[126] Cfr., neste sentido, LEBRE DE FREITAS/RIBEIRO MENDES, *CPC Anotado*, 3.° vol., p. 130. CARDONA FERREIRA, *Guia de Recursos em Processo Civil*. Coimbra, 2002, p. 73, tem opinião diferente.

[127] Neste sentido, AMÂNCIO FERREIRA, *Manual* ..., p. 251.

[128] Neste sentido, LOPES DO REGO, *Comentários* ..., I, p. 619.

[129] Cfr. AMÂNCIO FERREIRA, *Manual* ..., p. 251; LEBRE DE FREITAS/RIBEIRO MENDES, *CPC Anotado*, vol. 3.°, p. 130, referindo tratar-se de uma «faculdade processual de natureza potestativa».

[130] Fazendo menção a esta possibilidade, LEBRE DE FREITAS/RIBEIRO MENDES, *CPC Anotado*, vol. 3.°, p. 130.

As condicionantes enumeradas não tiveram a capacidade de facilitar ou promover a utilização desta modalidade de recurso, motivando uma rara aplicação do preceito que não logrou mostrar as virtualidades que motivaram a sua introdução no ordenamento jurídico nacional.

Com a brevidade necessária, revela-se ainda útil enumerar a tramitação processual do recurso *per saltum*. Apresentado o recurso, este é recebido nos termos do regime da apelação. Se nas conclusões da contra-alegação for requerida a subida directa do recurso ao Supremo, será concedida à parte contrária a possibilidade de se pronunciar sobre esse requerimento (artigo 725.°, n.° 2); se essa subida for requerida pelo recorrente nas suas alegações, a parte contrária já teve oportunidade de se pronunciar nas suas contra-alegações, não sendo necessária a concessão de qualquer outro prazo para esse fim.

Caberá então ao juiz *a quo* admitir o recurso, se estiverem preenchidos os requisitos acima enunciados, alterando o despacho inicial, ordenando que o recurso se processe como revista, mantendo o regime de subida e os efeitos da apelação; ou, em alternativa, indeferir o requerimento de subida directa ao STJ, por não estarem presentes os requisitos necessários, remetendo o processo à Relação. A primeira decisão não é definitiva, mas a segunda é, não podendo ser impugnada.

Se o recurso for admitido pelo juiz *a quo*, cabe então ao conselheiro relator voltar a aferir da admissão do recurso, decisão que admite reclamação para a conferência, ou determinar que o processo baixe à Relação, para ser processado como apelação. Esta decisão não admite qualquer impugnação. A decisão de não admissão do recurso *per saltum* e a sua consequente descida para a Relação não é uma decisão discricionária, consistindo numa operação de verificação do preenchimento dos requisitos enunciados no artigo 725.°, n.° 1, CPC. Se estes se verificarem, a admissão é obrigatória, se estiverem ausentes, a não admissão também é vinculativa. Os conceitos utilizados na norma que enuncia os requisitos deste recurso podem em algumas situações gerar dificuldades, mas não se configuram como conceitos indeterminados, não atribuindo ao tribunal qualquer margem de livre decisão[131].

O recurso *per saltum* é um misto de recurso de apelação e de recurso de revista. Quanto ao primeiro, aplicam-se as regras relativas ao regime de

---

[131] Cfr., defendendo o carácter discricionário, Ribeiro Mendes, *Os Recursos...*, p. 101; em sentido contrário, Amâncio Ferreira, *Manual ...*, p. 253.

subida e efeitos (artigo 725.º, n.º 6); no que respeita ao segundo, aplica-se o respectivo regime de processamento e de tramitação[132-133].

Esta solução não logrou alcançar o objectivo que lhe foi fixado, uma vez que em 1997 foram findos dois processos e em 2000 apenas dez, representando entre 0,11 % e 0,5 % do total de recursos de revista findos no STJ, o que permite concluir pela sua inexistência prática[134]. No período de discussão do sistema de recursos aventou-se já a hipótese de transformar o recurso *per saltum* em recurso obrigatório, sugerindo-se a adopção da solução vigente no contencioso administrativo[135].

9. Com a declaração de inconstitucionalidade do artigo 2.º do Código Civil, posteriormente com força obrigatória geral, e consequente revogação desse preceito na reforma processual civil de 1995/96, o legislador da reforma viu-se perante a necessidade de encontrar uma via capaz de uniformizar a jurisprudência. Para o efeito foram concebidas várias hipóteses, ponderando-se entre a introdução de uma «directiva interpretativa genérica» dotada de eficácia interna ou a atribuição de um valor de «precedente judicial qualificado», com natureza persuasória, a certos acórdãos do STJ, em função da composição da formação de julgamento[136]. A solução que veio a ser consagrada consiste numa vicissitude da fase de julgamento do recurso de revista que, quando se revele necessário ou conveniente para assegurar a uniformidade da jurisprudência, assume a forma de julgamento ampliado (plenário das secções cíveis)[137]. Esta conformação da uniformização da jurisprudência por via do julgamento ampliado do recurso de revista foi gizada de modo a permitir ao STJ, sob essas ves-

---

[132] Na breve enunciação da tramitação de admissão deste recurso seguiu-se AMÂNCIO FERREIRA, *Manual* ..., pp. 252 ss.

[133] Cfr., quanto ao carácter misto do recurso, LEBRE DE FREITAS/RIBEIRO MENDES, *CPC Anotado*, vol. 3.º, p. 131; LOPES DO REGO, *Comentários* ..., I, p. 620; RODRIGUES BASTOS, *Notas ao Código de Processo Civil*, vol. III. Lisboa, 3 edição, 2001, p. 281, falando de um recurso híbrido.

[134] Cfr. AA.VV., *O Sistema de Recursos em Processo Civil e em Processo Penal*. Coimbra, 2006, p. 141.

[135] Cfr. AA.VV., *O Sistema de Recursos...*, p. 160.

[136] Cfr. LOPES DO REGO, *A Uniformização da Jurisprudência no Novo Direito Processual Civil*. Lisboa, 1997, p. 11.

[137] Cfr. artigo 732.º-A, CPC e LOPES DO REGO, *A Uniformização...*, p. 21. Para uma análise crítica dessa solução cfr. BALTAZAR COELHO, *Algumas notas sobre o julgamento ampliado da revista e do agravo*, Colectânea de Jurisprudência-STJ, tomo I, 1997, pp. 25-32.

tes, o exercício de determinadas funções: uma função de prevenção da ocorrência de conflitos jurisprudenciais[138], uma função de resolução de um conflito jurisprudencial presente e uma função de reponderação da jurisprudência anteriormente uniformizada pelo próprio STJ[139]. A activação desta vicissitude de julgamento depende de decisão do Presidente do STJ, o que representa uma solução causadora de algum melindre, pelo facto de lhe conferir amplos poderes que lhe permitem actuar segundo o seu prudente arbítrio e com maleabilidade[140]. Estas decisões, proferidas sob a forma de julgamento ampliado, configuram jurisprudência uniformizada do STJ, sendo que é sempre admissível recurso dos arestos que a contrariem (artigo 678.º, n.º 6, CPC).

10. Na discussão pública[141] sobre o sistema de recursos em processo civil (e penal) foi arguida a possibilidade de transpor para este ramo do direito processual os moldes da consagração do recurso de revista no contencioso administrativo. O documento que tem servido de base à discussão alvitrava essa via[142], aberta no âmbito da discussão quanto à introdução de restrições reforçadas à recorribilidade das decisões judiciais, partindo da elevação da alçada da segunda instância, ainda que sem ignorar o carácter «cego» desse critério[143], mas sem deixar de dedicar uma

---

[138] A existência de uma potencial contradição pode ocorrer em duas hipóteses: quando já tenha sido uniformizada a jurisprudência quanto à questão em causa e importe garantir que o STJ tenha a possibilidade de confirmar ou revogar a sua posição anterior e quando ainda não exista jurisprudência uniformizada na matéria, cabendo prevenir que não venha a existir uma contradição posterior. Cfr. TEIXEIRA DE SOUSA, *Estudos...*, pp. 557 s.

[139] Cfr. LOPES DO REGO, *Comentários ao Código de Processo Civil*, vol. I. Coimbra, 2.ª edição, 2004, p. 625. Esta autónoma terceira função é incluída por TEIXEIRA DE SOUSA, *Estudos...*, pp. 556 ss., na função de prevenção do conflito.

[140] Cfr. LOPES DO REGO, *Comentários...*, I, p. 626; LEBRE DE FREITAS, *CPC Anotado*, vol. 3.º, p. 148; RIBEIRO MENDES, *Os Recursos...*, p. 105. Sublinhando a necessidade de fundamentação dessa decisão do Presidente do STJ, cfr. BALTAZAR COELHO, *Algumas notas...*, p. 28.

[141] Iniciada durante o ano de 2005 e que teve por base um relatório elaborado no âmbito do Gabinete de Política Legislativa e Planeamento do Ministério da Justiça, primeiro disponibilizado na Internet e depois publicado, sob a forma de livro, em Fevereiro de 2006.

[142] Cfr. AA.VV., *O Sistema de Recursos...*, p. 232.

[143] Cfr. RIBEIRO MENDES, *Os recursos no Código de Processo Civil Revisto*, in *Direito Processual Civil – Estudos sobre Temas do Processo Civil*. Lisboa, 2001, pp. 37 ss., citado em AA.VV., *O Sistema de Recursos...*, p. 146.

atenção individualizada à função que deve ser atribuída ao STJ no sistema de recursos. O relatório, no que toca à apreciação da função do Supremo Tribunal, indica uma tendência, em diversos países da Europa, em que a admissão do recurso assenta num juízo discricionário[144], concluindo também pela afirmação de «algum consenso» no sentido da restrição no acesso ao recurso para aquele Tribunal[145]. Nas várias intervenções que tocam no assunto, em momento anterior à apresentação do anteprojecto de proposta de lei de reforma do sistema de recursos, foi considerado que a previsão de um regime similar ao do artigo 150.º CPTA teria como resultado a introdução de uma «apreciação prudencial e relativamente discricionária do relevo das questões, interesses ou valores controvertidos». Neste seguimento LOPES DO REGO entende que a solução legal a adoptar deverá ser clara, evitando a utilização de cláusulas ou conceitos totalmente indeterminados, por nestes antever «intermináveis controvérsias processuais e jurisprudenciais sobre o seu preenchimento»[146]. RIBEIRO MENDES, inflectindo em relação a posição anterior, considera que, a ser adoptado o princípio da dupla conforme, «seria razoável» a introdução de uma «válvula de escape de carácter relativamente discricionário», assente em «conceitos relativamente indeterminados mas susceptíveis de uma densificação jurisprudencial consensual»[147]. AGUIAR PEREIRA aventou que a instituição de um critério de relativa discricionariedade na admissão do recurso, apesar de implicar a densificação de conceitos gerais e alguma incerteza inicial, produziria os resultados visados[148]. LEBRE DE FREITAS, ainda que

---

[144] Cfr. AA.VV., *O Sistema de Recursos...*, p. 151, referindo os países anglo-saxónicos com o *grant of leave to appeal*, a Alemanha e a Áustria (esta com um sistema misto).

[145] Cfr. *AA.VV.*, O Sistema de Recursos..., pp. 152 ss., nas quais se indicam alguns autores que defendem essa limitação, chegando um deles a sugerir a adopção da solução do artigo 150.º CPTA, cfr. AMÂNCIO FERREIRA, *Manual...*, p. 249, nota 511. Apesar de outro dos autores aí mencionados alertar para a «grande discricionariedade na definição desses conceitos relativamente indeterminados, criando-se o risco de adopção de critérios vagos, constitucionalmente censuráveis» (referindo-se aos termos da proposta de PAIS DE SOUSA/CARDONA FERREIRA), cfr. RIBEIRO MENDES, *Os Recursos...*, p. 101.

[146] Cfr. *O Direito ao Recurso em Processo Civil*, policopiado, p. 5.

[147] Cfr. *Notas para a Intervenção no colóquio de apreciação do relatório do GPLP sobre "Avaliação do Sistema de Recursos em Processo Civil e em Processo Penal*, policopiado, p. 6. Assinalando que deveria ser evitada a transposição acrítica da solução do CPTA para o processo civil, na medida em que naquela se introduziu um grau de jurisdição e nesta estar-se-ia a restringir o acesso, até aí vulgarizado, ao STJ, em terceiro grau de jurisdição, pp. 6 s.

[148] Cfr. *O Direito de Recurso em Processo Civil (Breve reflexão em torno da possível alteração do regime)*, policopiado, p. 6.

considerando que a reforma do sistema de recursos não é prioritária, aceita a introdução de um critério assente «na complexidade das questões de direito fundamentais condicionantes da decisão do litígio» ou na relevância dessas questões com vista à uniformização da jurisprudência ou à melhor aplicação do direito[149]. CARDONA FERREIRA defende a transposição da solução do artigo 150.° do CPTA para o processo civil, como meio de retirar ao STJ um conjunto de litígios que não têm qualquer relevância para aí chegarem[150]. Resulta destas menções que, no quadro da discussão pública, não foram apresentadas objecções intransigentes quanto à possibilidade de transposição do regime processual administrativo para o processo civil, no que concerne ao acesso ao Supremo Tribunal em sede de revista.

Atente-se que, já desde 1995, o Conselho da Europa recomenda que os recursos perante um terceiro tribunal devam ser reservados aos processos que contribuem para o desenvolvimento do direito ou para a uniformização da interpretação da lei ou, ainda, para os processos que comportem uma questão de direito de importância geral[151].

No entanto, no anteprojecto de proposta de lei foi ensaiada outra via como opção principal, deixando-se anotada a alternativa de adopção de um recurso semelhante ao do processo administrativo, o que talvez também possa ter decorrido da falta de adequada sedimentação da solução do contencioso administrativo. A primeira opção passa por não admitir a revista de acórdão da Relação, que confirme, sem voto de vencido, mesmo que com diferente fundamento, a decisão da primeira instância (a designada dupla conforme). A outra passa pelo crivo de se tratar de uma questão de importância fundamental ou de a admissão do recurso ser claramente necessária para uma melhor aplicação do direito. A apreciação preliminar sumária seria efectuada por uma formação constituída pelo presidente do Supremo e pelos presidentes das secções cíveis. Se esta apreciação guiar no sentido de não se ter por preenchido qualquer dos pressupostos, deve ser ouvida cada uma das partes antes de ser proferida a decisão de não admissão do recurso. É deixada em aberto a possibilidade de se conjugar a exigência de dupla conforme com a introdução –

---

[149] Cfr. *Intervenção*, policopiado, p. 6.

[150] Cfr. *Subsídios para o Estudo do Direito Processual Civil Recursório na Área Judicial com especial ênfase no processo civil*, policopiado, p. 14.

[151] Cfr.Recomendação n.° R(95) 5, de 7 de Fevereiro, adoptada pelo Comité de Ministros do Conselho da Europa, disponível em www.coe.int.

O recurso de revista na jurisdição comum e nalguns direitos estrangeiros 69

como "válvula de escape" – de pressupostos indeterminados na admissão dos recursos em que aquela conformidade se verifique (em primeira e segunda instâncias).

No que ao estrito critério de admissão do recurso respeita, esta proposta diverge em alguns aspectos do regime vigente no contencioso administrativo, desde logo pela omissão quanto à qualificação da questão de importância fundamental, não se pormenorizando a sua figuração social ou jurídica. Resolve-se o problema da constituição da formação que procede à apreciação preliminar sumária, nela se incluindo os mais destacados juízes do STJ, em termos de posicionamento hierárquico. Introduz-se uma fase de audição das partes, prévia à decisão de não admissão do recurso, pela qual se lhes faculta a possibilidade de se pronunciarem em face da previsível não admissão do recurso. Esta fase de audição pode visar a diminuição das exigências ao nível da fundamentação da decisão, assim como permitir a intervenção das partes no processo de conformação dos conceitos indeterminados que constituem os pressupostos de admissão, afastando por esta via a acusação de indeterminabilidade de acesso à revista.

Após a divulgação deste anteprojecto, a Ordem dos Advogados, por via do seu gabinete de estudos, enunciou já uma posição crítica, subscrita por Lebre de Freitas, aí se sublinhando que a introdução de dificuldades no acesso ao STJ apenas se justificará se visar melhorar a qualidade da decisão jurisprudencial, assegurando que o tribunal supremo possa apreciar «as causas cujo interesse para o aperfeiçoamento da prática do Direito o justifique»[152].

2. O recurso de revista nalguns direitos estrangeiros

a) *Alemanha*

11. A *revision* consiste no controlo de sentenças do *Oberverwaltungsgericht* (e, com carácter excepcional, do *Verwaltungsgericht*), assentando numa visão estritamente jurídica e tem como fins a protecção

---

[152] Cfr. Parecer n.º 1/06, n.º 8, do Gabinete de Estudos da Ordem dos Advogados, disponível em www.oa.pt, no qual é manifestada a preferência pelo recurso a mecanismos sancionadores (multas e litigância de má fé).

70   O Recurso de Revista no Contencioso Administrativo

jurídica individual e a garantia da unidade e desenvolvimento do direito[153].

A *revision* tem por objecto sentenças do *Oberverwaltungsgericht*, cabendo a sua admissão ao tribunal recorrido ou ao *Bundesverwaltungsgericht* perante queixa por não admissão (§ 132, n.º 1). A 6.ª reforma da VwGO suprimiu a norma (§ 136) que vedava o acesso à *revision* aos processos de controlo de normas infra-legais, passando nesse âmbito a também ser admissível, se reunidos os requisitos legais, a *revision* das decisões do OVG que tenham por objecto essas normas.

A instituição de uma fase de admissão visa impor um limite de cariz processual capaz de restringir o acesso ao tribunal de revista[154], o que não se afigura desconforme com a Constituição[155]. São três os critérios de admissão da *revision*: tratar-se de uma questão jurídica de importância fundamental (*Grundsatzrevision*); a sentença recorrida divergir de uma decisão do BVerwG ou do Senado Comum dos tribunais supremos federais ou do Tribunal Constitucional federal (*Divergenzrevision*); ser invocado um vício no processo, no qual se tenha baseado a decisão (*Verfahrensrevision*)[156]. A verificação destes critérios constitui condição essencial para a admissão da *revision*, que sempre dependeu de uma admissão especial e muito rigorosa quanto ao teor dos pressupostos exigidos[157].

Foi discutida a eventual caracterização da admissão do recurso como discricionária, o que parece dever ser afastado, quer pela expressa previsão legal dos critérios em que assentará o acesso à instância de revista, quer porque o controlo da sua verificação será realizado pelo BVerwG[158].

O conceito jurídico indeterminado – questão jurídica de importância fundamental – não constitui uma cláusula geral vaga. Este conceito é tido

---

[153] Cfr. HUFEN, *Verwaltungsprozessrecht*, 2.ª edição, 1996, p. 671; SCHMITT GLAESER/HORN, *Verwaltungsprozessrecht*, 15.ª edição, 2000, p. 287.

[154] Cfr. PIETZNER, *Verwaltungsgerichtsordnung Kommentar*, vol. II, 2003, § 132, p. 7.

[155] Cfr. PIETZNER, *VwGO Kommentar*, p.6.

[156] Anteriormente à quarta reforma da Verwaltungsgerichtsordnung, a existência de um vício processual no qual se tenha baseado a sentença permitia, de forma livre, a admissão da *revision*. Com a alteração este critério de admissão da revista ficou sujeito ao mesmo regime especial de admissão que já vigorava para as outras hipóteses. Cfr. HUFEN, *Verwaltungsprozessrecht*, p. 671.

[157] Cfr. HUFEN, *Verwaltungsprozessrecht*, p. 671.

[158] Cfr. PIETZNER, *VwGO Kommentar*, § 132, p. 10.

O recurso de revista na jurisdição comum e nalguns direitos estrangeiros   71

como um conceito tradicional, de índole muito restritiva, mas que se encontra vastamente preenchido na jurisprudência das diversas jurisdições[159].

Na fase de admissão não são expressamente tidas em linha de conta as possibilidades de êxito da pretensão formulada, a verificação da presença de um dos critérios do § 132 consiste apenas na sua constatação e não na imediata configuração do pedido em termos de se avaliar a percepção de provimento, ou seja, o eventual sucesso da pretensão não constitui um quarto critério de admissão ou, de outra forma, não se inclui como a parte oculta de cada um dos critérios claramente enunciados. A palavra apenas (*nur*) identifica de modo claro que os critérios de admissão são taxativos, tendo portanto a virtualidade de sublinhar «a exclusividade do catálogo»[160]. Não é negado, no entanto, que pode relevar, nessa sede, a manifesta inutilidade que o recurso comporte, suscitando-se a aplicação analógica do § 144, n.º 4, VwGO, no qual se comina que, mesmo se existir uma violação legal, mas a decisão contestada puder ser mantida com base noutros motivos, a *revision* será indeferida, norma da qual se retira que poderá ser inútil admitir um recurso se a expectativa do seu sucesso for de molde a não traduzir a alteração do sentido da decisão. Do mesmo modo, quando é avaliada a necessidade de clarificação de uma questão de direito, quando se efectua essa ponderação já está aí incluída, com naturalidade, a formulação de um juízo acerca do efeito da *revision*, que será nulo se o recurso, após admissão, vier a improceder[161].

O carácter de importância fundamental da questão jurídica concretiza-se através de ideias de força como a segurança jurídica, o desenvolvimento do direito, a necessidade de aclaração, a importância da questão que se eleva acima do caso específico de que emana[162]. Este critério de admissão constitui a via determinante de acesso à instância de revista, representando do mesmo modo a finalidade do próprio supremo tribunal. A consideração de uma questão como de importância fundamental decorre de ela servir a unidade do direito, contribuir para a manutenção da estabilidade do direito ou promover um maior desenvolvimento deste. Isto significa que a questão jurídica em causa, além de compreender a resolução do caso específico, deve ir para além dele. A questão é de tal modo relevante que

---

[159] Cfr., nestes termos, PIETZNER, *VwGO Kommentar*, § 132, p. 7.
[160] Cfr. PIETZNER, *VwGO Kommentar*, § 132, p. 10.
[161] Cfr. PIETZNER, *VwGO Kommentar*, § 132, p. 7 s.
[162] Cfr. HUFEN, *Verwaltungsprozessrecht*, p. 673.

ultrapassa o caso concreto em que foi suscitada e servirá de paradigma futuro para outras situações semelhantes cuja expectativa de ocorrência é elevada[163]. A estrita consideração da justiça no caso concreto não basta como parâmetro aferidor do preenchimento do conceito indeterminado, nem os erros na aplicação ou na interpretação do direito constituem por si esse item, relevante é que a questão a destrinçar supere a importância do próprio processo onde é suscitada[164]. Não constitui justificação válida para a classificação de uma questão como tendo importância fundamental a circunstância do mais alto tribunal da ordem jurisdicional administrativa não ter ainda proferido jurisprudência nessa matéria, supõe-se, pelo contrário, que exista divergência jurisprudencial quanto ao entendimento a conferir a dado assunto; assim como se excluem sem dificuldade as questões de direito para as quais é facilmente encontrada resposta na lei ou na jurisprudência até aí existente[165], estas são questões incontroversas. Recorrendo à enunciação de PIETZNER, pode afirmar-se que um processo terá importância fundamental quando a questão de direito surgida no litígio exigir por fundamentos relativos à unidade do direito, compreendidos no seu desenvolvimento, uma aclaração por parte do BVerwG[166]. Se em relação à questão colocada for claro que a decisão não poderia ser outra, não sendo necessário realizar qualquer aclaração, devem ser evitados gastos de tempo e dinheiro em processos de revista que se revelariam improfícuos, acarretando além disso o ónus do retardamento da paz jurídica, o que exige um juízo de prognose sobre o benefício eventual da *revision*, e revela que não é suficiente que o recorrente manifeste interesse na aclaração da questão de direito para permitir a admissão[167]. Quando existe a expectativa de que a aclaração da questão de direito pode ocorrer, são mais estimuladas a unidade e o desenvolvimento do direito[168].

Não se estará perante uma questão de importância fundamental se ela respeitar a direito já revogado, não vigente, porque com esse facto de não permanência e continuidade se deve ter por afastada a promoção da unidade e desenvolvimento do direito; estas não se verificarão se as normas

---

[163] Neste sentido, PIETZNER, *VwGO Kommentar*, § 132, p. 13, este autor identifica como condicionante ao conhecimento da questão o facto de ainda nenhum dos outros tribunais supremos a ter clarificado.

[164] Cfr. PIETZNER, *VwGO Kommentar*, § 132, pp. 14 s.

[165] Cfr. PIETZNER, *VwGO Kommentar*, § 132, p. 15.

[166] Cfr. PIETZNER, *VwGO Kommentar*, § 132, p. 15.

[167] Cfr. PIETZNER, *VwGO Kommentar*, § 132, p. 16.

[168] Cfr. PIETZNER, *VwGO Kommentar*, § 132, p. 21.

O recurso de revista na jurisdição comum e nalguns direitos estrangeiros 73

jurídicas não gozarem de vigência. Exceptua-se, em limite, a eventualidade de existir ainda um elevado número de processos em que essa questão se poderá colocar e a hipótese de correspondência de solução entre a norma revogada e a norma que lhe sucedeu[169].

A divergência entre decisões jurisprudenciais constitui critério de admissão da *revision*, tendo presente a necessidade de assegurar a manutenção da unidade do direito, o que se justifica pelo facto de existir uma divergência de teor substancial entre a sentença impugnada e outra anterior, não se tratando, nestes casos, de oposição entre fundamentos ou *obiter dictum*[170]. Quando o critério de admissão assenta na existência de uma divergência, a *revision* visa a preservação e a manutenção da uniformidade da jurisprudência quanto a uma mesma questão de direito. Em termos objectivos confronta-se a manutenção da unidade do direito como segurança jurídica e em termos subjectivos com a igualdade na aplicação da lei[171]. A própria divergência pode contribuir, se assentar em bases sólidas e fundadas, como impulso à modelação da ordem jurídica pela uniformização da jurisprudência[172].

No caso da existência de um vício processual, a sua capacidade de provocar a admissão da *revision* implica que a eliminação do vício possa conduzir a uma decisão diferente da impugnada, o mesmo é dizer que se da supressão do vício não decorrer, com alguma probabilidade, a alteração do sentido da decisão, a *revision* não será admitida[173].

Se o OVG não admitir o recurso de *revision*, o recorrente pode apresentar queixa que será instruída no tribunal recorrido (que recusou a admissão). Na fundamentação da queixa deve fazer-se a demonstração da importância fundamental da questão jurídica, da existência da decisão de que a sentença recorrida diverge ou da presença de um vício processual. O tribunal recorrido pode alterar a decisão e admitir o recurso; se o não fizer, é o BVerwG que decide a admissão através de auto. Este auto deve ser fundamentado de modo sucinto, podendo prescindir-se da fundamentação se ela não contribuir para aclarar os pressupostos que permitiriam a admissão da *revision*[174]. O *Nichtzulassungsbeschwerde* tem duas fases,

---

[169] Cfr. PIETZNER, *VwGO Kommentar*, § 132, pp. 22 s.

[170] Cfr. HUFEN, *Verwaltungsprozessrecht*, p 673.

[171] Cfr. PIETZNER, *VwGO Kommentar*, § 132, p. 24.

[172] Cfr. PIETZNER, *VwGO Kommentar*, § 132, p. 24.

[173] Cfr. HUFEN, *Verwaltungsprozessrecht*, p. 673.

[174] Cfr. § 133, n.° 5, VwGO.

numa primeira é o próprio tribunal que rejeitou a admissão do recurso que volta a apreciar a sua anterior decisão, podendo remediá-la e declarar admitida a *revision*, na segunda, quando o OVG mantiver a decisão de não admissão, a questão é remetida ao BVerwG, que decide definitivamente a sorte da admissão do recurso.

Ainda no âmbito do processo de queixa contra a não admissão, se estiver em causa uma sentença com vícios processuais, o tribunal federal pode, no auto, anular a sentença e devolver o processo à instância precedente para correspondente tramitação (§ 133, n.º 6). Trata-se de uma espécie de revista automática sem submissão ao processo próprio deste recurso[175]. Esta solução traduz-se numa desoneração do volume de trabalho do BVerwG e uma não menos relevante economia para os interessados[176], com a obtenção de uma solução final para a demanda num espaço de tempo mais reduzido.

O BVerwG verifica se a revista é admissível e se foi apresentada e fundamentada na forma e no prazo legais; se faltar alguns destes pressupostos, a revista não será admitida, por decisão que toma a forma de auto (§§ 143 e 144, n.º 1), sendo indiferente se a decisão é ou não precedida de audiência das partes ou pelo menos do recorrente[177].

Constituem fundamentos do recurso de *revision* a violação de direito federal ou a violação de uma norma da lei de procedimento administrativo de um Estado cujo teor literal corresponda ao preceituado na lei de procedimento administrativo federal (§ 137). A menção ao direito federal inclui o direito europeu que goza de efeito directo no território federal, mas não os princípios gerais de direito administrativo[178]. Apesar de se mencionarem como integrando a escala de direito revisivel, além das normas constitucionais, os princípios gerais, como o princípio da proporcionalidade e o princípio da interpretação conforme à Constituição[179]. São excluídas da

---

[175] Cfr. HUFEN, *Verwaltungsprozessrecht*, p. 674.

[176] Cfr. SCHMITT GLAESER/HORN, *Verwaltungsprozessrecht*, 15.ª edição, 2000, p. 284.

[177] Cfr. SCHMITT GLAESER/HORN, *Verwaltungsprozessrecht*, p. 287.

[178] Cfr. SCHMITT GLAESER/HORN, *Verwaltungsprozessrecht*, p. 285 s. Estes autores referem-se à possibilidade, constitucionalmente prevista, de ser atribuída ao BVerwG a apreciação, em última instância, de assuntos relativos à aplicação de direito estadual, artigo 99.º, *Grundgesetz*.

[179] Cfr. HUFEN, *Verwaltungsprozessrecht*, p. 675, citando no último caso uma decisão do BVerwG.

O recurso de revista na jurisdição comum e nalguns direitos estrangeiros 75

escala de revisibilidade as normas administrativas às quais falte o carácter de norma jurídica e a generalidade dos direitos estaduais[180].

É sempre considerado como violação de direito federal: o desrespeito das regras de composição do tribunal recorrido, a participação na decisão recorrida de um juiz que legalmente não exerça essa função ou que tenha sido afastado por eventual parcialidade, quando uma das partes não tenha sido ouvida no processo, quando ocorra falta de representação legalmente adequada de uma das partes, a menos que esta, no processo, tácita ou expressamente, o consinta, quando a sentença sendo pronunciada oralmente não tenha observado as regras de publicidade e quando a sentença não tenha sido fundamentada (§ 138). Tratando-se de fundamentos absolutos de revista, nas hipóteses enumeradas neste § deve presumir-se a insusceptibilidade de prova em contrário quanto ao seu carácter de direito federal[181].

O BVerwG está vinculado à matéria de facto dada como provada na sentença recorrida, excepto quando em relação a um desses factos seja alegado um fundamento de revista admissível e justificado (§ 137, n.° 2). Neste último caso pode estar o desrespeito de normas processuais federais aplicáveis à indagação de factos, como sejam, por exemplo, o desconhecimento do fundamento da apreciação das provas ou a insuficiente clareza dos factos; também se incluem na excepção legalmente admitida, uma infracção do pensamento legislativo ou de regras de experiência e de interpretação[182]. Além disso é ainda possível que o tribunal de *revision* tenha em consideração factos notórios e que não careçam de demonstração[183].

Se estiver em causa exclusivamente um vício processual, o tribunal de recurso apenas pode decidir quanto a esse fundamento. Nos restantes casos, o BVerwG não está vinculado aos fundamentos de revista alegados (§ 137, n.° 3).

O processo de *revision* segue o disposto quanto à apelação, com pequenas excepções e desde que não contrarie o seu regime próprio[184]. Não são admissíveis alterações ao pedido formulado no âmbito da revista

---

[180] Cfr. HUFEN, *Verwaltungsprozessrecht*, p. 676.

[181] Cfr. SCHMITT GLAESER/HORN, *Verwaltungsprozessrecht*, p. 286.

[182] Elementos recolhidos em SCHMITT GLAESER/HORN, *Verwaltungsprozessrecht*, p. 287; cfr., também, ULE, *Verwaltungsprozessrecht*, 9.ª edição, 1987, p. 346.

[183] A menção é de HUFEN, *Verwaltungsprozessrecht*, p. 675, citando uma decisão do BVerwG.

[184] § 141. Cfr. HUFEN, *Verwaltungsprozessrecht*, p. 677.

(§ 142.°, n.° 1). Se a revista não estiver fundamentada, o tribunal de recurso indefere o pedido; se estiver fundamentada, pode decidir sobre o fundo do processo ou anular a sentença impugnada e devolver o assunto para posterior instrução e decisão[185].

Na *revision* os terceiros que estejam envolvidos na relação jurídica controvertida, em termos que a decisão que for tomada os afecte, podem alegar vícios processuais no prazo de dois meses; nestes casos a decisão do BVerwG será no sentido da devolução do processo à instância competente, desde que o terceiro nisso tenha um interesse legítimo[186].

A revista será indeferida se, apesar da existência de uma violação de direito federal por parte da decisão contestada, esta se revelar correcta por outros motivos[187].

O tribunal a que for devolvido o processo deve adoptar as diligências que se revelem pertinentes, mas está vinculado a observar a interpretação do direito que tiver sido emanada pelo BVerwG. (§ 144, n.° 6). Esta vinculação só é válida para o próprio processo em que foi proferida, não podendo ser extrapolada, com esse carácter, para outras situações[188]. Acaba, também, por traduzir uma autovinculação do tribunal de revista, que se justifica pela necessidade de evitar que os recorrentes se sintam motivados a sucessivamente lançar mão da *revision* com vista ao desiderato pretendido. A autovinculação pode ser afastada se ocorrer qualquer alteração ao nível da situação processual concreta, podendo justificar que o BVerwG proceda a uma mudança da sua primeira decisão por razões atinentes à nova realidade processual que lhe for submetida, podendo aí existir uma evolução da concepção jurídica do tribunal em relação à mesma questão de direito[189].

Se a *revision* se fundar apenas num vício processual e pela apreciação realizada o tribunal supremo considerar que esse vício não existe, a decisão não necessita de ser fundamentada, o que já não acontece quando estejam em causa quaisquer dos fundamentos do recurso enumerados no § 138.

12. É admissível o recurso de *revision* directamente do tribunal administrativo (primeira instância) para o BVerwG, se ambas as partes no

---

[185] § 144, n.os 2 e 3, VwGO.

[186] §§ 144, n.° 3, 142.°, n.° 1, 2.ª frase e 65.°, n.° 2, VwGO.

[187] § 144, n.° 4, VwGO. Cfr. HUFEN, *Verwaltungsprozessrecht*, p.677.

[188] Cfr. SCHMITT GLAESER/HORN, *Verwaltungsprozessrecht*, p. 288.

[189] Cfr. PIETZNER, *VwGO Kommentar*, § 132, p. 20.

O recurso de revista na jurisdição comum e nalguns direitos estrangeiros 77

processo (recorrente e recorrido) nisso acordarem e o VG o admitir na própria sentença ou, posteriormente, através de auto. Nesta hipótese prescinde-se da instância de apelação. Se o VG admitir o recurso, esse acto conformará uma renúncia das partes ao recurso de apelação[190].

A *revision per saltum* é admitida se se tratar de uma questão jurídica de importância fundamental ou de divergência entre decisões jurisdicionais, não podem já estar em causa vícios do processo[191].

A decisão de não admissão do recurso pelo VG não é susceptível de impugnação (contrariamente ao que se verifica na *revision* normal)[192]. O insucesso na tentativa de acesso imediato ao mais alto tribunal não se traduz na perda de todas as possibilidades de ver a decisão de primeira instância reapreciada por um tribunal superior. O processo pode ainda ser submetido em recurso de apelação perante o OVG.

Outra hipótese em que é admissível a *sprungrevision* é aquela em que da sentença do VG não seja possível recurso de apelação, por exclusão decorrente de lei federal (§ 135). Neste caso a *revision* só pode ser admitida pelo VG ou pelo BVerwG através de queixa. Na admissão são aplicáveis as regras gerais que regulam o processo de revista[193].

No âmbito da *sprungrevision* o BVerwG detém os poderes enunciados aquando da explicitação do normal recurso de *revision*, mas quando decida devolver o processo para instrução e posterior decisão pode, em lugar de efectuar a devolução para o VG de onde ele provier, remeter o processo para o OVG que teria sido competente para decidir o recurso de apelação, se este tivesse sido interposto. Esta possibilidade é-lhe conferida a título discricionário, é esta a expressão utilizada pelo legislador. Se optar pela remessa do processo para o OVG, este fará tramitar a causa de acordo com as regras que regem o recurso de apelação, que seria o normalmente seguido, não fosse o salto para o BVerwG.

b) *França*

13. O recurso de cassação perante o Conselho de Estado teve uma origem jurisprudencial, não tendo sido o resultado de uma intencional

---

[190] § 134, n.º 5, VwGO.
[191] § 134, n.os 2 e 4, VwGO.
[192] § 134, n.º 2, VwGO.
[193] §§ 132 e 133, VwGO.

criação legislativa, recolhendo, por isso, duas influências determinantes, a do recurso por excesso de poder e a do recurso em cassação perante a *Cour de Cassation*[194]. Da sua origem pretoriana decorre a formatação jurídica do seu âmbito e efeitos. Aliás, o assinalado parentesco com o recurso por excesso de poder[195] parametriza a evolução desta via de recurso. Se, numa primeira fase, a assimilação destes dois recursos perante o Conselho de Estado permitia a indistinção e não consideração autónoma entre eles, foi ainda assim sendo construída doutrinal e jurisprudencialmente a autonomia de ambos, que acabou por adquirir força legal (8 de Novembro de 1940). A aproximação entre o recurso por excesso de poder e o recurso em cassação decorria da sua igual finalidade: fazer respeitar a legalidade, no primeiro, pela Administração, no segundo, pelos juízes[196]. O que não significa que estivessem sujeitos a um regime jurídico comum.

A consideração desta confluência conduziu ao esforço da sua separação por via da identificação das diferenças com base nas quais a distinção se apresenta como natural e inevitável. BARJOT enumerou cinco critérios que permitem aquilatar o afastamento entre o recurso por excesso de poder e o recurso em cassação: o recurso por excesso de poder tem como objecto actos administrativos, enquanto que no recurso em cassação estão em causa decisões em última instância de uma jurisdição administrativa; no primeiro, qualquer interessado pode interpor o recurso, no segundo, apenas as partes na instância o podem fazer; os meios de anulação perante ambos são comuns, apesar de existirem alguns desvios no recurso de cassação, nomeadamente pela prévia invocação no processo ou pela sua natureza de ordem pública, assim como em relação ao vício de desvio de poder. Quanto ao âmbito de controlo do juiz, existia uma recusa, pelo juiz de cassação, de exame da apreciação soberana dos factos efectuada pelo juiz de fundo, mas que foi sendo atenuada pela jurisprudência do Conselho de Estado por via do controlo da materialidade dos factos e da sua qualificação jurídica. Os efeitos da decisão variam. No recurso por excesso de

---

[194] Cfr. BARJOT, *Le Recours en Cassation devant le Conseil D'État*, EDCE, n.º 5, 1951, p. 64.

[195] Cfr. CHAPUS, *Droit du contentieux...*, pp. 1198 s., 1227; BARJOT, *Le Recours...*, pp. 64 ss. DAMIEN/BORÉ, *Le contrôle du juge de cassation en matière administrative et en matière civile*, RFDA, Set./Out. 1990, p. 778, afirmam que não foi a cassação que emanou do excesso de poder, mas o excesso de poder que emanou da cassação, no fim do século XIX, tendo no século XX o recurso por excesso de poder exercido a sua influência sobre o recurso de cassação.

[196] Cfr. CHAPUS, *Droit du contentieux...*, p. 1198.

poder, a decisão de anulação de um acto administrativo tem efeito *erga omnes*, enquanto que no recurso em cassação, a decisão de cassação se limita a ter um efeito relativo às partes no litígio, o que significa que, sendo cassada a decisão ou anulado o acto administrativo, a situação subsequente do juiz (se houver reenvio) ou da Administração não serão idênticas[197].

As dificuldades de distinção derivaram da confusão entre acto jurisdicional e acto administrativo, o que permitiu misturar as duas vias de recurso que se dirigiam à apreciação de actos que, embora distintos, se apresentavam de modo comum. Esta indiferenciação ainda mais se acentuava pelo facto de o Conselho de Estado ser ao mesmo tempo juiz de cassação e juiz de excesso de poder, o que representava também uma confusão entre funções jurisdicionais distintas. Com a reforma de 1953, com a criação dos tribunais administrativos como primeira instância em matéria de excesso de poder, começou a tornar-se mais clara a distinção dos recursos, vindo a posterior e muito significativa reforma de 1987 acentuar ainda mais essa separação por via da criação de uma segunda instância (*Cours Administratives d'Appel*)[198].

A afirmação jurisprudencial do recurso em cassação também contém uma originalidade que importa atender e que passava pela desnecessidade de prévia previsão legal, ou seja, mesmo a expressa exclusão de qualquer recurso era lida pela jurisprudência como a inadmissibilidade do recurso de apelação (ou outro) mas não como significando o afastamento do recurso em cassação. Essa regra era tida como excluindo o recurso de apelação, mas permitindo o recurso em cassação. Desde que estivesse em causa uma decisão em última instância da jurisdição administrativa, o recurso em cassação apenas podia ser excluído se tal opção decorresse de «uma vontade contrária claramente manifestada»[199]. Este princípio foi afirmado por LAFFERIÈRE, em 1896.

Com as reformas de 1953 e de 1987 como marcos principais (apesar de terem ocorrido outras intervenções legislativas), o posicionamento do Conselho de Estado vai sendo alterado, acompanhando a evolução do contencioso administrativo francês, o que também comportou efeitos ao nível

---

[197] Cfr., com maiores desenvolvimentos, BARJOT, *Le recours...*, EDCE, n.º 5, 1951, pp. 64 ss.

[198] Cfr., neste sentido, DEBBASCH/RICCI, *Contentieux...*, p. 662.

[199] Cfr. CHAPUS, *Droit du contentieux...*, pp. 1202 s., citando uma decisão do CE.

do recurso de cassação. A criação em 1987 de tribunais de segunda instância, competentes para apreciar os recursos das decisões provenientes dos tribunais administrativos de primeira instância, vai necessariamente acentuar a função de cassação do Conselho de Estado, tendo por objecto as decisões dimanadas daquela segunda instância, sem que se lhe confira, porque não foi essa a intenção, o carácter de um terceiro grau de jurisdição. Garante-se um segundo grau de jurisdição, no âmbito do qual se discute a matéria de facto e de direito, admitindo-se que, em matéria de direito, possa ser ainda interposto recurso de cassação para o CE, visando um fim diferente daquele que se alcança pela via do recurso de apelação, quer para as partes, quer para a ordem jurídica. Sem prejuízo do Conselho de Estado continuar a deter poderes de cassação relativamente a decisões de outras instâncias *ad-hoc* que polvilham o ordenamento jurídico-administrativo francês.

A criação de tribunais de segunda instância teve como ideia-guia principal o descongestionamento do Conselho de Estado que se encontrava numa situação de acentuada sobrecarga, permitindo um funcionamento mais célere da justiça administrativa, no sentido de conceder aos requerentes uma solução para o pedido formulado dentro de um prazo razoável. Este fim acabou por não ser totalmente alcançado, desde logo em face do critério de distribuição da competência material entre o Conselho de Estado e as *Cours d'Appel* e também pelo facto de decorrer da criação de novos tribunais a alocação de juízes anteriormente na primeira instância para a instância seguinte, provocando um aumento de dificuldades na decisão em tempo adequado por parte da primeira instância, pela diminuição do número de juízes e pela menor experiência dos novos juízes a eles afectos. Trata-se, no entanto, de um risco inevitável quando se pretende implementar uma reforma do contencioso administrativo com as implicações que a lei de 1987 comportava, mas que procurou ser atenuada pela transferência temporalmente distribuída das diversas competências que deixaram o Conselho de Estado.

O recurso de cassação tem por objecto as decisões das *Cours Administratives d'Appel* e todas as decisões tomadas em última instância das jurisdições administrativas (artigo L. 821-1, *CJA*). Este preceito acolhe o princípio geral reconhecido pelo Conselho de Estado desde uma sua decisão de 7 de Fevereiro de 1947 (decisão *D'Aillières*). Estão apenas em causa decisões jurisdicionais, emanadas por órgãos integrados na jurisdição administrativa, que são estatuídas em última instância e que assumem, por isso, um carácter definitivo. O Conselho de Estado, ao longo do tempo, foi enunciando indícios que permitem concluir (ou não) pela verificação dos caracteres que a decisão que se pretende colocar em causa deve preencher. São dois os critérios que conferem maior certeza à configuração do órgão como tendo carácter jurisdicional: se o legislador expressamente lhe atribuiu essa qualidade, a qualificação é aceite; se o órgão foi criado pelo poder regulamentar, a Constituição impede que esse órgão possa ser qualificado como jurisdicional[200]. O carácter de jurisdição administrativa não apresenta especiais dificuldades, na medida em que quanto à integração na ordem administrativa ou na ordem judiciária o legislador tem sido explícito. O facto de ter de se tratar de uma decisão em última instância (e definitiva) constitui um traço comum do recurso de cassação na ordem jurisdicional administrativa e judiciária[201].

Perante o Conselho de Estado é obrigatória a representação por advogado e se esta falta foi, em tempos, objecto de convite à regularização, agora constitui, de imediato, motivo para a não admissão do recurso. O prazo para a interposição do recurso é de dois meses e conta-se desde a notificação da decisão que se pretende ver analisada, devendo o pedido de admissão ser devidamente fundamentado[202]. O recorrente deve deter capacidade judiciária, interesse em agir e ser parte na instância[203].

14. A lei de 31 de Dezembro de 1987 estabeleceu um processo prévio de admissão, recuperando parcialmente uma anterior regulação no âmbito da *Cour de Cassation*, que teve até essa data diversas cambiantes[204]. A admissão prévia do recurso de cassação pode ser analisada tendo

---

[200] Cfr. MASSOT/FOUQUET/STAHL/GUYOMAR, *Le Conseil d'État, juge de cassation.* Paris, 5.ª edição, 2001, p. 46. Estes autores identificam outros critérios, a favor do carácter jurisprudencial, a fundamentação e o carácter contraditório do processo, a favor do carácter administrativo, a possibilidade da decisão ser contestada através de um recurso administrativo e desse órgão poder apreciar o assunto por uma segunda vez (p. 45).

[201] Indicações de MASSOT/FOUQUET/STAHL/GUYOMAR, *Le Conseil...*, 5.ª edição, pp. 43 ss.

[202] Cfr. MASSOT/FOUQUET/STAHL/GUYOMAR, *Le Conseil...*, 5.ª edição, p. 42.

[203] Cfr. MASSOT/FOUQUET/STAHL/GUYOMAR, *Le Conseil...*, 5.ª edição, pp. 50 ss.

[204] Cfr. DEBBASCH/RICCI, *Contentieux...*, p. 669. Na *Cour de Cassation* existiu até 1947 uma «chambre de requêtes» que apreciava a admissibilidade e a seriedade do recurso, num processo prévio não contraditório. A decisão de rejeição era fundamentada e a transmissão do processo à «chambre civile» não. A esta solução foram apontadas vantagens (permitir à formação principal examinar as questões difíceis com maior profundidade e assim exercer o seu papel de regulador do direito) e inconvenientes (tramitação processual mais lenta e possibilidade de divergência jurisprudencial entre a «chambre de requêtes» e

por padrão dois períodos distintos: o primeiro, decorre da sua instituição e regulação em 1987/1988, o segundo, inicia-se em 1998.

A instituição de um processo prévio de admissão não significa a adopção de uma forma de selecção discricionária dos processos que podem ser apreciados por via do recurso de cassação. Este processo foi colocado, no momento prévio à instrução do processo, para funcionar como filtro – com carácter jurisdicional – e não como faculdade de prossecução de uma qualquer política jurisprudencial assente em critérios e intenções que não estritamente jurídicas[205]. Na previsão do processo prévio de admissão foram considerados três condicionantes: a necessidade de eliminar um conjunto significativo de recursos, implementando mecanismos dissuasores de utilização sistemática do recurso de cassação, o que significava na prática uma selecção muito severa e rígida; ao mesmo tempo, o processo deveria assegurar as garantias suficientes ao recorrente

---

a «*chambre civile*»). A lei de 23 de Julho de 1947, que efectuou uma profunda reforma do recurso de cassação, eliminou a «chambre de requêtes» e assim o filtro de admissão até aí existente. Em 1979 (lei de 3 de Janeiro) foi reposto um filtro de admissão, desta vez funcionando em cada «chambre» uma formação restrita que rejeitava os recursos inadmissíveis ou manifestamente infundados, sendo essa formação composta por três magistrados ou menos e decidia com rapidez. Não se tratava de uma formação autónoma, emanando de cada secção. Este processo prévio de admissão também foi objecto de críticas: a formação restrita apenas podia proferir decisões de rejeição, a distribuição dos processos a essa formação não ficou definida de forma clara, a possibilidade de distribuição a uma formação restrita após a apresentação de um pedido ampliativo ignora o princípio do contraditório, não é correcto o entendimento de que a inadmissibilidade do recurso é necessariamente favorável ao recorrido, nomeadamente pelo facto de a este interessar o âmbito do caso julgado. Em 1981 (lei de 6 de Agosto) é introduzida a possibilidade de o primeiro presidente ou o presidente da «chambre» poder determinar que o processo seja julgado em formação restrita se a solução a dar for de tal modo óbvia que se impõe a sua prolação imediata. Neste ponto já não se está perante um processo prévio de admissão, mas ante uma decisão da questão apresentada com um menor grau de exigência em face da inevitabilidade da solução. Por nova alteração em 2001 (lei de 25 de Junho), a formação restrita de cada «*chambre*» pode rejeitar o recurso por inadmissível ou por não estar fundado em meios sérios, podendo também decidir a questão se a solução se impuser (artigo L.131-6, *Code de l'organisation judiciaire*). Cfr., a respeito da evolução da Cour de Cassation, resumidamente exposta, BORÉ, *La Cassation en Matière Civile*, 1980, pp. 4, 5, 64, 74-80, 120, 121 e 126; MARTIN-LAPRADE, *Le "filtrage" des pourvois et les "avis" contentieux*, AJDA, n.º 2, 1988, p. 87; VIER, *Le contentieux administratif après la loi du 31 décembre 1987*, AJDA, n.º 2, 1988, p. 123; JULIEN, *Droit Judiciaire Privé*, 2.ª edição, 2003, pp. 420 s.

[205] Cfr. MASSOT/FOUQUET/STAHL/GUYOMAR, *Le Conseil...*, 5.ª edição, p. 59; THÉRY, *Les nouvelles procédures contentieuses au Conseil d'État*, RFDA, 1988, p. 791.

O recurso de revista na jurisdição comum e nalguns direitos estrangeiros   83

e deveria ser o mais rápido possível, para evitar que com esta nova etapa se acabasse por redundar num aumento do período de duração dos litígios[206]. Instituído o processo prévio que permitia ou não o acesso ao Conselho de Estado, juiz de cassação, importava ainda definir o modo de funcionamento em termos orgânicos desta solução. As alternativas consistiam em deixar esse processo nas mãos de cada sub-secção ou em criar uma comissão encarregue de proceder a essa apreciação prévia. Esta opção, que se manifesta inicialmente, não assume apenas o carácter de uma mera e eventualmente insignificante medida de carácter organizatório, sem relevo na substancial configuração do recurso, e tanto é importante que, anos mais tarde, se vem a alterar a solução inicialmente implementada. Contra a atribuição da apreciação prévia da admissibilidade do recurso de cassação a cada uma das sub-secções da secção do contencioso foram identificados três obstáculos: um duplo exame por parte da mesma formação de julgamento (na admissão e no fundo), com a eventualidade de, na primeira, o juiz se limitar a uma verificação meramente formal por privilegiar a apreciação de fundo; o risco de fazer ressaltar divergências entre as várias sub-secções no que respeita à concretização dos critérios de admissão, podendo infundir a sensação de que a admissão do recurso estaria dependente da sorte da sub-secção a que fosse atribuído o processo e o risco da transposição para este processo de admissão das insuficiências existentes no âmbito dos processos urgentes[207]. A opção, definida pelo decreto de 2 de Setembro de 1988, acabou por recair na criação de uma comissão de admissão do recurso de cassação, que funcionava em formação jurisdicional, composta por três membros, mas que não estavam exclusivamente afectos a essa tarefa[208]. Esta solução funcionou durante vários anos, acabando por ser alterada em 1997, com a consagração da solução à qual inicialmente foram apontados maiores inconvenientes do que vantagens.

Pelo decreto de 24 de Dezembro de 1997 foi suprimida a comissão de admissão do recurso em cassação, com efeitos a partir de 1 de Janeiro de 1998, tendo a função que era por esta exercida sido distribuída pelas

---

[206] As três condicionantes referidas foram identificadas por THÉRY, Les nouvelles..., RFDA, p. 791.

[207] Estes inconvenientes foram enumerados por THÉRY, Les nouvelles..., p. 792.

[208] Cfr. MASSOT/FOUQUET, Le Conseil d'État, juge de cassation. Paris, 1.ª edição, 1993, p. 54 (5.ª edição, p. 60); CHAPUS, Droit du contentieux..., p. 1209; THÉRY, Les nouvelles..., RFDA, 1988, p. 792.

dez sub-secções da secção do contencioso, que já funcionavam como instâncias normais de instrução e julgamento dos recursos admitidos[209]. O processo de admissão continuou similar ao já instituído relativamente à sua condução pela comissão de admissão, transferindo-se o poder atribuído ao presidente da comissão para o presidente de cada sub-secção. Nas situações em que o recurso é inadmissível por o recorrente não se apresentar representado por advogado[210] ou por estar afectado de um motivo de inadmissibilidade manifesto e irremediável, o presidente da sub-secção pode decidir a sua rejeição de imediato[211]. Os autores dão nota de maior celeridade na fase de admissão do recurso de cassação, parecendo ter por ultrapassados os inconvenientes que inicialmente tinham sido apontados a esta solução.

Com efeito, apesar de se atribuir à criação da comissão de admissão o incremento do processo prévio de admissão, foram apontadas a essa solução, por reflexo da experiência, diversas imperfeições, desde logo pelo facto de se revelar um factor de complexificação do recurso, atendendo à centralização dessa fase do processo e, por outro lado, a lentidão que lhe foi assacada assentou na dispersão de relatores, revisores e comissários de governo que intervinham nos processos, não pertencendo à mesma secção, o que dificultou o seu entrosamento por não terem hábito de trabalhar em conjunto. O arrastamento inicial dos processos motivou consequentes atrasos na instrução daqueles que vinham a ser admitidos[212]. A opção pela descentralização nas várias sub-secções do processo prévio de admissão visava suplantar, pelo menos em parte, os atrasos que a existência de uma única comissão centralizadora e cujos membros não exerciam essas funções em exclusividade tinha acarretado.

Recebido o recurso pelo presidente da sub-secção (antes da comissão de admissão) se este entender que o recurso se funda com evidência em meios sérios, pode admiti-lo sem o submeter a apreciação da sub-secção,

---

[209] Cfr. CHAPUS, *Droit du contentieux...*, p. 1209; DEBBASCH/RICCI, *Contentieux...*, p. 669.

[210] A exigência relativa à necessária representação por advogado deixou de ser suprível por convite a formular pelo Conselho, o que permitiu desde logo eliminar um significativo conjunto de recursos, (1118 no ano 2000), cfr. quadro fornecido por MASSOT/FOUQUET/STAHL/GUYOMAR, *Le Conseil...*, 5.ª edição, p. 69.

[211] Cfr. artigo R. 822-5, *Código de Justiça Administrativa* e CHAPUS, *Droit du contentieux...*, p. 1209.

[212] Cfr. MASSOT/FOUQUET/STAHL/GUYOMAR, *Le Conseil...*, 5.ª edição, pp. 59 s.

O recurso de revista na jurisdição comum e nalguns direitos estrangeiros   85

seguindo-se a instrução na sub-secção, (no período em que o processo era conduzido pela comissão, este era remetido ao presidente da secção de contencioso para distribuição a uma das sub-secções). Se tiver alguma dúvida sobre a admissão, o presidente confia o processo ao relator, que procede à sua instrução e elabora uma nota na qual aprecia se o recurso é admissível e se os meios invocados têm carácter sério, não lhe cabendo pronunciar-se sobre o fundo do processo, mas apenas sobre a sua admissibilidade. Após o que é submetido a um revisor, que pode ser o presidente da sub-secção ou um seu assessor, que se pronuncia sobre a proposta do relator. Recolhidos estes pareceres, o processo volta ao presidente da sub-secção que decide ou admitir o processo e submetê-lo a instrução ou, se entender que a admissão deve ser recusada, remetê-lo ao comissário do governo para depois realizar uma audiência pública. Na audiência pública o advogado do recorrente pode fazer observações orais. Após esta audiência a sub-secção toma uma decisão: se admitir o recurso, ele passa à fase de instrução, se a admissão é recusada, a decisão assume a forma jurisdicional (com relevo em sede de fundamentação), sendo notificada ao recorrente ou ao seu mandatário[213].

A sub-secção (antes comissão de admissão) apenas emana uma decisão jurisdicional no caso de recusa de admissão do recurso, que, mesmo assim, não pode ser sujeita a qualquer outro tipo de recurso, com a ressalva adiante mencionada. Na hipótese de admissão, a decisão da sub-secção não assume forma jurisdicional, traduzindo-se no prosseguimento normal do recurso. Apenas participa neste processo prévio o recorrente (ou o seu mandatário), a outra parte (recorrido) não tem qualquer intervenção, porque o processo não é, nem tem de ser, um processo contraditório entre as partes no litígio, ele destina-se unicamente a apreciar se um recurso de cassação merece ou não ser instruído e julgado pela secção do con-

---

[213] Tramitação pormenorizadamente enunciada em MASSOT/FOUQUET/STAHL/ /GUYOMAR, *Le Conseil...*, 5.ª edição, pp. 61 s. Na prática vigente à luz da reforma de 1987, em regra, quando o presidente da comissão de admissão decidia admitir o processo ou quando o relator e o assessor eram favoráveis à admissão, não precedia essa pronúncia de audiência pública. Se o relator e o assessor tivessem posições divergentes, em regra, o presidente da comissão remetia o processo à secção para a respectiva instrução, sem prévia audiência pública. Apenas quando ambos se pronunciavam pela não admissão é que o presidente da comissão determinava a realização da audiência pública perante a comissão de admissão, e neste caso o processo era submetido a parecer do comissário do governo para que se pronunciasse. (Cfr. MASSOT/FOUQUET, *Le Conseil...*, 1.ª edição, pp. 54-56, quanto à condução do processo pela comissão de admissão).

tencioso. Na fase de admissão não está em causa um julgamento prévio do sucesso do recurso[214].

15. Constituem motivos de recusa de admissão do recurso o facto deste ser inadmissível («*irrecevable*») ou de não se fundar sobre algum meio sério («*n'est fondé sur aucun moyen sérieux*»)[215]. A inadmissibilidade do recurso decorre, em regra, de uma constatação simples e objectiva, enquanto que a verificação da ausência de qualquer meio sério coloca maiores dificuldades[216].

As justificações para a não admissão do recurso são, em regra, sucintas, chegando ao ponto de apenas se mencionar que qualquer dos meios invocados não apresenta um carácter sério, sendo que uma tão breve e lata enunciação não consente ao recorrente a percepção clara sobre as razões pelas quais a sua tentativa de aceder ao juiz de cassação foi recusada. Inicialmente foi discutida a necessidade de se distinguir entre os meios que não apresentam um carácter sério porque não admissíveis na cassação, ainda que em relação ao fundo da causa possam ser fundados, os meios de direito novos ou meios que ataquem a apreciação soberana dos factos efectuada pelo juiz de fundo e os meios, admissíveis na cassação, mas que não detenham carácter sério. A comissão de admissão, inicialmente, recusou--se a enveredar por este caminho, também porque a exigência de uma fundamentação neutra e sucinta constituiu uma via eficaz de prevenir a deriva verificada na antiga «*Chambre dês requêtes de la Cour de Cassation*»[217], o que foi mantido pelas sub-secções. O estilo de fundamentação das decisões de não admissão que foi adoptado não permite que essas decisões possam ser invocadas como precedente noutras hipóteses que eventualmente se configurassem como semelhantes, o que, além disso, também acarreta, no que concerne à aceitação social das decisões dos tribunais, alguns engulhos. A fundamentação breve e neutra não facilita (antes

---

[214] Nestes exactos termos, MASSOT/FOUQUET/STAHL/GUYOMAR, *Le Conseil...*, 5.ª edição, p. 63, apesar de adiante referirem que com o processo de admissão se visa evitar que o Conselho de Estado seja inundado com processos que não tenham qualquer hipótese de sucesso, (p. 64), o que parece indiciar, mesmo que sumariamente, um pré-entendimento do litígio.

[215] Artigo 11.º, 1.º, da Lei n.º 87-1127, de 31 de Dezembro, actual artigo L.822-1, do *Código de Justiça Administrativa*.

[216] Cfr. CHAPUS, *Droit du contentieux...*, p. 1210.

[217] Enunciação constante de MASSOT/FOUQUET, *Le Conseil...*, 1.ª edição, p. 57, ver nota 204 supra.

impede) a sua compreensão por aqueles que se julgaram no direito de tentar aceder à mais alta jurisdição, da qual se vêem afastados sem que de modo claro e fundado – na sua perspectiva – compreendam a razão da exclusão[218]. Chegou a considerar-se que a fundamentação das decisões era lacónica, limitando-se a uma mera enunciação, sem explicitação das justificações da não admissão[219]. Um dos argumentos invocados em defesa do estilo de fundamentação adoptado assenta na ideia de que o desenvolvimento e exposição detida dos motivos pelos quais se considera que os fundamentos alegados não são sérios consiste no facto de que essa enunciação se traduziria no julgamento do objecto do processo, que é o que se pretende evitar[220]. Não se ignora que do lado da justiça se eleva o valor da celeridade, mas do ponto de vista da aceitação social das decisões poderá estar em causa uma conformação pacífica com esse estilo de argumentação. A dificuldade reside naturalmente no equilíbrio a construir para que os recorrentes aceitem a decisão, sem que o esforço na fundamentação de decisões – que muitas vezes podem ser óbvias e gritantes – se traduza na paralisia do sistema judicial. Atente-se que, e este é um aspecto permanente e fundamental para a caracterização do processo prévio de admissão, o seu objecto é «evitar ao Conselho de Estado a instrução e o julgamento de fundo de recursos que não têm nenhuma hipótese de prosperar em face dos meios invocados»[221].

Como critérios de recusa foram estatuídos o carácter inadmissível do recurso, que significa a não observância das condições de admissibilidade ou o carácter não sério dos meios invocados. Entre as primeiras contam-se as condições de forma e de prazo, as condições relativas à natureza da decisão atacada (carácter jurisdicional, carácter de jurisdição administrativa, carácter de jurisdição administrativa em última instância, carácter definitivo da decisão), condições relativas à pessoa do recorrente (capacidade, interesse em agir, parte na instância)[222]. Sendo motivo de recusa a ausência de meios sérios, importa detalhar o significado desta expressão.

---

[218] Cfr., neste sentido, MASSOT/FOUQUET/STAHL/GUYOMAR, *Le Conseil...*, 5.ª edição, p. 68.

[219] Cfr. DAMIEN/BORÉ, *Le controle* ..., p. 779.

[220] Cfr. MASSOT/FOUQUET/STAHL/GUYOMAR, *Le Conseil...*, 5.ª edição, p. 64.

[221] Cfr. MASSOT/FOUQUET/STAHL/GUYOMAR, *Le Conseil...*, 5.ª edição, p. 64.

[222] Desenvolvidamente enunciadas em MASSOT/FOUQUET/STAHL/GUYOMAR, *Le Conseil...*, 5.ª edição, pp. 39-57. Se o recurso for inadmissível («*irrecevable*») a decisão de não admissão limita-se a declarar essa inadmissibilidade, não apreciando o carácter sério dos fundamentos invocados (p. 65).

Ela não era desconhecida do contencioso, tendo sido já empregue noutras ocasiões, apresentando-se nesta sede num sentido mais amplo. Esta diferente utilização justifica-se pela natureza das decisões de admissão: mesmo que preveja que o recorrente não tem qualquer hipótese de obter vencimento na questão de fundo, não é possível considerar como não sério um meio que se funda na regularidade da decisão atacada, isto é, não é possível proceder à substituição de motivos. O Conselho de Estado, como juiz de cassação, tem como objectivo a regulação do direito, e isto significa que as questões de direito novas devem, em princípio, ser submetidas à sub-secção; do mesmo modo, perante uma questão já objecto de jurisprudência anterior, mas que passe a ser objecto de soluções divergentes, deve o processo ser apreciado pela sub-secção de contencioso[223].

Chegou a ser invocado que o filtro jurisdicional efectuado pela comissão de admissão poderia constituir um obstáculo à evolução da jurisprudência, na medida em que, considerando uma determinada solução como constante e pacífica, qualquer meio invocado susceptível de a alterar pode ser sempre tido como não sério, tendo por motivo aquele carácter da jurisprudência reinante. Este risco foi afastado pelo facto dos tribunais administrativos de primeira e segunda instâncias serem livres de aplicar ou não a jurisprudência do Conselho de Estado e, por outro lado, pelo facto do próprio Conselho de Estado poder, em face das circunstâncias específicas de um dado caso concreto, proceder a alterações da sua posição anterior, por mais enraizada e sólida que se tenha apresentado ao longo dos tempos[224].

Na decorrência da reforma de 1987, o presidente da comissão de admissão podia rejeitar o pedido de suspensão de execução da decisão impugnada nas hipóteses em que não existissem prejuízos dificilmente reparáveis ou fundamentos sérios; se ocorresse motivo justificativo da suspensão, o processo teria de ser submetido a uma sub-secção da secção de contencioso para o instruir e decidir[225]. Com a reforma de 1997, o presidente da sub-secção detém os poderes de que usufruía o presidente da comissão de admissão, sendo que a decretação da suspensão só pode ser emanada por uma sub-secção em formação de julgamento[226].

---

[223] Cfr. MASSOT/FOUQUET/STAHL/GUYOMAR, *Le Conseil...*, 5.ª edição, p. 65.

[224] Cfr. MASSOT/FOUQUET/STAHL/GUYOMAR, *Le Conseil...*, 5.ª edição, p. 65.

[225] Cfr. MASSOT/FOUQUET, *Le Conseil...*, 1.ª edição, p. 60.

[226] Cfr. artigo R.822-4, *CJA* e MASSOT/FOUQUET/STAHL/GUYOMAR, *Le Conseil...*, 5.ª edição, p. 66.

O recurso de revista na jurisdição comum e nalguns direitos estrangeiros 89

A decisão de não admissão assume carácter jurisdicional e não pode ser contestada por qualquer outro recurso, com excepção do recurso de rectificação por erro material e de recurso de revisão. Como o processo não é contraditório, fica desde logo afastada a possibilidade de recurso de oposição ou de terceira oposição.

Ocorrendo a não admissão do recurso de cassação, o recorrente não pode invocar a preterição de garantias jurisdicionais que lhe tenham vedado o acesso ao Conselho de Estado. A decisão de rejeição incluiu um triplo exame: do relator, do conselheiro-revisor e do comissário do governo, sendo que todos os elementos fornecidos por estes três intervenientes serão discutidos, em sessão pública, perante a sub-secção (antes pela comissão de admissão)[227]. O maior grau de incerteza que este mecanismo acarreta respeita ao défice de fundamentação das decisões de recusa de admissão que poderão fazer perigar a compreensão e aceitação por parte dos visados.

16. Vigora, em matéria de fundamentos da cassação, o princípio da não admissibilidade de novos meios, só podendo ser invocados como meios de cassação aqueles que tenham sido alegados na primeira instância e perante as *Cours d'Appel*, já não os que invocados em primeira instância tenham sido abandonados em sede de apelação. Daqui decorre que se não tiverem sido invocados perante a segunda instância os meios relativos à irregularidade do processo em primeira instância, em recurso de cassação esses meios já não podem ser alegados, mas se tiverem sido invocados perante a *Cour d'Appel*, e a formação de julgamento os ignorar ou responder em termos não aceitáveis, a questão poderá ser de novo colocada perante o juiz de cassação. A razão de ser desta solução reporta-se ao facto de o Conselho de Estado não se configurar como um terceiro grau de jurisdição, mas como jurisdição de cassação. Esta interdição de meios novos aplica-se a ambas as partes no processo (recorrente e recorrido); se o recorrido não tiver, em tempo, contestado perante o juiz de fundo uma das conclusões do agora recorrente, já não pode ser admitido a fazê-lo em sede de cassação, a menos que o motivo seja de ordem pública[228]. A regra tem duas excepções, os meios derivados da decisão atacada e os meios de ordem pública. Os meios de ordem pública podem ser invocados em qualquer altura, mesmo que a primeira vez ocorra perante o juiz de cassação,

---

[227] Cfr. MASSOT/FOUQUET/STAHL/GUYOMAR, *Le Conseil...*, 5.ª edição, p. 68.
[228] Cfr. MASSOT/FOUQUET/STAHL/GUYOMAR, *Le Conseil...*, 5.ª edição, p. 145.

desde que o seu exame «não comporte nenhuma apreciação de facto»[229], mas contanto que decorram das peças que compõem o processo. Existe um princípio jurisprudencial, não exactamente nos termos antecedentes, de acordo com o qual os meios de ordem pública apenas são admissíveis em cassação desde que não possam ter sido invocados perante os juízes de fundo, nem oficiosamente tenham sido por eles considerados[230]. São meios deste tipo: a incompetência, os vícios do processo (desconhecimento do duplo grau de jurisdição, composição irregular do tribunal, desconhecimento, em matéria disciplinar, da regra de audiência não pública; não são meios de ordem pública: a motivação insuficiente, o *ultra petita*, a ausência de menção na decisão aos seus autores), os meios retirados do campo de aplicação da lei (constitui uma originalidade do contencioso administrativo e requer duas condições: que a lei seja inaplicável, ou seja, a lei foi aplicada a um acto ou a uma situação que ela não rege ou para além dos seus limites temporais e espaciais, e que o juiz não possa estatuir sem desconhecer o campo de aplicação de uma lei), os meios derivados da autoridade absoluta do caso julgado (isto é, a autoridade de caso julgado das decisões jurisdicionais pronunciadas em anulação por excesso de poder, já não a autoridade relativa do caso julgado que detém um interesse meramente privado).

São igualmente admissíveis os meios que derivem da decisão que se coloca em causa. Sejam de ordem pública ou não, estes são aqueles que não poderiam ter sido invocados em qualquer outro momento, mas apenas após a prolação da decisão do juiz de apelação e em face dos termos que a rodeiam é possível identificar os meios por via dos quais pode ser atacada em sede de cassação. Vigora um princípio de inadmissibilidade de meios novos, que se reforça pelo entendimento de que a instância de cassação prolonga a instância principal, o que se traduz na imutabilidade do litígio[231]. O Tribunal Europeu dos Direitos do Homem já exerceu controlo sobre a questão de saber se um meio invocado perante o juiz de cassação é novo ou se não terá ocorrido um erro manifesto de apreciação na rejeição desse meio como novo[232].

---

[229] Cfr. CHAPUS, *Droit du contentieux...*, p. 1214, citando decisão do Conselho de Estado de 8 de Janeiro de 1982.

[230] Princípio enunciado por CHAPUS, *Droit du contentieux...*, p. 1215.

[231] Neste sentido, DEBBASCH/RICCI, *Contentieux...*, p. 670. Quanto à afirmação do princípio enunciado no texto, cfr. CHAPUS, *Droit du contentieux...*, p. 1213.

[232] Decisão identificada por DEBBASCH/RICCI, *Contentieux...*, p. 671, datada de 21 de Março de 2000, referente à *Cour de Cassation* mas transponível para o Conselho de Estado.

O recurso de revista na jurisdição comum e nalguns direitos estrangeiros 91

Na construção realizada por CHAPUS é possível classificar os meios relativos à regularidade externa do julgamento e aqueles outros respeitantes à sua regularidade interna. Na regularidade externa contam-se a violação das regras de competência e das regras de processo. A este último respeito sublinhe-se a relevância da fundamentação das decisões que deve ser completa e precisa, que se acentua pelo facto de o juiz de cassação não poder senão socorrer-se do processo tal como lhe foi apresentado. Os juízes não devem ter omitido os factos da causa, devendo descrever a situação em litigio de modo preciso, exacto e completo; a sua ausência será motivo de anulação da decisão que tiver sido tomada por censura na motivação[233]. A fundamentação da decisão deve também ser coerente, isto é, não pode revelar-se contraditória nos moldes em que se apresenta.

Na regularidade interna da decisão avalia-se a decisão de fundo, aferindo da sua aceitabilidade em função de um controlo de índole jurídica e de um controlo assente nos factos. Procura-se resposta à questão de saber se ao litígio foi dada «a solução justificada pelo direito»[234]. Um dos fundamentos invocáveis é o erro de direito. São múltiplos os exemplos que permitem apreender melhor este meio de cassação, ele não terá, no entanto, quaisquer consequências se respeitar a um motivo abundante, o que quer dizer que a sua presença não é susceptível de afectar a decisão que se ataca, está em causa uma avaliação ou interpretação que não põe em causa a decisão de fundo tomada. O outro é o erro de facto. A este respeito, com o tempo, foram-se alargando os poderes da jurisdição de cassação, pois se, inicialmente, o Conselho de Estado não aceitava controlar o erro de facto por estar em causa uma apreciação soberana dos factos efectuada pelo juiz de fundo, agora já aceita verificar a exactidão dos factos e a sua qualificação jurídica, não admitindo apenas a apreciação dos factos[235]. Assim, o Conselho de Estado pode controlar a exactidão material dos factos, o mesmo é dizer, verificar se os factos tidos em conta pelo juiz de fundo que emitiu a decisão contestada são reais, se existem[236]. O erro de qualificação jurídica assenta na incorrecta qualificação jurídica dos factos efectuada pelo juiz de fundo (esta função é comum à exercida pela *Cour de*

---

[233] Cfr. CHAPUS, *Droit du contentieux...*, p. 1219.

[234] Cfr. CHAPUS, *Droit du contentieux ...*, p. 1220.

[235] Cfr. DEBBASCH/RICCI, *Contentieux...*, p. 674.

[236] Cfr. DEBBASCH/RICCI, *Contentieux...*, p. 675. CHAPUS, *Droit du contentieux...*, p. 1223, constata que a *Cour de Cassation* não efectua um controlo da materialidade dos factos, antes aceitando a apreciação soberana dos juízes de fundo, o que parece a este autor mais conforme «ao espírito de missão de uma jurisdição de cassação».

Cassation). Em matéria de qualificação jurídica o controlo é total, não se depara à jurisdição de cassação qualquer barreira impeditiva.

O Conselho de Estado não controla a apreciação dos factos efectuada pelo juiz de fundo, apesar de ser difícil fornecer uma definição do que seja apreciação de factos[237]. Em algumas áreas o legislador criou jurisdições especializadas em função da matéria. Aí a apreciação consiste na qualificação técnica dos factos, isto é, em dar aos factos uma definição técnica de acordo com a competência especializada da jurisdição[238]. A escusa do Conselho em entrar na área da apreciação dos factos explica-se também pela sua vontade de não ingerir num domínio técnico, o que de algum modo se aproxima da visão do juiz de excesso de poder. A apreciação soberana dos factos, realizada pelo juiz de fundo, deve traduzir-se numa fundamentação suficiente das suas decisões, para que daí resulte uma fundada apreciação soberana, podendo a sua falta pôr em causa essa apreciação[239]. O juiz de cassação exerce um controlo sobre a qualificação técnica quando verifica se o juiz de fundo desnaturou os factos. A teoria da desnaturação dos factos não sucumbe ante os limites fixados ao juiz de cassação[240]. O Conselho de Estado, juiz de cassação, pode controlar a desnaturação dos factos quando decorram da decisão da apelação em termos que não resultem das peças do processo[241].

Pode afirmar-se, como princípio, a interdição ao juiz de fundo de desnaturar os factos e os documentos que lhe são submetidos, constituindo um limite ao carácter soberano da sua apreciação dos factos[242]. Esta censura relativa à desnaturação dos factos, exercida pelo Conselho de Estado, está ausente do controlo desenvolvido pela *Cour de Cassation*, que se abstém de qualquer controlo quanto à desnaturação dos factos, tendo esta como única excepção a desnaturação de actos escritos[243].

Para realizar este controlo é necessário que se reúnam quatro condições: o fundamento retirado da desnaturação deve ter sido invocado pelo recorrente, a desnaturação não pode ser confundível com a inexactidão

---

[237] Cfr. CHAPUS, *Droit du contentieux...*, p. 1235; DEBBASCH/RICCI, *Contentieux...*, p. 675, citando JACQUEMART e PEISER.

[238] Cfr. DEBBASCH/RICCI, *Contentieux...*, p. 677.

[239] Cfr. DEBBASCH/RICCI, *Contentieux...*, p. 677.

[240] É a posição de PEISER, *Le Recours en Cassation en Droit Administratif Français. Évolution et régime actuel*. Paris, 1958, p. 381.

[241] Cfr. DEBBASCH/RICCI, *Contentieux...*, p. 678.

[242] Nestes exactos termos, cfr. CHAPUS, *Droit du contentieux...*, p. 1236.

[243] Cfr. CHAPUS, *Droit du contentieux...*, p. 1238.

material dos factos (o primeiro é interno e o segundo é externo), os factos desnaturados devem ser precisos e claros, a desnaturação deve ser grave e ressaltar das peças do processo[244].

A desnaturação é definida como «o desconhecimento pelo juiz de fundo de factos claros e precisos»[245]. A inexistência de uma conceitualização jurisprudencial obrigou a doutrina a desenvolver esforços no sentido de, procedendo à distinção da desnaturação de outras vicissitudes aparentemente semelhantes, encontrar o substrato do controlo exercido neste âmbito. Está em causa, já se viu, um erro na interpretação de um facto, mas que deve ser ostensivamente grave. A decisão fundadora da admissão do controlo da desnaturação dos factos pelo Conselho de Estado foi tomada em 4 de Janeiro de 1952, o conhecido *arrêt Simon*, por via do qual se apreciou a uma decisão da secção disciplinar do Conselho Nacional da Ordem dos Médicos[246].

COLIN foi quem mais recentemente e com cuidadoso pormenor analisou o controlo da desnaturação dos factos, razão pela qual se acompanhará, de perto, o seu estudo, visando tão só aportar, com a concisão possível, a caracterização do exercício deste controlo dos factos (da sua desnaturação) pelo Conselho de Estado, o que se justifica pela sua originalidade em face da *Cour de Cassation* e servirá de medida de avaliação do recurso de cassação no contencioso administrativo francês.

A desnaturação não se confunde com um simples erro material, este pode ser corrigido por mera operação de rectificação, a desnaturação comporta uma apreciação do juiz de fundo que revela ignorância relativamente a um facto absolutamente indiscutível, pela sua limpidez e clareza. A desnaturação também não se confunde com a exactidão material dos factos, na medida em que nesta se averigua a existência material do facto e a des-

---

[244] Cfr. COLIN, *Le controle de la dénaturation dans le contentieux administratif*, RDP, n.° 3, 2000, p. 782 s.

[245] Cfr. COLIN, *Le controle...*, p. 783; MASSOT/FOUQUET/STAHL/GUYOMAR, *Le Conseil...*, 5.ª edição, p. 141, referindo a primeira decisão em que a desnaturação foi invocada, de 4 de Janeiro de 1952, referem como definição clássica da desnaturação «dar aos factos uma interpretação falsa ou tendenciosa». PEISER, *Le Recours ...*, p. 380, considera que «o controlo da desnaturação dos factos procura determinar se os factos existentes não foram apresentados de uma maneira contrária à verdade».

[246] A decisão do Conselho de Estado está resumidamente descrita em diversas obras. Cfr., entre outros, PEISER, *Le Recours...*, p. 380 ss.; ROUVIÈRE, *Les Juridictions Administratives et le Recours en Cassation*. Paris, 1958, pp. 229, 230; CHAPUS, *Droit du contentieux...*, p. 1237; DEBBASCH/RICCI, *Contentieux...*, pp. 677 s.

naturação só pode ocorrer após a fixação da materialidade dos factos. A desnaturação distingue-se do controlo dos motivos da decisão, a contradição de motivos decorre de uma contradição interna, a desnaturação representa uma incompatibilidade entre a decisão e um facto externo. A desnaturação distingue-se da ausência de motivos de facto constitutivos de falta de base legal. Neste último caso ocorre a impossibilidade de exercício do controlo sobre o direito, na desnaturação a apreciação efectuada pelo juiz constitui a base para o controlo a efectuar pelo Conselho de Estado[247].

A desnaturação tem de decorrer de um erro grave de interpretação incompatível com um facto (ou acto), sendo que este deve ter exercido uma influência essencial na decisão do litígio. Para que se esteja perante uma desnaturação de um facto é imprescindível que ela assente num facto claro, e esta clareza é determinante para fundar a decisão de anulação. A exigência de clareza obriga a uma confrontação do facto com o texto e com as circunstâncias próprias do processo. A clareza de um facto (ou acto) resulta da simples evidência do seu desrespeito pelo juiz de fundo, não estará em causa uma «simples interpretação errada ou injusta»[248].

O Conselho de Estado não anula com frequência decisões jurisdicionais com base na desnaturação dos factos, porque, neste âmbito, o Conselho efectua um controlo quando há actividade desenvolvida pelos juízes de fundo, e usa por isso de alguma parcimónia na conclusão de que foi cometido um erro grosseiro na interpretação dos factos. Este poder é apenas utilizado em *ultima ratio*[249]. A desnaturação só pode ser censurada quando se traduzir na incompatibilidade entre o sentido que ao facto (ou acto) foi dado pelo juiz de fundo e o verdadeiro teor desse facto, assumindo um evidente carácter de gravidade. A desnaturação pode manifestar-se por acção (alteração da realidade dos factos) ou por omissão (ignorância do facto estabelecido)[250].

O controlo da desnaturação, constituindo um limite à apreciação soberana dos factos efectuada pelo juiz de fundo e ao mesmo tempo uma imposição de conduta a esse juiz, acaba por traduzir uma perda do poder, até aí, discricionário do juiz de fundo em benefício do Conselho de Estado,

---

[247] As distinções enumeradas têm por base COLIN, *Le controle...*, pp. 784-789.

[248] Cfr. COLIN, *Le controle...*, pp. 790 e 792.

[249] Cfr. COLIN, *Le controle...*, p. 793; MASSOT/FOUQUET/STAHL/GUYOMAR, *Le Conseil...*, 5.ª edição, p. 290.

[250] Classificação esboçada por COLIN, *Le controle...*, p. 795.

órgão que detém o poder de controlo[251], o que também contribui para modelar de modo diferente e original o recurso de cassação no contencioso administrativo.

O desenvolvimento deste controlo sobre os factos é indicado como conforme ao papel que o Conselho de Estado deve assumir como tribunal supremo da jurisdição administrativa, invocando-se como uma emanação da sua «vocação de unificação da interpretação do direito administrativo»[252].

O Conselho de Estado estabelece uma política jurisprudencial quando escolhe censurar os juízes de fundo por via da desnaturação dos factos, acentuando desse modo a gravidade da falta por eles cometida[253].

A classificação oferecida por MASSOT/FOUQUET/STAHL/GUYOMAR assenta na mesma regra de agrupamento já apresentada, revelando uma composição diferente. Estes autores enumeram os meios de controlo da regularidade externa e de controlo da legalidade interna. Na regularidade externa contam-se a competência, o respeito das regras de processo que têm uma origem diversificada em face da não aplicação generalizada do processo civil e da inexistência de um código de processo contencioso administrativo exaustivo, que confere à jurisprudência do Conselho de Estado uma larga margem de liberdade[254], o respeito de regras de forma, nomeadamente quanto à suficiência da fundamentação, mas considerando outras prescrições de pormenor atendíveis (menção do nome dos autores da decisão, audição do comissário do governo, carácter público da audiência, entre outros). Quanto ao controlo da legalidade interna, os autores optam por uma enumeração tripartida em que se agrupam o erro sobre a materialidade dos factos, o desconhecimento da regra de direito e o erro sobre a qualificação dos factos. Na primeira estão em causa decisões baseadas em factos materialmente inexactos; contanto que esses factos integrem o processo, não serão relevados se não tiverem sido invocados perante o juiz de fundo. Quanto ao desconhecimento da regra de direito, comporta o erro sobre o campo de aplicação da lei (situações em que o juiz aplica uma norma a uma hipótese que essa norma não regula, recusa apli-

---

[251] Cfr. COLIN, *Le controle...*, pp. 796 s.

[252] Cfr. COLIN, *Le controle...*, p. 799, este autor assinala que a desnaturação dos factos representa uma distorção do processo, constituindo uma violação da lei, em sentido lato (p. 803).

[253] Cfr. COLIN, *Le controle...*, p. 804.

[254] Cfr. MASSOT/FOUQUET/STAHL/GUYOMAR, *Le Conseil...*, 5.ª edição, p. 83.

car uma norma a um caso em que ela é aplicável, inventa um norma que não existe), que se distingue do erro sobre a interpretação de uma norma e o desconhecimento de normas textuais (constitucionais, convencionais, legislativas ou regulamentares e inclusive de normas puramente jurisprudenciais)[255]. Na consideração do erro sobre a qualificação dos factos são atendíveis dois critérios, um de técnica jurídica e outro de política jurisprudencial. Como critérios de técnica jurídica foram enumeradas diversas tentativas, que nem sempre floriram de modo a resolver as questões colocadas. Entre elas contam-se o critério da definição legal, o critério da função exercida pelo juiz de fundo e o critério da margem de liberdade do juiz de fundo (competência vinculada ou poder discricionário). Assinala-se de modo indelével o carácter poroso da fronteira entre o erro de direito respeitante à deformação da regra de direito para a adaptar aos factos e o erro na qualificação consistente em retorcer os factos para os fazer entrar na norma[256]. Os critérios de política jurisprudencial têm em linha de conta dois imperativos que guiam o juiz de cassação: a necessidade de assegurar a unidade da jurisprudência (cuja percepção aumentou com a criação de tribunais de segunda instância e com a necessária harmonização das posições deles dimanadas, e que aconselha o desenvolvimento do controlo das qualificações efectuadas pelo juiz de fundo) e evitar o congestionamento do Conselho de Estado por um grande afluxo de recursos, que tenderia a transformá-lo num terceiro grau de jurisdição de exame do fundo dos processos. Para este fim foi criada a comissão de admissão dos recursos de admissão, como filtro ao excessivo acesso ao tribunal supremo[257], competência depois descentralizada nas sub-secções.

17. Instruído o processo, a decisão do Conselho de Estado pode ser de rejeição do recurso ou de anulação da decisão contestada. A rejeição do recurso pode assentar em diversas justificações, interessando ressaltar aquelas que decorrem da regularidade externa e interna da decisão. O recurso pode ser rejeitado se se basear num motivo abundante, isto é, apesar do motivo invocado ser pertinente, ele revela-se indiferente em face do conteúdo da decisão, só por si não detém capacidade para afectar o fundo da decisão; pode também ser realizada uma substituição de motivos, ou seja, a decisão fundou-se em determinados motivos, ignorando outros,

---

[255] Cfr. MASSOT/FOUQUET/STAHL/GUYOMAR, *Le Conseil...*, 5.ª edição, p. 108.
[256] Cfr. MASSOT/FOUQUET/STAHL/GUYOMAR, *Le Conseil...*, 5.ª edição, p. 136.
[257] Cfr. MASSOT/FOUQUET/STAHL/GUYOMAR, *Le Conseil...*, 5.ª edição, pp. 117 e 137 s.

O recurso de revista na jurisdição comum e nalguns direitos estrangeiros 97

quando os negligenciados poderiam justificar a decisão tomada e os invocados não deixariam de conduzir à anulação da decisão. A substituição de motivos requer o preenchimento de duas condições: o meio negligenciado pelo juiz de fundo deve ter sido invocado perante ele ou constituir um meio de ordem pública (decorre da proibição de invocação de meios novos em sede de cassação) e a consideração desse motivo, não atendido *ab initio*, não implicar qualquer apreciação de facto[258].

Se o Conselho de Estado se pronunciar no sentido da cassação da decisão contestada e proceder à sua anulação, fica deparado com a necessidade de efectuar ou não o reenvio da questão à instância precedente. O não reenvio do processo pode resultar do facto de que, com a anulação da decisão, a pretensão do recorrente fica de imediato resolvida por não ser necessário qualquer novo julgamento. Esta hipótese preenche quer os interesses do recorrente, quer os da boa administração da justiça[259]. Tendo presente o princípio da economia dos meios, uma solução de cassação sem reenvio é preferível à necessidade de nova decisão sobre a questão litigiosa. Existem diversas hipóteses de cuja verificação decorre a desnecessidade de efectuar qualquer julgamento. Trata-se de situações em que o juiz de fundo omitiu a pronúncia de não haver lugar a decisão, a constatação da sua incompetência ou, e é a hipótese mais frequente, quando, em matéria disciplinar, o juiz de cassação se limita a constatar que uma lei de amnistia constitui obstáculo à pronúncia de uma nova sanção e por isso se abstém de reenviar o processo ao juiz de fundo[260]. Se para a resolução do litígio for necessária uma nova decisão, colocam-se duas alternativas ou a questão é remetida ao juiz de fundo ou o Conselho de Estado regula directamente o litígio. O reenvio pode ser efectuado para o tribunal que emanou a decisão anulada ou para outro tribunal da mesma natureza. Na primeira hipótese a composição do tribunal deve ser diferente daquela que tomou a decisão eliminada. O reenvio impõe determinadas condições, a primeira das quais é a obrigação de respeitar a decisão da cassação, mas ainda outras, como as partes não poderem conformar o processo em ter-

---

[258] Cfr. Massot/Fouquet/Stahl/Guyomar, *Le Conseil...*, 5.ª edição, p. 157; Chapus, *Droit du contentieux...*, p. 1240. O último autor assinala que o juiz de cassação já adoptou também a substituição de base legal como suporte para a rejeição do recurso (p. 1241).

[259] Argumentos de Chapus, *Droit du contentieux...*, p. 1242.

[260] Hipóteses indicadas em Chapus, *Droit du contentieux...*, pp. 1241 s.; Massot/Fouquet/Stahl/Guyomar, *Le Conseil...*, 5.ª edição, pp. 315 ss., referindo outras situações além das mencionadas no texto.

mos diferentes daqueles que efectuaram no âmbito do processo cuja decisão foi anulada, e o tribunal que acolhe de novo o litígio para lhe encontrar uma solução deter plena jurisdição para o efeito e estar condicionado no respeito devido ao caso julgado da decisão emanada pela jurisdição de cassação.

No que respeita à tomada de uma decisão de fundo pelo Conselho de Estado, a sua natureza pode assumir uma matriz obrigatória ou facultativa. O Conselho é obrigado a decidir sobre o fundo quando se trata de um segundo recurso de cassação no mesmo processo, sendo de exercício facultativo quando o recurso de cassação tenha sido apresentado pela primeira vez. Nesta última hipótese a decisão de fundo apenas será adoptada se for justificada pelo interesse numa boa administração da justiça[261]. Esta opção, assente num critério discricionário[262], também tem sido ponderada em função do congestionamento das *Cours d'Appel*, o que motivou a que cerca de 90 % dos litígios que foram objecto de recurso de cassação acabassem por ser definitivamente julgados pelo Conselho de Estado e não pela instância antecedente[263], o que significa a exposição a um risco que é a transformação da instância de cassação num terceiro grau de jurisdição[264].

Têm sido três as circunstâncias principais em que o Conselho de Estado tem baseado a concretização da existência de um interesse numa boa administração da justiça: em primeiro lugar, quando o litígio pode ser regulado quanto ao fundo sem que seja necessário atender a questões de facto; em segundo, tendo em conta uma avaliação da oportunidade de decidir a questão, seja por motivos de urgência, seja por considerações relativas ao período de duração do processo (quando este vai além do aceitável), ou, ainda, quando o Conselho de Estado pretenda estabelecer uma política jurisprudencial, fixando ou aclarando o estado do direito[265]; em terceiro, quando o CE estatui sobre as decisões pronunciadas em matéria

---

[261] Cfr. CHAPUS, *Droit du contentieux...*, pp. 1247 s.

[262] Cfr. CHABANOL, *Une reforme inachevée*, AJDA, n.° 2, 1988, p. 106.

[263] Percentagem indicada por CHAPUS, *Droit du contentieux...*, p. 1250.

[264] Cfr. DAMIEN/BORÉ, *Le controle ...*, RFDA, p. 791; CHAPUS, *Droit du contentieux...*, p. 1250.

[265] MASSOT/FOUQUET, *Le Conseil...*, 1.ª edição, p. 193, acentuam, no mesmo sentido, que a solução de direito que se der a esse litígio pode comandar a solução de muitas outras situações semelhantes, o que aconselha a que o juiz de cassação dê de imediato uma solução definitiva ao processo que lhe é submetido.

de excesso de poder pelas *Cours Administratives d'Appel*[266]. A partir de 1998, a prática do CE tem consistido na resolução de fundo dos processos em que tal seja possível, correspondendo os casos de reenvio àquelas situações em que são requeridos conhecimentos técnicos ou em que a resolução do litígio entra em áreas não debatidas pelas partes. Estes dois últimos casos são claras excepções, como as estatísticas demonstram[267].

A possibilidade de exercício pelo Conselho de Estado do poder de resolver definitivamente o litígio que lhe foi submetido configura-se como uma situação de competência concorrencial, em que a jurisdição da qual emana a decisão pode ver-se obrigada a nova apreciação do processo, podendo o Conselho de Estado assumir, de igual modo, essa responsabilidade, contanto que esteja em causa a boa administração da justiça. Num dado momento é possível que a competência jurisdicional tanto possa ser exercida por um, como por outro, cabendo a definição do órgão competente ao próprio Conselho de Estado pela valoração da faculdade discricionária que a lei lhe conferiu. A atribuição ao Conselho de Estado da possibilidade de dirimir, de imediato, o litígio, foi objecto de diversas criticas, a primeira das quais pelo facto de traduzir um «relaxe sensível da distinção do facto e do direito»[268], agravado pela eventualidade de incitar, pelo eventual uso sistemático, os potenciais interessados a recorrer de modo a usufruírem de uma decisão sobre o fundo da questão pela mais alta jurisdição[269]. Suscitou-se a incompatibilidade desta solução com o princípio constitucional da igualdade perante a justiça, na medida em que, em face de dois recorrentes distintos, pode num caso o processo ser de imediato resolvido pelo Conselho de Estado e no outro a causa ser reenviada para outro tribunal, alegando-se que a poder existir tratamento diferenciado deveria assentar em condições previamente fixadas e não numa faculdade discricionária que admite o poder de avocação sem limites[270].

---

[266] Cfr. CHAPUS, *Droit du contentieux...*, pp. 1250 ss.

[267] Cfr. MASSOT/FOUQUET/STAHL/GUYOMAR, *Le Conseil...*, 5.ª edição, p. 323.

[268] Cfr. DAMIEN/BORÉ, *Le controle* ..., RFDA, p. 790, referem adiante que esta solução «*efface complètement la distinction du fait et du droit*» (faz desaparecer completamente a distinção do facto e do direito), p. 791.

[269] Cfr. DAMIEN/BORÉ, *Le controle* ..., RFDA, p. 790. Os autores declaram a sua confiança na capacidade decisória do Conselho de Estado, que esperam cautelosa, de modo a que, se o processo ainda carecer da realização de medidas instrutórias, seja reenviado.

[270] Cfr. LÉVY/PRÉTOT, *Le juge, le justiciable et le tomahawk*, AJDA, n.º 2, 1988, p. 115.

100 O Recurso de Revista no Contencioso Administrativo

A primeira aplicação deste poder de cassação sem reenvio ocorreu em 28 de Julho de 1989, num processo em que o Conselho de Estado anulou dezanove decisões da Comissão central de ajuda social, relativas à imputação aos serviços de acção social das despesas de estadia de pessoas num centro de acolhimento. O Conselho fez uso da faculdade acolhida no artigo 11.º da lei de 31 de Dezembro de 1987 sem efectuar qualquer justificação, limitando-se a invocar e transcrever parcialmente a norma e a alegar as circunstâncias do caso, sem qualquer outro desenvolvimento. Desta decisão foi extraída a conclusão de que o uso da faculdade discricionária em análise se impõe quando a decisão a tomar ao seu abrigo revelar «um valor exemplar» funcionando como critério de solução para idênticas situações posteriores (processos em massa) e quando decorrer que nada mais resta a julgar[271]. Tuot assinala que esta solução legal visa alcandorar o Conselho de Estado com uma função de Tribunal Supremo, ao qual é atribuída predominantemente «uma função de regulação do direito pela sua política jurisprudencial»[272].

c) *Espanha*

18. A cassação, que é classificada como um recurso extraordinário, foi introduzida no contencioso administrativo espanhol por uma lei de 30 de Abril de 1992[273]. Apesar de já estar genericamente prevista na Lei Orgânica do Poder Judicial, o Tribunal Supremo, mesmo assim, exigiu uma lei específica[274]. Caracteristicamente, a cassação espanhola assentava em duas ideias: ter por causa fundamentos extraordinários e ser da competência do mais alto tribunal. Estas notas foram-se dissipando por se ter passado a admitir a violação de qualquer norma jurídica e por ter passado a existir um recurso de cassação específico perante o Tribunal Superior de

---

[271] Cfr. Tuot, *La cassation sans renvoi devant le juge administratif*, RFDA, 1989, p. 920.

[272] Cfr. *La cassation sans renvoi* ..., RFDA, 1989, p. 920.

[273] Cfr. González Pérez, *Manual...*, p. 624; Gimeno Sendra/Moreno Catena/ /Sala Sánchez, *Derecho Procesal Administrativo*, Madrid, 2.ª edição, 2004, p. 168; Garrido Falla, *Tratado de Derecho Administrativo*, vol. III. Madrid, 2001, p. 351; Gonzalez Rivas, *El Recurso de Casación en la Jurisdicción Contencioso-Administrativa*. Pamplona, 1996, p. 31.

[274] Cfr. Garrido Falla, *Tratado...*, p. 350.

Justiça[275]. No recurso de cassação não está em causa uma nova apreciação sobre o objecto do processo da instância, mas apenas a estrita consideração dos fundamentos taxativamente enunciados e que tenham sido desconsiderados na decisão impugnada.

O recurso de cassação está subdividido em ordinário, para unificação da doutrina e no interesse da lei, estas três espécies encontram-se reguladas na LJCA. A regulação é de tal modo pormenorizada que, apesar de existir uma norma que autoriza a aplicação supletiva da lei processual civil, não é frequente a necessidade de procurar nesta a solução para as questões que se colocam no desenrolar do processo[276]. Tendo em atenção as especificidades que envolvem as duas espécies por último indicadas, não serão aqui apreciadas por não deterem interesse no estudo a empreender.

A cassação ordinária é da competência da 3.ª Sala do Tribunal Supremo (artigo 12.°, n.° 2, alíneas a) e b), LJCA), que é o tribunal superior da ordem jurisdicional espanhola (artigo 123.°, Constituição Espanhola).

A legitimidade activa é detida por aqueles que tenham sido partes no processo e da decisão retirem algum prejuízo (art. 89.°, n.° 3); a legitimidade passiva é conferida às restantes partes (art. 90.°, n.° 1).

Podem ser objecto de recurso de cassação as decisões tomadas em única instância pelas salas da Audiência Nacional e dos Tribunais Superiores de Justiça[277], assim como todas as sentenças que tenham por objecto a validade de uma disposição geral (art. 86.°, n.° 1 e 3). Das decisões mencionadas em primeiro lugar, excluem-se as sentenças relativas ao funcionalismo público (com excepção das que atinjam o nascimento e a extinção dessa relação jurídica), as sentenças proferidas em processos de pequeno valor (inferior a 25 milhões de pesetas, cerca de 150.250 euros)[278], a menos que esteja em causa um processo de defesa de direitos fundamentais, as decisões tomadas no processo para protecção do direito fundamental de reunião e as que tenham sido emanadas em matéria eleitoral.

---

[275] Cfr. GONZÁLEZ PÉREZ, Manual..., p. 623.

[276] Cfr. GONZÁLEZ PÉREZ, Manual..., p. 625.

[277] Isto significa que os processos que se iniciem nos tribunais unipessoais – *juzgados e juzgados centrales de lo contencioso administrativo* – não podem aceder ao Tribunal Supremo em sede de cassação ordinária. Cfr. SENDRA/CATENA/SÁNCHEZ, *Derecho Procesal...*, p. 168.

[278] Este critério de delimitação da competência impõe uma *summa gravaminis* que visa «impedir o colapso do Tribunal Supremo». Cfr., neste sentido, SENDRA/CATENA/ /SÁNCHEZ, *Derecho Procesal...*, p. 172.

Concebida assim a delimitação objectiva do recurso, foi ainda aprofundado o critério de apuramento das decisões que podem ser submetidas a uma última apreciação – se bem que em termos estritos – através da indicação como fundamento do recurso, nesses casos, de uma infracção de norma de direito estatal ou de direito comunitário, desde que estas tenham sido relevantes e determinantes (são as expressões da lei) para a decisão do Tribunal Superior de Justiça (não já da Audiência Nacional) e se tiverem sido alegadas no processo em tempo ou consideradas pelo tribunal de instância (art. 86.°, n.° 4), sendo excluído o direito autonómico. Este ponto aconselha especial cuidado, na medida em que cabe ao recorrente demonstrar que a violação das normas jurídicas do tipo indicado foi relevante e determinante para a decisão tomada (art. 89.°, n.° 2). O princípio *pro actione* opera de modo distinto consoante esteja em causa o direito de acesso à jurisdição ou a admissão do recurso de cassação, sendo que neste os requisitos processuais são aplicados em termos estritos, como tem sido reiterado pelo Tribunal Supremo[279].

Considerando que os autos têm por objecto matérias de índole meramente processual, pode concluir-se que a exigência do artigo 86.°, n.° 4, apenas é aplicável à impugnação de sentenças, o que também decorre do facto da legislação reguladora do processo ser da competência estadual exclusiva[280]. A cassação visa em geral a apreciação de sentenças e não de autos, admitindo a lei apesar disso, que, em certos casos, os autos, pela relevância do papel que desempenham, possam ser objecto de cassação[281]. Os autos que podem ser objecto deste recurso são aqueles que declarem a não admissão do recurso ou tornem impossível a sua continuação (por desistência ou renúncia), os autos relativos a medidas cautelares, os autos referentes à execução de sentenças quando decidam questões não contidas naquelas ou contrariem a decisão da sentença, os autos relativos à execução provisória da sentença e os autos emanados no processo de extensão a terceiros do efeito de uma sentença[282]. Em qual-

---

[279] Tem sido esse o entendimento do Tribunal Constitucional, acompanhado do Tribunal Supremo. Cfr. GONZÁLEZ PÉREZ, *Manual...*, p. 630.

[280] Cfr. GONZÁLEZ PERÉZ, *Manual...*, p. 630, apesar de indicar uma decisão em sentido diferente. O artigo 87.° enumera as diversas hipóteses em que os autos podem ser impugnados por via da cassação ordinária, sendo que, neste caso, a cassação tem de ser precedida do recurso de súplica.

[281] Neste sentido, GARRIDO FALLA, *Tratado...*, p. 353.

[282] Artigo 87.°, n.ᵒˢ 1 e 2, LJCA. A inclusão desta última possibilidade (extensão de efeitos da sentença) não é isenta de críticas pelo facto de não delimitar clara-

O *recurso de revista na jurisdição comum e nalguns direitos estrangeiros*   103

quer dos casos mencionados, constitui pressuposto do recurso de cassação a prévia interposição de recurso de súplica.

Constituem fundamentos do recurso de cassação: o abuso, excesso ou defeito de jurisdição; a incompetência ou inadequação do procedimento adoptado na instância; o desrespeito das formas essenciais do processo por violação de normas relativas à sentença (fundamentação, congruência) ou das normas que regulam os actos e garantias processuais, se provocarem indefesa; a violação de normas do ordenamento jurídico ou da jurisprudência que tenham sido aplicadas para dar solução ao litígio em causa (art. 88.º, n.º 1). Estes fundamentos, como decorre da redacção da norma, são taxativos.

O fundamento determinante da cassação respeita à violação de normas (materiais) do ordenamento jurídico e da jurisprudência, quando seja esta a causa do recurso. O Tribunal Supremo detém ainda o poder acrescido de considerar como factos provados os que, tendo sido omitidos pelo tribunal de instância, estejam suficientemente justificados, contanto que sejam necessários para apreciar a infracção invocada, incluindo o desvio de poder (art. 88.º, n.º 3). O tribunal de cassação tem considerado que o recurso pode incidir sobre a apreciação dos factos realizada pela instância, quando decorra da violação de normas ou de jurisprudência relativa à valoração de provas ou quando exista irracionalidade que se traduza em falta de lógica na apreciação das provas[283].

Foi adoptada pela lei, a doutrina jurisprudencial da integração do *factum* que, numa primeira formulação, admitia como fundamento de cassação a violação de normas jurídicas ou de jurisprudência que impusesse vinculações na valoração de provas. Esta doutrina foi «complementada» pelo Tribunal Supremo, que definiu como critério que «o tribunal de cassação, sem alterar os factos declarados provados na instância, pode, não obstante, completá-los com aqueles outros não valorados ou omitidos pelo Tribunal *a quo*, que resultem relevantes para a decisão»[284]. Esta teoria de origem jurisprudencial veio a ser consagrada na lei, no âmbito da discus-

---

mente que apenas pode respeitar às decisões emanadas da Audiência Nacional ou de um Tribunal Superior de Justiça e não enunciar as normas jurídicas abrangidas (estatais ou autonómicas), cfr. SENDRA/CATENA/SÁNCHEZ, *Derecho Procesal...*, p. 177.

[283] As indicações são de GONZÁLEZ PÉREZ, *Manual...*, p. 637.

[284] Enunciação referenciada por LAVILLA RUBIRA, *Artículo 88*, REDA, n.º 100, p. 641.

104 O Recurso de Revista no Contencioso Administrativo

são parlamentar da sua aprovação, tendo sido aí sugerido o aditamento do n.º 3 do artigo 88.º[285].

Esta faculdade do tribunal de recurso poder interferir nos factos fixados pela instância rompe com a tradição em sede de cassação e não foi aceite unanimemente, invocando-se inclusive a introdução de uma fractura na cassação[286]. Se se pretendia que o Tribunal Supremo apenas suprisse uma omissão de certos factos, o legislador falhou na redacção da norma (art. 88.º, n.º 3), porque esta não estabelece qualquer limite para que o tribunal possa admitir como suficiente ou insuficientemente justificados quaisquer factos que tenham sido preteridos, esquecidos ou intencionalmente omitidos na decisão contestada[287]. A questão conecta-se com o facto de não terem sido estabelecidos limites quanto à apreciação da suficiência da justificação que permite aditar os factos não considerados na sentença recorrida, o que se traduz na concessão de alguma latitude ao Tribunal Supremo, com risco adjacente de se envolver o tribunal de cassação na determinação dos factos provados, usando a justificação de se estar perante «uma interpretação ou aplicação do direito material a um facto»[288], razão pela qual esta intervenção só é admissível quando o fundamento do recurso seja a violação de normas do ordenamento jurídico ou da jurisprudência.

Em regra, estará em causa o desrespeito de normas de direito substantivo, a menos que o recurso recaia sobre um auto, que respeita a estrita normação processual[289]. A cassação pode ter por fundamento o desrespeito de jurisprudência, devendo esta representar a posição reiteradamente afirmada pelo Tribunal Supremo, sendo curial que nessas decisões esteja subjacente uma mesma situação de facto, (no âmbito civil, considera-se que para este efeito é exigível, pelo menos, a existência de duas sentenças), valendo a decisão e não as suas alegações argumentativas[290].

---

[285] Invocando-se como justificação a utilidade de «poder ampliar as faculdades de conhecimento do Tribunal Supremo naquelas questões de facto inseparáveis da aplicação da lei, cujo exame pode realizar-se sem contraditar a valoração da prova efectuada no processo de instância, para melhor ponderação da carga da prova e como garantia e segurança jurídica do justiciável», argumento apresentado pela proponente e citado por LAVILLA RUBIRA, *Artículo 88*, REDA, n.º 100, p. 641.

[286] Cfr. SENDRA/CATENA/SÁNCHEZ, *Derecho Procesal...*, p. 169.

[287] Cfr., nestes exactos termos, SENDRA/CATENA/SÁNCHEZ, *Derecho Procesal...*, p. 169.

[288] Cfr. SENDRA/CATENA/SÁNCHEZ, *Derecho Procesal...*, p. 169.

[289] Cfr. GONZÁLEZ PÉREZ, *Manual...*, p. 637.

[290] Cfr. GONZÁLEZ PÉREZ, *Manual...*, pp. 638 s.

O recurso de cassação é apresentado perante o tribunal que proferiu a decisão que se pretende impugnar, devendo observar certos requisitos, cujo preenchimento é apreciado pelo tribunal recorrido. Neste momento, são requeridas: a expressa intenção de interpor o recurso, a legitimidade do recorrente, a recorribilidade da sentença, a observância do prazo e, na hipótese de sentenças proferidas por um Tribunal Superior de Justiça, a demonstração de que a violação da norma estatal ou comunitária foi relevante e determinante para a decisão impugnada[291]. De todos, este último parece o requisito que maiores dificuldades poderá suscitar, sendo que a atribuição da sua verificação, numa primeira fase, ao tribunal recorrido confere um poder relevante a exercer pelos autores da decisão contestada. Se os requisitos estiverem presentes, o recurso considera-se como preparado e segue os seus trâmites. Esta decisão é tomada através de uma providência, sem audição do recorrido, e não é susceptível de recurso, podendo qualquer causa de inadmissão ser posteriormente oposta perante o Tribunal Supremo. Se faltar qualquer dos requisitos, nega-se a continuidade do processo por auto fundamentado[292], podendo este ser objecto de recurso de queixa perante o Tribunal Supremo, nos termos da lei processual civil (art. 495.º, LEC).

Após a passagem por este primeiro crivo, o processo vai de novo ser sujeito a provas de admissão, agora pela Sala do Contencioso-Administrativo do TS. O recurso não será admitido se se verificar alguma das hipóteses previstas no artigo 93.º, n.º 2, LJCA, que comporta um elenco taxativo. Esta nova oportunidade de controlo da admissão constitui «um instrumento muito poderoso» para alijar a carga de processos com que o Tribunal Supremo se vê confrontado[293]. Constituem, nesta fase, hipóteses de não admissão do recurso: a verificação de que um dos requisitos que o tribunal recorrido julgou estar preenchido, se encontra ausente, ou constatar-se que a decisão impugnada não é susceptível de recurso; se forem invocados fundamentos distintos dos previstos no artigo 88.º (motivos que podem fundar o recurso de cassação), se não forem identificadas as normas ou a jurisprudência violadas, se as alegações efectuadas não tiverem qualquer conexão com as questões em análise, se, sendo necessário ter

---

[291] O esquema mencionado é o apresentado por GONZÁLEZ PÉREZ, *Manual...*, p. 639 s.

[292] Tendo previamente sido dado à parte um prazo de dez dias para sanar as deficiências detectadas, de acordo com o artigo 138.º LJCA, cfr., também, SENDRA/CATENA/SÁNCHEZ, *Derecho Procesal...*, p. 186.

[293] Cfr. GARCÍA MACHO, *Artículo 93*, REDA, n.º 100, p. 660.

requerido a sanação, esta foi omitida; se tiverem sido rejeitados recursos substancialmente iguais; se o recurso for manifestamente infundado; em situações de valor não determinado, se estiver em causa uma infracção das normas do ordenamento jurídico ou da jurisprudência e se concluir que o assunto não tem relevo cassacional por não afectar um grande número de situações ou não deter suficiente generalidade. A decisão de não admissão do recurso será precedida de alegações das partes, não sendo susceptível de qualquer recurso. A decisão toma a forma de auto, que deve ser fundamentado; é possível que a não admissão respeite apenas a algum dos fundamentos invocados, o que significa que o processo segue parcialmente.

Nos três últimos casos indicados, a decisão de não admissão deve ser tomada por unanimidade, o que se compreende, na medida em que a formação de julgamento vai avaliar e concluir que foram indeferidos, em termos substanciais, outros recursos com conteúdo igual (1), que o recurso carece manifestamente de fundamento (2) ou que o objecto do recurso não tem interesse, para pronúncia em sede de cassação, por não afectar um grande número de situações ou por não possuir suficiente generalidade (3). Nas decisões assim tomadas o Tribunal Supremo afasta liminarmente a apreciação do fundo do recurso, e por considerar desnecessário desperdiçar o tempo judicial na detalhada instrução e julgamento da matéria, afasta da jurisdição as pretensões neles manifestadas.

Trata-se de uma segunda fase de avaliação, agora da seriedade e da oportunidade na continuidade do recurso. O recurso de cassação ordinário, antes de chegar ao seu momento essencial, o julgamento da questão colocada, tem de superar duas etapas de ponderação da estrita observância de requisitos (quase todos) estritamente legais e de avaliação da repercussão e relevância da questão (mas não só), o que pode suscitar a dúvida de saber se não existirá na cassação espanhola um mecanismo de selecção dos processos que serão objecto de decisão de fundo. Não é de somenos sublinhar esta singularidade, até tendo por referência os termos utilizados pelo legislador. Deve estar em causa uma situação igual a tantas outras em que a pretensão de fundo foi indeferida e, portanto, o tribunal nem sequer profere uma decisão remissiva para essas, limitando-se a não admitir o recurso, não resolvendo o processo que lhe está presente. Neste caso é necessário que se verifiquem três pressupostos: que exista mais de uma decisão do TS, que essas decisões tenham por objecto a mesma questão e que as resoluções tenham julgado o fundo do processo indeferindo as pretensões colocadas, não podendo ser tidas em conta meras decisões processuais[294]. Esta situação não concerne à excepção de caso julgado, na medida em que estão em causa decisões substancialmente iguais, mas com partes diferentes. Constitui um importante critério para eliminação de recursos contanto que, na matéria em apreço, exista uma jurisprudência suficientemente consolidada[295], na qual a margem para dúvidas seja absolutamente insignificante.

Se o recurso carece manifestamente de fundamento, não se vislumbra qualquer viabilidade na pretensão formulada. Exigir ao aparelho judiciário que se coloque em marcha para indeferir à partida um pedido que já sabia improcedente, não teria qualquer razoabilidade, aconselhando a economia do processo a sua imediata eliminação. Esta falta de fundamento deve ser manifesta e ostensiva ou, o que é o mesmo, revelar-se irreal, ilógica, sem sentido, sem nenhuma possibilidade de êxito[296]. A não admissão com este fundamento representa uma antecipação do juízo sobre o fundo do processo[297], o que pode não facilitar a sua apreciação; em caso de dúvidas sobre o carácter peremptoriamente afirmado da falta manifesta de fundamento é aconselhável a admissão do recurso. A falta manifesta de fundamento foi equiparada à falta de interesse geral na questão recorrida, por existir uma jurisprudência consolidada favorável à improcedência do recurso, com vista a facilitar a generalização de não admissão nesses casos justificada pela reiterada e continuada prática jurisprudencial[298].

Quando está em causa a violação de normas do ordenamento jurídico ou da jurisprudência, em processos de valor indeterminado (que não se refiram à impugnação directa ou indirecta de uma disposição geral)[299] e se conclui que o assunto não tem interesse em sede de cassação, por não afectar um grande número de situações ou por não possuir suficiente generalidade, confere-se uma lata margem de decisão ao tribunal de recurso para, avaliando da repercussão, pela quantidade e pela generalidade, não admitir o recurso, ainda que a pretensão possa ser fundada ou se adivinhe pro-

---

[294] Cfr. SENDRA/CATENA/SÁNCHEZ, *Derecho Procesal...*, p. 189.

[295] Cfr. GONZALEZ RIVAS, *El Recurso de Casación...*, p. 154.

[296] Cfr. GONZÁLEZ PÉREZ, *Manual...*, p. 644 (citando decisões do TS); SENDRA/CATENA/SÁNCHEZ, *Derecho Procesal...*, p. 190.

[297] Cfr. GARCÍA MACHO, *Artículo 93*, REDA, n.º 100, p. 665.

[298] Cfr. GONZALEZ RIVAS, *El Recurso de Casación...*, p. 154.

[299] Incluem os recursos relativos aos funcionários públicos desde que não versem sobre direitos ou sanções susceptíveis de valoração económica, assim como a todos aqueles que cumulem pretensões avaliáveis economicamente com outras não susceptíveis dessa avaliação, artigo 42.º, n.º 2, LJCA.

cedente. Ao Tribunal Supremo é atribuído o poder de, pelo desinteresse, atento o fim do recurso de cassação, não admitir recursos em que a decisão da questão que se lhe submete possa ser diferente daquela que a instância emanou. Os assuntos que nessa sede se colocarem serão diminutos, em quantidade e relevância imaterial, mas não deixa de se registar a consagração de um princípio de selecção[300], concretizado pelo preenchimento de critérios relativamente indeterminados, o que justifica a exigência de unanimidade na decisão. O interesse pela não afectação de um grande número de situações assume um carácter prognóstico e, face à evolução da sociedade, sujeita-se a cambiantes imprevisíveis, enquanto que o desinteresse por não deter suficiente generalidade corre o risco de ignorar as especificidades mais contorcidas que a realidade está sempre disposta a apresentar.

Esta hipótese de não admissão do recurso constitui uma novidade no contencioso administrativo, que é classificada como faculdade discricionária por deixar ao Tribunal Supremo a margem de apreciação quanto à admissão de certos recursos, com isso lhe permitindo adoptar uma política jurisprudencial restritiva que alivie o número de processos pendentes[301].

20. O recurso tem efeito suspensivo da decisão que constitui o seu objecto, sendo admissível proceder à execução provisória desta, a pedido da parte interessada, contanto que seja prestada caução ou sejam adoptadas as medidas adequadas a evitar ou minorar eventuais prejuízos. A execução provisória deve ser negada quando provoque situações irreversíveis ou cause prejuízos de difícil reparação. Esta possível execução provisória constitui uma medida que tende a assegurar que a interposição do recurso de cassação não tenha fins meramente dilatórios ou vise exclusivamente adiar essa execução quando ela se mostra indiscutível[302]. A execução

---

[300] A constatação de falta de interesse cassacional assemelha-se «com a faculdade que tem o mais alto tribunal para eleger os recursos que considere mais relevantes» para decisão, não admitindo os restantes, cfr. SENDRA/CATENA/SÁNCHEZ, *Derecho Procesal...,* p. 174; os autores asseveram a semelhança deste critério de não admissão com a *certiorari.*

[301] Cfr. GARCÍA MACHO, *Artículo 93*, REDA, n.° 100, pp. 660 e 666. O autor assinala que a «prática quotidiana dos Tribunais e a sua utilização prudente depurarão a validade ou não desta nova causa de inadmissão».

[302] O auto que determine a execução provisória da sentença recorrida pode ser objecto de recurso de cassação, tendo como condição a prévia interposição de recurso de súplica (artigos 87, n.° 1, al. d) e n.° 3 e 91.°, LJCA). Cfr. GONZÁLEZ PÉREZ, *Manual...,*

provisória de uma sentença impugnada pode gerar vários problemas se o tribunal de cassação, após aquela execução, vier a decidir a questão em sentido divergente, deparando-se com a conformação da realidade já efectuada.

Admitido o recurso, o processo segue a correspondente tramitação, a parte recorrida é chamada a apresentar alegações, e outras partes que não tenham recorrido não podem alegar fundamentos não invocados pelo recorrente, mas podem desenvolver os fundamentos por ele alegados, sem alterar o objecto do processo[303].

Antes da decisão, poderá ocorrer uma audiência (*celebración de vista*) desde que tenha sido requerida por todas as partes (na interposição do recurso e na oposição) ou o tribunal o considere necessário, tendo em atenção a natureza do assunto (art. 94.°, n.° 3). Nesta sessão discutir-se-ão as alegações apresentadas, por escrito, pelas partes[304].

No momento da tomada da sentença que resolve o processo, o tribunal ainda pode declarar a inadmissibilidade do recurso, com base em qualquer dos motivos enumerados no artigo 93.°, n.° 2, LJCA. Nesta fase, não se prescreve no mesmo sentido, nem se coordena a redacção da norma atributiva da competência com as antecedentes, o que gera algumas incertezas. Desde logo, a questão de saber se podem ser atendidos motivos de não admissão já apreciados no competente momento de admissão perante o Tribunal Supremo ou se apenas podem ser considerados motivos que não tenham sido aí alegados; não se esclarece se, tal como o auto de não admissão, a sentença que não admita, parcial ou totalmente, o recurso, deve ser tomada por unanimidade ou se as partes devem ser ouvidas previamente à decisão[305].

Os poderes do tribunal em sede de cassação variam em função do fundamento com base no qual a sentença contestada é anulada. Se se tratar de excesso da jurisdição, a anulação da decisão recorrida é acompanhada da indicação da ordem jurisdicional competente, se se tratar de defeito de jurisdição, o próprio Tribunal Supremo toma a decisão de fundo que for adequada, funcionando como tribunal de instância (art. 95.°, n.° 2, al. a). Se estiver em causa incompetência, o processo é remetido ao tribu-

---

p. 641; SENDRA/CATENA/SÁNCHEZ, *Derecho Procesal...*, p. 169 ss.; SILVIA DEL SAZ, *Artículo 91*, REDA, n.° 100, p. 645 ss.

[303] Cfr. GONZÁLEZ PÉREZ, *Manual...*, p. 646.

[304] Cfr. SENDRA/CATENA/SÁNCHEZ, *Derecho Procesal...*, p. 191.

[305] Questões colocadas por BASSOLS COMA, *Artículo 95*, REDA, n.° 100, p. 674.

nal competente para decisão; se o procedimento for inadequado, o processo é reposto no estado e momento exigidos pelo procedimento devido (art. 95.º, n.º 2, al. b). Estando em causa a violação de regras que regem os actos e garantias processuais que produzam indefesa, o processo será reposto no estado e momento em que ocorreu a falta (art. 95.º, n.º 2, al. c). Nas restantes situações, que incluem a violação das regras reguladoras da sentença e a violação de normas do ordenamento jurídico ou da jurisprudência, o Tribunal Supremo decide o fundo da questão *dentro de los términos en que apareciera planteado el debate*», (art. 95.º, n.º 2, al. d); na primeira, estará em causa a falta de fundamentação da sentença ou a sua incongruência, na segunda, o Tribunal Supremo desenvolve o seu papel de guia na aplicação do direito[306].

---

[306] Cfr. Bassols Coma, *Artículo 95*, REDA, n.º 100, p. 677 s.

§ 3

O RECURSO DE REVISTA
NO CONTENCIOSO ADMINISTRATIVO:
REGIME GERAL

1. Aplicação no tempo

21. A introdução de alterações no sistema de recursos é sempre susceptível de gerar dificuldades em qualquer jurisdição, no que concerne à sua aplicação no tempo. A vida jurídica não é estática, os processos e as suas vicissitudes estão sempre a ocorrer, as decisões jurisdicionais são tomadas e podem ser impugnadas. Quando uma reforma processual, além de mudanças nos meios e vias processuais já existentes, determina a existência de novos recursos, mais complexa é a sua operacionalização inicial. É necessário ter em conta diversos factores, entre os quais o respeito pelo princípio de igual tratamento entre situações que, sob a égide da mesma lei, devem merecer as mesmas oportunidades.

A regra geral relativa à aplicação da lei no tempo é a de que a lei nova só rege para o futuro (artigo 12.°, n.° 1, 1.ª parte, do Código Civil). Ela é válida para todo o direito, mas, apesar disso, constitui entendimento generalizado que, em relação às normas processuais, a regra é a da sua aplicação imediata[307]. Este último princípio não se encontra previsto no Código de Processo Civil, nem em qualquer outra lei, é retirado do citado artigo 12.°[308].

A problemática é aqui de menor importância pelo facto do legislador expressamente ter regulado a aplicação no tempo das alterações de fundo introduzidas no sistema de recursos, mas não seria tão simples se essa

---

[307] Cfr. ANTUNES VARELA/BEZERRA/SAMPAIO E NORA, *Manual* ..., pp. 47 ss.
[308] Cfr. ANTUNES VARELA/BEZERRA/SAMPAIO E NORA, *Manual*..., p. 49.

112   *O Recurso de Revista no Contencioso Administrativo*

norma não existisse. Importa, no entanto, averiguar que regras regeriam em sede de recursos se o legislador não tivesse fixado uma solução, até como critério validante (ou não) dessa opção. Se a nova lei admitir recursos que não estavam previstos na anterior, as decisões que já tiverem sido proferidos à data da sua entrada em vigor não podem ser impugnadas com base nessa nova possibilidade de recurso. O contrário teria implicações quanto à força de caso julgado dessa decisão. Se a lei nova elimina um recurso até aí existente, não pode aplicar-se àquelas situações em que o recurso já tenha sido interposto, mas não esteja ainda decidido, atendendo à protecção das legítimas expectativas do recorrente, o mesmo valendo para as hipóteses em que o recurso ainda não foi apresentado, apesar da decisão já ter sido proferida antes da entrada em vigor da lei nova. O contrário redundaria na atribuição retroactiva de caso julgado a essa decisão.

No que concerne às decisões tomadas sob a vigência da lei nova, mesmo que se trate de processos já pendentes, a regra é a de que aquela lei se aplica, por não haver expectativas a acautelar. Assim, se passa a ser admitido um recurso, ele é imediatamente possível; se tiver sido eliminado um recurso, a decisão adquirirá força de caso julgado[309]. Se a lei nova admitir um recurso contra decisões anteriormente irrecorríveis, podem dar-se duas situações: quando a lei nova entrou em vigor, a decisão que passou a ser objecto de impugnação já tinha sido proferida, não deve aplicar-se a lei nova; não tendo sido ainda pronunciada a decisão, a lei nova será aplicada aquando da sua emissão, permitindo o recurso anteriormente vedado. Se a lei nova eliminar um recurso que até aí existia, deparam-se de igual modo duas hipóteses: se a decisão ainda não tiver sido emanada, a lei nova é aplicável de imediato, o que significa que não será recorrível; se a decisão já tiver sido emitida, a lei nova não deve ser aplicada, assim se admitindo o recurso por ela revogado[310].

O CPTA foi aprovado pela Lei n.º 15/2002, de 22 de Fevereiro, que teve como data de entrada em vigor o dia 22 de Fevereiro de 2003, e veio a ser alterado pela Lei n.º 4-A/2003, de 19 de Fevereiro, determinando-se o adiamento dessa data para o dia 1 de Janeiro de 2004. Esta dilação temporal justificou-se pela necessidade de inúmeras alterações que vieram a

---

[309] A enunciação indicada é de ANTUNES VARELA/BEZERRA/SAMPAIO E NORA, *Manual...*, pp. 55 ss.

[310] Hipóteses e enquadramento fornecido por SOVERAL MARTINS, *Direito Processual Civil*, 1.º vol., 1995, pp. 120 s.

O *recurso de revista no contencioso administrativo: regime geral*   113

ser introduzidas no CPTA, por aquela segunda lei, e pela inexistência de meios logísticos para o aplicar. O ETAF foi objecto de alterações em vésperas da sua entrada em vigor (Lei n.º 107-D/2003, de 31 de Dezembro), sendo que só em 29 de Dezembro de 2003 foi publicado o diploma de criação dos tribunais administrativos de círculo e definida a sua organização e funcionamento, bem como um conjunto de normas transitórias que regularam aspectos concretos e relevantes para a implementação da reforma.

O artigo 5.º, n.º 3, da Lei n.º 15/2002 (que aprovou o CPTA) contém a norma transitória que vale em matéria de recursos por efeito da cessação da lei até aí vigente e da correspondente sucessão decorrente da entrada em vigor do CPTA. São dois os princípios plasmados pelo legislador: a) aos processos pendentes em 1 de Janeiro de 2004 não são aplicáveis as disposições que excluem recursos que eram admitidos na vigência da lei anterior, isto é, ao tempo da interposição da acção ou recurso; b) aos processos pendentes na mesma data não são aplicáveis as disposições que introduzem novos recursos que não eram admitidos na vigência da legislação anterior.

Destes princípios decorre que o legislador pretendeu ver concluídos todos os processos em curso ao abrigo das normas que vigoravam ao tempo da sua interposição, limitando as exclusões de recursos e a utilização de recursos introduzidos pela reforma aos novos litígios já iniciados sob a vigência das novas regras. Assim se logrou igualar a situação processual dos utentes do sistema de justiça, na medida em que se limitaram os efeitos da entrada em vigor de uma reforma processual significativa, de modo a não prejudicar as legítimas expectativas[311] existentes em face do direito até aí vigente.

Na definição da escolha legislativa para regular a aplicação temporal do CPTA em sede de recursos, foi claramente assumida uma perspectiva que assenta num corte entre o passado e o presente, determinando-se que aos processos pendentes, aqueles que vindo de trás tinham sido iniciados com pressuposições e regras distintas, continuaria a ser aplicável o sistema de recursos vigente nessa altura; aplicando-se o CPTA apenas em relação aos processos novos.

Mas esta norma de direito transitório limita-se, em suma e no que aqui interessa, a determinar que os recursos de revista excepcional ou de revista *per saltum* não são admissíveis nos processos pendentes na data de

---

[311] Cfr. TEIXEIRA DE SOUSA, *Introdução ao Processo Civil*. Lisboa, 2.ª edição, 2000, p. 50.

entrada em vigor da reforma do contencioso administrativo e que as limitações decorrentes da introdução da alçada no processo administrativo apenas se aplicam em relação aos processos iniciados a partir daquela data. No primeiro caso estar-se-ia perante um novo grau, no segundo perante a eventual diminuição de um grau, ou seja, a inexistência de outro nível de apreciação do litígio que não o da primeira instância.

A formulação adoptada pelo CPTA diverge das regras gerais antes enunciadas, na medida em que, no que respeita aos processos pendentes, exclui a utilização dos novos recursos, quando tal possibilidade era concebida à luz daquela doutrina[312] e garante que nos processos pendentes se não excluam os recursos eliminados pela lei nova, o que também era admitido na doutrina antes exposta[313].

Na jurisdição comum a alçada funciona como critério de delimitação no acesso ao tribunal que se situa no grau seguinte, suscitando-se vários problemas no que respeita à aplicação da lei no tempo, quando o valor da alçada de cada um dos tribunais é alterado[314]. Já ao nível do processo administrativo, e estritamente pensando no recurso excepcional de revista, não surgirão quaisquer questões, na medida em que este recurso não é admitido em função do valor da causa por referência à alçada do tribunal que profere a decisão, a admissão da revista depende de critérios rigorosos mas assentes no preenchimento de conceitos indeterminados. Já no recurso de revista *per saltum* são estabelecidos requisitos específicos que também não assentam na alçada do tribunal de que se recorre. Uma alteração do valor da alçada, agora também existente no contencioso administrativo, não acarretará oscilações na admissão do recurso de revista, afastando-se deste modo a discussão relativa ao seu efeito nos processos pendentes.

2. **Objecto**

22. Os recursos podem ser classificados em função de diferentes grelhas, sendo geralmente mais referenciadas as distinções assentes na opção

---

[312] Cfr. ANTUNES VARELA/BEZERRA/SAMPAIO E NORA, *Manual...*, p. 57; SOVERAL MARTINS, *Direito Processual...*, p. 121.

[313] Cfr. SOVERAL MARTINS, *Direito Processual...*, p. 121.

[314] Quanto a esta problemática, cfr. ANTUNES VARELA/BEZERRA/SAMPAIO E NORA, *Manual ...*, pp. 58 ss. A matéria encontra-se, agora, regulada no artigo 24.º, n.º 3, da LOFTJ, que determina que a admissibilidade dos recursos por efeito das alçadas é regulada pela lei em vigor no tempo em que foi instaurada a acção.

O recurso de revista no contencioso administrativo: regime geral   115

entre o tipo de reexame, no qual o objecto é a questão ou relação jurídica controvertida, ou o tipo de revisão ou reponderação, em que o objecto é a decisão recorrida e na opção entre o recurso substitutivo, no qual o tribunal *ad quem* substitui a decisão impugnada por outra decisão, ou o recurso rescindente ou cassatório, em que o tribunal superior se limita a revogar a decisão recorrida e faz baixar os autos ao tribunal *a quo*[315].

O objecto de um recurso jurisdicional é, em regra, a decisão recorrida ou impugnada[316], o que nesta sede não se excepciona enquanto regra geral formulável, apesar de se dever atender, em função do discurso posterior, aos efeitos que o critério de admissibilidade, instituído para o recurso excepcional de revista, gera quanto ao âmbito dos poderes de cognição do tribunal de revista e consequentemente na definição do seu objecto[317]. Sem antecipar elementos que ainda não podem ser apreendidos em toda a sua dimensão, importa frisar que no processo civil se exclui do objecto do processo (de recurso) o litígio sobre que recaiu a decisão impugnada[318], delimitando-se este em função da decisão que se pretende impugnar e não da configuração da lide conforme apresentada pelas partes na primeira instância. A opção incide sobre a inclusão no objecto do recurso da questão que a decisão recorrida resolveu ou sobre a própria decisão recorrida; no primeiro caso, trata-se de julgar de novo a questão suscitada, no segundo, está apenas em análise a decisão proferida[319]. A solução é a já apontada, o objecto do recurso é a decisão impugnada, afirmando-se que «os recursos visam modificar decisões e não criar soluções sobre matéria nova»[320].

Tal como no processo civil, o sistema legal induz a ideia de que o objecto do recurso é a decisão impugnada e, a esse respeito, em sede de revista, não se dispõe de modo diferenciado quanto ao tipo de decisões que podem ser objecto desta via de impugnação[321]. A esta formatação não será

---

[315] Cfr. RIBEIRO MENDES, *Recursos...*, pp. 138 ss.; TEIXEIRA DE SOUSA, *Estudos...*, pp. 395 ss.; FREITAS DO AMARAL, *Conceito e Natureza do Recurso Hierárquico*. Coimbra, 2.ª edição, 2005, pp. 239 ss.

[316] Cfr. RIBEIRO MENDES, *Recursos...*, p. 175.

[317] Cfr., em primeiro lugar, SÉRVULO CORREIA, *O princípio pro actione...*, pp. 36 ss. e infra § 4, n.º 8.

[318] Cfr., nestes precisos termos, RIBEIRO MENDES, *Recursos...*, p. 175.

[319] Cfr. CASTRO MENDES, *Processo Civil*, III, p. 20, colocando a discussão ao nível das duas opiniões referenciadas no texto.

[320] Cfr. CASTRO MENDES, *Processo Civil*, III, p. 21.

[321] Sem que se conceda neste momento quanto ao posicionamento transmitido pela lei, neste ponto dar-se-á nota do regime legal, não procurando já identificar as discrepâncias que podem decorrer do modo global de configuração do recurso excepcional de revista.

certamente alheia a razão de ser que fundou a admissão da revista no contencioso administrativo; por um lado, a sua vertente claramente excepcional a transparecer que as hipóteses de admissão serão muito pouco frequentes, por outro lado, a tentativa de introdução de um recurso *per saltum* oficioso que, dada esta última característica, se supôs capaz de requerer em maior número de ocasiões a intervenção do STA. A solução consagrada congrega um cariz de operacionalidade que também se deslinda no modo como foi configurado o tipo de decisões sobre que pode recair. Isto significa que a afirmação, nesta fase, de que o objecto do recurso é a decisão impugnada, não colide com o seu eventual alargamento em decorrência de efeitos colaterais produzidos por outros segmentos do regime jurídico aplicável ao recurso previsto no artigo 150.º. A nota de excepcionalidade que pretende marcar o recurso de revista, a par da sua estrutura e dos requisitos de acesso, não se desconcerta se se atender a uma formulação mais ousada do objecto do recurso, em função de estritas especificidades que lhe estão subjacentes.

A concepção do objecto do recurso como a decisão impugnada decorre, desde logo, do artigo 142.º, n.º 1, no qual se estabelece a cláusula geral de recorribilidade das decisões que tenham conhecido do mérito da causa. Está aí em causa um recurso em primeiro grau de jurisdição e que é delimitado em função do valor do processo, admitindo algumas excepções nos números seguintes. Nesta norma, que se configura como a regra geral definidora das decisões recorríveis, é expresso, no que cinge ao recurso de revista, uma espécie de carácter autorizativo da sua conformação em moldes distintos dos definidos em linha geral. Desempenhando também uma função restritiva, talvez excessiva, ao estabelecer que no recurso de revista não vale a regra do processo civil que usa o valor do processo ou da sucumbência para admitir o recurso. Nesta norma de carácter geral, o sentido do n.º 4 do artigo 142.º parece ser essencialmente o de excluir o critério quantitativo como aferidor da recorribilidade das decisões impugnáveis por essa via, perspectiva que depois é confirmada no lugar próprio. Denota-se uma preocupação em claramente enunciar que, no contencioso administrativo, em matéria de admissibilidade do recurso de revista, valem as suas regras próprias não se aplicando supletivamente o processo civil (artigos 1.º e 140.º), evitando-se as discussões que poderiam aparecer motivadas pelas tentativas de obstar ao trânsito em julgado de decisões desfavoráveis. Apesar da redacção dos artigos 150.º e 151.º ser perfeitamente esclarecedora dos intuitos legislativos, aquela menção parece revelar um excesso de cautela, assente, ao menos, na perspectiva

O *recurso de revista no contencioso administrativo: regime geral*   117

pedagógica que ditou a redacção de algumas das normas do CPTA. A delimitação das decisões de que é possível recorrer em primeiro grau de jurisdição vale exclusivamente para essa fase processual, não sendo extrapolável para outras.

No âmbito do recurso de revista foram estabelecidas diferenças quanto ao tipo de decisão de que se pode recorrer. Se no caso do artigo 150.º (recurso excepcional de revista) o objecto do recurso é qualquer decisão proferida em segunda instância pelos tribunais centrais, já no artigo 151.º (recurso de revista *per saltum*) o objecto é restringido às decisões de mérito. Para esta diferença podem apresentar-se diversas explicações. O recurso excepcional de revista apresenta, nesta primeira etapa de implementação de uma ambiciosa[322] reforma do contencioso administrativo, um papel de relevante dimensão, podendo, além da definição de soluções jurisprudenciais em matérias substantivas, desempenhar uma função matriz na interpretação e aplicação do direito processual administrativo, superando divergências, dúvidas e incertezas, acabando mesmo por desenvolver uma tarefa de complementação jurisprudencial do direito[323]. Não vigorando neste recurso um critério de admissibilidade objectivo pela sua referência quantitativa, a necessidade do preenchimento valorativo dos conceitos indeterminados nele consignados constitui, de igual modo, um factor de condicionamento e de impedimento à sua utilização abusiva. Além de que, sendo um recurso que consome dois recursos existentes no processo civil (revista e agravo em segunda instância), opera a sua unificação em termos que tendem a simplificar o processo administrativo, aliviando-o de tarefas separadoras que acabam por se revelar ineficientes e com efeitos improdutivos[324].

Por fim, estando em causa um recurso para uma terceira instância, deve, por princípio, admitir-se que, mesmo as questões processuais, que aí venham a ser discutidas assumem uma relevância essencial para o direito

---

[322] Dizendo-se mesmo que se está no «início de uma revolução jurídica e política, em direcção à Justiça, à legalidade e à civilização», cfr. PEREIRA GOUVEIA, *As realidades da nova tutela cautelar administrativa*, CJA, n.º 55, p. 3.

[323] Cfr. LARENZ, *Metodologia da Ciência do Direito*. Lisboa, 3.ª edição, 1997, pp. 523 s.

[324] No âmbito da discussão pública sobre o sistema de recursos no processo civil com vista à sua reforma, voltou a analisar-se a eventual adopção de um sistema unitário de recursos ordinários, na qual se reconhece a extrema dificuldade da sua introdução, mas se conclui que tal opção tornaria as normas processuais mais simples, mais claras e mais acessíveis, cfr. AA.VV., *O Sistema de Recursos...*, p. 118.

O *Recurso de Revista no Contencioso Administrativo*

e não só para o litigio que lhe deu causa, assim também se justificando esta solução legal. O mesmo é dizer que, diante de dois crivos antecedentes e a barreira da fase preliminar de admissão, apenas terão acesso ao Supremo as questões processuais cujo relevo e significado jurisprudencial sejam ponderosos.

Quanto ao recurso de revista *per saltum*, o seu objecto, recaindo apenas nas decisões de mérito, pretende acentuar que, nas hipóteses em que na primeira instância a decisão é meramente processual, a via normal de impugnação é o tribunal central, que reúne as características suficientes para fornecer uma resposta adequada. Ou seja, em termos de racionalidade faz mais sentido que uma decisão formal de um tribunal administrativo de círculo seja objecto de discussão no tribunal central do que directamente no tribunal supremo. Solução inversa poderia implicar a implosão do Supremo com uma larga massa de recursos que lhe seriam directamente dirigidos e da qual não resultariam quaisquer vantagens ou, ao mesmo tempo, a sua sobrecarga com questões de menor relevância. Os exigentes critérios de acesso *per saltum* ao Supremo Tribunal, que também se justificam pelo carácter oficioso – não dependente das partes – da sua aplicação, determinam que o tipo de decisões que por essa via o STA pode ser chamado a apreciar assumam uma certa projecção substancial. É pela estrita recondução da discussão a decisões de mérito – que decidam a relação jurídica controvertida – que se justifica o acesso directo ao Supremo Tribunal. A sua vulgarização, pela generalizada admissão de todo o tipo de decisões provindas da primeira instância, acabaria por esvaziar os tribunais de segunda instância, sem nenhuma mais valia para o sistema judicial, ainda que se admita como fundamento da revista a violação de lei substantiva ou processual (artigo 150.°, n.° 2 por remissão do artigo 151.°, n.° 1). A opção legislativa assenta na pressuposição de que as decisões processuais – que não decidem a relação material controvertida – que se suscitam nos tribunais administrativos de círculo, terão um raio de acção mais limitado, que justifica apenas – se se preencherem os pressupostos legais – recurso para o tribunal central. O salto que se admite é configurado em termos de, pela mera discussão de uma decisão adjectiva, de menor importância, não ser possível aceder ao Supremo Tribunal. Congregam-se, assim, duas vias diferenciadas quanto ao objecto no acesso ao STA: decisões de mérito e forma no recurso excepcional de revista e decisões de mérito no recurso de revista *per saltum*.

A solução vigente no processo civil é configurada de modo diverso. Em primeiro lugar, está fixado em termos gerais o critério quantitativo

O recurso de revista no contencioso administrativo: regime geral   119

como meio aferidor do direito ao recurso jurisdicional, isto é, o valor da causa e da sucumbência determinam a admissão do recurso (artigo 678.°, n.° 1, CPC, com algumas excepções neste preceito mencionadas). O recurso de revista tem por objecto o acórdão da Relação que decida do mérito da causa (artigo 721.°, n.° 1, CPC) e o recurso *per saltum* tem por objecto a decisão de mérito proferida em primeira instância (artigo 725.°, n.° 1, CPC). Seguindo a tese sufragada pela doutrina processual civil que identifica o objecto do recurso com a decisão jurisdicional impugnada, pode concluir-se que existe uma identidade entre o tipo de decisões que pode ser questionado em sede de revista. Em ambas as hipóteses está em causa apenas a impugnação de uma decisão de mérito, o que se compreende perante a possibilidade de, em relação às decisões processuais, ser interposto recurso de agravo em segunda instância, já não em relação ao recurso *per saltum*, que apenas é admitido quanto a decisões de mérito. No que respeita à sua comparação com o contencioso administrativo, verifica-se, portanto, que, no recurso *per saltum*, em ambas as jurisdições só pode ser impugnada uma decisão de mérito, divergindo no recurso de revista, na medida em que, neste, o processo civil consagra uma outra via normal para impugnação das decisões de forma (o agravo em segunda instância). A variedade de vias previstas no processo civil concede, de igual modo, tutela jurisdicional às duas situações, diferindo essencialmente a marcha processual.

Este alargamento do âmbito do recurso de revista vigente no processo administrativo encontra justificação igualmente na impossibilidade jurídica de nessa área do direito ser interposto um recurso de agravo em segunda instância. No processo administrativo não é conferida a possibilidade prevista no artigo 754.°, n.° 1, CPC, na medida em que ficou expressamente delimitado que, em terceira instância, só é possível o recurso excepcional de revista e contanto que se verifiquem os respectivos pressupostos. Não é compaginável com o CPTA a tentativa de recurso à aplicação subsidiária, por remissão para o processo civil, fazendo valer por omissão o disposto neste último sector legal. Tal solução, se admissível, consistiria em fazer entrar pela janela aquilo a que expressamente se fechou a porta. Com a solução do CPTA visou-se e alcançou-se a instituição de um recurso para uma terceira instância em decisões substanciais e processuais, sujeitando qualquer das hipóteses aos exigentes critérios de admissão enunciados no artigo 150.°, CPTA. Daqui resultam, salta à evidência, ganhos de celeridade e racionalidade processuais, centrando o Supremo Tribunal em funções condizentes com o seu lugar próprio no sistema jurisdicional.

Importa, a finalizar, aferir as soluções adoptadas noutros direitos. No direito alemão, a redacção do § 132, da VwGO, é elucidativa ao estipular que a revista se dirige contra a sentença do OVG, determinando que o BVerwG, em regra, está vinculado aos factos fixados na decisão impugnada (§ 137, 2.), a menos que em relação a eles (ou a algum deles) se apresentem motivos de cassação admissíveis e fundados. A *Sprungrevision* tem como objecto uma sentença do VG e está desde logo limitada em função dos critérios de admissão, dos quais se excluem a ocorrência de vícios processuais (§ 134, 2.).

A *cassation* perante o Conselho de Estado francês tem por objecto as decisões proferidas pelas *Cours Administratives d'Appel* e, em geral, todas as decisões emanadas em última instância na jurisdição administrativa[325], o que mostra que o seu objecto é uma decisão jurisdicional[326]. A circunstância de se tratar de um prolongamento da instância principal reforça a imutabilidade do litígio, no âmbito da *cassation* apenas pode ser aferida a legalidade da decisão jurisdicional que por essa via foi impugnada[327].

Em Espanha, o objecto do recurso de cassação são as sentenças em única instância da Sala do Contencioso-Administrativo da Audiência Nacional e das Salas do Contencioso-Administrativo dos Tribunais Superiores de Justiça (artigo 86.°, n.° 1) e nalguns casos os autos (artigo 87.°)[328]. No recurso de cassação não é admissível o conhecimento pleno da questão debatida, mas apenas os motivos de cassação que tiverem sido invocados[329].

3. Fundamento: violação de lei substantiva ou processual

23. O fundamento determina o âmbito de cognição do STA enquanto tribunal de revista, limitado que fica ao conhecimento das questões de direito, contrariamente aos tribunais de instância que decidem em matéria de facto e de direito. A destrinça entre a matéria de facto e de direito tem ocupado a doutrina nacional e estrangeira, sem que se possa, agora como no passado, garantir a existência de uma posição definitiva que afaste

---

[325] Artigo L.821-1, *CJA* e Chapus, *Droit du contentieux...*, pp. 1202 e 1206.
[326] Cfr. Debbasch/Ricci, *Contentieux...*, p. 664.
[327] Cfr. Debbasch/Ricci, *Contentieux...*, p. 670.
[328] Em ambos os casos, com as exclusões nesses preceitos explicitadas.
[329] Cfr. González Pérez, *Manual...*, p. 624.

O recurso de revista no contencioso administrativo: regime geral   121

todas as dúvidas. O desenvolvimento dessas questões ultrapassa o âmbito deste trabalho, importando apenas anotar algumas das posições doutrinais existentes.

Na doutrina nacional destaca-se a atenção que ao assunto tem sido dada por CASTANHEIRA NEVES, que não é susceptível de ser aqui completamente referenciado. Desconsiderando a posição dominante, este autor vem demonstrar a existência de um *circulus inextricabilis* decorrente de, na questão de facto, ser implícita e relevante a questão de direito e de nesta não se poder dispensar a influência da questão de facto[330], o que impõe uma mudança de perspectiva assente na «intencionalidade problematicamente específica»[331]. A alternativa sugerida parte da formulação de dois tipos de questões, um deles refere-se «ao *objecto* correlativo e aos *dados* que qualquer problema concreto sempre terá de pressupor» (questão de facto) e o outro é «o *fundamento* e o *critério* do juízo» e o «concreto juízo decisório» (questão de direito)[332]. A questão de facto implica «objectivar a *concreta relevância jurídica*» e a «*prova jurídica* dos elementos objectivamente componentes dessa relevância»; a questão de direito engloba a questão de direito em abstracto («o *fundamento* normativo jurídico do juízo decisório») e a questão de direito em concreto («a decisão judicativa do problema jurídico do caso decidendo»)[333]. Concluindo que a questão de facto e a questão de direito «mutuamente se condicionam, (…) se pressupõem e remetem uma à outra[334].

Tradicionalmente, a questão de facto respeita ao que efectivamente aconteceu e a questão de direito ao modo como se qualifica o ocorrido de acordo com os critérios da ordem jurídica[335]. LARENZ considera, no entanto, que a distinção é «em grande medida discutível», identificando como um dos pólos da dificuldade a circunstância de que, quando se questiona o que aconteceu, a pergunta só pode ser colocada com sentido

---

[330] Cfr., por último, *Matéria de Facto-Matéria de Direito*, RLJ, n.º 3867, p. 164.

[331] Cfr. CASTANHEIRA NEVES, *Matéria de Facto…*, RLJ, n.º 3867, p. 165.

[332] Cfr. CASTANHEIRA NEVES, *Matéria de Facto…*, RLJ, n.º 3867, p. 166 (itálico do autor).

[333] Cfr. CASTANHEIRA NEVES, *Matéria de Facto…*, RLJ, n.º 3867, p. 166 (itálico do autor).

[334] Cfr. CASTANHEIRA NEVES, *Matéria de Facto…*, RLJ, n.º 3867, p. 166.

[335] LARENZ, *Metodologia…*, p. 433. O autor assinala, em termos sugestivos, que serão factos «tudo aquilo que possui uma determinada localização no tempo». Cfr. CASTANHEIRA NEVES, *Matéria de Facto…*, RLJ, n.º 3866, pp. 130 s., fazendo menção à distinção tradicional sufragada pelo pensamento jurídico dominante.

122   *O Recurso de Revista no Contencioso Administrativo*

quando o *quid* está já determinado e que este só pode ser determinado por recurso à linguagem corrente ou à linguagem legislativa. Quando ocorre esta última hipótese torna-se evidente que já existe «apreciação jurídica no estabelecimento da "questão de facto"»[336]. Não que em certos casos não seja possível separar a questão de facto e a questão de direito, mas existem situações em que tal tarefa não se revela possível, nomeadamente quando a descrição dos factos é efectuada com termos que comportam uma valoração jurídica[337]. Apontando, uma vez mais, a dificuldade da distinção, JAUERNIG identifica como questões de direito «o menosprezo da norma jurídica aplicável, dos elementos constitutivos abstractos, a subsunção à norma dos factos» e como questões de facto a efectiva determinação de um facto concreto[338].

Numa perspectiva gnoseológica aponta-se que a matéria de facto tem que ver com a averiguação dos factos, tendo como efeito uma afirmação de verdadeiro ou falso, e a matéria de direito respeita à aplicação das normas jurídicas aos factos, tendo um resultado que se avalia em função da correcção ou da justificação[339]. Apontam-se como questões de facto aquelas que tenham a ver com ocorrências na vida real, abrangendo factos externos e factos reais, assim como factos internos (relativos à vida psíquica e sensorial) e factos hipotéticos; sendo questões de direito as que respeitem à selecção das normas jurídicas aplicáveis, à sua interpretação, à sua legalidade e constitucionalidade e à sua aplicação[340].

Constitui referência comum a todos os autores que tratam este ponto a menção à sua dificuldade, ao facto de se tratar de matéria problemática, da linha de fronteira não ser fixa, pelo que se pretendeu deixar apenas anotadas algumas dessas referências principais da doutrina com o intuito de não deixar de lado esse ponto com evidente relevo no estudo do recurso de revista, sem que dele se faça o ponto essencial desta monografia.

---

[336] Cfr. *Metodologia...*, p. 434, fornecendo exemplo.

[337] Cfr. LARENZ, *Metodologia...*, p. 435. O autor considera que a jurisprudência não realiza a distinção de modo consequente, recusando a possibilidade de recurso de revista em hipóteses em que estão exclusivamente em causa questões de direito, o que o leva a concluir que, se tal recusa ocorre, é porque «não é manifestamente a delimitação entre "questão de facto" e "questão de direito" o [seu] critério determinante», (p. 437).

[338] Cfr. *Direito Processual Civil*. Coimbra, 2002, p. 386.

[339] Cfr. TEIXEIRA DE SOUSA, *Estudos...*, p. 422.

[340] Cfr. AMÂNCIO FERREIRA, *Manual...*, pp. 239 s.

O recurso de revista no contencioso administrativo: regime geral 123

24. Verifica-se no contencioso administrativo um alargamento do âmbito do fundamento por comparação com o processo civil; neste a revista tem como fundamento a violação da lei substantiva, podendo com esta ser acessoriamente cumulada a violação de lei de processo – artigos 721.º, n.º 2 e 722.º, n.º 1. No processo administrativo o fundamento da revista é alternativo, ou seja, tanto pode consistir em violação de lei substantiva como em violação de lei de processo, não sendo requisito obrigatório que se trate sempre de lei substantiva a que, em certas condições, possa acrescer a violação de lei de processo. Isto representa um alargamento por contraposição à lei processual civil que tem, desde logo, como primeiro efeito facilitar o acesso ao STA em terceiro grau de jurisdição, ou melhor, permitir que o STA exerça a sua função de Supremo Tribunal tanto em matéria de direito substantivo como de direito processual, o que avaliza o seu papel conformador.

Da delimitação do fundamento do recurso de revista decorre que este consome dois tipos de recurso existentes no processo civil, o recurso de revista, nos termos já expostos, e o agravo em segunda instância. Este não é possível no processo administrativo, na medida em que não existe um acesso generalizado ao terceiro grau de jurisdição, este só ocorre após o filtro de admissão especial e apenas sob as vestes de recurso de revista. As restrições a que o agravo em segunda instância se encontra sujeito são substituídas no processo administrativo pela fase de admissão mediante o preenchimento de conceitos indeterminados[341], ou seja, a possibilidade do recurso de revista ter por fundamento violação de lei processual não tem o mesmo significado do que a violação de lei substantiva no regime processual civil do recurso de revista. Atente-se que no processo administrativo não existia a tradição de um duplo grau de recurso jurisdicional e que este foi consagrado através de um mecanismo que impede a sua vulgarização. O STA teve já ocasião de afirmar, na sequência de pronúncia do MP, que era incompetente para conhecer um recurso de agravo em segunda instância, o que determinou a baixa do processo ao tribunal central para admissão como recurso de revista[342]. Esta conclusão decorre de inexistir qualquer norma atributiva de competência ao STA para decidir agravos em segunda instância e do facto da existência do duplo grau de recurso jurisdicional ser excepcional e estar condicionado à transposição dos pressu-

---

[341] Cfr. AROSO DE ALMEIDA/FERNANDES CADILHA, *Comentário...*, pp. 749 s.

[342] Acórdão de 18 de Maio de 2006, relator ANTÓNIO SAMAGAIO, processo 0428/06, disponível em www.dgsi.pt.

postos de admissão que são interpretados de forma muito restritiva. Deste modo se pretende também alargar o âmbito de actuação do STA em sede de revista, unificando o tipo de recurso, o que se traduz numa desejada simplificação processual com que o processo e as partes muito têm a ganhar.

A admissibilidade de violação de lei processual como fundamento da revista tem ainda outra justificação, que assenta na magnitude da reforma legislativa implementada, que carece de um forte e adequado empenhamento dos tribunais integrados na jurisdição administrativa, muito em especial do STA, para consolidar e unificar os entendimentos decorrentes das dificuldades interpretativas que a nova lei processual possa suscitar.

O papel do STA para a unidade do direito, para o seu desenvolvimento e para a uniformidade da jurisprudência justifica que possa decidir em último grau, e desde que reunidas as condições de admissão, todas as questões de direito material ou processual de cuja dilucidação decorre a realização daquelas finalidades.

A norma processual administrativa limita-se a enunciar o fundamento da revista como consistindo na violação de lei substantiva ou processual, não dando qualquer concretização das variáveis em que se pode traduzir essa violação. No processo civil, foi seguida outra via, mencionando-se o tipo de erro de direito em que pode consistir a violação da lei substantiva (erro de interpretação, de aplicação e de determinação da norma aplicável). Esta preocupação de enunciação foi criticada por não deter a capacidade de abranger todos os possíveis erros de direito[343], sendo susceptível de uma diferente construção[344]. Podem admitir-se aqui duas possibilidades: ou a omissão no processo administrativo é intencional, e legislando-se nos termos efectuados, não se considerou relevante tipificar os erros de direito que podem estar em causa, (fica a tarefa a cargo dos tribunais com o indiscutível apoio da doutrina); ou entende-se ser de aplicar, parcialmente, o artigo 721, n.º 2, CPC, isto é, apenas na parte em que tipifica os erros de direito, por via da remissão adaptativa operada pelo artigo 140.º, CPTA. Parece de aceitar um entendimento que não coarcte as possibilidades conferidas pela lei, ou seja, a não densificação do conceito de erro de direito no processo administrativo deve ser lida como admitindo as hipóteses reguladas no processo civil e outras que se possam aventar apesar de aí não incluídas.

---

[343] Cfr. AMÂNCIO FERREIRA, *Manual*…, p. 226.
[344] Cfr. TEIXEIRA DE SOUSA, *Estudos*…, pp. 430 ss.

O *recurso de revista no contencioso administrativo: regime geral* 125

No processo administrativo haverá que considerar a lei substantiva e a lei processual. Quanto à primeira, o CPC tenta uma enumeração de hipóteses em que supostamente se depara com uma lei substantiva (artigo 721.º, n.º 3). Apesar de não se poder considerar um repertório completo, é uma tentativa que vale no processo administrativo por via da aplicação adaptativa das regras do processo civil. O intérprete não tem, no entanto, que se satisfazer com as enumerações legais, nomeadamente porque se sujeitam à paralisia que o andamento do tempo necessariamente lhes confere. Em cada momento tem de avaliar o estado da arte para concluir com rigor e certeza que na lei substantiva cabem esta e aquela normas, podendo em teoria afastar-se outras. A este respeito talvez seja preferível, à luz do novo contencioso administrativo que é ele também pedagogicamente exemplificativo, deixar certas concretizações para a realidade de modo a não encrustar os códigos, aos quais se deseja cada vez mais estabilidade. Não cabe necessariamente aprofundar essas tentativas, havendo antes que atender ao que seja lei substantiva. Lei substantiva é aquela que «permite o proferimento de uma decisão de procedência ou de improcedência, isto é, uma decisão de condenação ou absolvição do pedido»[345].

Defendeu-se já que a norma do artigo 721.º, n.º 3, CPC não é susceptível de uma mera interpretação declarativa, antes carecendo de interpretações extensiva e restritiva, senão mesmo correctiva[346], invocando-se nessa alegação o papel da Constituição e a unidade do sistema jurídico. Esta asserção é ela própria a prova de que, quando se opta pela enumeração, se corre o elevado risco de não garantir permanência e estabilidade à norma que a comportar. A doutrina processual civil identifica como lei substantiva: normas e princípios constitucionais, normas e princípios de direito internacional geral ou comum, normas de convenções internacionais, normas de direito comunitário derivado (regulamentos, directivas e decisões), normas legais, normas legais estrangeiras aplicáveis por força do direito internacional privado, normas com carácter genérico provenientes de órgãos de soberania[347]. Importa sobretudo atender à abrangência da referência às disposições genéricas, de carácter substantivo, provindas dos órgãos de soberania. Têm-se considerado aí incluídas as leis, os decretos-leis, os regulamentos do Governo (decretos regulamentares, decretos, portarias, despachos normativos ou resoluções do Conselho de Ministros),

---

[345] Cfr. Teixeira de Sousa, *Estudos...*, p. 429.
[346] É a posição de Amâncio Ferreira, *Manual...*, p. 228.
[347] Trata-se da construção de Amâncio Ferreira, *Manual...*, pp. 229 ss.

126   *O Recurso de Revista no Contencioso Administrativo*

aditando-se os decretos legislativos regionais[348]. Excluem-se do conceito de lei substantiva as disposições que não detenham carácter geral, antes se configurando como normas individuais, apesar de, em sentido contrário, se invocar que a Constituição não determina que todas as leis devam assumir um carácter geral e abstracto[349].

O direito processual (civil) «regula o exercício da função jurisdicional pelos tribunais» e «define os meios de tutela dos direitos e interesses dos particulares»[350]. O direito processual, sendo instrumental, apresenta-se como visando prosseguir «a função de ordenar os processos em que os interessados reclamem judicialmente os direitos reconhecidos pelas normas substantivas»[351] e a mesma função é desempenhada pelo direito processual administrativo, trata-se de características do direito processual em geral. Apresentarão capacidade de integração nas definições assim tentadas aquelas normas jurídicas cujo desrespeito significará a violação de lei processual capaz de fundamentar a interposição de um recurso de revista no processo administrativo.

4. Tramitação processual

4.1. *Legitimidade*

25. A legitimidade para recorrer pode ser entendida de um ponto de vista formal, partindo da não obtenção pela parte do que requereu, ou de um ponto de vista material, detendo essa qualidade a parte para a qual a decisão foi total ou parcialmente desfavorável[352]. O pressuposto processual consistente na legitimidade para recorrer constitui uma componente particular da legitimidade das partes[353].

---

[348] TEIXEIRA DE SOUSA, *Estudos...*, p. 428.

[349] No primeiro sentido, TEIXEIRA DE SOUSA, *Estudos...*, p. 428; no segundo, AMÂNCIO FERREIRA, *Manual...*, p. 233.

[350] Cfr. TEIXEIRA DE SOUSA, *Introdução...*, p. 45.

[351] Cfr. SANTOS JUSTO, *Introdução ao Estudo do Direito*. Coimbra, 2.ª edição, 2003, p. 249, ressaltando que a cada ramo de direito substantivo corresponde um direito processual que o realize, referindo, entre outros, que o direito processual administrativo é adjectivo ou instrumental em relação ao direito administrativo.

[352] Cfr. TEIXEIRA DE SOUSA, *Estudos...*, p. 487.

[353] Cfr. ALBERTO DOS REIS, *Código de Processo Civil anotado*, vol. V, 1981 (reimpressão), p. 266.

O recurso de revista no contencioso administrativo: regime geral 127

Nos termos do artigo 141.°, n.° 1, do CPTA, detém legitimidade para recorrer quem tenha ficado vencido numa decisão jurisdicional proferida por um tribunal administrativo, com as precisões enumeradas nos números seguintes, e o Ministério Público se a decisão tiver sido proferida em violação de disposições ou princípios constitucionais ou legais. A situação de vencido, à luz do processo civil, significa «afectado objectivamente pela decisão», querendo cada um desses termos transmitir que afectado é aquele que não alcançou a decisão mais favorável possível em face da sua pretensão, objectivamente significando que o vencimento não é aferido pela atitude assumida no processo, mas pela decisão, isto é, o recurso visará a decisão e não os seus fundamentos[354]. Diz-se também que a parte vencida é a parte prejudicada pela decisão[355]. Esta construção pode ser transposta para o processo administrativo, com uma ressalva respeitante à possibilidade de se considerar preenchido o conceito de vencido tendo por referência apenas os fundamentos (ou alguns deles) da decisão, aspecto que se desenvolverá adiante.

À primeira vista parecia que a regra constante do CPTA era similar à consagrada no processo civil, em que o recurso pode ser interposto pela parte que tenha ficado vencida (artigo 680.°, n.° 1), no entanto, da sua redacção invocava-se resultar a introdução de restrições no âmbito da legitimidade. Na lei de processo administrativo anterior, a legitimidade era conferida à parte ou interveniente no processo que ficasse vencido, à pessoa directa e efectivamente prejudicada pela decisão e ao Ministério Público (artigo 104.°, n.° 1, LPTA). Parecia, agora, ter sido afastada a titularidade de legitimidade «a pessoa directa e efectivamente prejudicada pela decisão», o que suscitaria a dúvida sobre a aplicabilidade (ou não) do disposto no n.° 2 do artigo 680.° do Código do Processo Civil, no qual se atribui legitimidade a pessoas que estejam nessa circunstância. Além de que o Ministério Público, que detinha uma generalizada e ampla legitimidade para interpor recurso, vê delimitado o raio de actuação em que pode agir em função das normas e princípios violados.

A nova forma de enunciação da legitimidade processual para recorrer efectuada pelo CPTA não é de somenos importância, importando aferir se as reduções (aparentes ou reais) visaram promover a consolidação das decisões jurisdicionais na ordem jurídica, num tempo mais rápido do que aquele que ocorreria se os titulares de legitimidade fossem em número

---

[354] Cfr. CASTRO MENDES, *Processo Civil*, III, pp. 11 ss.
[355] Cfr. ALBERTO DOS REIS, *CPC anotado*, V, p. 266.

superior. Pode estar em causa, um pouco em contraponto à abertura de largo espectro com que foram flanqueadas as portas de acesso aos tribunais administrativos, em primeira instância, um estreitar de caminho no acesso a graus superiores, acabando por alcançar-se o resultado que a reforma abraçou de assegurar a efectividade da tutela jurisdicional administrativa (tendo presente que esta não se traduz necessariamente na existência de uma via de recurso para todas as situações jurídicas que podem ser submetidas aos tribunais administrativos).

A redacção do artigo 104.°, n.° 1, LPTA induzia a desnecessidade de aplicação do artigo 680.°, n.° 2, CPC, antes da reforma do contencioso administrativo. Com a alteração da redacção da norma que sucedeu à primeira, o segmento que nesta constava foi suprimido, não constando do artigo 141.°, n.° 1, discutindo-se agora se, em face da omissão desta norma, é ou não aplicável aquele preceito do processo civil. A resposta não se apresenta clara, o que é demonstrado por esta questão ter sido uma daquelas em que o STA admitiu o recurso excepcional de revista[356].

A dúvida subjacente reside simplesmente em saber se o legislador pretendeu restringir a legitimidade para recorrer, aplicando-se apenas o artigo 141.°, por ser uma norma especial, ou se, na omissão desta, se deve aplicar a norma processual civil citada.

Em primeiro lugar, atente-se no significado dessa norma (artigo 680.°, n.° 2) no quadro do processo civil. Na doutrina encontram-se poucas menções a situações que se enquadrem na sua aplicação. É referido como exemplo o terceiro (testemunha ou perito) que seja condenado em multa ou aquele que, pretendendo constituir-se como parte por via de um incidente de intervenção de terceiros, vê essa iniciativa recusada pelo tribunal[357]; são também referidos casos como o do sócio perante uma sentença que declare nula ou anule uma deliberação social ou um terceiro que tenha sido notificado, a instância de uma parte, para entregar determinado documento na sua posse[358]. A decisão que pode ser impugnada por estes terceiros dificilmente será a decisão de mérito, porque esta apenas produz efeitos de caso julgado em relação às partes, não podendo assim prejudicar terceiros[359]. Discutiu-se se os terceiros poderiam recorrer apenas quando

---

[356] Cfr. acórdão de 4 de Janeiro de 2006, relator SANTOS BOTELHO, processo 01197/05, disponível em www.dgsi.pt.

[357] Cfr. CASTRO MENDES, *Processo Civil*, III, pp. 15 s.

[358] Cfr. AMÂNCIO FERREIRA, *Manual* ..., p. 132.

[359] Cfr. CASTRO MENDES, *Processo Civil*, III, p. 15.

O recurso de revista no contencioso administrativo: regime geral 129

tivessem tido intervenção no processo e não quando lhe fossem completamente estranhos, mas esta asserção não encontra exacta correspondência na norma em análise, o que levou a maioria da doutrina e os tribunais a considerar que o critério de legitimidade para recorrer é o do terceiro ser directa e efectivamente prejudicado pela decisão que pretende impugnar[360]. Ainda que só muito dificilmente se possam encontrar situações em que terceiros directa e efectivamente prejudicados pela decisão não tenham tido até aí qualquer intervenção no processo[361].

VIEIRA DE ANDRADE, sem desenvolver, considera aplicável a norma do n.º 2 do artigo 680.º, CPC, aditando apenas que no contencioso administrativo os contra-interessados já são considerados partes[362]. Esta última afirmação do autor parece ter como finalidade a redução do eventual raio de acção daquele dispositivo, na medida em que, se os contra-interessados podem ser considerados como partes, restarão poucas, ou insignificantes, hipóteses de outros terceiros prejudicados pela decisão susceptível de recurso. Já AROSO DE ALMEIDA/FERNANDES CADILHA entendem que a omissão no artigo 141.º de qualquer referência à possibilidade contida no artigo 680.º, n.º 2, foi intencional, decorrendo do propósito do legislador em não facultar a pessoas que não tenham sido partes na causa legitimidade para recorrer, na medida em que estas pessoas têm legitimidade para requerer a revisão da sentença (artigo 155.º, n.º 2, CPTA)[363]. No acórdão da formação do STA que admitiu o recurso excepcional de revista invoca-se que a questão é nova, que deve estar esclarecida com a necessária clareza e que se pode repetir em casos futuros[364]. O STA já proferiu a decisão[365] sobre a revista, fê-lo em termos impressivos e que logram resolver o problema, superando as posições doutrinais até aí conhecidas. Em primeiro lugar, considerando a «alteração legislativa profunda, que revoluciona a organização judiciária dos Tribunais Administrativos e introduz uma substancial

---

[360] Cfr., neste sentido, RIBEIRO MENDES, Recursos..., p. 165, citando as posições de PALMA CARLOS e de ALBERTO DOS REIS, assim como jurisprudência. Cfr., também, RODRIGUES BASTOS, Notas ao CPC, III, p. 221.

[361] Cfr. RIBEIRO MENDES, Recursos..., p. 165; LEBRE DE FREITAS/RIBEIRO MENDES, CPC Anotado, vol. 3.º, p. 22.

[362] Cfr. A Justiça..., p.388, nota 815.

[363] Cfr. Comentário ..., p. 696.

[364] Cfr. Acórdão do STA, de 04 de Janeiro de 2006, relator SANTOS BOTELHO, processo 01197/05, disponível em www.dgsi.pt.

[365] Cfr. Acórdão do STA, de 16 de Março de 2006, relator RUI BOTELHO, processo 01197/05, disponível em www.dgsi.pt.

alteração na legislação processual administrativa», conclui que não tem sentido admitir que, regulando a legitimidade para recorrer, fosse deixada parte da sua delimitação para o processo civil, por via da remissão constante do artigo 140.°. Depois, avaliando os termos literalmente utilizados, demonstra que o artigo 141.°, n.° 1, efectuou a condensação na expressão «quem nela tenha ficado vencido» do segmento constante do artigo 104.°, n.° 1, LPTA, no qual se lavrava que «a parte ou interveniente no processo que fique vencido, a pessoa directa e efectivamente prejudicada pela decisão». Na nova redacção suprimiu-se a referência a parte ou interveniente. Sendo que vencido é aquele que tenha ficado prejudicado e que não é correcto fazer corresponder a qualidade de vencido à situação de parte processual. Conclui-se, assim, pelo funcionamento harmonioso no contexto do contencioso administrativo, revelando-se desnecessário o recurso ao processo civil. A redacção mais sintética do CPTA logra incluir, tal como resultava anteriormente de modo expresso, tanto as partes processuais como os que, não o sendo, são prejudicados pela decisão. Encontrada a solução, a formação de julgamento afastou ainda o argumento assente na possibilidade de interposição do recurso de revisão (artigos 154.° ss.) por ser preferível a utilização de um recurso ordinário, alegando que os princípios antiformalista, *"pro actione"* e *"in dúbio pro favoritae instantiae"* determinam a adopção de uma interpretação mais favorável ao acesso à justiça e que a admissão do recurso imediato decorre dos princípios da economia processual e da celeridade. Depara-se, assim, uma decisão do STA enquanto tribunal de revista que logra superar as posições doutrinais, identificando uma solução que facilita a harmonia no contexto do contencioso administrativo (como o próprio tribunal invoca) e se apresenta a todos os níveis adequada para a resolução da dificuldade emergente da nova redacção das normas legais. Do mesmo modo, sublinha-se a virtude da ponderação e da atenta percepção das normas legais, tarefa que se enquadra indiscutivelmente na função de um verdadeiro Supremo Tribunal.

26. A afirmação de que a parte vencida tem legitimidade para recorrer pode ser simples e não carecer de maiores precisões. Pense-se nas hipóteses em que uma das partes na instância faz pleno vencimento em relação a todos os vícios apresentados, conseguindo a pretensão formulada, com base nas suas alegações. Numa situação assim descrita é claro que só a parte derrotada deterá legitimidade para recorrer, não estando a parte plenamente vencedora habilitada a lançar mão de qual-

O *recurso de revista no contencioso administrativo: regime geral* 131

quer recurso, afinal alcançou tudo o que pretendia. O artigo 141.°, (n.ᵒˢ 2 e 3) admite outras possibilidades, em que a posição de cada uma das partes não se apresenta configurada em termos absolutos, mas apenas de forma relativa. Estas previsões constituem uma decorrência do disposto no artigo 95.°, n.° 2, do qual resulta já não estar o objecto do processo delimitado em função dos vícios do acto administrativo invocados pelo demandante[366].

Podem verificar-se cenários em que a parte vencedora é simultaneamente vencida por não ter conseguido fazer valer determinadas causas de invalidade cujo provimento era determinante para a conformação da situação jurídica que, na sua perspectiva, deveria decorrer da anulação de um acto administrativo. Em situações como esta pode dizer-se que ambas as partes na instância detêm razões substantivas que lhes devem permitir recorrer da decisão proferida. Esta abertura é expressamente mencionada no âmbito da acção administrativa especial, nos processos impugnatórios numa dupla perspectiva. Do lado do autor, apesar da invocação de várias causas de invalidade do acto impugnado, quando não tenha obtido provimento em relação a alguma delas, desde que essa, se tivesse sido reconhecida, impedisse ou limitasse a possibilidade de renovação do acto anulado. Neste caso, apesar do autor ter saído vencedor do processo, decaiu em relação a uma das causas de invalidade que assume particular relevância na conformação da situação jurídica decorrente dessa sentença, pelo que se lhe permite que interponha recurso em relação à componente (fundamento) em que ficou vencido (artigo 141.°, n.° 2).

Por outro lado, o demandado pode ainda deter legitimidade em que seja reconhecida a inexistência de uma das causas de invalidade que conduziu à anulação do acto administrativo, apesar desta se manter, na medida em que o reconhecimento da inexistência dessa causa de invalidade se traduza na possibilidade do acto anulado vir a ser renovado (artigo 141.°, n.° 3).

Nestas duas hipóteses está em causa a latitude que existirá na posterior conformação da situação jurídica emergente da sentença de anulação do acto administrativo, nomeadamente no que respeita à possibilidade de renovação do acto anulado. A utilidade dos n.ᵒˢ 2 e 3 do artigo 141.° está na qualificação do interesse em agir no que concerne à possibilidade de ser interposto recurso de uma decisão anulatória quando estejam em presença

---

[366] Cfr. AROSO DE ALMEIDA/FERNANDES CADILHA, *Comentário...*, p. 699.

várias causas de invalidade[367]. Estará em causa a produção de um efeito preclusivo ou o seu impedimento[368].

Em ambas as hipóteses legalmente consignadas revela-se uma entorse ao entendimento vigente no âmbito do processo civil, em matéria de legitimidade, quanto ao facto de apenas se considerar a hipótese de vencido quanto à decisão e não no que respeita aos fundamentos[369]. Está aqui em causa uma das especificidades do processo administrativo que justificam a sua regulação especial, afinal os fundamentos da decisão[370] logram desempenhar um papel da maior importância na efectiva repercussão e potencialidades da decisão jurisdicional que tiver sido emitida. Trata-se de um desvio ao direito processual paradigmático que encontra plena e adequada justificação no quadro da conformação emergente da decisão proferida.

27. Ao Ministério Público é conferida a possibilidade de recorrer de decisão jurisdicional proferida por um tribunal administrativo contanto que essa decisão incorra em violação de disposições ou princípios constitucionais ou legais. Nestas circunstâncias o MP está nas vestes de recorrente que não derivam de uma sua posição anterior no âmbito do processo em que foi proferida a decisão a impugnar, situação distinta da prevista no artigo 146.º, CPTA, no âmbito do qual o MP não se encontra na posição de recorrente (nem de recorrido).

Quando o MP tenha sido parte vencida no processo é admissível o recurso pela primeira parte do n.º 1 do artigo 141.º, na segunda parte alarga-se a legitimidade de recurso a quem não tenha sido parte no processo, mas mesmo assim é defensor da legalidade[371], podendo assim garantir a observância desta. Na primeira hipótese estarão, por exemplo, as situações em que o MP impugne um acto administrativo (art. 55.º, n.º 1, al. b), CPTA), na seguinte estarão todas as outras em que o MP não é parte no processo inicial.

O MP, em sede de recurso, não está limitado à verificação de determinados pressupostos de relevância dos bens ou valores a proteger.

---

[367] Cfr. AROSO DE ALMEIDA/FERNANDES CADILHA, *Comentário...*, p. 700.

[368] Cfr. AROSO DE ALMEIDA, *O Novo ...*, pp. 177 e 315.

[369] Cfr. CASTRO MENDES, *Processo Civil*, III, p. 12.

[370] Cfr. VIEIRA DE ANDRADE, *A Justiça...*, p. 388, considerando estar em causa «a relevância dos fundamentos da sentença anulatória», identificada como característica dos processos de impugnação de actos administrativos.

[371] Cfr. VIEIRA DE ANDRADE, *A Justiça ...*, p. 154.

O *recurso de revista no contencioso administrativo: regime geral* 133

A norma induz que o MP pode actuar como recorrente, mesmo quando não tenha tido intervenção anterior no processo em que foi proferida a decisão impugnada, sempre que esteja em causa a violação de normas ou princípios constitucionais ou legais, assumindo uma função conformadora na preservação da unidade do direito e da defesa da legalidade. Para este efeito o MP tem de ser notificado de todas as decisões jurisdicionais proferidas nos tribunais administrativos. O objectivo é o de evitar que transitem em julgado decisões em que se tenham violado normas e princípios constitucionais ou legais cuja observância seja relevante para o direito.

A menção à violação das disposições ou princípios constitucionais é mais abrangente que a estrita referência a direitos fundamentais ou determinados valores ou bens com carácter constitucional. A intenção terá sido alargar o leque das possibilidades de fundamento de violação por parte da decisão. A abrangência ficará, como no passado, delimitada em função das limitações práticas que não permitem ao MP avaliar todas as decisões susceptíveis de recurso e à eventual enunciação hierárquica de concretizações, em função da relevância das violações ocorridas.

4.2. *Efeito*

28. Ao recurso de revista aplica-se a regra geral definida no artigo 143.° quanto aos efeitos dos recursos, que é a do efeito suspensivo da decisão recorrida. Seguindo a tradição da LPTA (artigo 105.°), mas divergindo no disposto quanto ao recurso de revista no processo civil, neste a regra é a do efeito meramente devolutivo[372], ocorrendo o efeito suspensivo unicamente nas questões sobre o estado de pessoas (artigo 723.° CPC). A atribuição de efeito suspensivo ao recurso significa que não é (nem pode ser) dada execução à decisão recorrida[373], esta fica pendente da decisão que vier a ser proferida no recurso interposto, não se introduzindo qualquer alteração na conformação jurídica do litígio. Este efeito é tido como resultante da interposição do recurso, podendo ainda distinguir-se efeitos quanto à pendência do recurso e quanto à sua expedição ou subida[374].

---

[372] Cfr. RIBEIRO MENDES, *Recursos...*, p. 264.

[373] Cfr. CASTRO MENDES, *Processo Civil*, III, p. 107; AMÂNCIO FERREIRA, *Manual...*, p. 167.

[374] A construção é de CASTRO MENDES, *Processo Civil*, III, p. 107 s. e foi seguida por RIBEIRO MENDES, *Recursos...*, p. 177 ss.

134   *O Recurso de Revista no Contencioso Administrativo*

Se funciona como regra geral a atribuição de efeito suspensivo, não deixam de ser admitidas hipóteses em que o efeito é meramente devolutivo, traduzindo-se na execução imediata da decisão impugnada. Esta ocorre quando o recurso é interposto de decisão de procedência proferida no âmbito da intimação para protecção de direitos, liberdades e garantias ou de decisões sobre providências cautelares (artigo 143.°, n.° 2). A razão de ser destas duas excepções prende-se com a tutela que, por sua via, se pretende conferir e à qual é legalmente atribuído um nível elevado de celeridade, isto é, a tutela só será efectiva se for dada em tempo útil. Os valores que nestes casos se pretende salvaguardar assumem especial relevância, na intimação pelo seu relevo constitucional e nas providências pela antecipação ou conservação de que certa situação é merecedora e que visa assegurar o posterior efeito útil da sentença. Em ambas o carácter suspensivo do recurso teria como principal efeito a denegação de tutela, na medida em que a intimação proferida ou a providência cautelar decretada não seriam eficazes, uma solução que não se revelaria conforme com o princípio balizador da reforma do contencioso administrativo. Do mesmo modo, quando a providência cautelar é indeferida, a prossecução do interesse público e a escusada repetição de ponderações já realizadas impõem que ao recurso seja atribuído efeito meramente devolutivo.

A apreciação da norma genérica atributiva de efeitos aos recursos jurisdicionais interpostos no contencioso administrativo carece de uma menção clarificadora no que ao caso interessa. O recurso excepcional de revista não está condicionado em função de certos critérios gerais, mas tendo por referência o disposto no artigo 150.°, tal como o recurso *per saltum* está claramente delimitado quanto aos pressupostos de admissibilidade no artigo 151.°. Nenhum destes preceitos regula a matéria atinente aos seus efeitos, no caso de admissão do recurso. Perante esta omissão cabe aplicar a disposição geral inserta no Código. No caso é o artigo 143.°, uma compreensão plena do significado desta norma depende da sua conjugação com o preceito anterior que identifica as decisões que admitem recurso (artigo 142.°). Dispensa-se aqui essa interligação, na medida em que ela apenas interessará numa fase anterior à do próprio recurso excepcional de revista. Este, quando admitido, é um recurso decidido em terceira instância, o que significa que as decisões jurisdicionais impugnadas tramitaram de um tribunal central que as emanou em sede de recurso. É quanto ao recurso decidido por este último tribunal que não se faz menção por extravasar o âmbito do tema, tendo-se o assunto como pressuposto conhecido, mas que pode tornar desnecessária a consideração dos efeitos do recurso de revista se ao recurso interposto para o tribunal central tiver sido atribuído um efeito meramente devolutivo.

Quer o efeito da interposição do recurso seja suspensivo quer seja meramente devolutivo – ambas as hipóteses podem ocorrer em sede de revista – foi admitida a possibilidade de alteração desse efeito. Atente-se que o efeito do recurso é inicialmente fixado no tribunal *a quo*. A parte vencedora (estando em causa o efeito suspensivo) ante a interposição de recurso de revista, curialmente após a sua admissão pela formação específica do STA, pode requerer perante este Supremo Tribunal[375] que à decisão da instância precedente (primeira ou segunda instância consoante o tipo de revista) seja atribuído efeito meramente devolutivo, de modo a permitir a execução provisória da decisão recorrida. O deferimento deste pedido depende do preenchimento de um de dois pressupostos: a suspensão de efeitos da sentença seja susceptível de provocar uma situação de facto consumado ou produza prejuízos de difícil reparação para a parte vencedora ou para os interesses, públicos ou privados, por esta prosseguidos (artigo 143.º, n.º 2). O facto consumado traduz-se pela irreversibilidade da situação criada, relevante pela força da inércia. Nesta última hipótese a alteração do efeito regra do recurso depende da realização de uma ponderação de interesses à semelhança do que ocorre em sede cautelar.

O direito processual administrativo português passa assim a conhecer o mecanismo de execução provisória das sentenças adoptado como forma de assegurar, com celeridade, a tutela jurisdicional já objecto de uma decisão jurisdicional. Esta execução provisória deve ser requerida perante o tribunal que vai decidir o recurso, admitindo-se deste modo que ocorra em data posterior à interposição daquele, ou, pelo menos, assegurando-se a possibilidade de ser requerida em momento posterior à admissão do recurso de revista. Tem de atender-se aqui em especial ao regime processual próprio a que obedece a admissão do recurso de revista, sendo que por uma questão de lógica e racionalidade só fará sentido alterar o efeito regra que é suspensivo da decisão recorrida se o recurso em que esta for impugnada chegar a ser admitido, se o não for a parte vencedora não precisa de o solicitar. O período de admissão do recurso de revista obsta ao trânsito em julgado da decisão impugnada, que ocorrerá se aquele não for admitido. Por outro lado, também não fará sentido admitir um requerimento autónomo de alteração de efeito da interposição do recurso perante o tri-

---

[375] A alteração do efeito do recurso é da exclusiva competência do tribunal para o qual se recorre (artigo 143.º, n.º 3), no caso o STA.

bunal *ad quem* enquanto o processo estiver no tribunal *a quo*. Apesar da redacção da norma não o indicar de modo expresso, tudo parece fazer entender que o pedido de alteração de efeito do recurso deve ocorrer em momento posterior à admissão do recurso de revista pelo STA, na forma própria que está definida e não em momento antecedente. Daqui decorrem duas consequências, a primeira é a de que a formação específica que procede à apreciação preliminar sumária não detém poderes para alterar o efeito do recurso, admitindo-se que essa tarefa possa caber ao relator no julgamento (após a admissão e consequente distribuição) por força do disposto na alínea j), do n.º 1, do artigo 27.º, na parte aplicável, com a faculdade de reclamação para a conferência; a outra é a de que, não se fixando um prazo para a apresentação do requerimento, essa faculdade é deixada à livre decisão da parte vencedora, que a pode exercer a todo o tempo, em função de critérios e ponderações próprios que eventualmente tenham em conta, por exemplo, a expectativa quanto à duração do processo ou a posterior ocorrência de factos susceptíveis de agravar a posição em que estava colocada. Não se deve ignorar, quanto a este último aspecto, a crítica apontada de existir uma espada sobre a parte recorrente que a todo o tempo se pode ver sujeita à execução da sentença recorrida, capaz de brigar com o princípio da segurança jurídica[376]. Mas este argumento não releva, na medida em que o recorrente também será surpreendido pela decisão do recurso que pode, em elevada percentagem, coincidir com a decisão impugnada, além de que o facto de ser ou não atribuído efeito meramente devolutivo não se traduz por si, em regra, na automática e imediata execução da decisão recorrida[377].

A necessidade de avaliação dos efeitos decorrentes da não execução da decisão, a par da ponderação dos interesses em presença e da possível determinação de medidas ou prestação de garantias que obviem os danos gerados impõem a audição da parte contrária ao pedido. O CPTA é omisso quanto à realização desta fase, mas os princípios gerais do direito processual impõem a sua realização, assim como a aplicação subsidiária do processo civil, (artigo 3.º, n.os 2 e 3, CPC)[378]. No contencioso administrativo

---

[376] Cfr. SILVIA DEL SAZ, *Artículo 91*, REDA, n.º 100, p. 652.

[377] Quanto ao último argumento, cfr. SILVIA DEL SAZ, *Artículo 91*, REDA, n.º 100, p. 652.

[378] Este é mais um exemplo em que o CPTA não cuidou de definir com clareza a necessidade de audição da parte contrária, na esfera da qual se vão produzir os efeitos emergentes dessa decisão. O mesmo acontece, como já se demonstrou noutra sede, quanto

espanhol também não se consagrou expressamente, no recurso de cassação, a necessidade de audição das partes quanto à execução provisória da sentença. Todavia, apesar disso entende-se na doutrina que, podendo produzir-se prejuízos na esfera do executado, dependendo a decisão que determina a execução do facto dos prejuízos serem ou não irreparáveis, conclusão a que o juiz chegará por convicção fundada em alegações das partes, decorre que a audição das partes é necessária por aplicação analógica do artigo 84, n.° 4, LJCA, relativo à execução provisória de sentenças recorridas em apelação[379], que determina a audição das partes num prazo comum de três dias.

A necessidade de audição da parte afectada pela decisão de alteração do efeito do recurso também se justifica quando o efeito meramente devolutivo possa causar danos e o tribunal se veja compelido a determinar medidas que evitem ou minorem esses danos ou a impor a prestação de garantias que respondam por eles (artigo 143.°, n.° 4). Quem melhor do que o recorrente afectado pela execução provisória da sentença pode auxiliar o tribunal na ponderação dos danos e na procura e selecção das medidas adequadas à sua eliminação ou atenuação? Aliás, nem o tribunal se veria plenamente informado dos danos a salvaguardar sem a intervenção da parte que, sofrendo-os, também pode indicar formas de os minorar ou evitar.

As medidas em causa, cujo âmbito e alcance não se precisam, são aquelas que o tribunal considere adequadas, é este o termo da lei, sendo que na sua determinação vai adiantada já uma certa conformação da situação jurídica substantiva subjacente à relação processual em presença. É conferida quase completa liberdade ao tribunal para definir as medidas que se ajustem, sendo que encontrará como limite, por um lado, a não antecipação da solução definitiva a dar ao litígio e, por outro, o respeito dos espaços de valoração próprios do exercício da função administrativa. As garantias, referidas no preceito, parecem corresponder às mesmas que permitem a suspensão de eficácia de um acto administrativo impugnado quando está em causa o pagamento de uma quantia certa e assumem qualquer das formas previstas na lei tributária (artigo 50.°, n.° 2).

à aplicação das sanções pecuniárias compulsórias. Cfr., do autor, *As Sanções Pecuniárias Compulsórias no Código de Processo nos Tribunais Administrativos – A Caminho da Efectividade da Tutela Jurisdicional Administrativa*, relatório, inédito, 2004.

[379] Cfr., neste exacto sentido, SILVIA DEL SAZ, *Artículo 91*, REDA, n.° 100, p. 652.

Quando aos recursos interpostos de intimações para protecção de direitos, liberdades e garantias e de decisões sobre providências cautelares em relação aos quais é atribuído directamente pela lei um efeito meramente devolutivo, o recorrente pode requerer a sua alteração para efeito suspensivo quando da execução provisória da decisão derivem danos superiores aos que decorreriam da sua suspensão e contanto que esses danos não pudessem ser evitados ou atenuados pela adopção das medidas adequadas a esse fim (artigo 143.°, n.° 5). Está em causa a substituição do efeito meramente devolutivo pelo efeito suspensivo, dependente de uma ponderação quanto aos resultados de qualquer dos efeitos do recurso, sendo determinante que da não execução provisória da decisão (providência cautelar ou intimação) não resultem efeitos irreversíveis para os interesses do recorrido qualificáveis como superiores aos do recorrente[380]. Valem aqui as notas acima aduzidas no que respeita aos trâmites desta decisão e à sua tempestividade.

29. Na *casación* espanhola a interposição do recurso contra sentenças produz efeitos suspensivos[381], apesar de que não se encontra vedada a execução provisória da sentença condicionada a requerimento da parte vencedora e, se dela decorrerem prejuízos, mediante a adopção de medidas destinadas a evitar ou a minorar esses prejuízos ou prévia prestação de caução capaz de acautelar a ocorrência daqueles. A decisão do pedido de execução provisória impõe uma ponderação dos interesses em jogo, atendendo nomeadamente aos prejuízos eventualmente sofridos pela parte vencida[382]. Esta execução provisória é (obrigatoriamente) recusada quando crie situações irreversíveis ou cause prejuízos de difícil reparação[383]. A LJCA não é clara quanto à qualificação do efeito da interposição do recurso e, apesar de alguma doutrina enunciar o seu carácter suspensivo, também existe quem invoque a existência de um princípio de execução automática dos autos e sentenças recorridos em cassação[384].

---

[380] Cfr. AROSO DE ALMEIDA/FERNANDES CADILHA, *Comentário...*, p. 717.

[381] Cfr. GONZÁLEZ PÉREZ, *Manual...*, p. 641. A cassação no contencioso administrativo apresenta a mesma natureza que nas outras jurisdições, tendo por isso efeito suspensivo, razão pela qual só se admite uma execução provisória, cfr. SILVIA DEL SAZ, *Artículo 91*, REDA, n.° 100, p. 648.

[382] Cfr. SILVIA DEL SAZ, *Artículo 91*, REDA, n.° 100, p. 653.

[383] Artigo 91, n.os 1 e 3, LJCA. Constitui o limite imposto à execução provisória, assumindo um carácter taxativo, cfr. SILVIA DEL SAZ, *Artículo 91*, REDA, n.° 100, p. 652.

[384] Cfr. SENDRA/CATENA/SÁNCHEZ, *Derecho Procesal...*, pp. 169 s.

A redacção da norma, não sendo esclarecedora, permite, no entanto, afirmar que a execução das decisões recorridas não é automática, antes carece de requerimento prévio da parte vencedora, não sendo linear que o pedido obtenha provimento, na medida em que certas situações previstas na lei o impedem. Mesmo aqueles que defendem a existência de um princípio de execução provisória, o mesmo é dizer, a atribuição de um efeito meramente devolutivo à decisão recorrida, reconhecem que nessa hipótese se está de imediato a assegurar a tutela jurisdicional, o que pode impelir a que os recursos não tenham fins dilatórios, podendo também originar problemas complexos quando o recurso venha a dar ao litígio uma solução diversa da impugnada ou quando se determine a reinstrução do processo[385]. Não se negando que a prática pode confirmar a percepção da generalização da execução provisória das decisões recorridas, parece poder afirmar-se que uma compreensão teórica da norma impõe que se conclua que a regra seja o efeito suspensivo da interposição do recurso de cassação, que pode ser postergado por via de requerimento da parte vencedora e, se existirem prejuízos, contanto que se implementem as medidas que os possam evitar ou minorar ou, em alternativa, se assegure através de caução a sua reparação. A inacção da parte vencedora traduz-se num efeito suspensivo da decisão recorrida, bem a querer manifestar que, não estando a lide resolvida em termos definitivos, se deve aguardar pelo seu fim para só então se proceder à respectiva execução.

Um aspecto a que também ocorre fazer menção respeita à possibilidade do requerimento para execução provisória da decisão recorrida poder ser apresentado a todo o tempo, mesmo que o recurso já se encontre em tramitação e até que seja dirigido ao tribunal *ad quem* e não apenas ao tribunal *a quo*[386]. Contra esta possibilidade tem-se invocado a protecção conferida pelo princípio da segurança jurídica a propender para a aplicação supletiva do disposto na lei processual civil, que impõe um prazo de seis dias desde a notificação da interposição do recurso para ser requerida a execução provisória da decisão[387], o que acaba por se revelar improfícuo pelo facto de não existir qualquer prazo delimitado para a respectiva execução. A parte vencedora continua aí a gozar da faculdade de decidir

---

[385] Cfr. SENDRA/CATENA/SÁNCHEZ, *Derecho Procesal...*, pp. 169 s.

[386] Cfr. SENDRA/CATENA/SÁNCHEZ, *Derecho Procesal...*, p. 170.

[387] Cfr. SILVIA DEL SAZ, *Artículo 91*, REDA, n.° 100, pp. 651 s., aditando em reforço desse entendimento a alegação de que o n.° 4 do artigo 91 induz que a lei tem ínsita a ideia de uma execução provisória em prazo certo.

quando executa. A decisão que determinar a execução provisória é ela própria susceptível de recurso de cassação[388].

Em França, rege em geral o princípio do efeito não suspensivo das vias de recurso[389], aí se encaixando o recurso de cassação, à semelhança do efeito regra atribuído à demanda inicial[390]. O princípio de efeito não suspensivo é afirmado como um princípio fundamental de direito público, apesar de conviver com o princípio constitucional de respeito dos direitos de defesa, que permite a atribuição de efeito suspensivo impedindo a execução do acto administrativo[391] (ou, como se verá, da decisão jurisdicional). As razões invocadas para a execução imediata da decisão jurisdicional, mesmo que esteja em tramitação um recurso que a vise alterar ou eliminar, assentam na necessidade de assegurar a execução da decisão final e em considerações de interesse público[392]. A matéria não encontra, no direito francês, uma regulação uniforme, no contencioso administrativo a regra é a do efeito não suspensivo nos recursos de apelação e de cassação. Já no processo civil a apelação tem efeito suspensivo e a cassação mantém o efeito não suspensivo, contanto que a lei não disponha de modo diverso[393]. Mesmo quando se determina um certo efeito regra, no caso o suspensivo, existe a preocupação de ressalvar a possibilidade de por via de leis específicas ser atribuído efeito diverso (ocorrendo em matérias de contencioso eleitoral[394] e de decisões das jurisdições disciplinares: os exemplos são relativos ao recurso de apelação).

---

[388] Artigo 87.º, n.º 1, alínea d) e n.º 3, LJCA. Norma que transmite a ideia de que o recurso de cassação será duplo, correspondendo ao recurso contra a sentença recorrida e ao recurso contra a execução provisória. Cfr., neste sentido, SENDRA/CATENA/SÁNCHEZ, *Derecho Procesal...*, 176.

[389] Cfr. CHAPUS, *Droit du contentieux...*, p. 1117; DEBBASCH/RICCI, *Contentieux...*, p. 525. Estes autores assinalam que a execução não traduz uma aceitação do caso julgado (p. 526).

[390] Artigo L.4, *CJA*, excepcionando determinações em sentido contrário provindas de legislação especial ou da jurisdição.

[391] Cfr. CHABANOL, *CJA*, 2.ª edição, p. 17, em anotação ao artigo L.4 que se refere à tramitação na primeira instância e não em sede de recurso.

[392] Cfr. DEBBASCH/RICCI, *Contentieux...*, p. 526.

[393] Cfr. CHAPUS, *Droit du contentieux...*, p. 1117; DEBBASCH/RICCI, *Contentieux...*, p. 526 e artigos 539 e 579 do *Nouveau Code de Procédure Civile*.

[394] Quando está em causa a eleição de conselhos municipais, alegando-se o respeito da vontade dos eleitores e o risco de complicações provocadas pela execução de uma decisão que anule a eleição e que depois seja revogada em apelação. Cfr. CHAPUS, *Droit du contentieux...*, pp. 1120 s.

O recurso de revista no contencioso administrativo: regime geral   141

A atribuição de efeito não suspensivo apresenta inconvenientes que decorrem, desde logo, da eventualidade de uma decisão já executada poder vir a ser revogada e estas dificuldades são reconhecidas pelo legislador que instituiu o mecanismo de *sursis à l'exécution*[395]. Trata-se de um correctivo que possibilita a suspensão provisória da execução da decisão recorrida[396]. A suspensão depende de requerimento do recorrente, que deve ser autónomo, carecendo da reunião dos seguintes pressupostos: a execução da decisão recorrida ser susceptível de gerar consequências dificilmente reparáveis e os meios invocados parecerem sérios, em função do estado de instrução do processo, de modo a justificar a anulação da decisão ou a alteração (reforma) da solução dada ao litígio[397]. A Administração, quando se encontra na situação de parte vencida, não precisa de efectuar a demonstração da seriedade dos meios invocados, o que constitui uma forma de facilitar a não execução das decisões que lhe tenham sido desfavoráveis, aspecto que não é de somenos importância se se atender à especial exigência atribuída à seriedade dos meios invocados em sede de cassação[398]. O pedido de *sursis* é, no recurso de cassação, apresentado perante o Conselho de Estado, que após a sua concessão pode, a qualquer momento, fazê-lo findar. São raras as situações em que o Conselho de Estado determinou a suspensão provisória de execução de uma decisão perante si recorrida[399].

A reforma do contencioso administrativo português optou pela atribuição de efeito suspensivo à interposição do recurso de revista, mas admitindo a concessão de um efeito meramente devolutivo à decisão recorrida enquanto tramita o recurso de revista, desde que se preencham os requisitos do n.º 3 do artigo 143.º (situação de facto consumado ou produção de prejuízos de difícil reparação), com a eventual adopção de medidas adequadas a evitar ou a minorar os danos decorrentes da execução imediata e possível prestação de garantias (n.º 4). Trata-se, no fundo, da possibilidade de ser requerida a execução provisória da decisão impug-

---

[395] Cfr. CHAPUS, *Droit du contentieux...*, p. 1119.

[396] Cfr. CHAPUS, *Droit du contentieux...*, p. 1418, enunciando que as decisões que normalmente são suspensas determinam anulações ou condenações em recursos da iniciativa dos administrados.

[397] Cfr. CHAPUS, *Droit du contentieux...*, p. 1420; DEBBASCH/RICCI, *Contentieux...*, pp. 528 e 530. Artigo R.821-5, *CJA*.

[398] Cfr. DEBBASCH/RICCI, *Contentieux...*, pp. 528 s.

[399] Cfr. CHABANOL, *CJA*, p. 773.

142   *O Recurso de Revista no Contencioso Administrativo*

nada, à semelhança do que ocorre em Espanha[400]. Já em França a regra é a da execução provisória, que pode ser obstada por via de *sursis*, raramente concedido.

A norma não distingue quanto à natureza do recorrido – pública ou privada – e portanto do beneficiário do efeito meramente devolutivo com a consequente execução imediata da decisão recorrida, podendo configurar-se que aí esteja incluída a própria Administração. Pode servir de exemplo a impugnação de actos praticados por concessionários[401] quando a Administração tenha obtido vencimento na segunda instância e o concessionário logre aceder ao STA em sede de revista (ou mesmo na hipótese de recurso *per saltum*). A execução provisória da decisão pode ser requerida pela Administração, condicionada à adopção de medidas destinadas a evitar ou minorar os eventuais danos e até a impor a prestação de garantias que respondam por esses danos. Em França, a Administração não é compelida a prestar caução por se entender que é sempre solvente[402], o que pode constituir um indício de que por cá se venha a seguir na prática o mesmo entendimento, sujeitando os particulares a essa imposição e na prática isentando dela a Administração. Quando o recorrente seja um particular, em regra, o acto administrativo impugnado já terá produzido os seus efeitos, a menos que tenha sido determinada a sua suspensão de eficácia (ou esta decorra directamente da lei, o que não é regra).

4.3. *Interposição do recurso e alegações. Admissão no tribunal a quo*

30. O prazo para interposição do recurso é de 30 dias, a contar da notificação da decisão recorrida; sendo um prazo processual rege-se pelo artigo 144.°, CPC, ou seja, são 30 dias contínuos, com inclusão de sábados, domingos e feriados, apenas se suspendendo durante as férias judi-

---

[400] Assinale-se a proximidade de redacção entre o artigo 91.°, n.° 1, 2.ª parte, LJCA, e o disposto no artigo 143.°, n.° 4, CPTA, nomeadamente as referências às medidas que sejam adequadas a evitar ou a minorar os ditos prejuízos e a exigência de prestação de caução ou garantia que responda por esses prejuízos.

[401] Trata-se das decisões materialmente administrativas proferidas por entidades privadas que actuem ao abrigo de normas de direito administrativo (artigo 51.°, n.° 2 CPTA). Cfr. AROSO DE ALMEIDA/FERNANDES CADILHA, *Comentário...*, p. 265; M. e R. ESTEVES DE OLIVEIRA, *CPTA/ETAF*, I, p. 348.

[402] Cfr. DEBBASCH/RICCI, *Contentieux...*, p. 528.

O *recurso de revista no contencioso administrativo: regime geral* 143

ciais. No processo civil, o prazo para interposição do recurso de revista é de 10 dias (artigo 685, n.º 1), a que acresce um novo prazo para alegações de 30 dias, a contar da notificação do despacho de recebimento do recurso (artigo 698.º, aplicável por força do artigo 724.º, n.º 1)[403].

Nos processos urgentes (contencioso eleitoral, contencioso pré-contratual, intimações e providências cautelares[404] e ainda nos processos seleccionados no âmbito dos processos em massa[405]), o prazo para interposição do recurso é reduzido para 15 dias. Esta medida de celeridade processual prevista no artigo 147.º, n.º 1, não pressupõe que todas as decisões emanadas em processos urgentes apresentem um carácter genérico de recorribilidade, continuam a aplicar-se as regras gerais que definem a recorribilidade das decisões jurisdicionais, nomeadamente o valor da causa e os restantes critérios legais, conforme os casos[406].

O recurso é interposto através de requerimento que inclui ou junta a respectiva alegação e no qual são enunciados os vícios imputados à sentença (artigo 144.º, n.º 2). No caso da revista, o requerimento que vai ser submetido a apreciação preliminar é aquele que já contém as alegações de fundo e que servirá de sustento ao recurso se este for admitido, bastando-se a norma com a correcta separação dos fundamentos alegados relativamente a cada aspecto. Na medida em que o requerimento pode incluir as alegações ou estas podem ser lavradas em peça autónoma, nada parece impedir que no requerimento de interposição do recurso de revista sejam enumerados os fundamentos que justificam a admissão do recurso de revista ou do recurso *per saltum* e nas alegações autonomamente sejam fundadas as razões do recurso. Havendo a possibilidade de apresentação documental autónoma também o requerimento de interposição pode ser entregue no início do prazo de 30 dias e as alegações serem juntas mais tarde[407], se bem que não se vislumbre a vantagem que daí possa emergir, o recurso só iniciará a sua marcha com a apresentação das alegações.

---

[403] No âmbito da discussão pública da reforma do sistema de recursos foi já apresentada uma proposta de lei, na qual se propõe a simultaneidade da interposição do recurso e da apresentação das alegações, num prazo único de 20 dias (proposta de alteração ao artigo 698.º, n.º 1).

[404] Previstos no artigo 36.º, n.º 1, CPTA.

[405] Artigo 48.º, n.º 4, CPTA.

[406] Cfr., para uma súmula de decisões jurisdicionais proferidas em processos urgentes não recorríveis, AROSO DE ALMEIDA/FERNANDES CADILHA, *Comentário...*, pp. 730 s.

[407] Cfr., neste sentido, AROSO DE ALMEIDA/FERNANDES CADILHA, *Comentário...*, p. 717.

Interposto o recurso perante o tribunal *a quo*, a secretaria promove a título oficioso a notificação do recorrido (ou recorridos) para apresentar alegações no prazo de 30 dias. A norma induz que não existe um prévio despacho de admissão pelo juiz. A notificação ao recorrido não é precedida de qualquer avaliação quer pela secretaria, quer pelo juiz. O despacho do juiz apenas será aposto no processo após a apresentação das alegações pelo recorrido ou expirado o prazo para a sua entrega, no momento imediatamente antecedente à remessa do recurso ao tribunal superior, (no caso ao STA)[408]. A interposição do recurso e a apresentação de alegações são efectuadas perante o tribunal *a quo*, tramitando o processo devidamente instruído para o tribunal de recurso.

No que respeita ao recurso excepcional de revista, este despacho de admissão não respeita à própria admissão específica a que esse recurso está submetido, antes concerne à tempestividade e legitimidade do recorrente e aos efeitos do recurso. Por uma questão de organização e economia, parece fazer mais sentido que o requerimento que inclui as alegações seja apresentado perante o tribunal recorrido e que este remeta esse requerimento e o processo ao STA para apreciação liminar sumária. Mas será que o tribunal recorrido aprecia logo a legitimidade e a tempestividade do recurso e lhe fixa os efeitos? A resposta parece dever ser afirmativa. Sendo assim e na medida em que essa função não será exercida pelo relator do tribunal de recurso, haverá lugar à sustentação ou reparação da decisão? É certo que os recursos no contencioso administrativo são processados como recursos de agravo (artigo 140.°), no entanto, o n.° 2 do artigo 145.° afasta, no contencioso administrativo, a possibilidade de sustentação ou reparação da decisão. Nesta norma determina-se que, recebidas as contra-alegações ou terminado o prazo para a sua apresentação, o recurso transita para o tribunal superior competente. Se se atender à natureza da previsão da sustentação ou reparação da decisão em processo civil, restrita ao recurso de agravo, tem-se presente que estarão em causa decisões processuais, de complexidade reduzida, sendo um tal sistema impraticável em sede de recursos cujo objecto são também decisões de mérito, cujo âmbito pode implicar variadíssimas e complexas tarefas a cargo do juiz, em que a

---

[408] Esta é a posição de AROSO DE ALMEIDA/FERNANDES CADILHA, *Comentário...*, p. 720, considerando, de igual modo, que a dilação do momento em que o juiz exara o despacho de admissão (ou não) lhe permite proceder à apreciação de questões prévias e à determinação ao recorrente para aperfeiçoamento das alegações de recurso (artigo 690.°, n.° 4, CPC), p. 722.

O *recurso de revista no contencioso administrativo: regime geral* 145

previsão de reparação ou sustentação teria como consequência a emissão de uma nova decisão. Admitir-se este tipo de despacho significaria o enxerto de um factor de perturbação de que não resultaria qualquer utilidade prática[409].

A favor da tramitação inicial no tribunal recorrido parece estar a redacção do art. 145.°, na medida em que regula a notificação do recorrido para alegações (a título oficioso pela secretaria) e a subida do recurso ao tribunal competente, omitindo-se a admissão dele, o que não significa que o recurso não tenha de ser admitido no tribunal *a quo*[410], mas, por outro lado, permite a aplicação da norma a todos os tipos de recurso, àqueles em que a admissão é efectuada pelo tribunal recorrido (por aplicação do regime do CPC), sem introdução de critérios especiais de admissão, e aos outros em que a admissão, tendo um regime específico, apenas é decidida, em termos de recorribilidade pela aferição do preenchimento valorativo dos conceitos indeterminados (na revista excepcional), pelo tribunal de recurso.

A afirmação de que o tribunal recorrido afere logo da legitimidade e tempestividade do recurso e fixa os respectivos efeitos, assenta também na redacção do n.° 5 do art. 150.°, que delimita o objecto da apreciação liminar sumária. Nesta apenas haverá que cuidar da verificação dos pressupostos enunciados no n.° 1, podendo invocar-se também nesse sentido o princípio da economia processual, isto é, não fará sentido exigir ao STA que mobilize a sua máquina com um objectivo e depois este seja gorado por ilegitimidade da parte ou por intempestividade do recurso. Estes dois pressupostos processuais devem ser apreciados pelo tribunal recorrido (o relator no caso, havendo desta decisão, se negativa, reclamação nos termos do art. 688.°, com as adaptações que se revelem necessárias).

Isto significa que no recurso excepcional de revista existirão duas fases de admissão: a primeira, efectuada no tribunal recorrido respeita à legitimidade, tempestividade e efeitos do recurso (exercendo o relator os poderes que lhe são conferidos no processo civil e da decisão deste havendo reclamação para o presidente do STA – 144.°, n.° 3, CPTA e 688.°, CPC; a segunda, no tribunal de recurso, concerne ao preenchimento dos pressupostos de admissão enunciados no art. 150.°, n.° 1.

---

[409] Cfr., neste preciso sentido e com os argumentos aduzidos no texto, AROSO DE ALMEIDA/FERNANDES CADILHA, *Comentário…*, pp. 723 s.

[410] Cfr. AROSO DE ALMEIDA/FERNANDES CADILHA, *Comentário…*, p. 720.

146 *O Recurso de Revista no Contencioso Administrativo*

No sistema de recursos vigente e no que à revista excepcional respeita, faz sentido que seja o tribunal *a quo* a verificar o preenchimento dos pressupostos relativos à legitimidade e à tempestividade (já não em relação à recorribilidade, que será aferida pelo tribunal *ad quem*) por ser essa a solução legal normalizada e por uma questão de economia processual.

A favor desta solução já se pronunciou a formação específica de apreciação preliminar sumária, que claramente afirmou caber ao relator do tribunal *a quo* (tribunal central) a admissão do recurso de revista quanto à tempestividade, legitimidade, regime de subida e efeitos, excluindo-se apenas os pressupostos de admissibilidade[411]. Contra, mas sem razão, foi invocado que o relator no TCA não pode rejeitar a revista, por tal significar a criação de uma «dupla instância de apreciação liminar da rejeição», o que careceria de lógica[412].

Pode ser apresentada reclamação do despacho que não admita o recurso para o presidente do tribunal que seria competente para dele conhecer, aplicando-se o disposto no artigo 688.º do CPC, com as necessárias adaptações (artigo 144.º, n.º 3). Ou seja, do despacho do relator no tribunal central que não admita o recurso excepcional de revista, cabe reclamação para o Presidente do STA, o mesmo ocorrendo, no recurso *per saltum*, do despacho proferido no tribunal administrativo de círculo que o não admita em que cabe reclamação para o mesmo Presidente. A primeira destas reclamações encontra cobertura no artigo 27.º, n.º 2, que exclui a possibilidade de reclamação para a conferência e a segunda decorre exclusivamente do mencionado artigo 144.º, n.º 3. Esta reclamação representa o mecanismo processual próprio para reagir ante o despacho proferido pelo relator no tribunal *a quo*[413]. Deve assinalar-se que a não admissão do recurso excepcional de revista, no tribunal central, limitar-se-á, exclusivamente, a questões atinentes à tempestividade e à legitimidade, já não à recorribilidade. Quanto a esta última, a decisão é pertença da formação específica de apreciação preliminar sumária, pelo que que neste aspecto não é aplicável o regime de reclamação que a seguir se detalha.

---

[411] Acórdão de 18 de Maio de 2006, relator ANTÓNIO SAMAGAIO, processo 0428/06, disponível em www.dgsi.pt.

[412] É a posição de RIBEIRO MENDES, *Os Recursos Jurisdicionais no Novo Contencioso Administrativo*, policopiado, p. 47, ainda que sem se pronunciar sobre todos os aspectos da admissão no tribunal recorrido.

[413] Cfr. AROSO DE ALMEIDA/FERNANDES CADILHA, *Comentário...*, p. 718; MÁRIO e RODRIGO ESTEVES DE OLIVEIRA, *CPTA/ETAF*, I, p. 224.

A tramitação da reclamação segue o regime processual civil, deve ser dirigida ao presidente do STA, no caso da revista, mas é apresentada na secretaria do tribunal recorrido (tribunal de círculo ou tribunal central), no prazo de dez dias a contar da notificação do despacho que não admita o recurso, enunciando os fundamentos que determinam a admissão do recurso e mencionando as peças de que requer certidão (artigo 688.º, n.º 2, CPC). Em seguida o requerimento é presente ao juiz ou ao relator que pode atender a reclamação ou manter o despacho de não admissão. Se o recurso for admitido, o apenso é incorporado no processo principal, se for mantido o despacho reclamado, a parte contrária é notificada para responder, num prazo de dez dias, sendo posteriormente o apenso enviado ao presidente do tribunal superior (artigo 688.º, n.º 4). O Presidente do STA decide se o recurso deve ser admitido, podendo requerer os esclarecimentos ou certidões que repute necessários para a tomada de decisão (artigo 689.º, n.º 1). A decisão do Presidente do STA, se contrária à admissão do recurso, é definitiva e inimpugnável, formando caso julgado formal[414]. No entanto, se decidir no sentido da admissão do recurso, isto é, se der provimento à reclamação através de uma decisão com natureza cassatória[415], esta pode ser modificada pelo tribunal de recurso, tendo uma eficácia meramente provisória[416]. Esta possibilidade do relator do tribunal de recurso alterar a decisão de admissão proferida pelo presidente do tribunal não é em regra exercida pelo relator, a prática judiciária imposta pela cortesia institucional tem sido a de submeter essa decisão à conferência[417].

O último segmento é aplicável no recurso de revista *per saltum*, em que o relator pode determinar, mediante decisão definitiva, que o processo baixe ao tribunal central se não estiverem preenchidos os pressupostos de admissão. Neste último caso tudo indiciará que possa ser seguida a mesma prática judiciária do processo civil: quando o juiz ou relator do tribunal de primeira instância não tiver admitido o recurso, a parte vencida reclame para o Presidente do STA e este determine a respectiva admissão, se o relator da formação de julgamento entender que o recurso não deve ser admitido, por uma questão de cortesia institucional, pode submeter essa decisão à conferência na medida em que está a modificar uma decisão do Presidente

---

[414] Cfr. AMÂNCIO FERREIRA, *Manual...*, p. 91. Podendo dela interpor-se recurso de constitucionalidade, cfr. LEBRE DE FREITAS/RIBEIRO MENDES, *CPC Anotado*, vol. 3.º, p. 46.

[415] Cfr. LEBRE DE FREITAS/RIBEIRO MENDES, *CPC Anotado*, vol. 3.º, p. 46.

[416] Cfr. LEBRE DE FREITAS/RIBEIRO MENDES, *CPC Anotado*, vol. 3.º, p. 46.

[417] Cfr. AMÂNCIO FERREIRA, *Manual...*, p. 91.

148   *O Recurso de Revista no Contencioso Administrativo*

do tribunal e com isso eventualmente a afectar o prestígio deste. Já quanto ao recurso de revista excepcional, é necessário atender ao âmbito de cognição preferencial da formação de apreciação preliminar sumária e da formação de julgamento. Assente esta destrinça, parece que nos casos flagrantes de ilegitimidade ou intempestividade nada obstará a que a formação de apreciação preliminar não admita o recurso, numa hipótese – meramente académica – em que tal circunstância tenha passado ao lado do tribunal *a quo* e do Presidente do STA (o que será muito improvável). Nesta ocorrência fica salvaguardada a decisão por uma formação colegial de modo a não beliscar o prestígio do Presidente do Tribunal Supremo. Numa eventualidade ainda mais remota, em que a falta de legitimidade e de tempestividade logre passar despercebida por três fases diferenciadas de admissão, então poderá o relator (ou a conferência) do julgamento alterar a decisão de admissão – quanto àqueles estritos aspectos – do Presidente do STA.

Recebido o processo no tribunal de recurso, segue para a apreciação preliminar sumária, na qual não é conferida ao Ministério Público a faculdade de se pronunciar. Após a admissão pela formação específica, o processo segue para distribuição, sendo em seguida concluso ao relator que efectua o exame conforme disposto no artigo 701.°, aplicável por via do artigo 749.°, ambos do CPC, e por força do artigo 140.°. Nesse exame é verificado se o recurso é o próprio, se o efeito que lhe foi atribuído é o correcto, se existe qualquer circunstância que impeça o conhecimento do objecto do recurso e se as partes devem ser convidadas a aperfeiçoar as conclusões das alegações apresentadas. Cabe ainda ao relator, nessa fase, notificar o recorrente para que, num prazo de dez dias, se pronuncie acerca de questões prévias de conhecimento oficioso ou que tenham sido alegadas pelos recorridos (artigo 146.°, n.° 3).

Como se assinalou, o relator pode convidar as partes a aperfeiçoar as conclusões das suas alegações, ao abrigo das disposições processuais já identificadas, mas também a coberto do n.° 4 do artigo 146.°, no qual se prevê uma hipótese específica dos processos impugnatórios em que se supera uma jurisprudência firmada do STA que, com base em argumentos de carácter formal, julgava imediatamente improcedente um recurso jurisdicional em que o recorrente, na alegação de recurso, se tivesse limitado a invocar os vícios imputados ao acto impugnado[418], sem que identificasse

---

[418] Cfr. MÁRIO TORRES, *Três "falsas" ideias simples em matéria de recursos jurisdicionais no contencioso administrativo*, in *Estudos em Homenagem a Francisco José Velozo*. Braga, 2000, p. 761; AROSO DE ALMEIDA/FERNANDES CADILHA, *Comentário...*, p. 728.

O *recurso de revista no contencioso administrativo: regime geral*   149

nas conclusões as normas jurídicas que considerava violadas pelo tribunal *a quo*. Estas situações em que o recorrente acabava por se limitar a repetir a argumentação e conclusões já aduzidas na petição que tinha dado início ao processo em primeira instância, geravam irremediavelmente decisões formais que não concediam efectiva tutela jurisdicional àqueles que se dirigiam aos tribunais. Para superação dessa jurisprudência formal, o CPTA constituiu o relator no dever de convidar o recorrente a apresentar, completar ou esclarecer as conclusões formuladas, no prazo de dez dias, com a cominação de, em caso de falta de resposta, não ser conhecido o recurso na parte afectada. Este benefício, que visa suprir erros técnicos do representante forense da parte, é contrabalançado com a atribuição ao recorrido de um prazo de dez dias para responder ao aditamento ou esclarecimento que tenham sido prestados pelo recorrente (artigo 146.º, n.º 5).

No caso do recurso excepcional de revista, a atribuição deste dever ao relator respeita ao juiz conselheiro que integre nessa qualidade a formação de julgamento do recurso e não ao que relata a específica apreciação preliminar sumária; no recurso *per saltum* a questão não apresenta dificuldades, na medida em que não existe uma fase prévia de admissão com intervenção de uma formação própria e exclusiva para o efeito.

Pode colocar-se outro problema, por exemplo, numa hipótese em que a intempestividade seja flagrante, mas não tenha sido detectada pelo relator *a quo*. Parece que, numa situação dessas, a formação encarregue da apreciação preliminar pode (e deve) indeferir o recurso com base nessa falta, ainda que a solução assim preconizada possa ir para além dos termos literais do artigo 150.º, n.º 5, inserindo-se na lógica do sistema de recursos e na matriz enformadora do contencioso administrativo. Não parecem existir justificações para deixar essa decisão para a formação de julgamento no STA, por tal solução brigar com o princípio da celeridade processual obrigando à realização da apreciação preliminar sumária da admissão, que seria completamente inútil.

No recurso *per saltum*, o relator pode também decidir sumariamente o recurso quando a questão seja simples, por já ter sido apreciada de modo uniforme e reiterado ou por a pretensão ser manifestamente infundada (artigo 27.º, n.º 1, alínea i), CPTA). O que já não poderá acontecer no recurso excepcional de revista, na medida em que o preenchimento valorativo de qualquer um dos conceitos indeterminados que facultam o acesso ao recurso tem como consequência o afastamento da simplicidade da questão a decidir ou o seu carácter manifestamente infundado.

4.4. Intervenção do Ministério Público

31. Em certas condições o Ministério Público pode assumir a qualidade de recorrente, desde logo, quando, sendo parte no processo, nele tenha ficado vencido, depois, mesmo sem a qualidade de parte é-lhe conferida a faculdade de impugnar uma decisão jurisdicional que tenha sido proferida com violação de disposições ou princípios constitucionais ou legais (artigo 141.°, n.° 1), mas a sua intervenção processual em matéria de recursos não se restringe a essa faceta, pode ainda desempenhar um papel relevante sem que assuma a posição de recorrente.

À luz do artigo 146.°, o Ministério Público assume as vestes de um interveniente processual «impróprio», não é nem recorrente, nem recorrido. A latitude em que o MP pode assumir a posição de recorrente é bem mais ampla do que aquela de que desfruta ao abrigo desta norma processual.

A intervenção processual «imprópria» que se admite por parte do MP, quando não veste a qualidade de recorrente, é limitada, em primeiro lugar por lhe ter sido conferida a faculdade de se pronunciar apenas sobre o mérito do recurso, o mesmo é dizer, sobre a resolução de fundo da questão em disputa. A significar que em sede de recurso de revista a intervenção do MP está limitada à apreciação de questões jurídicas relativas ao fundo do processo, estando excluída a possibilidade da sua pronúncia em sede de admissão do recurso[419].

A intervenção do MP está dependente de nela se enquadrar a defesa dos direitos fundamentais dos cidadãos, a defesa de interesses públicos especialmente relevantes e a defesa de algum dos valores ou bens referidos no n.° 2, do artigo 9.°. Para plena percepção do alcance que o papel do MP pode assumir, importa atender à concretização destes três critérios da sua aferição. Mencionando-se já que eles também foram utilizados como aferidor da intervenção do MP na acção administrativa especial, habilitando-o a solicitar a realização de diligências instrutórias e a pronunciar-se sobre o mérito da causa, (artigo 85.°, n.° 2), funcionando esta previsão como um lugar paralelo em relação à que aqui se analisa.

A defesa dos direitos fundamentais dos cidadãos constitui, dos três parâmetros de intervenção do MP, aquele que mais se aproxima da tutela de direitos subjectivos de particulares e menos se enquadra no recorte

---

[419] Cfr., neste sentido, AROSO DE ALMEIDA/FERNANDES CADILHA, *Comentário...*, p. 726, apesar de defenderem que deveria ter sido admitida a intervenção do MP relativamente à legalidade da interposição do recurso.

O recurso de revista no contencioso administrativo: regime geral   151

constitucional daquele. São direitos fundamentais os «direitos ou as posições jurídicas subjectivas das pessòas enquanto tais, individual ou institucionalmente consideradas, assentes na Constituição»[420]. A defesa de interesses públicos especialmente relevantes constitui uma condicionante do exercício deste poder que revela especiais dificuldades de concretização. O interesse público é um conceito indeterminado[421] «cuja evidência intuitiva não facilita em muito a definição»[422], a que acresce a dificuldade de ter agora acoplado um qualificativo que, tendo uma intenção restritiva, não facilita a tarefa. Na doutrina têm sido dadas diferentes noções de interesse público, como interesse de uma comunidade, numa perspectiva de satisfação das necessidades colectivas[423], identificando-se com o interesse colectivo, o bem comum[424]. Está em causa a defesa de interesses públicos entendidos enquanto interesses colectivos, relativos à satisfação das necessidades colectivas de uma comunidade e, se eles se revelarem como especialmente relevantes, o MP pode pronunciar-se sobre o mérito do recurso, numa atitude de defesa desses interesses. Uma ideia geral de interesse público conferiria ao MP um vasto campo, efectuando as escolhas que em cada momento tivesse por mais ajustadas, mas o legislador, ciente dessa vasta área delimitou restritivamente os interesses públicos em presença, determinando que só os especialmente relevantes possam ser defendidos. O critério de especial relevância assume uma configuração qualitativa, que não pode ser aferida em termos quantitativos, depende de cada situação concreta e do próprio juízo subjectivo que dele se faça em cada uma dessas circunstâncias. De maior projecção se revela a solução legal pelo facto do não exercício da faculdade prevista no artigo 146.º, n.º 1, não poder ser objecto de controlo jurisdicional. E se por um lado o não exercício é insusceptível de gerar qualquer reacção jurisdicional, já a opção de intervenção pelo MP é objecto de avaliação pelo juiz, em termos de aferição

---

[420] Cfr. JORGE MIRANDA, *Manual de Direito Constitucional*, tomo IV. Coimbra, 2.ª edição (reimpressão), 1998, p. 7.

[421] REBELO DE SOUSA/SALGADO DE MATOS, *Direito Administrativo Geral*, tomo I. Lisboa, 2004, p. 202, assinalam o seu «elevado grau de indeterminação».

[422] Cfr. SÉRVULO CORREIA, *Noções de Direito Administrativo*, I. Lisboa, 1982, p. 228.

[423] Cfr. JOÃO CAUPERS, *Introdução ao Direito Administrativo*. Lisboa, 7.ª edição, 2003, p. 60.

[424] Cfr. FREITAS DO AMARAL, *Curso de Direito Administrativo*, vol. II. Coimbra, 2003, p. 35.

da sua admissibilidade, no exercício de um poder que, no que respeita ao «carácter suficiente do interesse», se revela discricionário[425].

O n.º 2 do artigo 9.º, para o qual a norma atributiva de legitimidade ao MP remete, concretiza a menção aos valores e bens constitucionalmente protegidos, referindo a saúde pública, o ambiente, o urbanismo, o ordenamento do território, a qualidade de vida, o património cultural e os bens do Estado, das Regiões Autónomas e das autarquias locais. A enumeração não parece ser taxativa, o preceito usa o termo «como», indicando que a amostra é exemplificativa, sendo relevante é que se trate de valores e bens constitucionalmente protegidos. SÉRVULO CORREIA considera que a utilização do termo «como» decorre de um defeito de redacção e que o elenco é taxativo por via da matriz assente na compensação entre um elenco taxativo de causas de pedir e o alargamento do âmbito de incidência subjectiva passiva destes processos[426].

Na primeira parte enumeram-se típicos interesses difusos cuja marca é a «ausência de radicação jurídica subjectiva»[427], o que quer dizer que são interesses de uma comunidade, mais ou menos vasta, e que não geram na esfera dos membros desse grupo uma situação jurídica subjectiva individualizada. São também referidos como interesses meta-individuais materialmente qualificados.

No que respeita à defesa de bens do Estado, das Regiões Autónomas e das autarquias locais, estão em causa bens que integram o domínio público e o domínio privado[428], a norma não distingue, pelo que a melhor interpretação será a que conferir maior abrangência à previsão, sendo que esta maior latitude que assim se confere é depois filtrada pela avaliação que o MP fizer nas hipóteses concretas que se lhe coloquem, não detendo o mesmo valor e, portanto, justificação a defesa de determinado bem do domínio público e de um bem que se integre no domínio privado disponível.

O MP actua, nesta sede, em defesa de interesses meta-individuais materialmente qualificados, apesar de nem sempre a sua intervenção pro-

---

[425] Cfr. SÉRVULO CORREIA, *Direito do Contencioso...*, I, p. 735, alegando tratar-se de um poder originário do modelo anglo-saxónico de jurisdição, com outras manifestações no CPTA.

[426] Cfr. *Direito do Contencioso...*, I, p. 729.

[427] Cfr. ESTEVES DE OLIVEIRA/COSTA GONÇALVES/PACHECO DE AMORIM, *CPA Comentado*, 2.ª edição (reimpressão), 2001, p. 283, e, no mesmo sentido, FREITAS DO AMARAL, *Curso...*, II, p. 70.

[428] Cfr. M. e R. ESTEVES DE OLIVEIRA, *CPTA/ETAF*, I, p. 164.

O *recurso de revista no contencioso administrativo: regime geral* 153

cessual se cingir a este condicionamento[429]. Esta cambiante da acção pública, no quadro dos recursos jurisdicionais, manifesta, tal como ocorre na acção administrativa especial à luz do disposto no artigo 85.°, n.° 2, uma intervenção que se traduz no apoio a uma das partes da lide – o MP está aqui a actuar sem assumir a qualidade de recorrente ou de recorrido – seja na defesa de direitos subjectivos fundamentais, de interesses públicos especialmente relevantes ou de interesses meta-individuais materialmente qualificados[430]. Esta delimitação do raio de acção do MP potencia a sua intervenção processual pela via da legitimação, mas também a limita por definir um «âmbito material de actuação claramente inferior ao da simples promoção do controlo jurídico objectivo»[431].

A intervenção do MP deixa de ser obrigatória, passando a reger-se por referência a um critério de oportunidade, em função da avaliação que, caso a caso, seja efectuada da necessidade de defesa dos direitos fundamentais ofendidos, dos interesses públicos especialmente relevantes atingidos ou dos valores ou bens constitucionalmente protegidos afectados. Quando a opção resida na inacção, essa apreciação não pode ser submetida a qualquer controlo jurisdicional[432], já se o MP optar por exercer a faculdade que lhe é concedida no artigo 146.° e com essa intervenção extravasar o âmbito dos poderes que lhe estão confiados, sempre poderá o tribunal desconsiderar as alegações apresentadas, por sua iniciativa ou a requerimento de qualquer das partes. A margem que lhe é conferida para esse controlo é assaz alargada em face da terminologia utilizada, mas é restrita às hipóteses em que o MP intervém.

Na lei anterior era permitida ao MP uma ampla possibilidade de intervenção, fossem quais fossem os valores em discussão, as suas funções eram genericamente definidas como abarcando a defesa da legalidade e a tarefa de promover a realização do interesse público (artigo 69.°, n.° 1, ETAF/84), o que muitas vezes redundou na inacção por excesso de oportunidades. Esta latitude conduziu o procurador-geral da República a emitir uma circular, no exercício de poderes hierárquicos perante os magistrados colocados na jurisdição administrativa, estabelecendo o programa da respectiva intervenção, limitado à impugnação de actos administrativos

---

[429] Cfr. SÉRVULO CORREIA, *Direito do Contencioso...*, I, pp. 729 ss.

[430] Cfr. SÉRVULO CORREIA, *Direito do Contencioso...*, I, p. 732, referindo-se ao artigo 85.°, n.° 2 CPTA.

[431] Cfr. SÉRVULO CORREIA, *Direito do Contencioso...*, I, p. 733.

[432] Cfr. AROSO DE ALMEIDA/FERNANDES CADILHA, *Comentário...*, pp. 428 e 726.

nulos e de actos que violem direitos fundamentais e os que afectem interesses difusos, assim como os actos que violem princípios de justiça e imparcialidade da função administrativa[433]. Esta enunciação do programa de acção do MP devia-se também à atribuição genérica de poderes conducente a uma situação de impossibilidade prática de prossecução contínua e permanente, ou seja, foi por critérios de ordem pragmática que o procurador-geral se viu incumbido da definição dos casos típicos de actuação do MP. A instrução hierarquizada das funções concretas a desenvolver pelo MP está agora dispensada pela enumeração tipificada na lei das finalidades que essa intervenção deve prosseguir, conferindo-se ao MP uma margem de discricionariedade bem mais ampla e sobretudo não conformada por via hierárquica.

Ocorrendo a pronúncia do MP, as partes são notificadas do seu teor para resposta num prazo de 10 dias. Nesta podem contrariar ou reforçar as alegações por aquele aduzidas, podendo ainda a parte atingida invocar a impossibilidade da aceitação da peça produzida pelo MP por não estar presente qualquer dos pressupostos que concedem essa intervenção. Supõe-se que o MP em cada situação demonstre a verificação de um dos quesitos de que depende a sua intervenção, só depois lavrando a defesa das posições e interesses que a lei determinou que tutelasse. Em face da contestação à intervenção do MP, caberá ao relator decidir quanto à admissão ou não das alegações por ele apresentadas, apesar dos efeitos decorrentes da sua apresentação dificilmente se poderem suprimir. Se o relator entender que não há lugar, no caso concreto, à intervenção do MP – atente-se que a notificação deste é promovida pela secretaria sem qualquer prévia verificação jurisdicional dos pressupostos da sua admissibilidade – não deve admitir a pronúncia que este tenha apresentado, no âmbito dos poderes que lhe são conferidos ou para proceder à instrução do processo ou para rejeitar os requerimentos de cujo objecto não deva tomar conhecimento (artigo 27.°, n.° 1, alíneas a) e f), CPTA). Do despacho que o relator tiver emanado com esse teor pode o MP reclamar para a conferência (artigo 27.°, n.° 2)[434].

---

[433] Tratou-se da circular n.° 8/90, de 27 de Julho de 1990, referenciada em CUNHA RODRIGUES, *Em Nome do Povo*. Coimbra, 1999, pp. 247 s. Aí se refere que nas restantes situações a actuação do MP fica dependente da ponderação realizada sobre a gravidade do interesse público concretamente violado (p. 248).

[434] Provavelmente a hipótese referenciada no texto não passará do patamar académico, não se vislumbrando que o MP leve tão longe a sua vontade de participar no processo.

5. Poderes de cognição do tribunal de revista. Tendencial sistema de substituição, com afloramentos do sistema de cassação

32. O STA em sede de revista apenas conhece em matéria de direito, (art. 12.°, n.° 4 e art. 24.°, n.° 2, ETAF), sendo esta determinação legal impeditiva da interferência da formação de julgamento quanto à apreciação da matéria de facto. Mas esta é uma afirmação de princípio capaz de albergar excepções. Por regra, no âmbito de um recurso de revista, interposto para um terceiro grau de jurisdição, já não faz sentido tornar a discutir os factos da causa, mas antes determinar e aplicar o regime jurídico devido ao caso em apreço.

A excepção fixada quanto à apreciação da matéria de facto é a mesma que existe no recurso de revista julgado no STJ, aliás, a redacção do artigo 150.°, n.° 4, CPTA e do artigo 722.°, n.° 2, CPC são exactamente iguais, palavra a palavra. Assim, o regime vigente no contencioso administrativo nesta matéria é o mesmo que rege o processo civil, sem quaisquer operações adaptativas.

As duas excepções previstas respeitam ao direito probatório material e permitem a apreciação pelo STA, em sede de revista, de erros na apreciação das provas e na fixação dos factos materiais da causa por ofensa de uma disposição expressa de lei que exija certa espécie de prova para a existência do facto ou que fixe a força de determinado meio de prova, são dados como exemplos destas situações, ter sido adquirido como existente um acto sem que tenha sido feita a prova exigida por lei (contrato sob a forma de escritura pública) ou de omissão da força probatória de certo documento[435].

A doutrina tem entendido, no entanto, que estas duas excepções não constituem verdadeiros desvios à interdição de conhecimento da matéria de facto pelo Supremo Tribunal, mas sim que se trata de erros de direito, por estar em causa a violação de uma norma jurídica e por ser tal circunstância que admite a submissão do assunto ao STA[436]. Nesta hipótese é

---

[435] Ao primeiro caso apontado refere-se o artigo 364.°, n.° 1, CC e ao segundo o artigo 371.°, n.° 1, CC. Os exemplos são apontados por AROSO DE ALMEIDA/FERNANDES CADILHA, Comentário..., p. 754; AMÂNCIO FERREIRA, Manual..., pp. 236 s.; LEBRE DE FREITAS/RIBEIRO MENDES, CPC Anotado, 3.° vol., p. 119.

[436] Cfr., neste sentido, AROSO DE ALMEIDA/FERNANDES CADILHA, Comentário..., p. 754, invocando também a doutrina do processo civil, AMÂNCIO FERREIRA, Manual..., p. 237; RODRIGUES BASTOS, Notas ao Código..., III, p. 278.

156   *O Recurso de Revista no Contencioso Administrativo*

aplicável o disposto no artigo 729.º, n.º 3, por se verificar que, por insuficiências ou contradições da matéria de facto, é necessário proceder à sua ampliação, circunstância em que o Supremo não pode substituir-se ao tribunal central, cabendo ordenar a este a baixa do processo[437]. O tribunal pode recorrer a factos notórios ou àqueles de que tenha conhecimento pelo exercício das suas funções, com os quais pode alterar ou aditar a matéria de facto[438].

A regra nos direitos estrangeiros antes tratados é a de que o tribunal supremo a este nível ou grau de jurisdição apenas conhece em matéria de direito, as suas incursões em matéria de facto são excepcionais e muito cautelosas. A este respeito é em França que se vai mais longe.

Os recursos podem ser classificados de acordo com o seu carácter substitutivo, ou seja, o tribunal *ad quem* profere uma decisão que substitui a decisão perante si impugnada, ou com o seu carácter cassatório, isto é, o tribunal de recurso cassa a decisão impugnada, devolvendo o processo à instância recorrida para emissão de nova decisão[439]. A alternativa reside entre recursos substitutivos e recursos cassatórios, estes últimos também designados como rescindentes. Esta classificação reporta-se, no fundo, ao tipo de poderes exercidos pelo tribunal de recurso: num caso, o tribunal *ad quem* pode, desde logo, adoptar a decisão definitiva sobre a situação em litígio, enquanto que no outro, se limita a aferir da validade da decisão impugnada, remetendo a decisão à instância recorrida. Nesta última hipótese os seus poderes são meramente cassatórios ou rescindentes, restringem-se à destruição da decisão impugnada, não fornecendo qualquer solução ao litígio.

No processo civil a tendência é para a substituição da decisão impugnada por uma nova decisão da instância de recurso, apesar de permanecerem alguns resquícios de soluções inspiradas no carácter cassatório do recurso e até a previsão de um sistema intermédio, em que o tribunal de recurso fixa o direito e determina um novo julgamento do processo em função desse direito declarado como aplicável (artigo 730.º, n.º 1, CPC)[440].

---

[437] Cfr., neste sentido, Aroso de Almeida/Fernandes Cadilha, *Comentário...*, pp. 754 s.

[438] Artigo 514.º CPC. Cfr. Aroso de Almeida/Fernandes Cadilha, *Comentário...*, p. 754; Teixeira de Sousa, *Estudos...*, p. 427.

[439] Cfr. Ribeiro Mendes, *Recursos...*, p. 141.

[440] Cfr. Ribeiro Mendes, *Recursos...*, p. 142.

O recurso de revista no contencioso administrativo: regime geral

No contencioso administrativo a regra também é o carácter substitutivo do recurso, assim acontecendo em sede de apelação. O artigo 149.°, n.° 1, CPTA, expressamente determina que o tribunal de recurso não deixa de decidir o objecto da causa, conhecendo de facto e de direito. Apesar de aí se mencionar uma possibilidade em que o tribunal de recurso pode não ser obrigado a resolver em definitivo o processo, que será quando se verifique a existência de obstáculos à apreciação das questões que o tribunal recorrido considerou prejudicadas pela decisão que tomou, nesta circunstância o tribunal *ad quem* não está vinculado a decidir o objecto da causa, podendo remetê-lo à instância recorrida (artigo 149.°, n.° 3, CPTA).

No recurso de revista também se propende para a adopção de um recurso substitutivo, ou seja, o STA deve aplicar definitivamente o regime jurídico que julgue adequado (artigo 150.°, n.° 3), em termos similares ao previsto no processo civil (artigo 729.°, n.° 1). Esta tendencial afirmação do carácter substitutivo dos recursos foi assumida pelo legislador que, na exposição de motivos da proposta de lei, a lavrou. Aí se refere que o tribunal superior substitui a decisão do tribunal recorrido, resolvendo definitivamente a questão material controvertida[441].

Apesar disso, estão também presentes afloramentos do sistema cassatório que derivam da aplicação subsidiária do processo civil; por via do artigo 726.° é aplicável o artigo 715.°, n.os 2 e 3 e são-no de igual modo os artigos 729.° a 731.°. O artigo 715.°, n.° 2, cuja aplicação não foi excepcionada pelo aludido artigo 726.°, concede ao tribunal de recurso – no caso o Supremo Tribunal – o poder de conhecer certas questões que não foram apreciadas pelo tribunal recorrido que as considerou prejudicadas pela solução dada ao litígio, contanto que disponha dos elementos necessários para esse efeito. Trata-se de uma expressão do sistema de substituição[442].

Os afloramentos do sistema cassatório que se manifestam no recurso de revista do contencioso administrativo derivam da aplicação subsidiária do processo civil, reportam-se à necessidade de ampliação da matéria de facto por insuficiências ou contradições dessa mesma matéria (artigo 729.°, n.° 3) e à reforma da decisão impugnada quando se encontre ferida de nulidade por falta de fundamentação ou omissão de pronúncia (artigo 731.°, n.° 2). Nestas duas hipóteses não é possível ao STA proferir decisão

---

[441] Cfr. *Reforma do Contencioso...*, III, p. 38.
[442] Cfr. AMÂNCIO FERREIRA, *Manual...*, p. 255, referindo que tal solução «padece de algum ilogismo», salvaguardando, no entanto, a unidade do sistema por «se tratar em regra da apreciação de um pedido acessório».

substitutiva, antes devendo ordenar a baixa do processo ao tribunal recorrido. O carácter rescindente ou cassatório que as decisões do STA, como tribunal de revista, terão, justificam-se, no primeiro caso, pelas limitações emergentes da intervenção de um tribunal de revista na fixação da matéria de facto e, no segundo caso, pela prevalência do duplo grau de jurisdição perante o fundamento do sistema de substituição assente na celeridade processual[443].

O entendimento tradicional da jurisprudência veda ao tribunal de revista o conhecimento de questões que não tenham sido apreciadas na decisão impugnada, o que se traduz no impedimento do recorrente suscitar questões não abordadas nas instâncias antecedentes, não podendo de igual modo voltar a colocar questões que, tendo sido invocadas na primeira instância, depois foram esquecidas no recurso para a segunda instância[444]. Esta posição, apesar de tradicional, colide com a configuração do recurso de revista como substitutivo da decisão recorrida, sendo um caminho que não resulta do direito vigente e que se apresenta dificilmente enquadrável com o regime jurídico do recurso de revista no contencioso administrativo[445]. A impossibilidade de adopção desse entendimento foi primeiro invocada por SÉRVULO CORREIA, em anotação a uma decisão final de um recurso de revista (Túnel do Marquês), na qual se demonstra com clareza que, no processo administrativo, não pode aceitar-se esse sentido tradicional, devendo, antes, optar-se por uma solução que se enquadre logicamente com o sistema de admissão do recurso que foi implementado[446].

Constitui exemplo ilustrativo daquela impossibilidade, a hipótese de uma apreciação sobre os pressupostos de concessão de uma providência cautelar em que será necessário aferir dos pressupostos indicados no artigo 120.º, situação em que não é adequado restringir o objecto do recurso às estritas questões suscitadas no acórdão impugnado ou à componente da parte dispositiva desse aresto em que o recorrente tenha ficado vencido[447].

Foi já sublinhado que esta questão relativa ao âmbito de cognição no recurso de revista é uma «questão muito nova, que ainda está em aberto e

---

[443] Cfr. AROSO DE ALMEIDA/FERNANDES CADILHA, *Comentário*…, pp. 750 ss.
[444] Cfr. AROSO DE ALMEIDA/FERNANDES CADILHA, *Comentário*…, p. 752.
[445] Cfr. AROSO DE ALMEIDA/FERNANDES CADILHA, *Comentário*…, pp. 752 s.
[446] Cfr. *O princípio pro actione*…, pp. 36 ss. e infra § 4, n.º 8.
[447] Cfr. AROSO DE ALMEIDA/FERNANDES CADILHA, *Comentário*…, p. 753.

O *recurso de revista no contencioso administrativo: regime geral* 159

que tem de ser afinada» pelo próprio STA[448]. Do mesmo modo, e sempre no seguimento da linha inaugurada por Sérvulo Correia, é referenciado que «os poderes de cognição do STA são obrigatoriamente alargados (…) a todas as questões de direito, processuais incluídas, que respeitem à relação jurídica, mesmo que adjacentes da questão central desde que relevem para os fins do recurso que são uma nova recomposição jurídica da situação respeitante ao conjunto de interesses em presença»[449]. Esta breve enunciação visa deixar o problema levantado no ponto em que se analisam os poderes de cognição do STA, mas não dar-lhe já uma resposta que terá lugar mais adiante, aquando da ponderação da relevância dos pressupostos de admissão no âmbito dos poderes de cognição do tribunal de revista (infra § 4, n.º 8).

6. Especificidades nos processos em massa

33. A reforma do contencioso administrativo foi também moldada pelo princípio da agilização processual[450]. Dele se recortam pelo menos duas manifestações, a primeira delas admitindo a fundamentação sumária, nomeadamente por simples remissão para decisão precedente (artigo 94.º, n.º 3)[451], a outra, institucionalizando uma forma de resolução expedita dos processos em massa. Estar-se-á perante uma situação de processos em massa quando existam mais de vinte processos que se reportem à mesma relação jurídica material ou, se respeitarem a diferentes relações jurídicas, que sejam susceptíveis de resolução com base na aplicação das mesmas normas a idênticas situações de facto. Perante um destes cenários, é conferido ao presidente do tribunal, ouvidas as partes, o poder de determinar que apenas seja dado andamento a um ou alguns desses processos (neste

---

[448] Cfr. Aroso de Almeida, *Recursos Jurisdicionais*, in *A Nova Justiça Administrativa*. Coimbra, 2006, pp. 239 ss., indicando depois o caminho inscrito no *Comentário*, citado na nota anterior.

[449] Cfr. Rosendo José, *Os Meios do CPTA próprios para a Tutela de Direitos Fundamentais e o Recurso do artigo 150.º*, in *A Nova Justiça Administrativa*. Coimbra, 2006, p. 229.

[450] Cfr. Freitas do Amaral/Aroso de Almeida, *Grandes Linhas…*, p. 108.

[451] A eventual adopção de uma solução idêntica no processo civil gerou críticas de Lebre de Freitas por considerar que «o demasiado aligeiramento da forma da decisão pode cobrir um indesejável aligeiramento do estudo da questão». Cfr. Parecer 1/06 (n.º 6), do Gabinete de Estudos da Ordem dos Advogados, disponível em www.oa.pt.

160   *O Recurso de Revista no Contencioso Administrativo*

último caso apensados) e se suspenda a tramitação dos restantes (artigo 48.º, n.º 1). Trata-se de uma solução com origem na lei espanhola[452], apesar de também figurar no direito alemão (*Musterverfahren*)[453]. O seu domínio principal de aplicação residirá no contencioso da função pública[454].

A questão coloca-se, no que aqui releva, à possibilidade conferida pelo artigo 48.º, n.º 5, al. d), CPTA, de a parte no processo suspenso poder recorrer da sentença, proferida em primeira instância, relativamente ao processo seleccionado em que esse recorrente não é parte. Só se admite recurso da parte num processo suspenso se a decisão impugnada tiver sido proferida em primeira instância. O recurso não será admissível em relação a uma decisão proferida em segunda instância, isto é, não pode a parte em processo suspenso recorrer através de revista no âmbito do processo seleccionado. Esta hipótese apenas é detida pela parte no processo seleccionado, o que constitui uma limitação no acesso ao recurso no âmbito de processos em massa.

Mas atente-se na especificidade aqui subjacente, a parte em processo suspenso pode recorrer da decisão proferida, em primeira instância, no processo seleccionado, sendo que a decisão que nele vier a ser proferida em segunda instância apenas é directamente aplicável às partes no processo seleccionado e não ao recorrente (parte no processo suspenso), que para aproveitar a decisão do recurso deve exercer a faculdade prevista na alínea b), do n.º 5, do art. 48, ou seja, requerer ao tribunal a extensão ao seu caso dos efeitos da sentença proferida. Isto significa que o recorrente (parte no processo suspenso) no recurso interposto de decisão proferida em primeira instância no processo seleccionado é um recorrente atípico, na medida em que não é detentor de legitimidade processual segundo as regras gerais (é recorrente por recurso a uma especial atribuição no âmbito do processo em massa) e não é directamente atingido pela decisão que no recurso vier a ser proferida, os efeitos desta dependem de iniciativa do recorrente e de posterior decisão jurisdicional.

---

[452] Identificando a sua origem, cfr., entre outros, FREITAS DO AMARAL/AROSO DE ALMEIDA, *Grandes Linhas...*, p. 109; AROSO DE ALMEIDA/FERNANDES CADILHA, *Comentário...*, p. 238. Cfr. artigos 37.º, n.º 2 e 11.º, LJCA.

[453] VIEIRA DE ANDRADE, *A Justiça...*, p. 288, nota 609, também faz referência à situação alemã. Cfr. § 93.a), VwGO.

[454] Cfr. AROSO DE ALMEIDA/FERNANDES CADILHA, *Comentário...*, pp. 238 s., dão como exemplos, o acto de classificação final num concurso de provimento, classificações de serviço, contagem de antiguidade, mudança de carreira.

O recurso de revista no contencioso administrativo: regime geral   161

A única possibilidade que a parte em processo suspenso tem de utilizar o recurso de revista, se preencher os pressupostos, é requerer a continuação do seu próprio processo, situação que lhe abre todas as possibilidades de recurso, com os inconvenientes de tempo, porque apesar de já conhecer o sentido da decisão vai requerer que, no seu caso, seja proferida a decisão de primeira instância para depois poder calcorrear as vias de recurso admissíveis e ainda assim se poder sujeitar à não verificação dos pressupostos de admissão previstos no artigo 150.°, n.° 1.

Nos processos em massa, apesar de se atribuir às partes no processo suspenso a possibilidade de recurso relativamente à decisão proferida na primeira instância no processo seleccionado, que é uma excepção às regras da legitimidade de recorrer, delimita-se o seu alcance pelo facto desse recurso não poder ser o recurso de revista. Solução que também se poderá compreender pelo facto do processo seleccionado ser julgado por todos os juízes do tribunal ou da secção (art. 48.°, n.° 4). De qualquer modo esta opção redundará numa menor protecção daquele que possa ter interesse no recurso, limitando o alcance deste mecanismo processual[455].

Se é certo que o acesso ao tribunal de revista não se apresenta como uma via natural e usual, não é menos correcto que a inserção no âmbito de um processo em massa pode traduzir uma restrição no acesso ao recurso de revista, limitado não só pelos critérios de admissão, como pela ilegitimidade da parte no processo suspenso recorrer em terceiro grau de jurisdição no processo seleccionado. A letra da lei conduz inexoravelmente a essa conclusão, quando admite o recurso apenas em relação a sentença proferida em primeira instância, não conferindo a redacção da norma qualquer margem para dúvida nessa afirmação. O modo como o legislador expressou a sua vontade é inequívoco e não permite inferir, seja por que via for, outra possibilidade. Apesar destes termos, parece que irrefutáveis, há quem alegue ser possível a interposição de um recurso de revista, não aduzindo para isso qualquer justificação ou fundamento[456].

---

[455] AROSO DE ALMEIDA/FERNANDES CADILHA, *Comentário* ..., p. 240, afirmam que este mecanismo de agilização processual «não diminui as garantias de acesso dos interessados aos tribunais», referindo a possibilidade de recurso da sentença de primeira instância pela parte do processo suspenso que levaria «a discussão da causa até à última instância». Os autores não concretizam esta afirmação, mas do comentário não parece inferir-se que tenham em vista o recurso de revista perante o STA, o que permite concluir pela diminuição potencial das garantias das partes nos processos suspensos.

[456] Cfr. MÁRIO e RODRIGO ESTEVES DE OLIVEIRA, *CPTA/ETAF*, I, p. 329.

162   *O Recurso de Revista no Contencioso Administrativo*

A decorrência normal desta disposição é que a parte no processo suspenso, após ter recorrido no processo seleccionado para o tribunal central, se considerar que o processo continua mal resolvido e que a questão em discussão se enquadra nos critérios de admissão da revista para o STA, não tem outra alternativa que não seja requerer a continuação do seu próprio processo (alínea c), n.º 5, artigo 48.º), na medida em que não tem qualquer interesse em requerer a extensão ao seu caso dos efeitos da sentença proferida e tendo presente que, após o recurso para a segunda instância, o exercício desta faculdade só faz sentido se a decisão do recurso der procedência ao seu pedido (n.º 7). Isto significa que se frustram os objectivos da adopção deste processo em massa, entre os quais, em primeiro lugar, a maior celeridade na decisão de determinado tipo de processos. Com a impossibilidade, mesmo que teoricamente viável, de interposição do recurso de revista, a parte no processo suspenso, após o insucesso na segunda instância, ver-se-á forçada a voltar atrás para poder chegar ao topo, o que não se afigura de todo compatível com a efectividade da tutela jurisdicional administrativa.

Estas circunstâncias justificariam uma de duas soluções: a possibilidade da parte do processo suspenso requerer a extensão ao seu caso dos efeitos da decisão proferida em segunda instância, mesmo quando desfavorável, para que no curso do seu próprio processo lhe fosse facultada a possibilidade de tentar aceder ao recurso de revista. Esta solução implicava um salto, pois o processo suspenso seria conformado através de uma decisão da segunda instância e não, como seria normal, da primeira instância, sendo que a este propósito se poderia conceber que a extensão de efeitos da decisão do tribunal central implicava automaticamente e, em sequência, a transposição de todas as decisões tomadas no âmbito do processo seleccionado.

A outra alternativa consistiria em admitir o recurso de revista pela parte no processo suspenso no quadro do processo seleccionado, o que requereria uma alteração legislativa, mas teria também refluxo na normal configuração do processo. A admitir-se esta hipótese estar-se-ia a conferir legitimidade de recurso a quem, não sendo parte no processo, usaria todas as possibilidades legais, deixando o processo seleccionado em aberto até essa ulterior decisão, apesar desta não vir a ser aplicável à verdadeira parte no processo seleccionado, em relação à qual – por falta de recurso – a decisão da primeira ou da segunda instância já transitou em julgado[457].

---

[457] Neste sentido, Aroso de Almeida/Fernandes Cadilha, *Comentário...*, p. 241.

Esta possibilidade de atribuir legitimidade àqueles que não sejam partes no processo pode suscitar dificuldades e perplexidades. Choca pelo menos com a ideia de que apenas quem tenha ficado vencido no processo nele pode recorrer (é o principio do artigo 141.º, n.º 1, CPTA, também consagrado no artigo 680.º, CPC), além do MP em certas condições.

Em sentido totalmente desfavorável a esta opção, invoca-se que a possibilidade de recurso da parte no processo suspenso, no âmbito do processo seleccionado, deveria depender da prévia extensão da sentença ao processo suspenso, porque antes desta não há no processo suspenso qualquer decisão. A admitir-se esta via, que a lei não concede, cair-se-ia numa situação em que, tendo a sentença transitado no processo seleccionado, continuaria a correr o processo suspenso, que poderia vir a ter um resultado diverso, passando a coexistir para situações idênticas duas soluções diferentes, bem ao contrário do espírito que guindou esta solução legal[458].

Uma outra hipótese, que parece ficar em aberto, reside na possibilidade do autor, em processo suspenso, usando o poder que lhe é conferido na alínea d), do n.º 5, do artigo 48.º, recorrer da sentença proferida em primeira instância por via de recurso de revista *per saltum*, acedendo directamente ao STA e contanto que se verifiquem os pressupostos de admissão deste recurso, o que poderá não ser fácil (sublinhe-se que estão excluídos do recurso *per saltum* as questões de funcionalismo público, área típica dos processos em massa)[459].

A questão pode assumir ainda outras especificidades quando o STA seja competente em primeira instância para dirimir um conjunto de processos que se configurem como enquadráveis neste preceito. Nesta hipótese e considerando que o processo seleccionado é julgado por todos os juízes da secção, o recurso, a existir, terá de ser necessariamente para o plenário[460]. A mobilização em termos tão englobantes e fortes dos juízes do mais alto tribunal pode justificar-se pelo facto das matérias que integram a sua competência em primeira instância relevarem pela sua importância económica e social, a que acrescerá o elevado número de situações ocorridas. O cenário será muito provavelmente de difícil verificação.

---

[458] Ambas as críticas são de WLADIMIR BRITO, *Lições*..., pp. 208 s.

[459] Anote-se que no direito espanhol, (artigos 37.º, n.º 2 e 111.º, LJCA), não é admitida a possibilidade de recurso da decisão proferida no processo seleccionado por parte de um autor num processo suspenso.

[460] Cfr. MÁRIO e RODRIGO ESTEVES DE OLIVEIRA, *CPTA/ETAF*, I, p. 329.

§ 4

O RECURSO EXCEPCIONAL DE REVISTA

1. A consagração do duplo grau de recurso jurisdicional: razão de ser. Confronto com a efectividade da tutela jurisdicional administrativa

34. A existência de um duplo grau de recurso jurisdicional ou de um recurso em terceira instância[461], como se preferir, constitui matéria que se insere no âmbito da liberdade de conformação do legislador ordinário. Não decorre de qualquer norma ou princípio constitucional que um determinado litígio deva obrigatoriamente ser submetido a três graus de apreciação, independentemente da competência adstrita a qualquer delas. Isto não significa que essa possibilidade deva necessariamente ser vedada em todas as hipóteses que se suscitem, a não obrigatoriedade constitucional não significa que seja vedada a permissão de acesso a um terceiro grau de jurisdição. Esta solução não decorre de imposições constitucionais, mas antes de avaliações, de diverso tipo e não só jurídicas, que o legislador ordinário, em cada momento, faça das necessidades da administração da justiça. A ser adoptada uma solução que permita um duplo grau de recurso, isso não significa que os moldes em que tal possibilidade seja configurada não estejam limitados por outras vinculações constitucionais.

Não deixa qualquer margem para dúvidas a afirmação antecedente de que o recurso em terceira instância não detém cobertura constitucional e tanto assim é, que é claramente afirmada a inexistência sequer de imposição constitucional quanto a um recurso jurisdicional de primeiro grau,

---

[461] SÉRVULO CORREIA já tinha sugerido esta possibilidade, mediante a instituição de um procedimento prévio de admissão, no qual se permitiria ao tribunal *ad quem* rejeitar «liminarmente os recursos que se lhe não afigurassem baseados em fundamentos razoáveis», à semelhança da solução implementada em França (lei de 31 de Dezembro de 1987). Cfr. *Linhas de Aperfeiçoamento...*, p. 183.

excepto estando em causa matéria sancionatória. As asserções aduzidas têm sido reconhecidas pelo Tribunal Constitucional em diversos arestos que formam já uma jurisprudência firme, destacando-se a afirmação de que o duplo grau de jurisdição não se encontra constitucionalmente garantido, sendo manifesta a existência de uma ampla liberdade de conformação do legislador para instituir requisitos à admissibilidade dos recursos[462]. Foi também afirmado que não decorre do direito à tutela jurisdicional qualquer imperatividade quanto à consagração de sucessivos graus de jurisdição, não se determinando que, pela existência hierarquizada de vários tribunais numa ordem jurisdicional, deva ser genericamente admissível a tramitação de um processo, em recursos sucessivos perante todos eles[463].

Na doutrina é igualmente afirmado o princípio de que o legislador usufrui de uma significativa «margem de discricionariedade na concreta conformação e delimitação dos pressupostos de admissibilidade e do regime dos recursos», condicionando-se esta liberdade por via do «sistema de recursos existente à data da elaboração da própria Constituição», sendo admissível introduzir-lhe alterações mas sem que com isso se elimine o sistema até aí existente[464], para o efeito fornecendo como suporte jurisprudência constitucional na qual se lavra que não é permitida «a redução intolerável ou arbitrária do direito ao recurso»[465]. Ora, atenta a construção exposta, parece dever concluir-se que o legislador ordinário detém ampla margem de liberdade na conformação do recurso de revista, apenas ficando condicionado à não imposição de restrições arbitrárias ou com base em justificações não plausíveis[466]. No recurso de revista do contencioso administrativo não parece que se verifique qualquer destas circunstâncias.

A possibilidade de um recurso de terceira instância, generalizadamente previsto na jurisdição ordinária, não tem raízes históricas no con-

---

[462] Cfr, por exemplo, acórdão do Tribunal Constitucional n.º 249/94, de 22 de Março, do qual foi relator RIBEIRO MENDES, disponível em www.tribunalconstitucional.pt.

[463] Acórdão do Tribunal Constitucional n.º 65/88, de 23 de Março, relator RAUL MATEUS, publicado no *Diário da República*, II Série, de 20 de Agosto de 1988, pp. 7591 ss.

[464] Cfr. LOPES DO REGO, *Acesso ao Direito e aos Tribunais*, in AA.VV., *Estudos sobre a Jurisprudência do Tribunal Constitucional*. Lisboa, 1993, pp. 80 s.

[465] Cfr. LOPES DO REGO, *Acesso ao Direito...*, p. 81, citação do acórdão do Tribunal Constitucional n.º 287/90.

[466] Cfr. LOPES DO REGO, *Acesso ao Direito...*, p. 83.

O recurso excepcional de revista

tencioso administrativo português. Tal hipótese seria, desde logo, inviável, se a marca temporal se ativesse ao século XX, por não existirem graus de jurisdição em número suficiente para o efeito; só em 1996, veio a ser criado um tribunal intermédio entre os tribunais de primeira instância e o Supremo Tribunal, em moldes a permitir que fosse legislativamente admissível um recurso desse tipo. No entanto, apesar de a partir daí ser teoricamente possível um recurso em terceira instância, essa hipótese não logrou concretizar-se; as preocupações assentavam bem mais fortemente em formatar uma reforma do contencioso administrativo, do que em colar-lhe mais um grau de recurso que seria incapaz de resolver as deficiências que se apontavam à jurisdição administrativa.

A razão de ser da consagração de um duplo grau de recurso jurisdicional, em determinadas circunstâncias excepcionais, como mais detidamente se cuidará adiante, consistiu na melhor aplicação do direito e na resolução de questões que, pela sua relevância jurídica ou social, revestissem importância fundamental. Em ambas as hipóteses, que têm expressa previsão legal, se visa alcançar a unidade do direito, o que lhes confere um alcance que vai para além da dimensão concreta do caso que as suscite.

É sobejamente sabido que o princípio enformador e matriz da reforma do contencioso administrativo é o princípio da tutela jurisdicional administrativa efectiva, foram por ele determinadas as soluções adoptadas pelo Código e nele reside um dos critérios determinantes para a interpretação das normas dele constantes. Trata-se do «principal eixo axiológico estruturante do Direito Processual Administrativo»[467].

Também decorre com meridiana clareza que, a efectividade da tutela jurisdicional administrativa, não impõe nem exige a existência de um recurso em terceira instância. Não é pelo repetido e aturado exame dos inúmeros litígios submetidos à jurisdição administrativa, tantas vezes de valor diminuto e de reduzida relevância jurídica, a três diferentes instâncias, que melhor se protege e prossegue a tutela jurisdicional. Uma acepção desse tipo, brigaria desde logo com o princípio da celeridade processual, quantas mais forem as etapas que um processo puder percorrer, mais lenta será a justiça que no fim se lhe vier a conferir.

Sem que se possa ignorar que, em circunstâncias específicas e com um fito determinado na lei, deva ser admissível o acesso ao Supremo Tri-

---

[467] Cfr. SÉRVULO CORREIA, *O princípio pro actione...*, p. 47.

bunal, com uma dupla finalidade: além de dirimir de modo definitivo um litígio que se revele merecedor dessa dignidade, contribuir para a melhor e mais correcta aplicação do direito, isto é, tentar determinar e orientar a futura aplicação das normas jurídicas que o caso concreto fez intervir. A efectividade da tutela jurisdicional administrativa não pressupõe nem determina que a forma de alcançar os desideratos enunciados seja pela previsão generalizada de um recurso de terceira instância.

A não imposição constitucional da existência de uma terceira instância, na resolução dos litígios submetidos aos tribunais da ordem jurisdicional administrativa, constitui a habilitação (necessária) para a utilização de conceitos indeterminados em sede de admissão. Se este recurso não é exigível em geral, pode ser condicionado à verificação de certos pressupostos de conteúdo indeterminado e que o próprio tribunal cuidará de concretizar e sedimentar.

A consagração, a título claramente excepcional, de um duplo grau de recurso jurisdicional (ou recurso em terceira instância), encontra também suporte na jurisprudência constitucional antes citada. No âmbito desta e atendendo-se à existência ou não de um duplo grau de jurisdição por imposição constitucional, acaba por se aflorar com maior alcance a questão. Entendeu então o Tribunal Constitucional que a previsão de um «escalonamento das sucessivas instâncias» exigirá que «em alguns casos» de maior relevo seja admissível a interposição de um recurso da decisão da primeira instância para um tribunal superior, acrescentando o seguinte segmento «e, eventualmente ainda, a impugnação da decisão deste último junto de outro tribunal»[468]. Ora, se deste extracto resulta que o recurso para um tribunal de segunda instância deve atender ao maior relevo dos casos, necessariamente a sua contínua ascensão hierárquica tenderá a superlativizar esse relevo, ao que se sublinha o pormenor dubitativo da eventualidade de ser admitido tal recurso. Parece emergir da parcela do aresto citado assim individualizada, que o acesso ao tribunal situado no grau mais elevado da escala hierárquica, além de não ser necessário, mas meramente eventual, ainda pode ser condicionado pela consideração da relevância das questões que lhe sejam submetidas e tendo em conta a função que se pretenda que esse Supremo Tribunal desenvolva. Conclui-se que a Constituição, deixando a concretização para o legislador ordinário, não impõe um duplo grau de jurisdição no

---

[468] Acórdão do Tribunal Constitucional n.º 65/88, de 23 de Março, já citado.

O recurso excepcional de revista

contencioso administrativo e «não exige a consagração de um sistema de recursos sem limites, *ad infinitum*»[469].

35. As potenciais objecções lançadas sobre a utilização de conceitos indeterminados na configuração do acesso ao STA, como tribunal de revista, poderiam granjear apoio na eventualidade de se estar perante uma restrição a um direito fundamental (à tutela jurisdicional administrativa) não expressamente autorizada pela Constituição, contudo, na medida em que a indeterminação do acesso ao tribunal de revista não encontra expressa permissão constitucional, estaria a ser postergado, em parte, o referido direito fundamental.

A resposta a esta objecção não se apresenta, no entanto, demasiado complexa. Em primeiro lugar, deve atender-se, tal como tem sido entendimento pacífico da doutrina e da jurisprudência, que na jurisdição administrativa não existe qualquer reserva ou imposição constitucional de existência de um segundo (ou terceiro) grau de recurso jurisdicional. A possibilidade, como mera faculdade, de interposição de recurso jurisdicional de uma decisão tomada em primeira instância, apenas decorre da consagração constitucional de vários níveis de tribunais integrados na jurisdição administrativa. Não é mencionada ou indiciada qualquer outra projecção a essa referência, do que decorre que será o legislador ordinário a configurar o concreto enquadramento do acesso às diferentes instâncias. Constitui já argumento estafado, mas apesar de tudo assinala-se, que apenas em matéria penal foi consagrado constitucionalmente, de forma obrigatória, o acesso a um segundo grau de jurisdição (de que se pode extrapolar para as decisões sancionatórias).

Parece relativamente óbvio que, não existindo clara e directa imposição de um duplo grau de recurso jurisdicional na jurisdição administrativa, a sua previsão legal e o respectivo modo de operacionalização, devendo respeitar a configuração do sistema, foram deixados à liberdade de acção do legislador ordinário. De mais, atente-se que até à reforma do contencioso administrativo não existia esse grau de recurso jurisdicional e que a sua eventual omissão não redundaria em qualquer inconstitucionalidade[470].

---

[469] Acórdão do Tribunal Constitucional n.° 125/98, de 5 de Fevereiro, do qual foi relatora FERNANDA PALMA, disponível em www.tribunalconstitucional.pt.

[470] Em Itália, apenas existem, em regra, dois níveis de tribunais na jurisdição administrativa, os tribunais administrativos regionais e o Conselho de Estado. Cfr., entre outros, CAIANIELLO, *Manuale…*, pp. 346 ss.

Se poderia ser omitida a previsão de um recurso de revista na ordem jurisdicional administrativa, torna-se relativamente claro que, a formatação da sua previsão e a sua não generalizada admissão em face de critérios quantitativos, não colide com qualquer direito ou bem constitucional que o vedasse.

E também não pode alegar-se estar em causa uma restrição a um direito fundamental não expressamente autorizada pela Constituição[471]. Foi já demonstrado que o teor da 1.ª parte do n.º 2 do artigo 18.º da Constituição («a lei só pode restringir os direitos, liberdades e garantias nos casos expressamente previstos na Constituição») apenas contém uma função de advertência (a expressão é de CANOTILHO[472]), não devendo ser interpretada como «padrão normativo de limitação da margem de decisão do legislador com o sentido literal expresso no seu enunciado»[473]. Entende-se que os direitos fundamentais constitucionalmente consagrados sem reservas, podem sofrer restrições «exclusivamente legitimadas em juízos de valoração e ponderação de bens realizados pelos poderes constituídos competentes com observância dos parâmetros constitucionais existentes»[474]. As aludidas restrições devem atender ao «peso» e às «circunstâncias particulares»; decisivo é «o peso relativo que cada um dos bens em colisão apresenta no caso concreto»[475].

O recurso ao disposto no artigo 18.º, n.º 2, da Constituição, faz pressupor que existiria um direito fundamental à tutela jurisdicional administrativa que abarcasse o direito de acesso objectivo ao STA em sede de revista,

---

[471] Sobre esta problemática, cfr. REIS NOVAIS, *As Restrições aos Direitos Fundamentais não expressamente autorizadas pela Constituição*. Coimbra, 2003.

[472] Cfr. GOMES CANOTILHO, *Direito Constitucional e Teoria da Constituição*. Coimbra, 6.ª edição, 2002, p. 450. REIS NOVAIS considera que a proibição em causa só pode ter um sentido útil de «apelo ou advertência» que conduz ao «reforço da enunciação do carácter excepcional e sempre carente de justificação de qualquer restrição da liberdade em Estado de Direito», *As Restrições...*, p. 596.

[473] Cfr. REIS NOVAIS, *As Restrições...*, p. 582. O autor defende «o abandono da interpretação da norma proibitiva do art. 18.º, n.º 2, como regra jurídica com um carácter vinculativo absoluto» por força dos «princípios da força normativa e da unidade da Constituição», atentos os seus corolários de conformidade sistemática e de ausência de contradição entre normas constitucionais (pp. 587 s.).

[474] Cfr. REIS NOVAIS, *As Restrições...*, p. 600, impondo-se «um ónus acrescido de fundamentação e argumentação».

[475] Cfr. REIS NOVAIS, *As Restrições...*, pp. 620 s. e 625. O autor acrescenta que a colisão de direitos fundamentais apenas ocorre «quando para satisfazer uma pretensão de direito fundamental a que está obrigado, o Estado se vê impossibilitado de corresponder a uma outra que o vincula igualmente» (p. 623).

facto que está em si por provar. Como acima se demonstrou, a Constituição não comporta qualquer direito fundamental de acesso ao STA em terceira instância e o legislador ordinário também não admitiu tal desiderato. Por outro lado, o referido direito fundamental à tutela jurisdicional comporta um direito à decisão atempada dos litígios submetidos à jurisdição administrativa (que também poderia entrar por via da cláusula aberta do artigo 16.º, n.º 2, da Constituição), o que se apresenta como um fundamento sério e dotado de força normativa para justificar que nem todas as decisões tomadas em segunda instância possam ser admitidas a uma terceira apreciação, desta feita, pelo tribunal de revista. Uma tal possibilidade redundaria no desrespeito do direito fundamental a uma decisão atempada dos litígios administrativos, enquanto corolário do direito fundamental à tutela jurisdicional administrativa. Significa isto que, se por um lado não encontra fundamento constitucional ou sequer infra-constitucional a adopção de um critério generalizado de admissão do recurso de revista, o que significa que a previsão de conceitos indeterminados para fundar a sua admissão, que constituirá uma excepção e não a regra, não está vedada (ou sofre de especiais constrições constitucionais), por outro lado, uma das dimensões do direito fundamental à tutela jurisdicional administrativa condiciona, de forma relevante, a possibilidade de adopção generalizada do recurso de revista, por tal previsão significar a desconsideração da decisão atempada dos litígios administrativos, valor que encontra efectivo suporte constitucional.

Quer assim parecer que, além de ser admissível a efectiva introdução de restrições a direitos fundamentais, mesmo que não exista expressa autorização constitucional, posição que seria concebível se existisse o direito fundamental de acesso ao tribunal de revista – que, como se constatou, não ocorre e que teria de ser contrabalançado com a atempada resolução dos litígios emergentes de relações jurídicas administrativas – se constata, em reforço da previsão legal de uma admissão excepcional do recurso de revista, que a Constituição emana por via do direito fundamental à tutela jurisdicional administrativa, um corolário que impõe a decisão atempada dos litígios, o que determina a não admissão generalizada do recurso de revista.

O direito à tutela jurisdicional apresenta uma configuração diferente consoante se esteja em face do acesso à jurisdição ou esteja em causa o acesso a um recurso[476], variando ainda mais se o recurso for em terceiro

---

[476] Cfr. González Pérez, *El Derecho a la Tutela Jurisdiccional*. Madrid, 3.ª edição, 2001, p. 81.

grau de jurisdição. Aquele direito não agrega em termos radicais o mesmo suporte para a primeira hipótese e para esta última.

2. A utilização de conceitos indeterminados: ideia geral

36. A utilização de conceitos jurídicos indeterminados tem sido desenvolvidamente tratada ao nível do direito administrativo, nomeadamente na vertente relativa à discussão do controlo jurisdicional da concretização desses conceitos por parte da Administração e a doutrina tem acoplado à discussão os resultados da produção estrangeira, em especial alemã. Não pode concluir-se que exista uma estanquidade entre o uso deste tipo de conceitos como forma de disciplina da actuação da Administração e como via de desenvolvimento jurisprudencial do direito por parte dos tribunais, antes se deverão transpor, com as necessárias precisões, para esta última componente as conclusões a que no primeiro âmbito se tem chegado. Estão em causa operações de natureza objectivante realizadas de modo indiferente pela Administração e pelos tribunais[477].

A afirmação da existência de conceitos jurídicos indeterminados é primeiramente apreensível pela própria utilização do termo indeterminado, a fazer perceber que não se estará perante uma realidade certa, clara, determinada, firme. Os diversos autores que à matéria têm dedicado atenção traduzem essa indeterminação por diversas fórmulas, por via das quais procuram transmitir o carácter vago e impreciso que desses conceitos decorre. Podem mencionar-se, por exemplo, como conceitos indeterminados aqueles «cujo âmbito se apresenta em medida apreciável como incerto»[478]; são aqueles que revelam um «elevado grau de indeterminação»[479]; «cujo conteúdo e extensão são em larga medida incertos»[480].

---

[477] Cfr. MARIA LUÍSA DUARTE, *A Discricionariedade Administrativa e os Conceitos Jurídicos Indeterminados*, BMJ, n.º 370, 1987, p. 58. SÉRVULO CORREIA/BACELAR GOUVEIA referem-se à correspondência entre os conceitos de discricionariedade jurisdicional ou discricionariedade administrativa, o que adaptativamente reforça o argumento anterior, cfr. *Princípios constitucionais do acesso à justiça, da legalidade processual e do contraditório; junção de pareceres em processo civil; interpretação conforme à Constituição do artigo 525.º do Código de Processo Civil*, in ROA, ano 57, 1997, p. 309.

[478] Cfr. AZEVEDO MOREIRA, *Conceitos Indeterminados: sua sindicabilidade contenciosa*, RDP, 1985, p. 29.

[479] Cfr. ANTÓNIO FRANCISCO DE SOUSA, *«Conceitos Indeterminados» no Direito Administrativo*, p. 25.

[480] Cfr. KARL ENGISH, *Introdução ao Pensamento Jurídico*, p. 208.

O recurso excepcional de revista

Em termos plásticos e sugestivos, escreveu-se já que os conceitos indeterminados constituem a «parte *movediça* e *absorvente*» do ordenamento jurídico, servindo «para ajustar e fazer evoluir a lei no sentido de a levar ao encontro das mudanças e das particularidades das situações da vida»[481]. BAPTISTA MACHADO assinala aos conceitos indeterminados uma capacidade de "osmose", que permite a abordagem de realidades não comportáveis por uma regulação minuciosa e uma função de "válvula de escape", pela qual se visa evitar a rigidificação e o esclerosamento de complexos normativos[482], concluindo que «os complexos ou sistemas normativos construídos» com base em conceitos indeterminados, de que dá alguns exemplos, podem ser apelidados de "sistemas abertos"[483]. Esta ideia de sistema aberto pode ser transportada para a configuração do acesso ao tribunal supremo em sede de revista, ainda que aí caiba referir a sua correspondência a um segmento do sistema normativo, mas que, assente numa única norma jurídica, se revela capaz de comportar uma abertura significativa na caracterização do critério de acesso. Não importa já considerar o tipo de interpretação que vem sendo feito dessa norma ou da efectiva concretização jurisprudencial ocorrida, mas tão só atender a que os pressupostos de admissão do recurso de revista conferem um certo grau de abertura que se revela capaz de assegurar a efectividade da tutela jurisdicional administrativa e que permitirá a adaptação constante da solução legal à realidade e às exigências que emergem da comunidade. O que acaba por conferir um carácter especial à função do juiz (no caso aos juízes colocados no mais alto tribunal da jurisdição administrativa), na medida em que vai utilizar as aberturas «do sistema para configurar juridicamente o caso como que *fora do sistema*, atendendo às particularidades [do caso a decidir], fazendo assim evoluir o Direito»[484]. A longa citação visa apenas acentuar o papel que é atribuído ao juiz por efeito da utilização

---

[481] Cfr. BAPTISTA MACHADO, *Introdução ao Direito e ao Discurso Legitimador.* Coimbra, 1994, p. 113 (itálico do autor). Adiante enumera diversas justificações para a adopção de conceitos indeterminados: 1) adaptação da norma à complexidade da matéria a regular, às particularidades do caso ou à alteração das situações, 2) facultar uma espécie de osmose entre as máximas ético-sociais e o Direito, 3) permitir uma "individualização" da solução (p. 114).

[482] Cfr. BAPTISTA MACHADO, *Introdução ao Direito...*, p. 119.

[483] Cfr. BAPTISTA MACHADO, *Introdução ao Direito...*, p. 119; a menção inclui também as cláusulas gerais e nele cabem, segundo o autor citado, o direito do trabalho, o direito da concorrência e o direito do divórcio.

[484] Cfr. BAPTISTA MACHADO, *Introdução ao Direito...*, p. 119 (itálico do autor).

174   *O Recurso de Revista no Contencioso Administrativo*

de conceitos indeterminados, conferindo-se-lhe a possibilidade de, por via da interpretação que desenvolver em cada caso, contribuir para a evolução do direito. A especificidade do papel dos juízes que intervêm na fase de admissão do recurso de revista é bem acentuada por via do critério de escolha que a lei estabeleceu. Considera-se que a antiguidade constitui suporte justificativo para o desenvolvimento do direito decorrente das aberturas do sistema (*maxime*, conceitos indeterminados).

Mas mais do que traduzir o significado de «indeterminado» importa qualificar o sentido da indeterminação e a forma de a aplicar. A este respeito afirmou-se já que «a indeterminação do conceito só é ultrapassável através de uma *avaliação* ou *valoração* da situação concreta baseada numa *prognose*»[485], sendo que a prognose consiste na «antecipação intelectual do futuro»[486], implicando um juízo de probabilidade.

Antes de prosseguir importa sumariar algumas das posições que têm ecoado na doutrina. Para AZEVEDO MOREIRA são conceitos indeterminados aqueles cujo âmbito é em grande medida incerto, constituindo uma técnica legislativa pela qual se superam problemas diversos[487]. Como espécie desses conceitos apresenta as cláusulas gerais que abrangem um conjunto incerto de situações a exigirem um permanente preenchimento (ou concretização), sendo cláusulas que apenas se definem perante um caso concreto[488]. Com auxilio da doutrina alemã, o autor enuncia uma caracterização estrutural dos conceitos indeterminados, integrando estes uma zona nuclear (também dita «estrutura óssea»), na qual não se verificam dúvidas de interpretação e uma zona periférica (ou nebulosa) que se revela problemática e com limites pouco precisos[489]. A primeira área é muito reduzida por contraponto à grande extensão da segunda. As dificuldades principais de interpretação e aplicação dos conceitos indeterminados residem na referida zona periférica, como é compreensível.

Para AFONSO QUEIRÓ, os conceitos indeterminados derivam da impossibilidade prática ou de dificuldades técnicas do legislador em defi-

---

[485] Cfr. SÉRVULO CORREIA, *Legalidade e Autonomia Contratual nos Contratos Administrativos*. Coimbra, 1987, p. 474.

[486] Cfr. ELLWEIN, apud ANTÓNIO FRANCISCO DE SOUSA, «*Conceitos Indeterminados*»..., p. 115.

[487] Cfr. *Conceitos Indeterminados*..., p. 29, o autor parte da distinção entre discricionariedade e conceitos indeterminados (interpretação e aplicação), pp. 26 s.

[488] Cfr. AZEVEDO MOREIRA, *Conceitos Indeterminados*..., pp. 32 s.

[489] Cfr. AZEVEDO MOREIRA, *Conceitos Indeterminados*..., p. 34, seguindo os entendimentos de HECK e de JESCH.

nir os pressupostos do exercício de uma competência ou as finalidades a alcançar pelo decisor, implicando previamente ao seu exercício uma tarefa interpretativa, insusceptível de se confundir com o poder discricionário. Este confere uma margem de liberdade, consistindo na concessão de um poder de escolha entre todas as decisões que se revelam igualmente legais e correctas, já não está em causa uma ineliminável ou intencional «deficiência de formulação da linguagem legislativa»[490].

Em face da indeterminabilidade dos conceitos, o espaço de "mediação semântica" apresenta algumas variações de acordo com a formulação de GOMES CANOTILHO. Em primeiro lugar, a polissemia constitui uma espécie de indeterminação muito relativa, estão em causa conceitos que se apresentam com múltiplos significados[491]. Por outro lado, na hipótese de utilização de conceitos vagos, a sua aplicação é seleccionada em função do teste dos candidatos positivos, negativos e neutrais. A respeito destes últimos, que são aqueles em que existe a dúvida se o conceito se aplica ou não, está em causa o âmago dos conceitos indeterminados; estes são, aliás, «uma classe de expressão em que se suscita o problema da vaguidade conceitual»[492]. Podem ainda apresentar-se sob as vestes de conceitos vazios por comportarem «um conteúdo de informação diminuto» ou serem «extremamente imprecisos», atribuindo uma relevante liberdade de conformação aos órgãos que os concretizam[493]. A indeterminabilidade apresenta-se com diversas configurações: além da polissemia (pluralismo de significado dos termos empregues), da vaguidade (transmitida por palavras com significado indefinido ou obscuro), também se podem referir a ambiguidade, em que a conjugação de termos não permite a apreensão clara do seu significado e a porosidade, pela inclusão de um sentido novo em conceitos até aí unívocos[494].

Também se define como conceito jurídico indeterminado, o conceito que, tendo conteúdo incerto, requer interpretação e aplicação sustentadas

---

[490] Cfr. *Os Limites do Poder Discricionário das Autoridades Administrativas*, in *Estudos de Direito Público*, vol. II, tomo I. Coimbra, 2000, pp. 20 ss. AFONSO QUEIRÓ conclui que quando interpreta conceitos indeterminados o decisor actua como jurista e quando exerce um poder discricionário actua como técnico (p. 23).

[491] Cfr. GOMES CANOTILHO, *Constituição Dirigente e Vinculação do Legislador*. Coimbra, 2.ª edição, 2001, p. 430.

[492] Cfr. GOMES CANOTILHO, *Constituição Dirigente...*, p. 434, apesar dos conceitos indeterminados não se identificarem com os candidatos neutrais.

[493] Cfr. GOMES CANOTILHO, *Constituição Dirigente...*, pp. 435 e 437.

[494] Cfr. GOMES CANOTILHO, *Constituição Dirigente...*, pp. 436 s.

176 O Recurso de Revista no Contencioso Administrativo

em considerações valorativas ou técnicas, indo além da norma jurídica em que o conceito se integra[495]. Neste sentido já se acentua a necessidade de interpretação e concretização dos conceitos jurídicos indeterminados, no caso, mediante um processo de concretização subsuntiva[496]. O carácter indeterminado destes conceitos não traduz uma característica que permita situar a sua utilização em determinado tipo de situações jurídicas, ou seja, o uso de conceitos indeterminados não decorre, nem dimana de um conjunto típico de situações em que a sua aparição seja requerida[497]. LUÍSA DUARTE enquadra a distinção entre discricionariedade administrativa e conceitos jurídicos indeterminados em função da sindicabilidade contenciosa, que em relação à primeira não existe, e que nos segundos se inclui nas tarefas jurisdicionais de fiscalização da interpretação e aplicação[498].

Distinguindo nos conceitos indeterminados duas categorias, BERNARDO AYALA inclui na dos conceitos verdadeiramente indeterminados ou conceitos-tipo os que provocam dificuldades superáveis através de juízos de valoração, exigindo esta «um raciocínio causal-teorético»[499]. O monismo metodológico corresponde à «assimilação da valoração de conceitos indeterminados à discricionariedade pura», que não é de aceitar; já o dualismo metodológico efectua a destrinça entre esses dois institutos, podendo este cominar-se de radical (a concretização de um conceito indeterminado é uma actividade vinculada) ou mitigado (por constituir uma modalidade de autonomia pública administrativa)[500]. Estes institutos (valoração de conceitos indeterminados e discricionariedade) apresentam aspectos comuns (a fonte normativa e um juízo de prognose) e diferenças, (enquanto completamento da previsão, ocorre um alargamento conjuntivo[501] na discricionariedade e disjuntivo[502] na concretização de conceitos

---

[495] Cfr. MARIA LUÍSA DUARTE, A Discricionariedade..., p. 47.

[496] Cfr. MARIA LUÍSA DUARTE, A Discricionariedade..., p. 54. A autora segue a construção de AZEVEDO MOREIRA, Conceitos Indeterminados..., p. 38.

[497] Cfr. MARIA LUÍSA DUARTE, A Discricionariedade..., p. 55.

[498] Cfr. MARIA LUÍSA DUARTE, A Discricionariedade..., p. 58. A autora enuncia ainda a existência de uma «margem de livre apreciação» que não se confunde com a discricionariedade, contudo é insindicável como ela, mas na qual só existe uma única solução acertada (p. 59), dando, mais adiante, exemplos vários dessa margem de liberdade (pp. 66 ss.).

[499] Cfr. O (Défice de) Controlo Judicial da Margem de Livre Decisão Administrativa. Lisboa, 1995, p. 122. Quanto ao tipo de raciocínio cita SÉRVULO CORREIA, Legalidade e Autonomia..., p. 474.

[500] Cfr. BERNARDO AYALA, O (Défice de) Controlo..., pp. 150 ss.

[501] A previsão refere alguns dos pressupostos, mas o decisor tem ainda de lhes acrescer outro ou outros, em função dos parâmetros convenientes. Cfr. BERNARDO AYALA,

O *recurso excepcional de revista*

177

indeterminados). Já quanto à ponderação de interesses concorrentes, no exercício de discricionariedade são ponderados interesses públicos e privados, na valoração de conceitos indeterminados dá-se uma «decisão isolada de prognose sobre um elemento da previsão normativa»[503].

Apontando os conceitos indeterminados como uma técnica de atribuição normativa de discricionariedade, DAVID DUARTE considera que se está perante uma abertura da norma resultante de uma «indefinição de soluções» por via da utilização de conceitos que comportam «uma larga margem de incerteza», remetendo para «uma decisão própria»[504]. A identificada abertura conferida pelo uso de conceitos indeterminados assenta numa «unidade aplicativa» que respeita à «relação entre a norma e a realidade», antecedida da fase interpretativa, mas não esgotável nesta[505]. A discricionariedade e os conceitos indeterminados integram-se na margem de livre decisão, o que lhes confere um regime idêntico, distinguindose pelo facto da primeira pressupor a ponderação de interesses, enquanto que os segundos impõem a realização de juízos de prognose[506]. Numa aproximação tendencial, são indeterminados aqueles conceitos que «contêm uma alargada margem de incerteza»[507], o que acaba por fazer deles uma técnica de atribuição de discricionariedade, pressupondo a ponderação de diversas alternativas, isto é, impondo a ponderação de interesses

---

O (Défice de) Controlo..., p. 160. A construção é importada de SÉRVULO CORREIA, *Legalidade e Autonomia...*, p. 484, nota 299.

[502] O alargamento disjuntivo congrega a «permissão de ampliação do campo de aplicação da norma com a averiguação do seu conteúdo semântico». Cfr. BERNARDO AYALA, *O (Défice de) Controlo...*, p. 160. A construção é importada de SÉRVULO CORREIA, *Legalidade e Autonomia...*, p. 484, nota 299.

[503] Cfr. BERNARDO AYALA, *O (Défice de) Controlo...*, pp. 156 ss. Segundo o autor, «o preenchimento de um conceito indeterminado é uma operação de valoração feita isoladamente, sem comparações, trata-se de um problema de interpretação criativa consistente basicamente na recondução ou não da situação concreta à norma jurídica» (p. 161).

[504] Cfr. DAVID DUARTE, *Procedimentalização, Participação e Fundamentação: Para uma concretização do princípio da imparcialidade administrativa como parâmetro decisório.* Coimbra, 1996, p. 362. O autor parte de um entendimento de discricionariedade num sentido amplo de margem de livre decisão, seguindo WALTER SCHMIDT.

[505] Cfr. DAVID DUARTE, *Procedimentalização, Participação...*, p. 364.

[506] Cfr. DAVID DUARTE, *Procedimentalização, Participação...*, p. 366. O autor aponta que «o carácter diferenciador dos conceitos indeterminados está na remissão para juízos de prognose» (p. 365), apesar de negar a «natureza absoluta da autonomização do conceito indeterminado» (p. 366).

[507] Cfr. DAVID DUARTE, *Procedimentalização, Participação...*, p. 367.

178 *O Recurso de Revista no Contencioso Administrativo*

concorrentes como consequência directa do aludido critério de aferição assente na larga margem de incerteza[508]. Leva a concluir pela igual natureza qualitativa entre conceitos indeterminados e outras técnicas de atribuição de margem de livre decisão (discricionariedade e liberdade de conformação)[509], cuja única diferença consiste na técnica legislativa e no programa decisório, todas elas remetendo para uma decisão própria, em que se depara a resolução de «conflitos de interesses» e se realiza uma «ponderação» que determina um resultado[510].

Partindo de uma ideia de heterogeneidade dos conceitos indeterminados, FREITAS DO AMARAL distingue entre aqueles que conferem discricionariedade ao decisor e os que requerem meras operações de interpretação da lei e de subsunção, não comportando qualquer autonomia à vontade do decisor[511]. Os conceitos indeterminados que solicitam preenchimentos valorativos ("actos de valoração": ENGISCH), subdividem-se em conceitos que se concretizam com base numa valoração objectiva e naqueles em que deve ser formulado um juízo baseado na experiência e convicções do decisor, delimitado por critérios jurídicos[512]. A distinção entre os vários conceitos indeterminados decorre da interpretação da lei[513].

REBELO DE SOUSA/SALGADO DE MATOS englobam na margem de livre decisão duas realidades, a discricionariedade e a margem de livre apreciação. Na primeira, depara-se a escolha entre alternativas jurídicas de actuação admissíveis, na segunda, incluem-se os conceitos indeterminados e a liberdade avaliativa, respeitando a uma livre apreciação de situações de facto relacionadas com os pressupostos das decisões[514]. Os conceitos indeterminados reportam-se a uma indeterminação da linguagem, a uma incerteza semântica susceptível de variações. Do que decorre que nem

---

[508] Cfr. DAVID DUARTE, *Procedimentalização, Participação...*, p. 367. Aliás, a utilização de conceitos indeterminados, como critério de técnica legislativa, é capaz de «absorver num único significante uma multiplicidade de alternativas desdobráveis» (p. 354, nota 314).

[509] Cfr. DAVID DUARTE, *Procedimentalização, Participação...*, p. 368.

[510] Cfr. DAVID DUARTE, *Procedimentalização, Participação...*, p. 356. O autor qualifica a diferença como meramente quantitativa, consistente na «dimensão de ponderação» e na amplitude de alternativas possíveis (p. 357).

[511] Cfr. FREITAS DO AMARAL, *Curso...*, II, p. 108.

[512] Cfr. FREITAS DO AMARAL, *Curso...*, II. Coimbra, pp. 109 ss. Na última componente da divisão citada no texto, o autor socorre-se de SÉRVULO CORREIA, *Legalidade e Autonomia...*, p. 474.

[513] Cfr. FREITAS DO AMARAL, *Curso...*, II, p. 114.

[514] Cfr. *Direito Administrativo...*, I, pp. 176 ss.

todos os conceitos indeterminados detêm potencial para facultar uma margem de livre apreciação, esta apenas se justifica quando deles resulte não existir apenas uma solução correcta para a decisão do caso concreto[515]. Torna-se relevante apurar em que situações os conceitos indeterminados atribuem uma margem de livre apreciação, indicando-se três tópicos para esse efeito. Aquela margem de apreciação não dimana das limitações da linguagem, mas de limites da função legislativa que tornam impossível ou inconveniente a antecipação exaustiva dos pressupostos normativos do exercício da competência; atendendo ao princípio da separação de poderes, essa margem só existe quando o controlo jurisdicional total implicar a usurpação da função administrativa. A conexão entre o princípio da separação de poderes e os direitos fundamentais dos particulares poderá motivar, pela preponderância destes, um controlo jurisdicional integral e daí afastar a margem de livre apreciação[516].

Em 1982, SÉRVULO CORREIA considera que a interpretação de conceitos indeterminados é uma questão de direito e que, assim sendo, está sujeita à apreciação jurisdicional[517], mas que o aspecto delicado está no traçar da linha de fronteira entre a enunciação legal de pressupostos com base em conceitos indeterminados e hipóteses em que a utilização desses conceitos se destina a reconhecer liberdade na escolha de alguns pressupostos, importando começar por apurar qual dos sentidos destes conceitos foi consignado[518]. Mais tarde refere que só se está perante um conceito jurídico indeterminado quando esta indeterminação exige «uma avaliação ou valoração da situação concreta baseada numa prognose», sendo assim endereçada ao decisor «a competência de fazer um juízo baseado na sua experiência e nas suas convicções»[519].

---

[515] Cfr. REBELO DE SOUSA/SALGADO DE MATOS, *Direito Administrativo...*, I, p. 184.

[516] Cfr. REBELO DE SOUSA/SALGADO DE MATOS, *Direito Administrativo...*, I, p. 186, sendo que a concretização de conceitos indeterminados implica a formulação de juízos de prognose (p. 190).

[517] *Noções...*, I, p. 181, citando WOLFF e BACHOF.

[518] Cfr. SÉRVULO CORREIA, *Noções...*, pp. 182 s.

[519] Cfr. SÉRVULO CORREIA, *Legalidade e Autonomia...*, p. 474. Um contributo muito importante na distinção entre discricionariedade e conceitos jurídicos indeterminados é fornecido por KOCH, que entende que o conceito jurídico indeterminado representa um alargamento disjuntivo da previsão, o que significa «a permissão da ampliação do campo de aplicação de uma norma em conjugação com a averiguação do seu conteúdo semântico», sendo que a discricionariedade envolve um alargamento conjuntivo da previsão, facultando a limitação do campo de aplicação da norma. Cfr. SÉRVULO CORREIA, *Legalidade e Autonomia...*, p. 484, nota 299.

Por último, Sérvulo Correia adopta uma classificação assente num instituto, a margem de livre decisão, que engloba três categorias: a autonomia pública contratual, a discricionariedade e o preenchimento valorativo de conceitos jurídicos indeterminados (margem de livre apreciação). Mantendo a distinção entre a discricionariedade e a margem de livre apreciação com base numa diferenciação estrutural, na primeira a abertura da previsão dá lugar a um alargamento conjuntivo, enquanto que a segunda determina um alargamento disjuntivo. O preenchimento valorativo de um conceito indeterminado que comporta um pressuposto requer um juízo de valor associado a uma prognose, de que resultará a conclusão quanto à existência ou não do pressuposto em apreço; no exercício de discricionariedade, além disso, é realizada uma ponderação dos interesses públicos e privados em presença. Desta destrinça decorre que no exercício da discricionariedade pode ser efectuado o controlo do respeito do princípio da proporcionalidade em sentido amplo, isto é, nas suas três vertentes, princípios da adequação, da necessidade e da proporcionalidade em sentido estrito, enquanto que no preenchimento valorativo de um conceito indeterminado na previsão da norma apenas há lugar ao controlo do princípio da adequação relativamente ao critério adoptado, na medida em que as outras duas modalidades dependem da existência de ponderação de interesses, que não ocorre[520].

Este breve percurso pela doutrina nacional tem como escopo permitir que das formulações e contingentações efectuadas se encontre um tronco comum transponível para a questão em apreço, quando está em causa a interpretação e aplicação de conceitos indeterminados, desta feita operações a cargo de um tribunal supremo. Pode logo invocar-se que estas operações, tendo uma natureza objectivante, são realizadas de modo indiferente quer por um órgão da Administração, quer por um tribunal[521]. Foi partindo desse pressuposto que se iniciou a apreciação da questão em geral por via da construção efectuada no direito administrativo e que pode agora ser transposta para o direito processual, nomeadamente quando cabe aos juízes proceder à adequada interpretação de conceitos indeterminados. Não pode negar-se que esta tarefa, se bem que realizada com escopos diferentes, assume em ambas as situações uma configuração jurídica semelhante.

---

[520] Trata-se do entendimento explanado pelo autor em *Direito do Contencioso...*, I, pp. 392-396.

[521] Cfr., nestes exactos termos, Maria Luísa Duarte, *A Discricionariedade...*, p. 58.

O *recurso excepcional de revista*

37. Do exposto decorre a adesão à doutrina que assenta na distinção entre discricionariedade e a margem de livre apreciação (preenchimento valorativo de conceitos jurídicos indeterminados), admitindo em ambas uma abertura que determina distintos completamentos. Na discricionariedade manifestar-se-á um alargamento conjuntivo da previsão por via do aditamento de novos pressupostos pelo decisor; com os conceitos jurídicos indeterminados ocorrerá um alargamento disjuntivo da previsão, conjugando-se «a permissão do campo de aplicação de uma norma» com a averiguação do seu sentido semântico[522]. O que em sequência deriva que no exercício da discricionariedade se requerem juízos de prognose e avaliação e a realização de uma ponderação dos interesses públicos e privados em presença, enquanto que o preenchimento valorativo de conceitos indeterminados, consistindo num juízo de valor (associado a uma prognose), não permite a efectivação daquela ponderação de interesses, e daquele preenchimento resultará uma resposta positiva ou negativa quanto à verificação do pressuposto constante da previsão normativa[523]. Definido o posicionamento adoptado quanto a esta destrinça, encontram-se reunidos os elementos que permitirão aquilatar da utilização pelo legislador processual administrativo de conceitos indeterminados e não de discricionariedade.

A admissão do recurso excepcional de revista ficou condicionada à verificação de certos pressupostos: a relevância jurídica ou social da questão de importância fundamental e a clara necessidade para uma melhor aplicação do direito (artigo 150.º, n.º 1). Seguindo o quadro delimitativo acabado de enunciar conclui-se que se está perante conceitos indeterminados que requerem um preenchimento valorativo por via de um juízo de prognose, não comportando qualquer ponderação de interesses que teria o condão de configurar a admissão da revista como discricionária. A tarefa de que está incumbida a formação específica de apreciação preliminar sumária reconduz-se à formulação de uma resposta positiva ou negativa quanto à verificação de um dos indicados pressupostos de admissão e em consequência admitir ou não o recurso de revista.

LEBRE DE FREITAS/RIBEIRO MENDES consideram que o recurso de revista é discricionariamente admitido, tendo por base um «juízo sobre a verificação dos conceitos relativamente indeterminados consagrados»,

---

[522] Cfr. SÉRVULO CORREIA, *Legalidade e Autonomia...*, p. 484 (citando KOCH) e *Direito do Contencioso...*, I, p. 395.

[523] Cfr. SÉRVULO CORREIA, *Direito do Contencioso...*, I, p. 395.

182   *O Recurso de Revista no Contencioso Administrativo*

concluindo que a jurisdição administrativa acolheu um sistema de discricionariedade judicial na admissão deste recurso[524]. Aditam, estes autores, que a solução teria sido inspirada no direito anglo-americano (sistema *leave to appeal*)[525]. Questionando a adequação técnica e política da introdução de um designado «princípio geral da oportunidade na decisão», BARBOSA DE MELO entende que o princípio da oportunidade ou da discricionariedade na admissão de recursos, ainda que contribua para a celeridade no termo dos processos, provocaria uma alteração no modo de exercer a advocacia, concluindo que uma tal inovação deveria comportar uma reflexão ponderada e alargada[526]. Também na jurisprudência da formação específica de apreciação preliminar sumária a questão já foi abordada, lateralmente, pela mão do conselheiro SANTOS BOTELHO, numa primeira vez para recusar o carácter discricionário da decisão de admissão, para mais tarde, sem explicações adicionais, referenciar o exercício de discricionariedade. Apesar destas duas menções nos acórdãos de admissão, regista-se que aquela formação não reservou uma atenção especial à qualificação dos poderes exercidos, sendo até lógico que o não faça.

A insinuada influência anglo-saxónica do *leave to appel* foi afastada por SÉRVULO CORREIA que esclareceu estar-se aí em face de uma discricionariedade de admissão do caso pelo juiz de primeira instância[527]; nem se apresenta sequer assimilável à discricionariedade de admissão da *Supreme Court* norte-americano, que é total[528]. Por outro lado, quanto aos primeiros autores, deve distinguir-se entre a qualificação como exercício de faculdade discricionária e a menção a um juízo sobre a verificação de conceitos indeterminados. Na sequência da posição adoptada quanto a esta distinção, concorda-se com o facto da admissão requerer um juízo sobre a verificação desses conceitos e até se reconhece, ao contrário de LEBRE DE FREITAS/RIBEIRO MENDES, que os conceitos indeterminados utilizados são verdadeiramente indeterminados e não apenas relativamente indeterminados. Não se deve é fazer a assimilação entre a adopção deste tipo de conceitos com a consagração de um sistema de discricionariedade judicial. Trata-se de aspectos distintos e que assim devem ser avaliados. Quanto à

---

[524] Cfr. *CPC Anotado*, vol. 3.°, p. 116.

[525] Cfr. LEBRE DE FREITAS/RIBEIRO MENDES, *CPC Anotado*, vol. 3.°, p. 116.

[526] Cfr. *O presidente dos tribunais administrativos de círculo no novo contencioso administrativo*, CJA, n.° 51, pp. 12 s.

[527] Cfr. *Direito do Contencioso...*, I, p. 697, nota 414.

[528] Cfr. *rule* 10, das *Rules of the Supreme Court of the United States*.

O recurso excepcional de revista 183

afirmação de se estar defronte de um princípio de oportunidade na admissão do recurso, não parece incompatível que se considere a existência de um grau de oportunidade jurídica na admissão pela via do preenchimento daqueles conceitos, mas também não parece que se deva daí passar para a qualificação discricionária da admissão, na medida em que esta depende de uma resposta (positiva ou negativa) quanto à verificação dos pressupostos fixados, alicerçada num juízo de prognose.

No que concerne à posição entrelinhada na jurisprudência do STA, cabe anotar uma certa precipitação pela falta de amadurecimento na aplicação da norma. Correndo o risco de algum carácter descritivo, atente-se no seguinte: em 29 de Setembro de 2005, a formação específica conclui estar perante o preenchimento de conceitos indeterminados, negando que lhe tenha sido atribuído um poder discricionário, o que significaria não lhe ser lícito escolher entre várias soluções igualmente válidas e legais, mas sim efectuar casuisticamente a concretização da definição normativa. Indo mais longe, acrescenta que se se pretendesse ver no artigo 150.°, n.° 1, a consagração de um poder discricionário, poderia estar em causa a constitucionalidade de tal solução por lhe faltar um grau mínimo de previsibilidade, à luz do princípio do Estado de Direito Democrático[529]. Em 29 de Março de 2006, seis meses depois do acórdão antes citado, vem a mesma formação específica concluir que «a apreciação dos respectivos pressupostos (...) se insere, em grande parte, no âmbito de poderes discricionários»[530], sem qualquer outra explicação. Apresenta-se, assim, em seis meses, a afirmação de duas posições diametralmente opostas, sem que a mudança de opinião se suporte em quaisquer fundamentos. O mesmo relator afirma a inexistência de poder discricionário e depois afirma a sua presença e os restantes conselheiros votam conformemente sem qualquer declaração. A surpresa quanto a este tipo de viragem ainda mais se agudiza quando na primeira decisão é inclusive adiantado um argumento de constitucionalidade que briga, a ser válido, com a posição por último tomada.

Até na discussão pública da reforma do sistema de recursos em processo civil com posterior seguimento parcial no anteprojecto da proposta de lei, foi maioritariamente sufragada a introdução de conceitos indeter-

---

[529] Cfr. Acórdão de 29 de Setembro de 2005, relator SANTOS BOTELHO, processo 0938/05, disponível em www.dgsi.pt.

[530] Cfr. acórdão de 29 de Março de 2006, relator SANTOS BOTELHO, processo 0284/06, disponível em www.dgsi.pt.

184 *O Recurso de Revista no Contencioso Administrativo*

minados como meio de restrição do acesso ao STJ em sede de revista, demonstrando uma influência inversa, desta feita, do processo administrativo para o processo civil.

Em reforço da inexistência de discricionariedade pode invocar-se também o direito comparado. Na Alemanha, o acesso à *revision* perante o BVerwG é efectuado apenas após a verificação de um dos três critérios de admissão, em que se conta a *Grundsatzrevision*, com o qual se aparenta um dos pressupostos do artigo 150.º, n.º 1, CPTA, sendo que a doutrina já afastou a presença de discricionariedade, o mesmo acontecendo com a *cassation* perante o *Conseil d'État* francês, em que se considera que a existência de uma fase de admissão do recurso não constitui um filtro com carácter discricionário[531].

Enfim, pode concluir-se, pois, que a utilização de conceitos indeterminados confere uma abertura que comporta um alargamento disjuntivo da previsão, que se traduz na conjugação entre a permissão do seu campo de aplicação com o apuramento do respectivo sentido semântico, requerendo um juízo de valor associado a uma prognose de que resultará a conclusão quanto à existência ou não do pressuposto em apreço.

3. Outras situações processuais em que foram utilizados conceitos indeterminados

38. Não foi, no entanto, esta a primeira vez que o legislador fez uso de conceitos indeterminados como critério quer das decisões dos tribunais, quer do modo de exercício da sua competência. Ainda que se possam mencionar exemplos da hipótese referida em primeira lugar, interessa especialmente atender àquelas outras situações em que se transmutou a regra geral de exercício da competência do tribunal, admitindo-se que, em circunstâncias determinadas mas que carecem de um preenchimento valorativo, a função jurisdicional seja exercida com base em critérios não objectivos.

Podem atender-se como previsões legais com um significado, de algum modo, semelhante, aquelas em que se permite ao relator proferir decisão sumária do recurso. Em processo civil esse poder atribuído ao relator, em todos os recursos ordinários (agravo, apelação e revista),

---

[531] Cfr., quanto à Alemanha, PIETZNER, *VwGO Kommentar*, § 132, p. 10 e quanto à França, MASSOT/FOUQUET/STAHL/GUYOMAR, *Le Conseil...*, p. 59.

depende da verificação de uma de duas condições: a questão a decidir ser simples por já ter sido objecto de apreciação jurisdicional uniforme e reiterada ou o recurso revelar-se manifestamente infundado (artigo 705.º, CPC). Em ambas as circunstâncias o critério de atribuição do poder de decisão sumária ao relator não se revela directo e preciso. Uma questão simples, por ter sido decidida de modo uniforme e reiterado, requer um esforço apurado quanto à verificação da sua simplicidade e da gestação de produção jurisprudencial com certas características (uniformidade e reiteração), ficando por dizer os moldes em que a jurisprudência já proferida se pode ter por reiterada. Já quanto ao carácter manifestamente infundado do recurso, se pode reconhecer-se que num número significativo de hipóteses a questão se mostrará por si resolvida, existirão por certo outras em que na fronteira da dúvida se revelará complexo demonstrar o carácter manifestamente infundado.

O parâmetro indicado como aferidor da simplicidade da questão – jurisprudência uniforme e reiterada – é apenas um dos possíveis, o legislador indicou-o exemplificativamente (usando o termo designadamente), tendo em linha de conta as possíveis dificuldades que se poderiam suscitar na qualificação de uma questão como simples, na perspectiva da posição específica de cada uma das partes num processo. Admite-se assim que possam ser invocados, pelo relator, como motivos justificativos do carácter simples da questão em discussão, outros factores que não assentem na uniformidade e reiteração da jurisprudência[532]. É também invocado que não será de admitir a decisão liminar sumária, mesmo que a questão seja simples, se a parte alegante apresentar argumentos sólidos e inovadores, com capacidade para fazer perigar a jurisprudência até aí firmada[533] e que poderão consistir em dissídios fundados da jurisprudência dos tribunais de instância e em construções doutrinais consolidadas.

Esta possibilidade, vertida no artigo 705.º, CPC, depende de um juízo do relator que, por sua iniciativa e decisão, afastará a conferência de uma tomada de decisão em relação à qual aquela formação não detém capacidade interventiva directa, excepto se a parte prejudicada reclamar (artigo 700.º, n.º 3, CPC). O poder de decisão liminar sumária pode ser exercido pelo juiz relator de qualquer processo de recurso jurisdicional, em qualquer instância.

---

[532] Cfr., neste sentido, Lebre de Freitas/Ribeiro Mendes, *CPC Anotado*, vol. 3.º, p. 82.

[533] Cfr., neste sentido, Lopes do Rego, *Comentários...*, I, p. 601.

A solução encontrada para promover a celeridade processual não se apresenta isenta de críticas. Indica-se que a substituição do colectivo de três juízes por um juiz singular pode ofender o princípio da dupla jurisdição, que os requisitos de que depende a aplicação da norma em causa são muito difíceis de concretizar e que o objectivo de celeridade processual pode ser seriamente abalado se, após decisão liminar negativa, a parte vencida reclamar para a conferência por efeito dos prazos de vistos e de audição da parte contrária[534]. A propósito da invocada dificuldade de concretizar os requisitos para que se possam ter, por possíveis, decisões singulares e sumárias, deve adiantar-se algo mais. A apreciação jurisdicional da questão a decidir não ficou condicionada à sua procedência, em função da hierarquia dos tribunais, sendo o exercício deste poder de decisão sumária admissível em duas instâncias, nas Relações e no Supremo, não ficaram fixados quesitos diferenciados em função de cada um deles, o que permite pensar que nas Relações tanto pode ser invocada a sua própria jurisprudência como a dos outros tribunais do mesmo nível, como a do Supremo, onde nada parece impedir que se venha a considerar que a questão já foi jurisdicionalmente apreciada na Relação. Em relação a este último aspecto pode haver um impedimento, na medida em que a ser admissível o recurso para o Supremo Tribunal, tal significa que o legislador facultou aos interessados o acesso à mais alta instância, permitindo que a questão fosse decidida nesse nível, ou seja, dar-se como justificação para a decisão liminar do processo apenas jurisprudência de um tribunal inferior, pode não respeitar o direito ao recurso jurisdicional, ainda que talvez se possa admitir que a afirmação (e remissão) para jurisprudência reiterada da Relação traduza uma concordância expressa com essa orientação, fazendo-a sua. Não é de igual modo indicado qualquer indício de concretização da ideia de reiteração da jurisprudência produzida, nem qual o número de decisões a partir do qual se pode qualificar o sentido decisório como reiterado. Além de que o carácter manifestamente infundado também pode ficar dependente da apreciação subjectiva do relator que analisa a questão[535].

A razão apontada para a introdução deste mecanismo de decisão na reforma processual de 1995/96 foi a de promover a celeridade processual e de travar a interposição de recursos com fins meramente dilatórios[536]. As

---

[534] Cfr. RODRIGUES BASTOS, *Notas ao Código...*, III, pp. 256 s.

[535] Trata-se de tópicos aduzidos por RODRIGUES BASTOS, *Notas ao Código...*, p. 256.

[536] Cfr. LEBRE DE FREITAS/RIBEIRO MENDES, *CPC Anotado*, vol. 3.º, p. 82; LOPES DO REGO, *Comentários...*, I, p. 601.

O *recurso excepcional de revista* 187

razões apontadas são ajustadas, restando aferir se a preterição do funcionamento do tribunal de recurso em colectivo pela decisão de um relator, juiz singular também designado como "monocrático"[537], se revela do mesmo modo adequada. Mesmo que se não possam dissipar todas as dúvidas e na medida em que sempre se deixa à parte prejudicada a faculdade de reclamação para a conferência (com evidentes óbices em matéria de celeridade) não parecem ser demasiado elevados os riscos consentidos com uma solução deste tipo. Este preceito tem tido, no entanto, uma aplicação muito reduzida, identificando-se como justificação «um problema de prática jurisprudencial e forense»[538].

No processo constitucional também se adoptou a possibilidade de o relator efectuar um exame preliminar e, nessa sequência, decidir sumariamente a questão[539], demarcando-se a faculdade de exercício desse poder através de conceitos indeterminados. Na estrita área da jurisdição constitucional, o relator possui maiores poderes, é-lhe permitido decidir quanto ao não conhecimento do objecto do recurso por razões que a norma concretamente não enuncia, não é mencionada qualquer concretização ou critério que permitam aferir da dimensão do poder atribuído. Parece certo que não poderão estar em causa todas as situações em que o tribunal acaba por decidir não conhecer do objecto do recurso, o que, a acontecer, poderia transformá-lo num tribunal de juiz singular num número significativo de casos. Já, na mesma linha do processo civil, se admite que o relator possa decidir de modo sumário se a questão for simples por já ter sido objecto de decisão anterior do Tribunal ou por outro motivo indiciador da simplicidade. O facto da questão já ter sido decidida pelo Tribunal não é o único parâmetro de aferição da simplicidade, o juiz pode utilizar outras hipóteses em que se funda essa simplicidade. Não se trata aqui de jurisprudência uniforme e reiterada como no processo civil, basta que exista uma decisão anterior do Tribunal, o que redunda num menor grau de exigência. O recurso também pode ser de imediato decidido pelo relator se a questão for manifestamente infundada. Neste foro específico é admissível reclamação para a conferência relativamente à decisão sumária tomada, sendo

---

[537] A expressão é de LEBRE DE FREITAS/RIBEIRO MENDES, *CPC Anotado*, vol. 3.º, p. 82.

[538] Cfr. AA.VV., *O Sistema de Recursos...*, p. 127.

[539] Artigo 78.º A, da Lei de organização, funcionamento e processo do Tribunal Constitucional, aprovada pela Lei n.º 28/82, de 15 de Novembro e objecto de diversas alterações.

aquela composta por três juízes. Se na conferência não se verificar unanimidade, a decisão passa a caber ao pleno da secção, ficando a questão definitivamente decidida (artigo 78.º A, n.os 3 e 4). Na fase de reclamação o processo apresenta-se mais complexo e demorado, podendo obrigar à intervenção de duas formações de julgamento, o que terá por justificação o facto de, nas hipóteses correntes de fiscalização concreta, ser competente a secção e não uma formação de três juízes.

A mesma hipótese, incluída nos processos civil e constitucional, encontra guarida no processo administrativo, em termos similares à primeira menção. O relator pode decidir a questão quando seja simples por já ter sido apreciada jurisdicionalmente de modo uniforme e reiterado ou quando a pretensão se revelar manifestamente infundada, (artigo 27.º, n.º 1, al. i), CPTA). O carácter simples da questão é exemplificativamente demonstrado pela jurisprudência uniforme e reiterada, sendo admissível fundar essa simplicidade noutros indícios. Esta norma insere-se no título relativo à parte geral, no capítulo dos actos processuais, sendo legítimo questionar se apenas é aplicável em sede de recursos, como a previsão processual civil, ou se também rege nas situações em que a decisão de primeira instância é tomada em colectivo de juízes. A doutrina que já se pronunciou tendeu a admitir a aplicação da norma não apenas em sede de recurso, apesar de não haver coincidência na abrangência[540].

No modo de utilização dos conceitos indeterminados encontram-se algumas dificuldades já anteriormente mencionadas que o regime jurídico deixou em aberto, atente-se em especial na não identificação da origem da jurisprudência anterior que sirva de suporte à afirmação da reiteração. Poderá um TCA socorrer-se de jurisprudência reiterada do Supremo e este, nas hipóteses em que a norma em causa possa ser aplicada, pode lançar mão de decisões reiteradamente manifestadas pelos Tribunais Centrais? No primeiro caso, não parece existirem obstáculos que o impeçam, na segunda poderá traduzir a não observância das regras de distribuição de competência, representando uma inversão do sentido da preponderância da jurisprudência em função da organização hierarquizada dos tribunais.

---

[540] Cfr. Aroso de Almeida/Fernandes Cadilha, *Comentário*…, pp. 127 ss. Começando por mencionar que a norma se aplica aos relatores nos tribunais superiores em termos similares ao processo civil, admitem que, quando o STA decide em primeiro grau de jurisdição, esses poderes também possam ser utilizados pelo relator. Mário e Rodrigo Esteves de Oliveira, *CPTA/ETAF*, I, pp. 220 ss., admitem de modo generalizado que o artigo 27.º enuncia os poderes do relator independentemente da instância em que se situe.

Ainda que talvez se possa entender que a afirmação do carácter reiterado de certo sentido jurisprudencial, manifestado pelos tribunais centrais, traduza um assentimento expresso com essa orientação por parte do STA, fazendo-a sua. É de igual modo omissa a menção ao preenchimento do carácter reiterado da jurisprudência, usando o Código noutras situações, a expressão «jurisprudência mais recentemente consolidada do Supremo Tribunal Administrativo»[541], parecendo induzir nesta uma dimensão mais restritiva do que na primeira. Fica, no entanto, em aberto a quantificação das decisões para se concluir com segurança pelo seu carácter reiterado. Esta breve análise respeita apenas à apreensão das contingências que podem derivar da utilização de conceitos indeterminados como técnica legislativa que suporte a definição do uso de determinados poderes por parte do juiz relator. Apesar do esforço de celeridade processual, a decisão sumária do relator pode ser objecto de reclamação para a conferência (artigo 27.°, n.° 2), conferindo-se assim uma especial garantia à parte prejudicada por tal decisão.

Adiante-se que este preceito (artigo 27.°, n.° 1, alínea i), CPTA) não terá aplicação em sede de revista excepcional por se revelar incompatível com o regime de admissão consagrado. A admissão do recurso de revista assenta na verificação de pressupostos que se situam no campo oposto aos critérios que permitem a decisão liminar sumária por parte do relator de um recurso admitido. Uma questão de importância fundamental, pela sua relevância jurídica ou social, ou a necessidade de uma melhor aplicação do direito, pressupõem necessariamente que esteja afastado o carácter simples da questão em face da existência de jurisprudência reiterada e uniforme ou que a questão seja manifestamente infundada. Estes dois aspectos são avaliados na fase de apreciação liminar sumária, efectuada por uma formação de três juízes e não por um único, que, como se verá, afasta com muito frequência a apreciação de questões simples ou manifestamente infundadas.

A fórmula indeterminada a requerer preenchimentos valorativos por parte do relator significa muito simplesmente que não era possível, nem exigível ao legislador uma tipificação concreta e objectivamente determinada das circunstâncias em que o relator poderia decidir sumariamente a questão, por não se justificar pôr em marcha a máquina judicial num processo em que é de antemão sabido o resultado final e inevitável a que se chegará.

---

[541] Artigo 152.°, n.° 3, CPTA. Cfr. § 6, n.° 4.

Não se ignora que nas hipóteses precedentes, em que é permitido ao relator o exercício desse poder, é possível reclamação para a conferência (artigo 700.°, n.° 3, CPC, artigo 78.°-A, n.° 3, LTC e artigo 27.°, n.° 2, CPTA), o que permite uma reapreciação do preenchimento dos conceitos indeterminados efectuado e obvia à unipessoalidade da decisão que não é uma característica dos tribunais superiores. Esta reclamação acaba por prejudicar o objectivo da introdução deste poder por se traduzir num obstáculo a uma célere tutela jurisdicional, por outro lado representa a permanência de uma linha de continuidade assente no funcionamento colegial nos tribunais superiores.

Importa também não ignorar que no próprio processo administrativo se encontram outras hipóteses em que o legislador não alcançou melhor técnica legislativa do que o recurso a conceitos indeterminados. Longe de ser censurável, tal desiderato revela-se muitas vezes o que de forma mais rigorosa e prudente melhor acautela a efectividade da tutela jurisdicional administrativa e a administração da justiça.

Cabe referenciar, em primeiro lugar, uma norma que gera na doutrina entendimentos desencontrados. Dispõe-se no n.° 3 do artigo 94.° que, quando o juiz ou relator considere que a questão de direito a resolver é simples (por já ter sido apreciada por tribunal, de modo uniforme e reiterado) ou que a pretensão é manifestamente infundada, a fundamentação da decisão pode ser sumária, admitindo-se que consista, por exemplo, na mera remissão para decisão precedente. Os conceitos empregados são os mesmos que já se referenciaram acima (questão simples, pretensão manifestamente infundada) e portanto não é aí que reside a problemática, sendo clara a utilização de conceitos indeterminados. A norma parece induzir a possibilidade de ocorrer uma fundamentação sumária, em função da verificação de uma das duas hipóteses nela consignadas[542]. No entanto, existe outra interpretação que lê no referido preceito a possibilidade, à semelhança do disposto no artigo 705.°, CPC, de ser proferida decisão sumária[543]. Não é este o local para resolver a questão, mas parece que o elemento literal conduz à primeira via interpretativa e não à segunda, sem ignorar que, no caso dos tribunais superiores (ou que funcionem em colectivo), o relator detém o poder de proferir decisão sumária (alínea i), do n.° 1, do artigo 27.°, como se viu acima). Sublinha-se apenas a utilização

---

[542] É o entendimento de Mário e Rodrigo Esteves de Oliveira, *CPTA/ETAF*, I, p. 546.

[543] Cfr. Aroso de Almeida/Fernandes Cadilha, *Comentário...*, pp. 479 s.

O recurso excepcional de revista   191

dos referidos conceitos indeterminados, não sendo pela sua presença que a norma é objecto de interpretações tão díspares.

É identificada também uma zona de discricionariedade judicial quando são apreciados os requisitos de decretação de uma providência cautelar e quando se procede à verificação da existência de uma causa legítima de inexecução de uma sentença administrativa[544]. Em ambas as hipóteses está em causa a utilização de conceitos indeterminados que conferem latitude de decisão ao juiz administrativo. Constituem causas legítimas de inexecução de uma sentença a impossibilidade absoluta e o grave prejuízo para o interesse público[545-546] (artigo 163.º, n.º 2). A percepção da concreta aplicação destes conceitos, em termos de ser declarada a legitimidade da inexecução, depende de uma avaliação individualizada do caso em apreço, deixando-se uma significativa margem de liberdade nas mãos do juiz administrativo. Na medida em que a regra não pode deixar de ser a execução espontânea e atempada das sentenças proferidas pelos tribunais administrativos, apenas se admitiu, em situações que se querem excepcionais, que essa execução possa não ter lugar. A forma de expressar esse carácter especial passou pela adopção de conceitos indeterminados, que permitem ao juiz administrativo avaliar em cada situação jurídica concreta se os pressupostos para a sua aplicação se verificam ou não. É ao juiz que está conferida a última e decisiva palavra quanto ao preenchimento valorativo do conceito indeterminado «grave prejuízo para o interesse público»[547].

Outro caso, bem mais complexo, é o decorrente da modificação objectiva da instância. Quando se verifique que à satisfação dos interesses do autor obsta a existência de uma situação de impossibilidade absoluta ou que o cumprimento, por parte da Administração, dos deveres em que seria condenada provocaria um excepcional prejuízo para o interesse público, o tribunal pode julgar improcedente o pedido e convidar as partes a fixarem, por acordo, a indemnização devida (artigo 45.º,

---

[544] Cfr. Sérvulo Correia, *Direito do Contencioso...*, I, p. 567, apontando que o exercício da função jurisdicional tem implicada uma dimensão política.

[545] Cfr., sobre o assunto, Freitas do Amaral, *A Execução das Sentenças dos Tribunais Administrativos*. Coimbra, 2.ª edição, 1997, pp. 125 ss.

[546] O interesse público é um dos exemplos típicos de conceito indeterminado, cfr. Bernardo Ayala, *O (Défice de) Controlo...*, p. 122, nota 220.

[547] Cfr. Aroso de Almeida, *Anulação de Actos Administrativos e Relações Jurídicas Emergentes*. Coimbra, 2002, p. 788.

n.º 1)[548]. Trata-se, de igual modo, de uma situação processual em que são utilizados conceitos indeterminados iguais aos adoptados na permissão de inexecução de sentenças. Esta modificação da instância consiste na substituição de uma condenação pela atribuição de uma indemnização, tendo por base uma situação que, na fase executiva, acabaria por conduzir ao mesmo resultado[549].

Na verificação dos requisitos da tutela cautelar está também em causa o preenchimento de conceitos indeterminados[550] que permitem (ou não) a prolação de uma decisão prévia em relação ao processo principal. A sua enunciação consta do artigo 120.º do CPTA, conferindo ao juiz administrativo uma margem de valoração concreta desses requisitos, de modo a antever a sua presença na situação litigiosa que lhe é presente, o que ocorre pelo tipo de conceitos adoptado. A crescente procura de tutela cautelar é demonstrativa do constante preenchimento dos conceitos indeterminados que a facultam.

4. Os conceitos indeterminados adoptados. Concretização jurisprudencial: os casos de admissão

39. O recurso de revista, agora introduzido no contencioso administrativo, não depende da verificação de um critério quantitativo à semelhança da revista do processo civil. A sua admissão não foi configurada como uma regra geral, em função do valor atribuído ao processo, mas tendo em conta o preenchimento de determinados requisitos assentes em conceitos indeterminados.

A não previsão da sua admissão em função do valor do processo decorre da não intenção de consagrar um duplo grau de recurso jurisdicional, a regra do contencioso administrativo há-de assentar na pressuposição de que os litígios submetidos à jurisdição administrativa ficam resolvidos (acertadamente) pela admissão de duas instâncias ou, em certos casos,

---

[548] Este regime aplicável na acção administrativa comum é, também, por força do artigo 49.º aplicável na acção administrativa especial.

[549] Cfr. AROSO DE ALMEIDA/FERNANDES CADILHA, *Comentário…*, p. 220.

[550] Cfr. ISABEL FONSECA, *Dos Novos Processos Urgentes no Contencioso Administrativo (Função e Estrutura)*. Lisboa, 2004, p. 27 e ANA MARTINS, *A Tutela Cautelar no Contencioso Administrativo (Em especial, nos procedimentos de formação dos contratos)*. Coimbra, 2005, p. 68.

O *recurso excepcional de revista* 193

apenas de uma. Tanto assim é que a previsão de uma terceira instância parte de pressupostos muito restritivos e visa mais afinar e depurar o sistema do que comportar uma forma de resolução quotidiana final dos litígios administrativos. A solução destes há-de ter sido dada pelos tribunais de primeira e de segunda instâncias (se for o caso), não carecendo de nova apreciação em terceira instância. Este juízo vale para as situações que se pretende sejam regra, em que os tribunais de círculo são os tribunais com competência comum em primeira instância. Este posicionamento visa assegurar a tutela jurisdicional administrativa efectiva na vertente da obtenção de uma decisão judicial definitiva em prazo razoável (artigo 2.º, n.º 1), à qual seria contrária a admissão genérica de um recurso jurisdicional em terceira instância.

Esta solução decorre de modo expresso da própria norma legal que qualifica o recurso de revista como excepcional e a sua admissão há-de constituir a excepção, valendo como regra a rejeição. Foi já formulada uma orientação com base na qual se considera que não se está perante um recurso excepcional, mas sim um recurso de revista restrito, porque os seus pressupostos, condições e regime são semelhantes aos do recurso de revista em processo civil, além de que ele não é admissível apenas em «casos enunciados taxativamente», na medida em que desses conceitos se pode fazer «uma interpretação susceptível de alguma elasticidade»[551]. Conclui, em sequência, que se trata de um recurso que pode ser admitido de acordo com «conceitos indeterminados que deixam ao STA uma margem de apreciação e manobra que lhe vai permitir usar um crivo apertado ou muito largo»[552], em função do volume de trabalho com que em cada momento se veja confrontado.

Este entendimento não parece ajustado, a vários títulos. Antes de mais, é o seu carácter excepcional, por estar dependente da verificação de conceitos indeterminados, que conduzirá à conclusão de se tratar de um recurso de revista restrito, (é restrito porque não existe uma cláusula genérica e objectiva de admissão em função do valor do processo, como ocorre no processo civil). O recurso de revista no contencioso administrativo configura-se como um recurso com critérios de admissão taxativamente fixados em decorrência do objecto do processo e da questão que se pretende ver discutida no seu âmbito. Os critérios de admissão são taxativos, no

---

[551] É a posição do Conselheiro ROSENDO JOSÉ, *Os Meios do CPTA...*, p. 220.
[552] Cfr. ROSENDO JOSÉ, *Os Meios do CPTA...*, p. 220.

sentido em que a norma não se limitou a enunciar situações exemplificativas de uma determinada ideia geral, o legislador determinou que o recurso de revista era possível se se verificasse um dos pressupostos. Por último, não parece ajustado fazer prevalecer o sentido da interpretação a dar a cada um dos conceitos indeterminados empregados em função do volume de trabalho do STA, pois tal concepção afasta como critérios de selecção (ou de admissão) do recurso de revista os conceitos indeterminados mencionados na norma, substituindo-os por um juízo de oportunidade temporal que resvala para uma discricionariedade judicial que não encontra efectivo suporte constitucional e legal[553] e que estaria mais próxima de um sistema de recursos similar ao norte-americano, no qual o tribunal supremo escolhe com inteira liberdade os processos que analisa, num típico exercício de discricionariedade judicial. Parece, outrossim, que a interpretação dos conceitos indeterminados assentará em juízos de valor associados a uma prognose[554].

São utilizados como critérios de admissão do recurso de revista em terceira instância dois conceitos indeterminados: a importância fundamental da questão, em função da sua relevância jurídica ou social, e a clara necessidade de uma melhor aplicação do direito, sendo que no primeiro caso o carácter fundamental pode ser preenchido por um de dois parâmetros ou até por ambos.

A qualificação destes conceitos como indeterminados é pacífica na doutrina e na jurisprudência firmada pela formação específica do STA que

---

[553] ROSENDO JOSÉ, *Os Meios do CPTA…*, p. 222, considera que o facto do tribunal poder escolher os recursos que vai apreciar visa também «racionalizar a quantidade de trabalho de modo que o secundário não vá submergir o necessário». Esta ideia converge com outra enunciada no texto em que o autor denunciava depender a admissão do recurso de revista da capacidade de resposta do STA em face do volume de trabalho. A ideia subjacente à admissão do recurso respeita mais a aspectos qualitativos, concernentes com a importância fundamental pela sua relevância jurídica ou social e com uma melhor aplicação do direito, que por si delimitarão o número de processos admitidos, do que com uma percepção quantitativa em função da capacidade de resposta. Esta última ideia toma em linha de conta apenas considerações que se prendem com o funcionamento do tribunal. Ora o recurso excepcional de revista tem como preocupação principal a resposta a questões de importância fundamental, pela sua relevância jurídica ou social, e a clara necessidade de uma melhor aplicação do direito. É pelo facto de ser relativamente reduzido o número de situações jurídicas em que se, preenche um desses requisitos, que o volume de trabalho decorrente da admissão do recurso não assume qualquer relevo, a formulação dos critérios de admissão já limitou fortemente esse número.

[554] Cfr. SÉRVULO CORREIA, *Direito do Contencioso…*, I, p. 395.

O recurso excepcional de revista 195

efectua a apreciação preliminar sumária da sua verificação, com uma breve incursão noutro sentido nos termos já ponderados.

40. A compreensão dos aludidos conceitos fortemente indeterminados está pendente do percurso de concretização e preenchimento valorativo que a formação específica de apreciação preliminar sumária for ao longo do tempo efectuando e da estabilidade e permanência que por essa via se for conseguindo. Na medida em que a composição da formação específica de julgamento é estável, isto é, não apresenta uma constituição variável, será mais rápida a consolidação das decisões que forem sendo tomadas, sendo de prever que apenas quando essa composição for alterada se poderá correr o risco, fruto da tentação, de fazer mutações à jurisprudência entretanto firmada[555]. No momento actual, apresenta-se como absolutamente indispensável conhecer e reflectir sobre os critérios utilizados pelo STA no preenchimento valorativo dos conceitos indeterminados em causa, sendo que para esse efeito importa analisar, com algum pormenor, o conjunto de decisões já conhecidas da formação específica de apreciação preliminar sumária.

De 1 de Janeiro de 2004 (entrada em vigor da reforma) até 18 de Maio de 2006 foram apenas admitidos catorze recursos excepcionais de revista, mas em contrapartida foram várias as dezenas de tentativas que viram terminar sem sucesso o acesso ao STA. Neste momento, a atenção residirá apenas na forma como o Supremo Tribunal enuncia o preenchimento valorativo dos conceitos indeterminados utilizados, recorrendo-se às decisões de admissão. Considera-se útil proceder a uma análise mais detalhada dos acórdãos de admissão do recurso proferidos nesta fase inicial, pelo que deles se pode retirar de elucidativo na percepção da formação específica quanto ao preenchimento dos conceitos indeterminados.

Em 23 de Setembro de 2004 foi proferido o primeiro acórdão em que foi admitido um recurso excepcional de revista tendo por base a importância fundamental da questão submetida a apreciação. No acórdão «Verdades de Faria»[556] é apreciada a admissibilidade de uma questão que respeita ao prazo de impugnação de um acto tácito de indeferimento no âmbito de uma empreitada de obras públicas, nomeadamente tendo em

---

[555] Tenha-se presente, como detidamente se verá adiante, que não é admissível recurso para uniformização de jurisprudência em relação a decisões da formação específica de apreciação preliminar sumária.

[556] Relator AZEVEDO MOREIRA, processo 903/04, disponível em www.dgsi.pt.

conta a entrada em vigor do CPTA, a relação entre o prazo de impugnação e os efeitos da interposição de um recurso hierárquico necessário e ainda a interpretação das normas do CPTA relativas a notificações e contagem de prazos. O recorrente foi excluído do concurso para recuperação e remodelação da "Casa Verdades de Faria – Museu da Música Portuguesa", por não demonstrar aptidão para a execução da obra. Apresentou reclamação e posteriormente recurso hierárquico, vindo depois a intentar um pedido de adopção de providências cautelares, indeferido pelo Tribunal Administrativo e Fiscal de Sintra, tendo por base a caducidade do direito de impugnação do acto de exclusão e consequente falta de legitimidade para impugnação da adjudicação e para acção relativa à invalidade do contrato. Esta decisão foi sufragada pelo Tribunal Central competente.

Nesta primeira decisão são logo reconhecidas as dificuldades decorrentes do carácter genérico da formulação da norma jurídica, à qual acresce a novidade que representa no ordenamento jurídico. Este último aspecto explica que não se encontrem pontos de apoio ou outros lugares do sistema de que o tribunal se possa socorrer para a concretização dos conceitos indeterminados (relevância da questão de importância fundamental e clara necessidade de melhor aplicação do direito). Sente-se o tactear com algum cuidado (bem compreensível, aliás) pelo facto do aresto insistir na necessidade de avançar com prudência «na análise da previsão da norma», adoptando uma interpretação «exigentemente restritiva» e sem a preocupação de efectuar já uma definição dos seus contornos em toda a sua latitude. Remete-se esta última tarefa para o labor gradual da jurisprudência do STA em função da «variedade das situações jurídicas que lhe serão apresentadas». O tribunal, nesta primeira decisão de admissão, procurou diminuir as eventuais expectativas da comunidade jurídica e cautelosa e sabiamente entreviu que a consolidação na concretização dos conceitos utilizados só se logrará com o decurso do tempo e o acumular de decisões de admissão e de rejeição, talvez com maior preponderância das primeiras, nas quais será possível descortinar o fio condutor em que se transmitirão os critérios de preenchimento dos referidos conceitos. Reconhece o tribunal que é muito complexa a tarefa de concretizar em abstracto esses conceitos e que só com a sua histórica concretização será viável a apreensão do seu conteúdo e a enunciação dos indícios que permitem o seu recorte.

Se no sistema jurídico nacional não se encontram outras menções similares das quais fosse possível retirar ensinamentos, o mesmo já não acontece em relação a sistemas estrangeiros, como seja o caso

O *recurso excepcional de revista* 197

alemão[557]. Neste o recurso de revista apenas é admitido em três hipóteses, sendo uma delas a questão jurídica ter importância fundamental (*«grundsätzliche Bedeutung»*) e é precisamente desta referência que a formação específica de apreciação preliminar se vai socorrer para efectuar, parcialmente, o preenchimento do conceito indeterminado «importância fundamental»[558]. A importância fundamental é aferida em função de dois requisitos: a complexidade das operações de natureza lógica e jurídica indispensáveis à resolução do caso e a capacidade de expansão da controvérsia (indo além dos limites da situação em apreço e podendo repetir-se num número não determinado de situações futuras).

Esta enunciação suscita diversos comentários. Primeiro, considera-se apenas a «importância fundamental», não atribuindo qualquer relevo aos seus atributos jurídico e social, apesar de se dever considerar que os requisitos mencionados só fazem sentido se aferidos em função de uma questão de importância fundamental pela sua relevância jurídica, (a componente social terá de ser sufragada tendo por padrão outras linhas de concepção); segundo, recorre-se a outros conceitos não determinados para preencher valorativamente o próprio conceito indeterminado (a capacidade de expansão da controvérsia assenta claramente na formulação de um juízo de prognose, um juízo em relação à eventual ocorrência de factos futuros, o que, se diz mais do que a primeira formulação legal, continua a não garantir uma total estabilidade aos critérios de concretização dos conceitos em causa); terceiro, como se verá adiante, esta primeira formulação da concretização do conceito de «importância fundamental» assume um carácter absolutamente determinante na jurisprudência do STA sobre a matéria, sendo recorrentemente utilizada nas decisões posteriores, constituindo o primeiro marco relevante e indiciador da posição da formação específica de apreciação preliminar que tenderá a ser mantido.

O acórdão «Verdades de Faria» admite o recurso de revista considerando estarem preenchidos os dois requisitos enunciados na concretização do conceito indeterminado «importância fundamental», não sendo difícil concluir que a admissão teve em vista a questão de importância fundamental atenta a sua relevância jurídica.

---

[557] Cfr. § 2, n.º 2, alínea a).

[558] Cfr. § 132.2.1., VwGO, o acórdão em análise menciona expressamente como fonte KOPP/SCHENKE.

No acórdão do «Túnel do Marquês»[559], a admissão do recurso fundou-se na relevância social da questão de importância fundamental a discutir no processo e que respeitava à prolação de providência cautelar que determinou a suspensão das obras do túnel do Marquês de Pombal na parte relativa à estrutura deste. O acórdão posterior, de pouco menos de um mês do anteriormente referido e que teve o mesmo relator, enuncia em relação à apresentação genérica do assunto a mesma argumentação: dificuldades pelo carácter genérico da norma, novidade do recurso, inexistência de pontos de apoio e de outros lugares no sistema, necessidade de prudência na concretização da previsão da norma, impossibilidade de definição imediata de todos os seus contornos na sua máxima extensão, tarefa que será realizada de forma gradual pelo STA, limitação à interpretação da norma apenas tendo por referência a resolução do caso em análise. Neste segundo acórdão de admissão é, no entanto, efectuada uma aproximação à relevância social da questão de importância fundamental, que logrou ir além da mera visualização estrita do caso concreto. O acórdão identifica as dificuldades da «análise semântica do conceito de "relevância social"» como típicas dos conceitos indeterminados, dificuldades que têm origem no facto da situação se localizar na zona de incerteza ou problemática do conceito[560], mas que não existem se a situação se enquadrar na área positiva ou negativa do conceito. A relevância social é tida como um pressuposto ou critério qualificador da questão como de importância fundamental, parecendo que esta assumirá essa importância pela relevância social dela decorrente[561]. O tribunal considerou que a situação se subsumia no «núcleo indiscutível do conceito» tendo em linha de conta a sua relevância social, o que permitia proceder à sua qualificação como de importância fundamental[562], mas foi mais longe e acabou por enunciar, em abstracto,

---

[559] Proferido em 19 de Outubro de 2004, relator AZEVEDO MOREIRA, processo 1011/04, disponível em www.dgsi.pt.

[560] Esta zona de incerteza é designada de modo diverso pelos autores. Cfr., AZEVEDO MOREIRA, *Conceitos Indeterminados...*, p. 34 (por sinal o relator do acórdão); SÉRVULO CORREIA, *Noções...*, I, 1982, p. 182; PAULO OTERO, *Conceito e Fundamento da Hierarquia Administrativa*. Coimbra, 1992, p. 198; BERNARDO AYALA, *O (Défice de) Controlo...*, p. 123.

[561] Aponta-se que a importância fundamental é o critério definidor das matérias e que a relevância é uma adjectivação. Cfr. ROSENDO JOSÉ, *Os Meios do CPTA...*, p. 221.

[562] Na admissão o tribunal foi peremptório, acabando, no entanto, por deixar postergar no julgamento do recurso a apreciação das implicações relacionadas com essa relevância social, (cfr. supra § 3, n.º 5 e infra § 4, n.º 8).

os termos da concretização dessa componente da questão de importância fundamental, a relevância social «tem o sentido de impacto (positivo ou negativo) gerado na comunidade social».

A situação do Túnel do Marquês, primeira admissão assente na relevância social da questão de importância fundamental, em face da repercussão mediática que obteve, pelos protagonistas, pela localização e pelos indiscutíveis efeitos na vida quotidiana de um número não irrelevante de cidadãos, pode apresentar-se daqui em diante como uma hipótese típica de admissão da revista por via da relevância social. Esta teve como suportes o congestionamento do tráfego em consequência da paralisação das obras, capaz de provocar uma «grave perturbação na vida quotidiana de milhares de pessoas», geradora de consequências económicas e sociais «altamente negativas», mais acentuadas pela localização nessa zona «das mais significativas unidades hoteleiras de Lisboa». A ideia subjacente à relevância social comporta no termo social uma ampla congregação de aspectos que a situação concreta aflora mas não esgota. Da fundamentação aduzida no acórdão de que se deu conta, decorre que foram valorados factores económicos (na vertente de prejuízos públicos e privados), sociais, turísticos e atinentes à qualidade de vida, todos integráveis na concepção abstracta exposta (impacto gerado na comunidade social), mas que não a consomem completamente. Podem ter-se por abrangidos ainda outros factores, tais como a preservação do ambiente e do património cultural, a defesa da saúde pública e o urbanismo. Do que decorre que a relevância social abarca, não só, mas também, um conjunto de bens e valores com assento constitucional e em defesa dos quais é admissível a acção popular, que terá nesta sede uma forte componente da sua capacidade de aceder ao STA, o que acaba por ligá-la aos próprios fins do Estado e ao papel reservado à Administração.

A indiscutibilidade da qualificação como questão de importância fundamental pela sua relevância social determinou a não apreciação da outra vertente da importância e do outro critério de acesso (melhor aplicação do direito), o que se compreende, mas suscita uma dúvida, que é a de saber se na apreciação preliminar sumária existe alguma ordem específica de conhecimento dos conceitos indeterminados e se a existência de um deles implica a desnecessidade de apreciação do outro, o que se interliga com outro aspecto com maior significado, que é o de saber se a qualificação da questão por uma das três vias possíveis (importância fundamental pela relevância jurídica, importância fundamental pela relevância social, melhor aplicação do direito), vai produzir outros efeitos jurídicos além da admissão do recurso. Terá a qualificação da questão admitida alguma repercussão no âmbito dos poderes de cognição do tribunal supremo? Cabe neste ponto apreciar as duas primeiras questões, deixando-se a última, pela sua relevância e complexidade, para um número seguinte.

A norma (artigo 150.°, n.° 1) é omissa quanto à definição de uma ordem de conhecimento, o mesmo é dizer, de preenchimento valorativo dos conceitos indeterminados que podem conceder o acesso ao STA em sede de revista. Deve entender-se em face da prevalência do direito à tutela jurisdicional (artigo 7.°), que constitui o princípio enformador de todo o regime processual administrativo, que não existe qualquer regra de precedência na verificação dos conceitos indeterminados, à semelhança do novo quadro de conhecimento das causas de invalidade na acção administrativa especial (artigo 95.°) que afastou o disposto no artigo 57.° da LPTA. Também em sede de admissão do recurso excepcional de revista o tribunal tem de apreciar a verificação de qualquer das condições de acesso, não valendo neste ponto um dos parâmetros mais do que o outro. Mesmo nas hipóteses, frequentes, em que o recorrente nada invoca para demonstrar o preenchimento de um dos critérios de admissão, deve o tribunal, em função da promoção da justiça e da tutela jurisdicional efectiva, apreciar a verificação de qualquer deles. A ordem de valoração parece ser indiferente, assentando na percepção (intuitiva) que o relator fizer da análise perfunctória do processo. Basta que se verifique um dos critérios para que a decisão deva ser favorável à admissão, o que significa que quando a verificação de um deles se apresenta óbvia (é o caso do Túnel do Marquês), naturalmente o relator iniciará o acórdão pela justificação da presença desse critério, relegando os outros para segundo plano e eventualmente até dispensando a sua análise. Esta dispensa de análise só pode ocorrer quando a decisão for no sentido da admissão, não valendo se se apresentar desfavorável. No entanto, parece claro, até pelo sentido das decisões de admissão conhecidas, que se manifesta um princípio de preferência pelo primeiro – importância fundamental pela relevância jurídica ou social – que pode derivar da sua afirmação primacial (ainda que seja um factor de relevo pouco acentuado).

Não detém qualquer efeito uma hipótese em que a importância fundamental pela relevância social esteja de todo ausente e se manifeste a sua relevância jurídica ou qualquer uma delas se revele improcedente e se depare a necessidade de uma melhor aplicação do direito ou qualquer outra cambiante pela qual um dos critérios se encontre em oposição aos outros. A improcedência de um ou dois dos parâmetros de aferição da admissão do recurso de revista não determina a rejeição do recurso, nem tem, nesta fase processual, qualquer repercussão jurídica atendível.

Na terceira situação em que a formação específica admitiu o recurso de revista, o acórdão «EPAL»[563], está em causa a questão de saber se, apesar de se verificar a manifesta ilegalidade do acto impugnado (de autorização de adjudicação de uma empreitada), de acordo com o artigo 120.º, n.º 1, alínea a), é possível proceder à ponderação de interesses prevista no artigo 132.º, n.º 6, admitindo-se que a situação possa configurar uma interpretação restritiva ou uma "lacuna oculta" do artigo 120.º, n.º 1, por não previsão de situações em que a ilegalidade manifesta do acto impugnado não conduza à concessão directa da providência em função de especiais interesses de terceiros. A justificação para a admissão deste recurso é sucinta, assentando no facto de se tratar de uma questão nova com evidente relevo jurídico e daí decorrendo a sua importância fundamental, originada pela aplicação da reforma do contencioso e sem antecedentes na jurisprudência. Num exercício claro de prognose antevê-se que a questão pode repetir-se em casos futuros, apenas nestes termos. Que o recurso às formas processuais relativas aos procedimentos de formação de contratos é dos meios mais utilizados para alcançar a tutela jurisdicional administrativa[564], é uma evidência a justificar que se clarifiquem situações jurídicas decorrentes da interpretação e conjugação de normas que assumem especial relevância na tutela de eventuais direitos subjectivos dos particulares e que ao mesmo tempo podem originar prejuízos na esfera pública (pense-se na realização de empreitadas de obras públicas).

Nesta hipótese o recurso foi admitido tendo por suporte a verificação de uma questão de importância fundamental pela sua relevância jurídica, tendo presentes os dois parâmetros enunciados no acórdão «Verdades de Faria», a complexidade das operações jurídicas indispensáveis à resolução do caso (questão nova, relevo jurídico evidente, aplicação da nova lei processual, inexistência de antecedentes jurisprudenciais) e a capacidade de expansão da controvérsia (apenas alegada, mas demonstrável a partir do peso do contencioso pré-contratual).

---

[563] Acórdão de 24 de Fevereiro de 2005, relator AZEVEDO MOREIRA, processo 190/05, disponível em www.dgsi.pt.

[564] Cfr., a respeito das autarquias locais, ISABEL FONSECA, *O contencioso administrativo das autarquias locais: um contencioso que se tem revelado urgente...*, SI, n.º 304, 2005, p. 664.

Foi decidido admitir o recurso de revista relativo ao acórdão do Tribunal Central Administrativo Sul, que havia negado provimento ao pedido de suspensão de eficácia do acto administrativo da Ministra da Justiça, que autorizou e homologou a abertura do concurso para atribuição de licenças de instalação de cartório notarial[565], tendo como verificado que a questão pela sua relevância social se reveste de importância fundamental. A um nível diferente dos dois primeiros arestos analisados, este é importante pelo esforço de depuração quanto ao poder atribuído à formação específica que efectua a apreciação preliminar sumária, afastando o carácter discricionário dessa intervenção. Na admissão do recurso excepcional de revista está em causa o preenchimento dos conceitos indeterminados identificados no n.° 1 do artigo 150.°, cabendo «proceder casuisticamente à concretização da definição normativa». O Supremo Tribunal deve dar «uma significação específica aos ditos conceitos em face dos factos concretos», daí decorrendo «uma única solução para o caso concreto». Esta concepção afasta um outro possível entendimento de que a norma atribuiria à formação específica de apreciação preliminar um poder discricionário, conferindo-se-lhe a possibilidade de escolher uma de entre várias soluções possíveis e correctas, mas esta hipótese é expressamente afastada, para tanto ainda se invocando um outro argumento impeditivo. A atribuição de um poder discricionário ao STA em matéria de admissão do recurso de revista brigaria com a exigibilidade constitucional de um grau mínimo de previsibilidade que as normas processuais devem comportar na identificação das situações em que é admitido recurso para um tribunal superior, em directa emanação do princípio do Estado de Direito Democrático. Se é relevante e meritório o esforço de caracterização, pelo próprio actor, do poder que legalmente lhe está atribuído, já a fundamentação da decisão de admissão se apresenta menos aceitável.

A relevância social da questão, que se reveste de importância fundamental, é demonstrada pela invocação das profundas alterações decorrentes do Estatuto do Notariado, nomeadamente em virtude de ter sido admitida a faculdade de exercício da profissão de notário em regime de

---

[565] Acórdão de 29 de Setembro de 2005, relator SANTOS BOTELHO, processo 938/05, disponível em www.dgsi.pt. Neste acórdão pode verificar-se como a mudança de relator é susceptível de influir no modo de apresentação da questão e na justificação para a sua admissão (ou rejeição). Cada um dos três possíveis relatores dá um cunho próprio aos acórdãos que relata, permitindo atribuir-lhes um diferente relevo no que concerne ao contributo deles extraível para a consolidação da jurisprudência.

profissão liberal, por via do sobredito concurso de atribuição de licenças de instalação de cartórios notariais. Estas alterações – assim descritas – repercutem-se sobre os notários e, indirectamente, sobre os utentes dos cartórios, circunstâncias que permitiriam ter por verificada a relevância social da questão. Sem prejuízo da discussão que possa decorrer da transmutação de uma função até aqui típica do Estado para um regime substancialmente diverso, assente no exercício privado dessa função e das eventuais asserções que a opção tomada pode suscitar, inclusive ao nível da própria verificação de uma situação capaz de configurar a importância fundamental da questão pela sua relevância social, o que cabe agora fazer é aferir se da fundamentação – condensada – que foi lavrada, se pode ter por acertada a decisão e que contributo dela decorre para a formatação e consolidação do modo de preenchimento dos conceitos indeterminados em análise.

A melhor forma de iniciar a ponderação será por recurso ao desenho abstracto efectuado em anterior decisão na qual se considerou que a relevância social teria o sentido de «impacto (positivo ou negativo) gerado na comunidade social»[566]. Na fundamentação aduzida considerou-se que as alterações introduzidas – por via da privatização do notariado – se repercutem nos notários e, indirectamente, nos utentes dos cartórios. Importa pois apurar se a comunidade social de que se tratou no acórdão citado é susceptível de abarcar os grupos assim constituídos (notários, por um lado, e utentes, por outro), em termos de depois se poder avaliar da existência de um impacto. Quanto ao grupo dos notários públicos poderá concluir-se que, aqueles em que se tenham repercutido os efeitos das mencionadas alterações, constituem uma espécie de sub-comunidade social, merecedora da tutela a que se dirige o recurso excepcional de revista? Importaria para uma primeira formulação de resposta ter ideia do número em causa, se bem que o critério quantitativo não deva ter aqui a relevância primordial. De qualquer modo só se devem considerar integrados nesta sub-comunidade (ou sub-grupo) aqueles que rejeitaram o novo modelo e nessa medida não se apresentaram ao concurso referido ou aos quais não foi atribuída licença, se anteriormente eram detentores de título notarial público. Apesar de não existirem estatísticas oficiais das quais se possa extrair uma conclusão firme, a ideia que perpassa é a de que a generalidade dos notários públicos optou pela privatização, sendo que os restantes foram colo-

---

[566] Cfr. acórdão de 19 de Outubro de 2004, relator AZEVEDO MOREIRA, processo 1011/04, disponível em www.dgsi.pt.

cados em conservatórias de registo civil, predial, comercial ou outro. O reduzido número que se possa incluir na margem de afectação das alterações introduzidas pela mudança de estatuto, de actividade e de perspectiva profissional não atinge uma proporção suficiente para fundar um sub-grupo capaz de mobilizar o STA a funcionar em sede de recurso de revista com base na relevância social.

No que respeita aos utentes dos cartórios, parece irrecusável que todos os cidadãos são potencialmente utentes dos serviços notariais e que um elevado número é efectivamente utente, podendo concluir-se sem margem para dúvidas que se está perante a comunidade social, no caso vertente, dos utentes (potenciais e efectivos) dos cartórios notariais. Ponto que não ficou claramente esclarecido é o que respeita à existência (ou não) de repercussões das alterações provocadas pelo Estatuto do Notariado nessa comunidade social, agregada em função da utilização de um determinado serviço (função notarial) e o carácter espinhoso dessa tarefa ficou logo subentendido na afirmação de que em relação aos utentes a repercussão é indirecta. Parece extrair-se desta expressão do aresto que, também em relação a estes, se se tem por demonstrada a existência de uma dada comunidade, não se concretiza em termos perfunctórios sequer que as alterações se traduzam num impacto negativo para a dita comunidade. Seria de não menor interesse aferir se os notários públicos recorrentes se poderiam considerar titulares de legitimidade activa para defender os supostos direitos e interesses dos utentes dos seus cartórios.

Deste modo, parece que não foi bem enquadrada a admissão deste recurso de revista por via da relevância social, talvez se justificando que, em relação aos notários públicos eventualmente lesados, a admissão atendesse a um dos outros critérios, esforço que não foi tentado. Aliás, o acórdão termina concluindo que se verificam «os pressupostos contidos no n.° 1, do artigo 150.°», quando apenas se poderia concluir pela presença de um deles, na medida em que, em relação aos outros, não foi efectuado qualquer raciocínio conclusivo da sua presença ou ausência.

Novamente em sede de contencioso pré-contratual é suscitada a admissão do recurso excepcional de revista, em que se pretende ver debatida a questão de saber se o conceito de pessoas colectivas sem natureza empresarial, previsto no artigo 3.°, n.° 1, do Decreto-Lei n.° 197/99, de 8 de Junho, abrange os CTT, que, sendo formalmente uma empresa, foram criados com vista à satisfação de uma necessidade de interesse geral, o que deve ser também avaliado em função das directivas comunitárias transportas por aquele diploma e que têm subjacente um outro conceito que é o de organismo de direito público. Este acórdão[567] tem relevantes implicações a dois níveis, no que respeita à decisão de admissão em si mesma, pelo seu objecto e pela argumentação a favor da admissão e no que concerne ao esforço construtivo de clarificação e delimitação dos conceitos indeterminados que constituem os pressupostos de admissão do recurso.

A discussão da sujeição de entidades como os CTT ao regime jurídico da contratação pública e de aquisição de bens e serviços, constante do Decreto-Lei n.º 197/99, de 8 de Junho, constitui matéria em relação à qual tem vindo a ser desenvolvido algum esforço doutrinal, em que se assinala a imperfeição da transposição da directiva comunitária em causa. As instâncias decidiram que o decreto-lei não se aplicava aos CTT, razão pela qual esta empresa não se encontrava sujeita a observar os procedimentos pré-contratuais nele previstos. A interpretação do conceito de natureza empresarial consignado na ordem nacional e a necessidade da sua aferição também em função do direito comunitário, nesta última vertente a poder exigir a desaplicação do decreto-lei citado, fazendo prevalecer o disposto nas directivas assim directamente aplicáveis, constituem factores que fazem sobressair a especial complexidade e a grande importância jurídica da questão. A que acresce, pela especial posição dos CTT, a eventualidade do problema surgir em concursos futuros que a empresa venha a realizar. Por outro lado, com a admissão do recurso ficará fixada jurisprudencialmente a solução da questão, que passará a ser aplicável em situações similares em que intervenham empresas abrangidas pelo conceito de organismo de direito público de origem comunitária. Nesta hipótese o recurso de revista foi admitido tendo em conta a importância fundamental da questão pela sua relevância jurídica, sem que se tenha considerado, nos termos anteriormente gizados, a capacidade reprodutiva da controvérsia, aspecto a que se atenderá de seguida.

Como se assinalou, o acórdão «CTT» comporta uma especial relevância no conjunto dos já vistos casos de admissão, pelo contributo introduzido na construção do entendimento jurisprudencial dos conceitos indeterminados utilizados. Quase dois anos depois da entrada em vigor da reforma do contencioso administrativo, o tribunal já se encontra em condições de dar mais alguns passos. É afirmada sem hesitação a excepcionalidade do recurso, com expressa menção legal, que transmite uma «ponderação de frequência» a exigir «uma luz restritiva sobre a interpretação

---

[567] Acórdão de 13 de Outubro de 2005, relator Azevedo Moreira, processo 980/05, disponível em www.dgsi.pt.

dos pressupostos materiais»[568], estes tidos como «textualmente apertados». Os tópicos fornecidos para concretizar o conceito indeterminado «importância fundamental» acabam por nada adiantar em termos de critérios materiais ou do grau de exigência da avaliação, servindo a relevância jurídica ou social tão só para delimitar a área ou a perspectiva em que há-de laborar a actividade interpretativa. Desta feita é indiciado o alargamento das situações já mencionadas como concretizando a questão de importância fundamental, porquanto se refere que a complexidade das operações de natureza lógica ou jurídica e a capacidade de expansão da controvérsia num número indeterminado de casos futuros, configuram uma situação, entre outras possíveis. Mas esta formulação vai conduzir a um primeiro recuo na construção inicial e da qual resultará uma maior abertura. O tribunal enquadra aqueles dois elementos como a concretização de uma situação em que a questão tem importância fundamental, tendo em conta o estrito caso concreto que a motivou e em que ambos estavam presentes. A construção então efectuada não impede que a questão tenha importância fundamental quanto a «situações juridicamente irrepetíveis» e este afinamento pareceria querer indicar um menor grau de exigência no preenchimento valorativo do conceito indeterminado ao parecer aceitar apenas a complexidade das operações de natureza lógica ou jurídica, mas não é assim. Cuidadosamente foi aditado um duplo condicionamento ao eventual abandono da capacidade de expansão da controvérsia, por via da intensidade ou grau de dificuldade da questão jurídica e da sua conexão com a relevância social dessa questão. O primeiro condicionamento visa travar, e bem, uma eventual esperança de maior abertura na admissão do recurso e serve para que, nas hipóteses em que a capacidade reprodutiva é inexistente, se exija uma especial (e reforçada) dificuldade da questão de direito. Já em relação à conexão com a relevância social, se se entender como sempre necessária, parece estar deslocada e corre o risco de misturar coisas diferentes. A presença dessa componente social poderia servir de reforço na decisão de admissão, mas obrigar à sua verificação para

---

[568] As citações são do acórdão identificado na nota antecedente e justificam-se pelos termos inovadores e plásticos com que se vai efectuando a construção da jurisprudência do STA nesta sede. Sem desprimor para os restantes intervenientes, é justo sublinhar que os acórdãos relatados pelo Conselheiro AZEVEDO MOREIRA constituem, pela sua riqueza doutrinal, carácter criativo e inovador e pela plasticidade da linguagem uma marca indelével na jurisprudência do tribunal e um contributo essencial para a compreensão da admissão preliminar sumária do recurso excepcional de revista.

poder ignorar a inexistência de capacidade de expansão da controvérsia, pode significar uma confusão entre áreas da actividade interpretativa que, se em certas situações podem coincidir, não são necessariamente conjugáveis. Ou, para não aumentar em grande escala a dificuldade de acesso ao STA, acabarem por se incluir na vertente social da questão de importância fundamental considerações ou situações que só de um modo superficial nela se encaixariam. Foi também em função da concreta situação em análise que o tribunal sentiu necessidade de alterar a conjugação dos elementos auxiliares na concretização do conceito indeterminado em presença, o que deixa antever a possibilidade de futuras flutuações na construção desses pontos de apoio, tendo em conta o auxílio que as situações que a realidade, em regra prenhe de imprevistos, sempre fará surgir.

No acórdão «CTT» a apreciação preliminar sumária foi mais longe do que nas situações de admissão antecedentes, na medida em que considerou, em termos perfunctórios, que a posição defendida pelo recorrente era uma das soluções possíveis para o litígio, acabando assim por formular uma apreciação prévia quanto à decisão do processo, não exigível em face do regime jurídico consagrado, (é certo que se refere não se tratar de uma avaliação em termos definitivos, mas é mais do que a norma permite), dando assim a entender que na fase de admissão também se cura de avaliar do bem fundado da questão a submeter a julgamento. Esta é a formulação da *cassation* perante o Conselho de Estado francês e a norma constante do artigo 150.°, CPTA, não comporta qualquer possibilidade de se admitir uma solução desse tipo. Está vedada à formação específica de apreciação preliminar sumária a formulação de qualquer juízo sobre a decisão de fundo, a tarefa que lhe está adstrita – tendo em consideração as circunstâncias em que a efectua – não pressupõe, nem comporta qualquer manifestação sobre o sentido da decisão, antes lhe cabendo aferir da existência de uma questão de importância fundamental pela sua relevância ou da clara necessidade para uma melhor aplicação do direito.

Outra situação em que o Supremo admitiu[569] o recurso de revista teve a ver com a definição sobre a aplicação no contencioso administrativo do artigo 680.°, n.° 2, CPC, que confere legitimidade para recorrer às pessoas directa e efectivamente prejudicadas pela decisão, ainda que não sejam partes na causa ou sejam apenas partes acessórias, em face da redacção do artigo 141.°, CPTA, omisso a esse respeito. Na hipótese estava em

---

[569] Acórdão de 4 de Janeiro de 2006, relator SANTOS BOTELHO, processo 1197/05, disponível em www.dgsi.pt.

causa o recurso de uma providência cautelar no âmbito da qual foi decretada a suspensão de eficácia de um despacho de um presidente de câmara, que revogava uma licença de utilização e determinava o encerramento de um estabelecimento comercial. Um terceiro interpôs recurso jurisdicional dessa decisão, tendo o Tribunal Central do Norte rejeitado o recurso por ilegitimidade do recorrente, considerando não aplicável o artigo 680.°, n.° 2[570]. O recurso foi admitido por envolver uma questão de importância fundamental pela sua relevância jurídica. A questão é a de saber se o disposto no referido artigo do CPC, que respeita à legitimidade para interpor recurso jurisdicional, se aplica no processo administrativo, atenta a redacção do artigo 141.°, CPTA. É invocada, para fundamentar a admissão, a novidade da questão, a exigir especial atenção da jurisprudência, acentuada pela necessidade de estar em causa a identificação das hipóteses em que é conferida legitimidade para interpor recurso jurisdicional, de modo a que, aqueles que se sintam directa e efectivamente prejudicados por uma decisão, saibam se detêm legitimidade para a impugnar, mesmo que não sejam partes no processo. Perante este cenário é evidente que se trata de uma situação susceptível de repetição futura (indício da capacidade de expansão da controvérsia), envolvendo «alguma complexidade» (indício da complexidade das operações lógicas e jurídicas). A matéria encontrava regulação no artigo 104.°, n.° 1, LPTA, que conferia legitimidade a pessoa directa e efectivamente prejudicada pela decisão, todavia esta previsão não veio a encontrar sucedâneo no novo Código de Processo, situação que suscitou a dúvida quanto à aplicação supletiva da previsão do processo civil que se poderá revelar mais favorável à tutela jurisdicional efectiva. A inexistência clara de uma expressa intenção do afastamento da legitimidade para interpor recurso, daqueles que tenham sido directa e efectivamente prejudicados, mas não sejam partes, constitui um factor que propende a favorecer a ocorrência de situações idênticas no futuro, sendo plausível que a questão se possa reproduzir. A complexidade das operações jurídicas a realizar para obter a sua resolução aparece justificada com a estrita acoplação do termo «alguma», o que não transmite uma firmeza de qualificação suficiente, induzindo que o verdadeiro motivo da admissão foi a capacidade de expansão da controvérsia, traduzindo-se numa alteração dos critérios de preenchimento do conceito indeterminado, em sentido mais

---

[570] Os elementos referidos são induzidos do acórdão de admissão já identificado, na medida em que o acórdão do Tribunal Central do Norte, de 6 de Outubro de 2005, não se encontra ainda disponível.

aberto e favorável ao recorrente. Atente-se a que no caso em presença talvez choque deixar pela segunda instância uma questão atinente à legitimidade, sem qualquer possibilidade de recurso, negando qualquer tutela jurisdicional ao recorrente, quando na regulação legal anterior ela era admitida e continua a sê-lo no processo civil. Poderia admitir-se que se depararia com uma situação em que caberia accionar uma válvula de segurança do sistema, que permitisse uma segunda apreciação da questão da legitimidade para interpor recurso jurisdicional, não deixando essa delicada questão confinada a uma única apreciação. A admissão justificar-se-ia pela necessidade de clarificar a atribuição de legitimidade para interposição de recurso, de modo a permitir a utilização dessa via de actuação jurisdicional, explicando a eventualidade dessa opção se repetir em casos futuros.

Aceitando-se a conclusão que ditou a admissão do recurso de revista, não pode deixar de sublinhar-se o desvio em relação às decisões anteriores, por via do qual se acabou por considerar suficiente a capacidade de expansão da controvérsia associada ao carácter de novidade da questão a decidir. Até porque a breve referência à complexidade das operações a realizar não permite considerar adequadamente justificada a sua presença, sugerindo que a sua menção apenas teve em vista uma tentativa de não deixar transparecer a mutação no grau de exigência do preenchimento valorativo dos conceitos indeterminados em presença, tendo por padrão a construção até aí efectuada.

Foi depois admitido um recurso de revista[571] no qual se irá apreciar o sentido e o alcance que deve ser atribuído ao requisito de instrumentalidade das providências cautelares. O caso assenta numa decisão de improcedência de uma providência cautelar por falta de instrumentalidade, proferida pelo Tribunal Administrativo e Fiscal de Lisboa, da qual foi interposto recurso para o Tribunal Central, que veio a negar provimento ao pedido.

As normas a interpretar são o artigo 112.°, n.° 1, em que se admite a adopção de providências cautelares que se mostrem adequadas a assegurar a utilidade da sentença a proferir e o artigo 113.°, n.° 1, no qual se esclarece que o processo cautelar depende da causa que tem por objecto a decisão sobre o mérito. Está aqui enunciada a principal característica da tutela

---

[571] Acórdão de 19 de Janeiro de 2006, relator SANTOS BOTELHO, processo 19/06, disponível em www.dgsi.pt.

cautelar, que é a sua instrumentalidade. A tutela cautelar depende do processo principal e existe em função dele na medida em que visa assegurar a sua utilidade[572].

A questão jurídica a apreciar é qualificada como revestindo «especial importância no contexto de uma garantia constitucional», enunciada na parte final do n.° 4, do artigo 268.°, CRP, que garante a tutela jurisdicional efectiva de direitos ou interesses legalmente protegidos, incluindo a adopção das medidas cautelares adequadas. A qualificação da importância fundamental da questão foi validada por referência à garantia constitucional com a qual se visa facultar como tutela jurisdicional a adopção de medidas cautelares, importando nessa sequência estabelecer claramente quais os requisitos de que depende o decretamento de uma providência cautelar, em especial no que toca à sua instrumentalidade. A este respeito alega-se a inexistência de uma linha interpretativa jurisprudencial consolidada e o facto da resposta a esta questão representar uma tarefa particularmente difícil, tendo em consideração a evolução da tutela cautelar, no processo civil e administrativo e às consequentes construções doutrinárias, ambos os factores a permitir acentuar a importância fundamental da questão pela sua relevância jurídica. Do mesmo modo se conclui pela presença da capacidade de expansão da controvérsia, atenta a possibilidade de repetição do problema num número significativo de situações. Nesta hipótese, a formação específica de julgamento manteve a construção adoptada em situações anteriores, no que respeita aos indícios de cuja presença depende o preenchimento valorativo dos conceitos indeterminados utilizados. Aqui não se cuidou de adoptar uma concepção mais restritiva ou exigente desses elementos, apesar de, nas decisões de não admissão, o tribunal vir formulando um entendimento que se baseia num maior rigor quando esteja em causa um procedimento cautelar, por não estar ainda em discussão a causa principal, aspecto que se tratará adiante, não sem sublinhar que a tutela cautelar é, muitas vezes, a única forma de tutela capaz de proteger os direitos ou interesses legalmente protegidos daqueles que se deparam com actos lesivos por parte da Administração.

A greve decretada por sindicatos de professores para os dias dos exames nacionais do 9.° e 12.° anos, além do seu carácter mediático e de ter sido amplamente discutida, também suscitou a admissão de um recurso de

---

[572] Cfr., neste sentido, em anotação aos preceitos citados, AROSO DE ALMEIDA/FERNANDES CADILHA, *Comentário*..., pp. 554 e 570 s. Cfr., também, AROSO DE ALMEIDA, *O Novo*..., pp. 296 s., VIEIRA DE ANDRADE, *A Justiça*..., p. 295.

revista[573] relativo à existência e fixação de serviços mínimos que viessem a permitir a realização dos ditos exames. Os serviços mínimos foram fixados pelo Governo, o que motivou a discussão jurisdicional da sua admissibilidade. O tribunal de primeira instância absolveu os Ministérios visados, tendo o Tribunal Central decidido não conhecer do recurso por inutilidade superveniente da lide e é desta decisão que vem interposto o recurso de revista, visando o esclarecimento da admissibilidade da estipulação de serviços mínimos para a realização de exames nacionais. No acórdão interlocutório considera-se existirem simultaneamente as qualificações que comportam a importância fundamental de uma questão. O tribunal considerou que ela se configura de importância fundamental pela sua relevância jurídica e social, invocando dois argumentos: a natureza das dúvidas a dissipar e os interesses envolvidos. Da fundamentação aduzida para justificar a admissão da revista não decorre qualquer menção quanto à relevância jurídica da questão, por recurso aos dois indícios comummente utilizados (complexidade das operações lógicas e jurídicas e capacidade de expansão da controvérsia), pelo que a referência a esta componente deve ter-se por imprecisa por não correctamente revelada. A projecção da polémica que envolveu a possível não realização dos exames do 9.º e 12.º anos, por efeito de uma greve de professores marcada para as datas dessas provas, assumiu elevada notoriedade, com primazia noticiosa em todos os meios de comunicação social, sendo por si uma questão que afectava milhares de pessoas. As circunstâncias em que nasce a questão são de molde a compreender que a questão se assume com importância fundamental pela sua relevância social. Esta é uma daquelas hipóteses que encaixa de modo perfeito no desenho abstracto da relevância social, efectuado em acórdão de admissão precedente, no qual se determinou que aquela se avalia pelo «impacto (positivo ou negativo) gerado na comunidade social». Tenha-se em conta a presença de uma comunidade social composta pelos estudantes que seriam objecto de avaliação, a par das respectivas famílias, e o impacto negativo resultante da não realização dos exames nacionais, com prejuízos para os próprios, para o Estado, que teria de voltar a organizar a nível nacional esses exames e para as famílias, que se veriam afectadas na sua organização. Não descurando a necessidade de aferição jurídica da possibilidade de estipulação de serviços mínimos, em situações como a tipificada, por referência ao direito à greve constitu-

---

[573] Acórdão de 25 de Janeiro de 2006, relator SANTOS BOTELHO, processo 35/06, disponível em www.dgsi.pt.

212 *O Recurso de Revista no Contencioso Administrativo*

cionalmente protegido, a poder fundar alguma relevância jurídica à questão, no fundo a admissão do recurso de revista assenta na relevância social da questão de importância fundamental, isto é, nos impactos emergentes, por um lado, da fixação de serviços mínimos em colisão eventual com o direito à greve dos professores, por outro lado, da não realização de exames nacionais obrigatórios, por efeito da greve dos professores adstritos à sua organização. Enquadra-se em termos adequados no critério de preenchimento valorativo da relevância social da questão de importância fundamental, não podendo considerar-se justificada a asserção aduzida no acórdão de se verificar a presença da relevância jurídica, ainda que nesse patamar possa também envolver algumas dúvidas. Não foi relevado o momento para efeitos de consideração da relevância social, sendo certo que os exames em causa já estavam realizados aquando da admissão da revista.

A Caixa Central do Crédito Agrícola Mútuo suspendeu os membros da direcção da Caixa Agrícola de Castelo Branco, designando substitutos para o seu lugar, mas aqueles requereram, através de pedido de intimação, a passagem de certidão ou reprodução autenticada relativa a documentos conexos com aquela decisão (o acórdão não é claro). O tribunal de primeira instância deferiu o pedido, mas em sede de recurso o Tribunal Central revogou essa sentença e declarou a incompetência em razão da matéria daquele tribunal. É desta decisão que vem interposto o recurso de revista. O STA admitiu o recurso por considerar que a questão tem importância fundamental pela sua relevância jurídica[574]. Esta relevância afere-se por estar em causa a definição do âmbito e limites da jurisdição administrativa, tarefa que comporta complexidade das operações de natureza lógica e jurídica, envolvendo as noções de acto administrativo e de relação jurídica administrativa, quando em presença de actuações da Caixa Central de Crédito Agrícola. É também constatada a capacidade de expansão da controvérsia, tendo em conta a possível repetição do mesmo tipo de situações em face do elevado número de caixas agrícolas existentes. O âmbito da jurisdição administrativa, apesar de ter sido objecto de intervenção legislativa por ocasião da reforma em vigor, continua a deixar por resolver algumas questões cuja complexidade é evidente e que necessariamente brigam com o assegurar da tutela jurisdicional efectiva. O recurso a uma ou a outra jurisdição, quando se inicia o périplo pela incompetente,

---

[574] Acórdão de 22 de Fevereiro de 2006, relator SANTOS BOTELHO, processo 146/06, disponível em www.dgsi.pt.

O *recurso excepcional de revista* 213

não constitui um óbice de somenos importância e portanto justifica que o Supremo Tribunal, nas suas vestes de válvula do sistema, contribua para a efectividade dessa tutela no espírito da reforma.

De novo, em matéria de contratação pública, veio a ser admitido[575] um recurso de revista, em que se procurará dirimir a questão de saber se um concurso público para prestação de serviços, de que seja entidade adjudicante a EPAL – uma sociedade anónima de capitais exclusivamente públicos – está sujeito às regras do Decreto-Lei n.° 197/99, de 8 de Junho ou do Decreto-Lei n.° 223/2001, de 9 de Agosto. No caso foi requerida a anulação das deliberações de abertura e de adjudicação do concurso e a anulação do contrato, invocando-se que a entidade competente para autorizar a despesa com a aquisição dos serviços em causa (de vigilância) era o Ministro do Ambiente e não o Conselho de Administração da EPAL. O Tribunal Administrativo de Sintra julgou improcedente a acção, tendo considerado que o concurso não se regia pelo disposto no Decreto-Lei n.° 197/99, mas sim pelo Decreto-Lei n.° 223/2001, relativo aos sectores excluídos, mas desta decisão foi interposto recurso para o Tribunal Central, que confirmou a decisão da primeira instância, da qual foi interposto o recurso de revista. A questão a apreciar está delimitada e assenta em saber se a EPAL, apesar de ser uma sociedade anónima de capitais exclusivamente públicos, está submetida ao regime do Decreto-Lei n.° 197/99, isto considerando que, estando a EPAL economicamente estruturada como uma empresa, foi criada com vista à satisfação de uma necessidade de interesse geral e na dependência do Estado, tudo a exigir «uma operação particularmente complexa, de grande relevo jurídico» e susceptível de se repetir em casos futuros (argumentos do recorrente). A formação específica de apreciação preliminar sumária admitiu o recurso, usando desta feita um novo argumento, que consistiu na afirmação da admissão se justificar para que o STA possa proceder à consolidação ou não da sua jurisprudência sobre a matéria, referindo um acórdão em que, a propósito de um concurso público para fornecimento de vestuário de serviço, aberto pelos CTT, a questão já teria sido resolvida. A existência de uma decisão já sobre o assunto não afastou o carácter claramente controvertido da questão, na acepção do STA, aspecto que veio a reforçar com a referência a uma «melindrosa actividade interpretativa» de um decreto-lei, em conjugação com a directiva que transpôs, assim se aferindo do rigor dessa

---

[575] Acórdão de 16 de Março de 2006, relator ANTÓNIO SAMAGAIO, processo 213/06, disponível em www.dgsi.pt.

214   O Recurso de Revista no Contencioso Administrativo

transposição, o que levou à conclusão da complexidade e grande relevância jurídica da questão.

Não sendo absolutamente claro, parece poder ainda assim concluir-se que a admissão deste recurso assentou, uma vez mais, na importância fundamental da questão pela sua relevância jurídica, não se cuidando sequer de alegar a capacidade de expansão da controvérsia, antes se curando de demonstrar a complexidade das operações de natureza lógica ou jurídica que a resolução do caso exige. Poder-se-ia estar perante um desguarnecimento do grau de exigência que vem sendo implementado pelo STA no preenchimento valorativo dos conceitos indeterminados legalmente consagrados, se já noutra circunstância se tinha admitido a desnecessidade da presença daqueles dois elementos, mas tendo em substituição aditado um outro, dotado de uma exigência de não menor dificuldade, já na presente hipótese parece ter-se admitido, sem mais, a complexidade das operações de natureza lógica ou jurídica como elemento suficiente para a verificação da importância fundamental da questão, em face da sua relevância jurídica. Um outro aspecto que o tribunal utilizou para sufragar a admissão não parece capaz de encaixar no preenchimento de conceitos indeterminados, antes induzindo uma percepção de discricionariedade judicial na justificação da admissão. Trata-se da admissão do recurso com vista a permitir a consolidação ou não da jurisprudência do STA na matéria. Não parece que a admissão da revista, tal como se encontra delineada, possa ter por objectivo aferir do grau de consistência e permanência da jurisprudência já proferida pelo tribunal sobre a matéria. Apesar do argumento se apresentar, no discurso global do acórdão, como lateral, não pode deixar-se passar sem menção, nomeadamente tendo em conta a deriva discricionária para que parece apontar e para a qual não tem suporte constitucional ou legal[576]. Argumento que não esmorece pelo facto do acórdão, cuja solução o tribunal agora pretende confirmar ou infirmar, ter sido emitido em sede de revista, após admissão pela formação específica de apreciação preliminar sumária[577].

---

[576] A escolha em função de interesses próprios do tribunal, até eventualmente por tentação de uma corrente jurisprudencial vencida ou vencedora, encaminha a tarefa de admissão do recurso para soluções próximas das vigentes nos países anglo-saxónicos, em que o supremo tribunal detém inteira liberdade para seleccionar os casos que aprecia, inclusive quando se forma uma maioria capaz de confirmar ou infirmar uma determinada posição jurisprudencial, que passa a deter o estatuto de consolidada.

[577] A hipótese poderia ter motivado a admissão de recurso para uniformização de jurisprudência, se estivessem preenchidos os respectivos pressupostos.

O *recurso excepcional de revista*

No âmbito de um processo cautelar, o Tribunal Central Administrativo Sul revogou uma sentença do Tribunal Administrativo e Fiscal de Lisboa, e deferiu o pedido de suspensão de eficácia de dois actos da Federação Portuguesa de Automobilismo e Karting, um de cancelamento da licença desportiva de condutor e outro de suspensão preventiva de um determinado individuo. Daquela decisão foi interposto recurso de revista, que veio a ser admitido tendo por base a relevância jurídica da questão de importância fundamental[578]. A questão que se pretende ver apreciada respeita à definição do âmbito e limites da jurisdição administrativa, estando em causa saber quais os actos praticados por federações desportivas, com estatuto de utilidade pública, que constituem decisões estritamente desportivas, não envolvendo o exercício de qualquer poder público, tarefa que impõe operações de particular complexidade. Foi tido em conta que a jurisprudência existente não teve em consideração o quadro legal agora vigente, importando aferir se a nova regulação legal da matéria é susceptível de alterar o entendimento até aí professado. A questão, que é qualificada como tendo natureza peculiar, revela uma efectiva capacidade de expansão da controvérsia, podendo repetir-se num número indeterminado de casos futuros.

Nesta situação a admissão do recurso assentou nos dois indícios de verificação da relevância jurídica da questão de importância fundamental (complexidade das operações lógicas e jurídicas e capacidade de expansão da controvérsia), que têm sido apontados como sustentáculo da admissão por via desse conceito. A aferição da admissão bastou-se com o preenchimento deste pressuposto, ignorando-se a presença de qualquer um dos outros, a demonstrar que havendo motivo de admissão do recurso é suficiente que ela se apoie num dos pressupostos, podendo descurar-se a verificação de outros. Este aspecto ainda mais se acentua se se tiver em conta que a decisão de admissão é definitiva e não pode ser alterada.

Foi considerada como de importância fundamental pela sua relevância jurídica e social a questão de saber se os órgãos de administração e gestão dos estabelecimentos de educação ou ensino mantêm o poder de autoridade sobre os alunos do ensino básico quando estes, durante o horário escolar, se ausentam da escola sem qualquer autorização[579]. Subjacente à

---

[578] Acórdão de 23 de Março de 2006, relator SANTOS BOTELHO, processo 0262/06, disponível em www.dgsi.pt.

[579] Acórdão de 27 de Abril de 2006, relator ANTÓNIO SAMAGAIO, processo 0348/06, disponível em www.dgsi.pt.

admissão do recurso está o facto de um aluno que faltou a uma aula de português e se ausentou do estabelecimento de ensino para sua casa na companhia de vários colegas, ter apontado uma arma de fogo a um deles e disparado. Desse disparo resultou que a vítima ficou com tetraplegia completa sensitiva e motora, com incapacidade permanente e total para o trabalho e com total dependência de terceira pessoa. A situação motivou primeiro uma acção de responsabilidade civil contra o Estado, por omissão do dever de vigilância, que obteve vencimento na primeira instância, vindo a ser revogada pelo STA. Voltou a ser interposta contra o Estado nova acção, desta feita ao abrigo do seguro escolar[580], que foi julgada improcedente pelo Tribunal Administrativo e Fiscal de Viseu, decisão confirmada pelo Tribunal Central Administrativo Norte. A questão apresenta--se como verdadeiramente relevante de um ponto de vista jurídico e social. Os termos invocados para a fundamentação são claros e objectivos: a comunidade escolar «tem interesse em saber se os seus filhos ou educandos, durante o período escolar, mas fora da escola sem autorização, estão ou não ainda sujeitos ao poder de autoridade dos órgãos de gestão» da escola, sendo que a estes importa saber se têm esse poder, pois só depois «sentirão o dever de o exercer». A relevância social é aferida pelo facto de, com a resposta à questão colocada, se saber se quem for vítima de acções ilegais de alunos tem direito ao seguro escolar, e a relevância jurídica emana das dificuldades de interpretação da norma a aplicar (complexidade das operações lógicas e jurídicas) e à virtualidade da sua repetição num número indeterminado de casos (capacidade de expansão da controvérsia).

O recurso foi admitido por verificação simultânea de dois dos pressupostos de admissão, numa situação em que sob as mesmas vestes se reconhecem os indícios de ambos os conceitos indeterminados. Trata-se de uma questão em que a respectiva resolução terá significativas repercussões na comunidade, ao fim e ao cabo, trata-se de retirar de uma norma constante de uma portaria relativa ao seguro escolar uma imposição de conduta aos titulares dos órgãos de gestão das escolas que, na prática, será de muito difícil implementação, fazendo recair sobre o Estado a responsabilidade da sua omissão ou deficiente aplicação. Parecendo, de um modo perfunctó-

---

[580] Tendo por base o disposto no artigo 13.°, n.° 2, 1.ª parte, da Portaria n.° 413/99, de 8 de Junho: O seguro escolar garante ainda os prejuízos causados a terceiros pelo aluno desde que sujeito ao poder de autoridade do órgão de administração e gestão do estabelecimento de educação ou ensino.

O recurso excepcional de revista

rio, que talvez seja ir longe demais extrair de uma portaria um tal dever, o seu alcance melhor quadraria com a sua previsão sob forma legal.

Foi, posteriormente, admitido o recurso de revista para resposta à questão de saber se todos os mestres e doutores têm ou não legitimidade para integrar o conselho científico dos estabelecimentos de ensino superior (no caso, da Escola Superior de Tecnologia de Viseu), mesmo aqueles que até à Lei n.º 17/2003 não se incluíam nesse órgão[581]. A admissão fundou--se na especial relevância jurídica da questão colocada, por implicar complexidade ao nível das operações lógicas e jurídicas e por se verificar uma efectiva capacidade de expansão da controvérsia (ultrapassa os limites da situação singular e detém a faculdade de se repetir, «nos seus traços teóricos», num número indeterminado de situações futuras, na medida em que o seu núcleo essencial respeita à constituição de um órgão muito relevante nos estabelecimentos de ensino superior). A fundamentação da admissão conclui pela necessidade de ocorrer uma «intervenção clarificadora do STA».

A admissão fundou-se nos elementos que têm vindo a ser utilizados para preencher o conceito de relevância jurídica da questão de importância fundamental, não tendo sido desenvolvido qualquer esforço na verificação ou afastamento dos outros pressupostos. Nesta hipótese em concreto, a entidade recorrida indicou um conjunto de acórdãos de tribunais de primeira e segunda instâncias concordantes com a decisão impugnada, a que o STA não atribuiu qualquer valor em termos de ponderação da sua relevância. Atente-se que noutras circunstâncias o STA utiliza como argumento para recusar a admissão o facto das duas instâncias (de julgamento e de recurso) terem decidido em sentido concordante.

Tendo por suporte a relevância jurídica da questão de importância fundamental e a clara necessidade de uma melhor aplicação do direito, foi admitido um outro recurso de revista cujo objecto se restringe à apreciação da violação do dever, por parte do relator do TCA, de convolação de reclamação do recorrente dirigida à conferência para reclamação ao presidente do STA[582]. O processo inicia-se no âmbito de uma providência cautelar, em que está em causa a admissão do recorrente à Academia da Força Aérea, desenvolvendo-se numa intrincada sucessão de despachos do rela-

---

[581] Acórdão de 4 de Maio de 2006, relator SANTOS BOTELHO, processo 0362/06, disponível em www.dgsi.pt.

[582] Acórdão de 18 de Maio de 2006, relator ANTÓNIO SAMAGAIO, processo 0450/06, disponível em www.dgsi.pt.

tor do Tribunal Central e de reclamações do recorrente, que desaguam no ponto em que a conferência profere acórdão susceptível de recurso de revista, que vem a ser admitido. O fundamento deste recurso consiste na violação de lei processual. Está em causa saber se perante uma reclamação para a conferência do TCA cabe convolação para o Presidente do STA, suscitando-se a eventualidade de aplicação por analogia do disposto no artigo 688.°, n.° 5, CPC. Sobre a questão em apreço não existe previsão legal, nem jurisprudência. A admissão assenta na complexidade decorrente dessa circunstância (não há lei, nem jurisprudência) e na capacidade de repetição futura num número indeterminado de casos, concorrendo ambos os aspectos para o preenchimento do pressuposto da relevância jurídica da questão de importância fundamental, correspondendo à sua configuração já repetidamente exposta (complexidade das operações e capacidade de expansão). Mas a admissão é ainda justificada pelo facto de inúmeras disposições do CPTA decorrerem do princípio *pro actione*, pelo que também com esse motivo a apreciação do recurso constituirá um meio para uma melhor aplicação do direito. Aqui se referencia que a melhor aplicação do direito tem que ver, também, com a prossecução de um princípio imanente do CPTA, que é o designado princípio *pro actione*, decorrendo desta conclusão que a melhor aplicação do direito tenderá a corresponder a uma aplicação que comporte a observância efectiva do princípio *pro actione*, não se verificando quando este princípio não seja acautelado com o devido vigor.

A propósito da admissão deste recurso importa sublinhar a verificação cumulativa dos pressupostos de admissão da relevância jurídica da questão de importância fundamental e da clara necessidade de uma melhor aplicação do direito, bem a denunciar que o seu campo de actuação é diferente, podendo apenas convergir no resultado alcançado, a própria admissão do recurso.

41. Do preenchimento valorativo dos conceitos indeterminados constantes do artigo 150.°, n.° 1, que vem sendo efectuado pela formação específica de apreciação preliminar sumária e sem se ater a algumas especificidades motivadas por concretas situações avaliadas, pode enumerar-se um quadro típico resultante dessa tarefa.

A relevância jurídica da questão de importância fundamental assenta em dois factores, na complexidade das operações lógicas e jurídicas necessárias à sua resolução e na capacidade de expansão da controvérsia, o primeiro enquanto justificação para a resolução da questão, desempenhando uma função preventiva. É certo que nas hipóteses concretas acima analisadas também se suscitou a substituição de um destes factores por outro critério balizador, mas não pode deixar de sublinhar-se a constância na sua afirmação conjugada e cumulativa, bem a enunciar que, do ponto de vista da formação específica do STA, estes são os dois pólos de filtragem que têm de ser reunidos para ser alcançada a admissão do recurso de revista em função da sua relevância jurídica. As restantes vias alternativas não gozam da mesma consistência e não podem por isso assumir-se como via global de acesso à terceira instância.

O papel da relevância social da questão de importância fundamental, não é demais sublinhá-lo, acentua-se com a acção pública e a acção popular, vias principais de aceder ao tribunal de revista, tendo em atenção a congregação de interesses que, nesses meios processuais, se pretende alcançar e a dimensão revelada por este pressuposto de admissão. A relevância social traduz-se claramente no impacto (positivo ou negativo) gerado na comunidade social. Esta formulação jurisprudencial logrou preencher valorativamente o conceito adoptado em termos plenamente satisfatórios e que constituem uma via racional de medição do tipo de importância em causa. É certo que o impacto de cada caso carece de um juízo de prognose, mas este inclui-se claramente no âmbito da tarefa de preenchimento valorativo de conceitos indeterminados[583]. São escassas as hipóteses concretas de admissão da revista com base na relevância social, mas parece adequada a formulação jurisprudencialmente adoptada, que implicará uma prudente e razoável fundamentação no que respeita ao impacto em causa.

Por fim, a admissão claramente necessária a uma melhor aplicação do direito, de utilização, até ao momento, muito diminuta, traduz-se na errada ou má aplicação do direito em termos extremos, que justifiquem a intervenção do STA. Não é suficiente a existência de divergências jurisprudenciais ou doutrinárias, nem o mero carácter erróneo da decisão impugnada, a má aplicação do direito tem de impor a sua correcção, o que deriva da dimensão do erro em análise. Não é suposto que um qualquer erro na aplicação do direito logre permitir a admissão da revista, mas também não está ainda sedimentada uma formulação capaz de traduzir com maior precisão a dimensão desse erro, acentuada pela sua contingência justificativa, expressa pelo advérbio claramente (jurisprudencialmente

---

[583] Cfr. SÉRVULO CORREIA, *Direito do Contencioso...*, I, p. 395.

também por via do advérbio manifestamente). Ainda que por último se tenham já aduzido qualificações como erro judiciário ostensivo, incontroverso ou clamoroso[584] ou como erro manifesto ou grosseiro[585], que, traduzindo algo mais, não parecem lograr uma eliminação absoluta da dificuldade identificada. Esta insuficiência da construção jurisprudencial decorre necessariamente de três aspectos: em primeiro lugar, a formação específica procura enquadrar as questões que analisa num dos pressupostos da relevância da questão de importância fundamental; depois, tem, por sistema, adoptado meras formulações conclusivas; por fim, o âmbito da questão e o seu difícil preenchimento, por colidir com uma zona de risco em que não pode admitir-se que um mero erro justifique a admissão do recurso, mas em que a clara necessidade de uma melhor aplicação do direito, resulta necessariamente da constatação de um erro ou má aplicação do direito. O perigo, sublinha-se, decorre da impossibilidade de se abrir demasiado o potencial deste conceito indeterminado, vulgarizando o acesso ao tribunal de revista. Em face das dificuldades assim encontradas, a prudência tem conduzido a formação específica de apreciação preliminar a não criar precedentes capazes de fazer perigar a intenção de instituição deste filtro e da função concebida para o STA. Não se tem por suficiente a qualificação do erro de direito como ostensivo, incontroverso ou manifesto, na medida em que, mesmo perante esta ocorrência – cujo critério é susceptível de cambiantes – poderá não estar sempre justificada a admissão do recurso.

Não se ignora que esta apreensão analítica da concretização jurisprudencial dos conceitos indeterminados adoptados sofre de uma insuficiência que é a de se encontrar historicamente datada, e atida, portanto, às concretas situações apreciadas. O que não tem como fito cristalizar os caminhos agora abertos, mas não pode ser visto como um mero tactear de alternativas e possibilidades, hipótese que, a ser verdadeira, no que não se concede, reduziria o STA a uma função experimentalista que conduziria ao seu descrédito.

---

[584] Cfr. acórdão de 29 de Junho de 2006, relator AZEVEDO MOREIRA, processo 0615/06, disponível em www.dgsi.pt. A menção a este aresto, já fora do quadro temporal delimitado, justifica-se pelo contributo que fornece no aspecto em apreço.

[585] Cfr. acórdão de 12 de Julho de 2006, relator SANTOS BOTELHO, processo 0750/06, disponível em www.dgsi.pt. A menção a este aresto, já fora do quadro temporal delimitado, justifica-se pelo contributo que fornece no aspecto em apreço.

O *recurso excepcional de revista* 221

42. A doutrina nacional já se pronunciou sobre esta matéria, apesar de não o ter feito com grande desenvolvimento. SÉRVULO CORREIA aponta que os pressupostos de admissão assentam em «conceitos claramente indeterminados» que exigem um preenchimento valorativo, reconhecendo que aquela é atribuída a «um livre juízo do tribunal sobre a suficiência do interesse da causa», reservando-se-lhe a escolha dos processos[586], o que se configura como uma solução comum no direito processual comparado. VIEIRA DE ANDRADE conclui que se está perante pressupostos com um «carácter fortemente indeterminado», em que a admissão do recurso «tenderá a aproximar-se de uma decisão discricionária», afastando uma hipotética inconstitucionalidade se for adoptada «uma fundamentação qualificada da rejeição»[587]. Foi, no entanto, ROSENDO JOSÉ quem mais aprofundou esta temática, tendo acrescentado alguns pontos à discussão. Este Juiz Conselheiro reconhece que os conceitos indeterminados adoptados conferem uma grande margem de manobra ao STA[588], procurando fazer uma ligação entre este recurso e a tutela dos direitos fundamentais, considerando que daí dimana a exigência da relevância da questão de importância fundamental. Distingue entre a importância fundamental, enquanto critério definidor de matérias, e a relevância, como adjectivação, conferindo esta uma maior margem de indeterminação[589], e considera que a admissão por via da relevância jurídica ou social da questão de importância fundamental constitui um aspecto de objectivação do recurso, e que a admissão claramente necessária a uma melhor aplicação do direito, congrega as duas vertentes, objectiva e subjectiva[590]. Quanto a este último critério de admissibilidade, conclui que no seu preenchimento a lesão de interesse do recorrente decorre do «estado geral de (in)adequada interpretação e aplicação do direito administrativo nos seus aspectos mais relevantes», ocorrendo, por exemplo, perante «uma dúvida séria e instalada na jurisprudência»[591]. Quanto às questões de importância fundamental entende

---

[586] Cfr. *Direito do Contencioso...*, I, p. 697.

[587] Cfr. *A Justiça...*, p. 384.

[588] Cfr. ROSENDO JOSÉ, *Os Meios do CPTA...*, p. 220.

[589] Cfr. ROSÉNDO JOSÉ, *Os Meios do CPTA...*, pp. 221 e 223.

[590] Cfr. ROSENDO JOSÉ, *Os Meios do CPTA...*, p. 222.

[591] Cfr. ROSENDO JOSÉ, *Os Meios do CPTA...*, pp. 223 s. O autor fornece como exemplo a admissão da revista operada pelo acórdão do STA, de 23 de Setembro de 2004, processo n.º 903/04, referenciado acima, mas em que a admissão se fundou no preenchimento valorativo do conceito indeterminado da relevância jurídica da questão de importância fundamental e não na necessidade de uma melhor aplicação do direito.

que nelas se englobam as respeitantes à tutela dos direitos fundamentais, o que conduz à qualificação do recurso de revista como um recurso de amparo judicial, apesar de depois atenuar essa recondução ao admitir a inserção de outras questões não conectadas com os direitos fundamentais[592]. Na necessidade de uma melhor aplicação do direito, atende-se ao conteúdo e à valia da decisão impugnada; já no que se refere à relevância da questão de importância fundamental, está em causa a aferição da sua adequação ou não ao direito substancial[593], mas acabando por fazer ressaltar que em qualquer dos dois conceitos não estão em causa «as matérias que vão ser nele apreciadas»[594]. Parece, no entanto, que a aferição da relevância em qualquer das suas menções ou da necessidade de uma melhor aplicação do direito terão sempre subjacente as matérias que a revista, se admitida, terá de decidir. A ponderação da dimensão que ambos os conceitos comportam não pode ser isolada da matéria que se versa na decisão impugnada. Ignorar a ambiência da questão ou do erro dificilmente poderia conduzir a uma acertada decisão de admissão. Certo é que não cabe à fase de apreciação sumária a formulação antecipada de juízos definitivos e de antevisões do sucesso final. A apreciação sumária não pode transmutar-se em decisão sumária do litígio, desde logo por tal parecer uma tarefa incomportável no âmbito de um juízo perfunctório e não pode ser exigido um esforço de concretização superior.

Considera-se perigosa a identificação (quase) total do recurso de revista com um recurso de amparo em que se tutelam direitos fundamentais. Sem ignorar o alcance que a expressão detém, não parece crível nem

---

[592] Cfr. ROSENDO JOSÉ, *Os Meios do CPTA...*, p. 224.

[593] Cfr. ROSENDO JOSÉ, *Os Meios do CPTA...*, p. 228. Assinale-se que o autor considera admissível um recurso de revista em que se aprecie «a violação de direitos de que se queixa o recorrente [quando] provém de decisão representativa de uma interpretação defeituosa do direito com repercussão no exercício de um direito fundamental ou de igual relevância», o que constitui uma tal largueza permissiva que teria como resultado a eliminação de qualquer filtro relevante na fase de apreciação sumária. A concepção de admissão, agrilhoada à ideia do recurso de amparo de direitos fundamentais, assim entendida com tanta generosidade, acabaria por facultar o acesso ao STA a um número injustificadamente elevado de processos. Parece resultar em termos relativamente claros que a admissão é excepcional e não pode funcionar como recurso de amparo ou como via alternativa ao papel adstrito ao Tribunal Constitucional, mesmo que se entenda que os efeitos de uma decisão no âmbito da jurisdição administrativa acautelam em termos mais imediatos a posição do recorrente do que ocorre com o recurso à jurisdição constitucional.

[594] Cfr. ROSENDO JOSÉ, *Os Meios do CPTA...*, p. 228.

O recurso excepcional de revista

correcto restringir o recuso de revista à tutela dos direitos fundamentais, nem concebê-lo como um recurso de amparo. Desde logo, deve atender-se ao papel do recurso de revista na função que por sua via é atribuída ao STA. Esta função, como perpassa da exposição de motivos, assenta numa perspectiva de válvula de segurança. A admissão da revista tem por efeito alcançar diversos desideratos, nos quais se inclui naturalmente a tutela da posição jurídica do recorrente, mas esse não parece configurar o aspecto exclusivo da previsão deste recurso no contencioso administrativo. Não pode esquecer-se que o recurso de revista, introduzido na reforma de 2002/2003, que constitui uma novidade no contencioso administrativo, tem como um dos suportes determinantes à sua instituição o facto de ter ocorrido, em intervenções legais sucessivas, uma efectiva transferência de competências exercidas até então pelo STA em primeira instância, para os tribunais administrativos de círculo, a que se seguiu a previsão da regra do recurso em segunda instância caber ao respectivo tribunal central. Com as excepções já antes referidas, o STA ficou apenas com uma pequena parcela de competências em primeira instância, o que permitiu a sua consagração como um verdadeiro Supremo Tribunal ao qual cabe uma tarefa dupla de regulação do sistema e de válvula de segurança, preocupada em promover o desenvolvimento do direito e em assegurar a sua unidade. Em ambas as vertentes parece ler-se com maior facilidade uma feição objectivista do que uma estrita consideração pela posição subjectiva dos recorrentes, não se negando que a primeira acaba também por servir a estes.

A formação específica de apreciação preliminar sumária já considerou (e bem) que a invocação de uma inconstitucionalidade não é por si motivo bastante para se concluir pela admissão do recurso. Tal configuração, a que parece inclinar-se aquele distinto conselheiro, lograria criar dois problemas em lugar de resolver um. A admitir-se que as questões de constitucionalidade (relativas aos direitos fundamentais) facultariam sempre acesso ao tribunal de revista, determinaria necessariamente que a seguir a essa intervenção se seguisse em regra a do Tribunal Constitucional, o que em lugar de diminuir a carga de trabalho deste, como é invocado, lograria aumentá-la.

43. A solução nacional aproxima-se da vigente na Alemanha, em que se estabelecem três critérios de admissão da *revision*, sendo o primeiro deles estar em causa uma questão jurídica de importância fundamental (*Grundsatzrevision*, § 132, 2.1), VwGO). Até pela formulação se constata a aproximação do artigo 150.°, n.°1, CPTA, ao qual acresceu um qualifi-

224   O Recurso de Revista no Contencioso Administrativo

cativo de relevância e a consideração autónoma da clara necessidade da melhor aplicação do direito, que se encaixa naquele critério alemão. A doutrina alemã afastou o carácter discricionário das condições de admissão da *revision*, argumentando que esta depende de critérios que encontram previsão legal expressa[595]. Não é tido em conta o provável êxito da pretensão formulada, sendo que o carácter de importância fundamental da questão jurídica é concretizado através de linhas de força como a segurança jurídica, o desenvolvimento do direito, a necessidade de aclaração e a elevação da questão para além do caso específico que a suporta[596]. A importância fundamental decorrerá da questão de direito exigir uma aclaração por fundamentos relativos à unidade do direito, compreendidos no seu desenvolvimento[597]. Adiante-se que, nos tópicos utilizados para densificar o conceito indeterminado legalmente previsto, está presente o contributo doutrinário alemão. Pode, assim, concluir-se que a solução portuguesa, pelo menos parcialmente, é resultado da influência do direito processual alemão, nos termos da consagração e na construção jurisprudencial entretanto empreendida.

Em França, a apreciação sumária da admissão do recurso assenta em critérios que respeitam ao carácter «*irrecevable*» ou à ausência de um «*moyen sérieux*»[598]. Em ambas as hipóteses não está em causa uma avaliação sobre a relevância ou importância da questão jurídica em litígio, antes se determina uma prévia ponderação sobre o potencial êxito da pretensão formulada pelo recorrente, daí derivando se o processo merece (ou não) ser instruído e julgado. O recurso terá de congregar motivos capazes de superar o filtro constituído pelo seu carácter inadmissível ou pela inexistência de meios sérios. No momento sumário de admissão é perfunctoriamente realizado um juízo que antecede o possível e posterior julgamento de fundo da questão. Não se ajuíza da importância ou da potencial contribuição da resolução do processo para o desenvolvimento e unidade do direito, antes se insere uma fase eliminatória que se baseia no sucesso expectável da pretensão submetida a julgamento. A fase de admissão não constitui, de qualquer modo, um filtro com carácter discricionário[599].

---

[595] Cfr. PIETZNER, *VwGO Kommentar*, § 132, p. 10.

[596] Cfr. HUFEN, *Verwaltungsprozessrecht*, p. 673.

[597] Cfr. PIETZNER, *VwGO Kommentar*, p. 15.

[598] Artigo L.822-1, *CJA*.

[599] Cfr. MASSOT/FOUQUET/STAHL/GUYOMAR, *Le Conseil...*, p. 59.

O recurso excepcional de revista

Em Espanha, entre os diversos motivos de não admissão da cassação, consta um (relativo à falta de interesse cassacional por não afectar um grande número de pessoas ou não deter suficiente generalidade) que tem como efeito a consagração de um princípio de selecção, cuja concretização depende de conceitos indeterminados e exige unanimidade na decisão. Na doutrina esta faculdade de selecção é apontada como detendo carácter discricionário e, assim, permitir a implementação de uma política jurisprudencial restritiva[600]. São ainda de realçar outros dois motivos que determinam a não admissão do recurso, num está em causa a pretérita rejeição de recursos substancialmente iguais, no outro, o recurso ser manifestamente infundado. Nesta última hipótese é necessário proceder à antecipação do juízo sobre o fundo do processo[601]. O primeiro motivo de não admissão apontado depende do preenchimento de conceitos indeterminados (não afectar um grande número de situações e não deter suficiente generalidade) e aproxima-se, de algum modo, da admissão da revista em Portugal, apresentando conceitos indeterminados de âmbito mais restrito que, inclusive, se intersectam. Parece que a generalidade há-de confluir, pelo menos, num hipotético elevado número de situações. Mesmo que se entendam separadamente, o primeiro, compreende uma afectação real e, o segundo, requer que ao objecto a analisar corresponda um carácter de generalidade, isto é, que não constitua uma especialíssima particularidade jurídica. A expressão deste motivo de não admissão pelos termos interesse cassacional, pareceria conduzi-lo a um indiscriminado e não densificado juízo a formular pelo TS, mas não é assim. Se é certo que o interesse cassacional constitui motivo de não admissão do recurso, também o é o facto de esse interesse ser avaliado em função de duas componentes. O princípio da selecção que a doutrina pretende ver consagrado no direito espanhol não corresponde a uma ideia de selecção discricionária e assente na livre ponderação do tribunal. A selecção ocorre mas em função de critérios legalmente enunciados e que os juízes devem preencher em cada decisão. Deste sistema, que não se reconduz ao motivo de não admissão que se vem detalhando, resulta que a selecção, com base em conceitos indeterminados traduzidos na expressão interesse cassacional (e depois dela desmembrados), pode conviver com outros motivos mais tradicionais. E permite concluir que, ao menos parcialmente, a solução portuguesa não se encontra isolada.

---

[600] Cfr. SENDRA/CATENA/SÁNCHEZ, *Derecho Procesal...*, p. 174; GARCÍA MACHO, *Artículo 93*, REDA, 100, pp. 660 e 666.

[601] Cfr. GARCÍA MACHO, *Artículo 93*, REDA, 100, p. 665.

O *Recurso de Revista no Contencioso Administrativo*

Já no direito anglo-saxónico, que neste estrito aspecto também interessa aqui analisar, a situação revela-se bem diferente. Nos países anglo-saxónicos está exclusivamente em causa o exercício de um poder discricionário, do qual resulta a atribuição de uma enorme liberdade de decisão aos tribunais supremos que decidem, em cada momento, os casos que entendem dever apreciar. Nos EUA a *Supreme Court* tem o poder discricionário (*judicial discretion*) de admitir o *writ of certiorari*, em processos nos quais ocorra um conflito entre decisões de tribunais de apelação federal, na mesma importante questão, e entre um tribunal federal de apelação e um tribunal estatal de última instância, quando esteja em causa uma importante questão federal, quando uma decisão de um tribunal estatal de última instância colide, numa importante questão federal, com uma decisão de outro tribunal do mesmo grau ou de um tribunal de apelação federal e quando um tribunal de apelação federal decide uma importante questão de direito federal, quando ela deveria ter sido decidida pela *Supreme Court* ou decidiu uma importante questão federal num sentido que conflitua com decisões relevantes da *Supreme Court*[602].

Não existe, em Inglaterra, qualquer outro tribunal situado acima da *House of Lords*, para o qual se pudesse recorrer de uma das suas decisões. O acesso à mais alta jurisdição está dependente de uma autorização a conceder pelo tribunal que emitiu a decisão impugnada e se este der o seu assentimento, o processo é obrigatoriamente submetido à *House*. Se a resposta for negativa, a parte prejudicada por essa decisão pode requerer a admissão do pedido perante a Câmara dos Lordes, que deve ser fundamentado (a natureza do litígio, os motivos da decisão, a justificação da invocada incorrecção dessa decisão e outros considerandos susceptíveis de compreender a importância da questão ou o seu interesse público). Esta segunda apreciação é efectuada por uma comissão composta por três membros, perante a qual o pedido será apresentado pelo recorrente, sem a participação do recorrido. A decisão é imediata e não é objecto de fundamentação[603]. Esta ausência de fundamentação das decisões de recusa de admissão por parte da *House* não permite proceder à recolha das situações-tipo em que a admissão é possível. Da prática recolhe-se que constituem

---

[602] Cfr. *rule* 10, das *Rules of the Supreme Court of the United States*. Sendo que o recurso é raramente admitido quando a decisão impugnada assenta num erro sobre os factos ou numa errada aplicação de uma lei estatal.

[603] Elementos recolhidos em Lord WILBERFORCE, *La Chambre des Lords*, RIDC, 1978, p. 89.

critérios permissíveis do recurso a apresentação de fundamentos sérios, capazes de colocar em dúvida a correcção da decisão ou a verificação da existência de interesses importantes (financeiros ou de outra índole), de questões jurídicas fundamentais, que justifiquem a intervenção da mais alta jurisdição, de injustiças ou irregularidades graves no processo, da dependência de outros processos quanto à decisão que nesse for tomada[604].

A consagração legal de pressupostos de admissão do recurso de revista, assentes em conceitos indeterminados e não estritamente no valor da causa, obrigando a uma fase prévia de preenchimento valorativo para aferição da sua ocorrência, além de constituir uma tendência no direito processual estrangeiro, também pode (e deve) ser lida como instrumento de racionalidade e de eficácia[605]. A esta última luz não se têm por desconformes ou despropositados os argumentos utilizados no seu preenchimento valorativo, em que a formação específica de apreciação preliminar sumária, não deixando de vincar a excepcionalidade do recurso por via da adopção de uma perspectiva restritiva, tem sabido ponderar e adequar a jurisprudência formada. A racionalidade dos pressupostos de admissão do recurso de revista encontra-se em plena consonância com a função que está atribuída ao STA. Esta função ficaria completamente postergada pela admissão generalizada de um recurso em terceiro grau de jurisdição, solução que o sistema não comportaria e que não teria capacidade para assegurar a efectividade da tutela jurisdicional administrativa. Ao que se acrescenta que, a previsão de conceitos indeterminados como condição de admissão do recurso de revista, não revela capacidade para dar cobertura a decisões arbitrárias ou irrazoáveis. Se o seu preenchimento valorativo pode sofrer oscilações e ser condicionado em função das situações concretas com que se defronte, não se afigura susceptível de permitir a existência de desvios desconformes com a sua finalidade.

5. A utilização de conceitos indeterminados como exigência do princípio da igualdade

44. O princípio da igualdade pode ser configurado em dois momentos, a igualdade na aplicação do direito e a igualdade quanto à criação do direito, revelando-se esta última como criação de direito igual (princípio

---

[604] Cfr. Lord WILBERFORCE, *La Chambre des Lords*, RIDC, p. 89.
[605] Cfr. GONZÁLEZ PÉREZ, *El Derecho...*, p. 73.

da universalidade) e criação de direito igual (exigência de igualdade material através da lei)[606].

A escolha legal de conceitos indeterminados como critérios de admissão do recurso excepcional de revista representa, a diversos títulos, a assunção de perspectivas e modos de actuação diversos. Numa das vertentes em que a questão se pode apresentar ressalta a utilização desse tipo de conceitos como exigência da igualdade. A inabarcável percepção da complexa realidade actual e futura e as suas inúmeras cambiantes aconselharam o legislador a não pré-definir parâmetros de admissão estáticos e, provavelmente, incapazes de congregar com rigor as hipóteses decorrentes de uma avaliação do ponto de vista da instituição do recurso de revista ou do ponto de vista dos concretos interessados numa certa decisão no seu âmbito proferida. A forma encontrada para melhor salvaguardar uma intenção de igualdade, que deve subjacer às diversas soluções em matéria de admissão de recursos em terceiro grau de jurisdição, atento, inclusive, o seu carácter excepcional, assentou na utilização de conceitos indeterminados. A sua indeterminação e maleabilidade revela-se apta a realizar uma «complementar diferenciação material» que prossiga e comporte uma intenção normativamente material de igualdade e de justiça[607]. Pela adopção de conceitos indeterminados como critério de admissão da revista excepcional não se define de um modo exacto ou matemático o acesso ao STA, antes se procura conciliar uma «intenção de unidade e de coerência normativa do sistema jurídico» com uma «intenção de diferenciação material e de consideração das circunstâncias concretas dos actos e dos problemas, enquanto exigência da igualdade e da justiça materiais»[608]. É pela utilização de conceitos indeterminados que se consegue uma diferenciação material e não formal e se atende à realidade concreta que em cada momento é submetida à formação específica de admissão do recurso, não se limitando esta a trinchar as solicitações que se lhe apresentam, antes confinando cada caso à procura intencional de igualdade e de justiça.

É também anotado tendo por referência a margem de livre decisão, na qual se integra a margem de livre apreciação, nesta cabendo a concretização de conceitos indeterminados, que aquela global margem de livre

---

[606] Cfr. Gomes Canotilho, *Direito Constitucional*..., pp. 426 ss.

[607] Cfr. Castanheira Neves, *O Instituto dos "assentos"*..., RLJ, n.º 3506, pp. 259 s.

[608] Cfr. Castanheira Neves, *O Instituto dos "assentos"*..., RLJ, n.º 3505, pp. 243 s.

decisão implica «a perda de alguma segurança jurídica e a introdução de alguma desigualdade friccional», mas que, mesmo assim, pode comportar um reforço da igualdade por via da superação do «tratamento normativamente padronizado de situações que, olhadas microscopicamente, revelam dissemelhanças relevantes»[609]. A construção visa, como se depreende, o direito administrativo material e a tomada de decisões administrativas, mas parece de todo ajustado transportar o efeito de reforço da igualdade pela superação de um tratamento normativamente padronizado de situações que, por natureza, variam, como contributo explicativo para a consideração que toma a epígrafe deste número.

A função desempenhada pelo princípio da igualdade na justificação da utilização de conceitos indeterminados como via de admissão ao tribunal de revista assenta, também, numa perspectiva negativa, que consiste na proibição do arbítrio. Enquanto princípio negativo, o princípio da igualdade impõe a lógica, a coerência, a não contradição e a suficiência[610]. É ainda na vertente de proibição de arbítrio que a utilização de conceitos indeterminados funciona como instrumento indutor da lógica, da coerência e da não contradição, que devem estar subjacentes à triagem de admissão, que numa estrita via objectiva poderiam não ser acautelados.

Uma das novidades da reforma do contencioso administrativo consistiu na introdução das alçadas que funcionam nomeadamente para determinar se cabe recurso de uma sentença proferida em primeira instância (artigo 6.º ETAF e artigo 31.º CPTA), já não para facultar o acesso ao tribunal de revista. A utilização de fórmulas qualitativas, que se apresenta original, por comparação com o regime vigente no processo civil, revela-se susceptível de superar alguns dos inconvenientes apontados ao critério exclusivo do valor. Alega-se que um sistema com esta última vertente predominante fica dependente de critérios de utilitarismo económico e que quando impede o recurso de uma determinada decisão tendo por base o valor da causa, traduz desigualdades de tratamento[611]. A preponderância do valor da causa tem o condão de promover a «centralidade do

---

[609] Cfr. REBELO DE SOUSA/SALGADO DE MATOS, *Direito Administrativo...*, I, pp. 177 s.

[610] Cfr. MARIA GLÓRIA GARCIA, *Princípio da igualdade: fórmula vazia ou fórmula "carregada" de sentido?*, in *Estudos sobre o Princípio da Igualdade*. Coimbra, 2005, pp. 58 e 62.

[611] Cfr., neste sentido, SOARES MARTINEZ, *A Injustiça das Alçadas e das Simplificações Processuais em Razão do Valor,* in *Estudos em Homenagem ao Prof. Doutor Raul Ventura*, vol. II. Lisboa, 2003, p. 994.

230 O Recurso de Revista no Contencioso Administrativo

dinheiro na concreção do princípio da efectividade e plena tutela juris-dicional»[612], devendo, de qualquer modo, ser tido como um pressuposto processual de natureza pública para que se evitem riscos de «processos idênticos serem distintamente valorados»[613]. Apesar de se identificarem as limitações decorrentes das alçadas como próprias da «natureza das coi-sas» e de justificações de serviço e da estruturação da organização judi-ciária, como meio de não sobrecarregar os tribunais de recurso[614].

Isto significa que, se os apontados conceitos indeterminados intro-duzem algumas dificuldades iniciais, ainda assim se revelam mais capazes de promover a igualdade por não respeitarem a critérios objectivos (e cegos) e, por isso, quantas vezes, injustos, permitindo que a admissão do recurso se concentre na questão (ou litígio) a dirimir pela sua intrínseca natureza e não tendo por suporte um valor fixo. É certo que este facilitaria a percepção pelas partes da possibilidade de à partida deterem um direito ao recurso em terceira instância, mas não lograria assegurar que todas as situações jurídicas merecedoras de tratamento ao nível superior pudessem reunir os pressupostos de admissão. A eventual maior imprecisão inicial constringe as partes a actuarem em juízo como se não detivessem o direito a este recurso, o que poderá conduzir a um maior esforço em conseguir obter vencimento nas instâncias normais do processo. A inexistência de uma garantia de recurso de revista, assente em valores mensuráveis e objectivos, não encontra qualquer obstáculo constitucional, antes favorece um princípio basilar como é o da igualdade. A utilização de conceitos indeterminados permite, em função das situações concretas, aceder ao tri-bunal de revista em termos adequadamente justificados, não facilitando a existência de tratamentos desigualitários.

---

[612] Cfr. COLAÇO ANTUNES, *Brevíssimas Notas Sobre a Fixação de uma Summa Gra-vaminis no Processo Administrativo*, in *Revista da Faculdade de Direito da Universidade do Porto*, I, 2004, p. 86. O autor considera que no Direito Administrativo talvez tivesse sido preferível adoptar critérios como os valores em presença ou a dimensão axiológico-normativa dos direitos em disputa.

[613] Cfr. COLAÇO ANTUNES, *Brevíssimas…*, p. 88. Assinalando, também, que a patri-monialização da relação jurídica administrativa pode postergar a tutela cautelar por impe-dir a verificação do prejuízo de difícil reparação (p. 100).

[614] Cfr. LOPES DO REGO, *Acesso ao Direito…*, p. 83.

O recurso excepcional de revista

6. A (in)determinabilidade de acesso: constitucionalidade

45. A análise do ponto de vista constitucional assenta na aferição da determinabilidade do conteúdo da lei, nomeadamente tendo em conta que foram adoptados conceitos indeterminados como via de acesso ao tribunal de revista. A determinabilidade da lei, de cada uma das concretas normas nela contidas, pressupõe a cognoscibilidade e a compreensão do seu conteúdo, que conferem à determinação legal o carácter de segurança alicerce do Estado de Direito. Não comportará um patamar compatível com a segurança uma solução legal que se revele obscura, imprecisa ou contraditória[615]. O princípio da clareza razoável das normas legais não se encontra inscrito directamente em nenhuma norma constitucional, mas decorre, sem margem para dúvidas, do princípio do Estado de Direito[616]. A afirmação da cognoscibilidade, da clareza, da compreensão, da determinabilidade, inerentes ao correcto exercício da função legislativa, constituem decorrências da concepção de Estado de Direito consagrada na Constituição, assentando na necessidade de calcular minimamente o futuro[617].

Noutros termos afirma-se a existência de um imperativo de precisão que se traduz na obrigatoriedade de que os pressupostos da lei se estabeleçam de «forma tão exacta quanto possível» e se determinem sem arbitrariedade. Nesta vertente a utilização de conceitos indeterminados constitui uma ameaça à segurança jurídica[618]. É a precisão da lei que se ressente pela utilização de conceitos indeterminados ou de cláusulas gerais[619].

A defesa de formulações legais claras e precisas visa afastar eventuais ambiguidades interpretativas ou lacunas de regulamentação e para este fito é curial não utilizar conceitos indeterminados ou cláusulas gerais[620].

O princípio da determinabilidade das normas jurídicas desdobra-se em duas componentes, uma que respeita à clareza das normas (que afasta o seu carácter obscuro ou contraditório) e a outra à densidade suficiente

---

[615] Cfr. Lúcia Amaral, *A Forma da República*. Coimbra, 2005, p. 179.

[616] Cfr. Lúcia Amaral, *A Forma...*, pp. 179 s.

[617] Cfr. Lúcia Amaral, *A Forma...*, p. 140.

[618] Cfr. Kaufmann, *Filosofia do Direito*. Lisboa, 2004, p. 282. O mesmo autor considera que «a paz jurídica apenas pode existir quando o direito é, de uma forma óptima, previsível, calculável» (p. 284).

[619] Cfr. Kaufmann, *Filosofia do Direito*, p. 143.

[620] Cfr. Baptista Machado, *Introdução ao Direito...*, p. 57.

O Recurso de Revista no Contencioso Administrativo

dessas normas (relativa a uma regulação densa ou determinada)[621]. O carácter determinável, ou não, das normas legais tem muitas vezes que ver com a distribuição de tarefas entre o legislador e o aplicador dessas normas.

Não se configura desrespeitador do princípio da determinabilidade das normas jurídicas a utilização de conceitos indeterminados como critério de acesso ao tribunal de revista. Não se depara qualquer obscuridade ou contradição entre normas ou na própria norma, nem se pode concluir pela falta de clareza dos conceitos adoptados. A utilização de conceitos indeterminados que requerem um preenchimento «através de representações de valor que não podem ser submetidas a nenhuma bitola objectiva absolutamente unitária»[622], não redundam numa situação de imprecisão, de não cognoscibilidade ou de incompreensibilidade. A não fixação de critérios de acesso objectivos, de verificação sumária e límpida por qualquer pessoa, assente em grandezas numéricas ou no objecto processual, não tem como significado directo a imprecisão e a indeterminabilidade. Reconhece-se naturalmente a maior dificuldade a que o preenchimento daqueles conceitos obrigará, mas poder-se-á dizer que «o mais nobre é sempre o mais difícil»[623] e, no acesso ao tribunal de revista, o mais alto tribunal da jurisdição administrativa, não deve deixar de sublinhar-se o carácter nobre da questão objecto do processo e do labor a desenvolver por esse tribunal.

A abertura da norma quanto aos pressupostos de admissão do recurso de revista, por via da utilização de conceitos jurídicos indeterminados, não belisca «o mínimo de densidade normativa exigido pelo princípio de reserva de norma jurídica»[624], na medida em que os concretos termos utilizados vinculam o tribunal na tarefa de concretização do seu sentido, assim como não são susceptíveis de habilitar à prática de decisões arbitrárias.

---

[621] Cfr. GOMES CANOTILHO, *Direito Constitucional...*, p. 258.

[622] Cfr. KAUFMANN, *Filosofia do Direito*, p. 283.

[623] Cfr. CASTANHEIRA NEVES, *O Direito hoje e com Que Sentido? O problema actual da autonomia do direito*. Lisboa, 2002, p. 75.

[624] Cfr. SÉRVULO CORREIA, *Legalidade e Autonomia...*, p. 334.

7. A utilização de conceitos indeterminados em face do princípio da proporcionalidade

46. O direito de acesso aos tribunais pressupõe a clareza na forma e no modo da sua efectiva concretização legal[625], sendo que qualquer das dimensões desse direito de acesso é compatível com a previsão de determinados pressupostos processuais que, se inobservados, conduzem à impossibilidade do acesso à jurisdição. A previsão legal de pressupostos processuais, no que respeita ao acesso, por exemplo, ao STA, em sede de revista, deve assegurar que estes não sejam desnecessários, inadequados e desproporcionados[626]. Trata-se da filtragem dos pressupostos processuais que facultam o acesso aos tribunais por via do princípio da proporcionalidade, nas suas três dimensões. A concreta verificação de cada uma delas depende não só da conformidade com a tutela jurisdicional constitucionalmente garantida, como também do posicionamento em função do nível hierárquico dos tribunais e da função a desempenhar pelo STA. Não se sujeitarão às mesmas exigências e condicionamentos os pressupostos processuais que facultam a admissão da acção administrativa na primeira instância ou aqueles que regulam a admissão de um recurso em terceira instância. A essa distinção terá de se atender na apreciação dos pressupostos processuais legalmente fixados, quando se efectuar a avaliação do respeito pelo princípio da proporcionalidade.

O princípio da proporcionalidade em sentido amplo vincula o legislador, a administração e os tribunais, sendo que o controlo judicial da sua intensidade e da sua extensão varia em função do tipo de acto em apreciação[627]. A jurisprudência constitucional tem acentuado esta diferenciação, precisando dois aspectos a atender: o primeiro, na afirmação de que este princípio desempenha uma das suas missões mais importantes no controlo da actividade do legislador e o segundo, no reconhecimento de que o legislador não pode deixar de deter uma "prerrogativa de avaliação", uma espécie de "crédito de confiança"[628].

---

[625] Cfr. GOMES CANOTILHO, *Direito Constitucional…*, p. 493.

[626] Cfr. GOMES CANOTILHO, *Direito Constitucional…*, p. 494.

[627] Cfr. GOMES CANOTILHO, *Direito Constitucional…*, p. 272. O autor usa preferencialmente a designação princípio da proibição do excesso, apesar de reconhecer a sua equiparação, p. 267.

[628] Cfr. acórdão n.º 200/01, de 9 de Maio, do Tribunal Constitucional, relator PAULO MOTA PINTO, disponível em www.tribunalconstitucional.pt. A expressão "crédito de confiança" é importada do direito alemão (BODO PIEROTH/BERNHARD SCHLINK, *Grundrechte*.

234 O Recurso de Revista no Contencioso Administrativo

É apontado como seu fundamento constitucional, ora o princípio do Estado de Direito, ora os direitos fundamentais[629], sendo que no primeiro parte-se da consideração do princípio da proporcionalidade como um princípio geral de limitação do poder público, assim se ancorando no Estado de Direito[630].

Este princípio assume três dimensões ou é integrado por três subprincípios: o princípio da adequação (ou conformidade ou aptidão), que determina que as medidas adoptadas devem ser apropriadas à realização do fim subjacente, («o acto do poder público é *apto* para e *conforme* os fins justificativos da sua adopção»); o princípio da necessidade (ou exigibilidade), assente na demonstração de que, para alcançar certos fins, não era possível adoptar soluções menos onerosas para os interessados; o princípio da proporcionalidade em sentido restrito (ou equilíbrio), implicando um juízo de ponderação que visa discernir se a medida adoptada é ou não desproporcionada por referência ao fim que se visa atingir[631].

Estes subprincípios encontram-se tratados, de igual modo, no âmbito do direito administrativo, apresentando, por exemplo, as seguintes formulações: o princípio da adequação veda a adopção de pressupostos que não sejam aptos à prossecução do fim que se visa alcançar ou não sejam casualmente ajustados ao fim a atingir; o princípio da necessidade veda a adopção de pressupostos que não se revelem indispensáveis para o fim a atingir, impondo que sejam consagrados os que menos lesem os direitos dos interessados; o princípio da razoabilidade (ou equilíbrio) veda que os custos da adopção de certos pressupostos se revelem superiores às vantagens emergentes da sua utilização[632]. Esta menção serve de mero registo comparativo, na medida em que, ao nível do controlo judicial, a extensão

---

Staatsrecht II, 14.ª edição, 1998); cfr. também acórdão n.° 139/2006, de 21 de Fevereiro, do mesmo Tribunal, disponível em www.tribunalconstitucional.pt.

[629] Cfr. GOMES CANOTILHO, *Direito Constitucional...*, p. 267, identificando as duas correntes com referências a jurisprudência constitucional.

[630] Cfr. acórdão n.° 200/01, sentido depois repetido no acórdão n.° 139/2006, já citados.

[631] Segue-se de perto o ensinamento de GOMES CANOTILHO, *Direito Constitucional...*, pp.269 ss. Na designação dos princípios mencionou-se também a terminologia alemã recolhida em SÉRVULO CORREIA, *Legalidade e Autonomia...*, pp. 114 s.

[632] Na enunciação com base na doutrina administrativa dos subprincípios que integram o princípio da proporcionalidade utilizaram-se as construções de FREITAS DO AMARAL, *Curso...*, II, pp. 129 ss. e REBELO DE SOUSA/SALGADO DE MATOS, *Direito Administrativo...*, I, p. 208.

O recurso excepcional de revista 235

e a intensidade que cada um deles comporta varia em função do tipo de acto em análise (legislativo, administrativo, jurisdicional).

Importa, assim, atenta a formulação da existência de um «direito a pressupostos processuais materialmente adequados»[633] por via da sua conformidade com o princípio da proporcionalidade, nas vertentes acima explanadas, aferir se a utilização de conceitos indeterminados na estipulação dos pressupostos que concedem o acesso ao STA enquanto tribunal de revista, se apresentam em conformidade com essas exigências ou se, pelo contrário, nalgum desses aspectos ocorreu um deslize do legislador ordinário que se apresente susceptível de fazer perigar a validade do sistema de acesso actualmente vigente.

Nesta avaliação deve ter-se presente que o recurso de revista é um recurso que pressupõe a avaliação de questões de direito em terceira instância pelo Supremo Tribunal e que, nessa medida, está em causa um litígio sobre o qual já recaíram duas decisões de duas instâncias distintas. Sem que, do mesmo modo, se possa ignorar que inexiste, por imposição constitucional, na jurisdição administrativa, um duplo grau de jurisdição necessário e obrigatório, aspecto que assumirá o seu relevo na consideração dos pressupostos de admissão de um recurso de revista em terceira instância a pressupor um duplo grau de recurso jurisdicional, que ainda menos tem cobertura constitucional.

Tendo presente o recorte jurídico assinalado, bem se pode concluir pela conformidade da solução legal que fixa o acesso ao STA como tribunal de revista por via da utilização de conceitos indeterminados ao princípio da proporcionalidade, nas suas três vertentes. A solução revela aptidão para prosseguir a finalidade que visa alcançar, o intuito claramente manifestado pelo legislador ordinário reside na necessidade de concentrar no Supremo Tribunal, em terceira instância, apenas os litígios que assumam uma certa configuração, cujos termos são transmitidos pela utilização de conceitos como questão de importância fundamental pela sua relevância jurídica ou social ou pela admissão claramente necessária para uma melhor aplicação do direito. Está em causa restringir o STA a certas questões que se enquadrem nestes conceitos e que por isso comportem um determinado contributo para o desenvolvimento do direito. Se o objectivo é valorizar o papel do STA e desvinculá-lo de se pronunciar sobre questões de menor relevância jurídica, é pertinente a adopção de conceitos indeterminados, que não são estáticos e permitem uma adequada evolução

---

[633] Cfr. GOMES CANOTILHO, *Direito Constitucional...*, p. 494.

da própria jurisprudência que pondera o seu preenchimento. A via da selecção dos processos que acedem ao tribunal de revista assente nos aludidos conceitos indeterminados, revela-se apta e portanto adequada à finalidade que visa atingir e que consiste na concentração no mais alto tribunal da jurisdição administrativa dos processos que revelam intrinsecamente valor justificativo para o seu tratamento em terceira instância. O subprincípio da necessidade pelos mesmos motivos expostos é respeitado pela solução legal de admissão da revista. Atente-se que a restrição de acesso à revista teria necessariamente de assentar na adopção de uma formulação restritiva que, se assentasse em critérios de índole objectiva, por exemplo superlativizando o valor do processo, se revelariam inapropriados e não se configurariam em termos indispensáveis ao fim em vista. Já a utilização de conceitos que detêm a virtualidade de não se cristalizar, facultando uma evolução natural da jurisprudência de admissão do recurso de revista e atende aos casos concretos em análise, constitui uma forma de indispensabilidade em relação ao fim a atingir. Decorre da solução implementada que os fins que com ela se visam alcançar comportam a *menor desvantagem possível*[634]. Por fim, o subprincípio da razoabilidade (ou equilíbrio) é também observado pela adopção de conceitos indeterminados, atentos os concretos conceitos adoptados e a necessidade do seu preenchimento valorativo por três dos juízes mais antigos do STA. Este subprincípio está assegurado na medida em que o meio utilizado (conceitos indeterminados) não é desproporcionado em relação ao fim (afastar do Supremo Tribunal aquele conjunto de litígios cuja relevância e dimensão se apresentam de tal modo insignificantes que não justificavam, sob que pretexto fosse, a mobilização do mais alto tribunal para a apreciação, quantas vezes, de meras trivialidades).

O Tribunal Constitucional[635] já considerou que cabe à lei ordinária definir «o acesso aos sucessivos graus de jurisdição» em observância do princípio da proporcionalidade, atido à relevância das causas e à natureza das questões, e do princípio da igualdade. É certo que também consigna a adopção de critérios objectivos, mas estes parece que se devem entender em função daqueles princípios e não ignorando a tipologia referenciada na proporcionalidade. A relevância das causas e a natureza das questões coadunam-se com os conceitos indeterminados adoptados no recurso excep-

---

[634] A expressão é de GOMES CANOTILHO, *Direito Constitucional...*, p. 270.

[635] Acórdão n.º 125/98, de 5 de Fevereiro, relatora FERNANDA PALMA, disponível em www.tribunalconstitucional.pt.

O recurso excepcional de revista 237

cional de revista, contendo a objectividade possível em face da necessidade de instituir um mecanismo de filtragem imprescindível à função atribuída ao STA.

Pode assim concluir-se que a via adoptada para estabelecer a admissão do recurso de revista se apresenta conforme com o princípio da proporcionalidade em sentido amplo, não se revelando os pressupostos de admissão – desta concreta hipótese – desnecessários, inadequados e desproporcionados.

8. Relevância do critério de admissibilidade no âmbito dos poderes de cognição do tribunal de revista

47. A qualificação do recurso de revista como excepcional apresenta-se capaz de produzir efeitos aos mais diversos níveis, não se ficando pelo condicionamento de acesso por via da utilização dos conceitos indeterminados já conhecidos. Esse carácter excepcional, a significar que não se estará perante um recurso generalizadamente utilizado, permite o entendimento de que essa nota afecta todo o regime jurídico pelo qual se rege, não se restringindo à matéria da admissão do recurso. Ao ponto de se poderem considerar ampliados os normais poderes de cognição do tribunal de revista, atenta a referida intenção de excepcionalidade. A extensão desses poderes encontra diversas dificuldades, nomeadamente respeitantes ao trânsito em julgado das questões não expressamente suscitadas pelas partes, o que resulta do disposto no n.° 4 do artigo 684.°, CPC, em que se comina que os efeitos do caso julgado, na parte não recorrida, não podem ser prejudicados pela decisão do recurso. Acentuam-se duas considerações, a de que o recorrente pode restringir, expressa ou tacitamente, o objecto inicial do recurso, seja no requerimento, seja nas conclusões das alegações (artigo 684.°, n.os 2 e 3), no que aqui releva o momento é o mesmo (artigo 144.°, n.° 2, CPTA), e a de que o recorrido pode requerer a ampliação do âmbito do recurso (artigo 684.°-A, CPC). É nesta última hipótese que se podem colocar questões mais prementes, que resultem do recorrido não requerer a apreciação dos fundamentos em que decaiu, independentemente do motivo que esteja na origem dessa omissão. Se por essa omissão o tribunal se vir impedido de decidir a questão de importância fundamental (por exemplo, pela sua relevância social) acabará por sair frustrado o motivo da admissão, tendo o STA sido chamado a proferir uma decisão em terceira instância sem que, por fim, acabe por resolvê-la.

Deverá o STA, no recurso de revista excepcional, ficar constrangido aos poderes de cognição que, em sede de revista normal, lhe são atribuídos por remissão para o disposto no processo civil? Ou será admissível entender que, em certos casos excepcionais e por força do carácter excepcional do recurso, atento o seu exigente critério de admissão, na revista a que se refere o artigo 150.º, CPTA, a relevância atribuída à questão fundamental que se vai apreciar constitui fundamento justificativo para o alargamento dos poderes de cognição à relação jurídica administrativa subjacente à relação jurídica processual, conhecendo-se inclusive fundamentos que à luz da regra processual civil estariam protegidos pelo caso julgado?

O que se vai tentar demonstrar neste número é a necessidade e a justificação de, na revista excepcional, se configurar um regime também ele excepcional quanto aos poderes de cognição do tribunal, de modo a evitar que a questão que fundou o recurso acabe por não ser examinada em toda a sua extensão, mesmo que para tanto seja necessário introduzir um entorse ao regime geral da revista regulada no processo civil.

Em primeiro lugar, a remissão geral para o processo civil em matéria de recursos ordinários das decisões jurisdicionais é operada por via global, mas temperada pelas necessárias adaptações (artigo 140.º). A aplicação do processo civil no contencioso administrativo, estando em causa uma remissão directa para um bloco normativo – que é um momento de injuntividade – deve coadunar-se com um momento de porosidade entre ambos os direitos processuais, a ponto de se poder identificar a existência de um princípio geral de aplicação adaptativa da lei de processo civil[636]. Da afirmação deste princípio emergem três postulados dogmáticos: primeiro, o processo civil tem de ser sempre aplicado em consonância com os princípios gerais do processo administrativo, nomeadamente o princípio *pro actione*; segundo, no âmbito da aplicação supletiva do processo civil, estas normas serão afastadas quando seja possível a aplicação analógica de uma norma do processo administrativo; terceiro, a aplicação adaptativa das normas do processo civil traduz-se na possibilidade destas serem alteradas no seu conteúdo pelo juiz administrativo, para que daí resulte uma concordância prática com as normas do processo administrativo aplicáveis à relação jurídica processual[637]. O primeiro e o terceiro postulados consti-

---

[636] Cfr., mencionando estes dois momentos, SÉRVULO CORREIA, *Direito do Contencioso...*, I, pp. 754 ss.

[637] Cfr. SÉRVULO CORREIA, *Direito do Contencioso...*, I, pp. 756 s., a quem se deve a construção dos postulados dogmáticos referidos no texto.

tuem dois suportes essenciais à construção da posição que assenta na extensão dos poderes de cognição do tribunal de revista excepcional. Quer a aplicação das normas do processo civil em consonância com os princípios gerais do processo administrativo, quer o facto da aplicação adaptativa dessas normas admitir (e impor) alterações ao respectivo conteúdo pelo juiz administrativo, traduzem a imposição, em sede de recurso excepcional de revista e atentos os pressupostos da sua admissão que condicionam o regime jurídico a que a revista depois de admitida deve obedecer, de não aplicação sem mais da regulação processual civil, devendo outrossim condicionar-se essa aplicação ou até vedá-la em função dos objectivos prosseguidos por este recurso jurisdicional. A interpenetração entre direito processual civil e direito processual administrativo[638] não se traduz na imediata e automática imposição da regulação civil em matéria de recursos jurisdicionais ao processo administrativo, a sua adaptabilidade determina a subsistência de autonomia do processo administrativo que se apresenta como um direito susceptível de assegurar a prevalência dos princípios e do ambiente do direito público.

Este tipo de relação comunicativa com adaptações entre ambos os direitos processuais não constitui um factor impeditivo à extensão dos poderes de cognição do tribunal de revista, sendo que as adaptações do processo civil serão aquelas que se coadunem com a específica natureza do direito processual administrativo.

O recurso de revista no processo civil é um recurso ordinário normal, cuja admissão está submetida a critérios objectivos. Já a revista do processo administrativo, sendo um recurso ordinário, por qualificação legal, comporta uma nota de excepcionalidade, que lhe é aliás reconhecida por toda a jurisprudência produzida pela formação específica de apreciação preliminar sumária. A diferenciação entre ambos os recursos, civil e administrativo, é também reconhecida como argumento tipo regularmente utilizado nessa jurisprudência. Esta distinta concepção dos recursos mostra-se capaz de determinar a não aplicabilidade de algumas das soluções legais que regem a revista no processo civil, por via inclusive do esforço adaptativo que a aplicação deste exige.

Em segundo lugar, a matriz enformadora da reforma do contencioso administrativo, que consiste na efectividade da tutela jurisdicional administrativa, além de não impedir tal extensão, ainda por outro lado a reforça e exige. A admissão excepcional de um recurso constitui uma via concre-

---

[638] Cfr. SÉRVULO CORREIA, *Direito do Contencioso...*, I, p. 749.

tizadora de tutela jurisdicional; aliás a sua previsão legal visa também, ainda que não em exclusivo, assegurar essa tutela.

A efectividade da tutela jurisdicional traduz-se numa materialidade da garantia de que emana uma prevalência da justiça material sobre a formal, apresentando dois âmbitos diversos de aplicação; em primeiro lugar, dirige-se ao legislador processual, com a capacidade de cominar com inconstitucionalidade as normas que, por exemplo, comportassem limitações desproporcionadas aos poderes de cognição do tribunal; depois, num outro patamar, essa garantia foi consubstanciada como uma «directiva constitucional sobre o juiz», por via da imposição de uma interpretação das normas jurídicas processuais preferentes à pronúncia de uma decisão de mérito (artigo 7.° CPTA)[639]. Esta manifesta inclinação pela prolação de decisões de mérito que resolvam o litígio terá também a virtualidade de impor o exame da totalidade da pretensão formulada[640] e não apenas uma sua parte, deixando-se cair a restante por qualquer interpretação de índole formalista e frustradora de tutela.

Em terceiro lugar, na aferição da relevância social da questão de importância fundamental, os interesses comunitários que fundam a admissão do recurso só se podem ter por realizados e assegurados se a questão que assim se vê admitida for resolvida na totalidade, aflorando todas as facetas daqueles interesses. É apontado pela doutrina que o objectivo principal do recurso de revista «não será tanto a defesa do recorrente quanto a realização de *interesses comunitários* de grande relevo», dando como exemplo destes «a boa aplicação do direito»[641]. Esta ideia tem vindo a ser sucessivamente invocada numa grande parte das decisões da formação específica de apreciação preliminar sumária, do que resultam, pelo menos, duas consequências. A distinta finalidade dos recursos de revista, civil e administrativo, condiciona a aplicação das normas do processo civil que, sofrendo o aludido processo adaptativo, têm de se adequar ao ambiente do processo administrativo. Além de que o interesse prosseguido pela revista excepcional, dado o seu carácter e amplitude, é ele próprio um factor condicionante do regime jurídico que

---

[639] Cfr. SÉRVULO CORREIA, *O princípio pro actione...*, p. 47 e *Direito do Contencioso...*, I, pp. 745 s.

[640] Cfr. SÉRVULO CORREIA, *O princípio pro actione...*, p. 47. Esta argumentação foi aduzida pelo autor com o fito de demonstrar que a interpretação do artigo 684.°-A, n.° 1, CPC, deve assegurar o pleno acesso à justiça.

[641] Cfr. VIEIRA DE ANDRADE, *A Justiça...*, pp. 384 s.

O *recurso excepcional de revista* 241

a rege, nomeadamente no que respeita à extensão dos poderes de cognição com eventual preterição excepcional do caso julgado.

Em quarto lugar, os pressupostos de admissão do recurso atribuem à questão uma tal relevância, que só com a sua plena resolução se podem ter por assegurados os fundamentos do acesso ao STA em terceira instância. Por um lado, a utilização de conceitos indeterminados que são, em geral, interpretados de modo restritivo condicionando a admissão do recurso, vai ter repercussões, com a mesma magnitude no regime jurídico por que ele se rege. De um outro modo, o tipo de relevância que qualifica a questão de importância fundamental é susceptível de impor uma resolução efectiva da questão. Atente-se que a fundamentação que alicerçou a verificação da relevância social ou jurídica enquanto pressuposto de admissão, é também ela um elemento a atender na avaliação da extensão dos poderes de cognição do tribunal de revista e o mesmo vale para a clara necessidade de uma melhor aplicação do direito. A relevância social, preenchida em função do impacto na comunidade social, parece impor que o fundamento da admissão do recurso conduza à integral resolução do litígio[642], sob pena de não apresentar qualquer utilidade.

Em quinto lugar, a existência de uma tendencial justaposição entre a relação jurídica administrativa e a relação jurídica processual significa que ao tribunal de revista caberá dar satisfação ao litígio emergente daquela relação jurídica administrativa[643]. No mesmo sentido RosenDo José invoca a admissão da violação da lei processual como fundamento da revista, em direcção contrária à previsão do processo civil (artigo 721.º, n.º 2), para reconduzir a solução legal a uma opção pela justaposição da relação substantiva com a relação processual, invocando um princípio da unidade e plenitude da instância, de acordo com o qual se afirma tendencialmente que o objecto da instância é a relação substantiva[644]. Considera que, quando a admissão se funde na relevância social da questão de importância fundamental ou na necessidade de melhor aplicação do direito,

---

[642] Cfr. Sérvulo Correia, *O princípio pro actione...*, p. 50; Aroso de Almeida, *Recursos Jurisdicionais*, p. 241; Aroso de Almeida/Fernandes Cadilha, *Comentário...*, p. 753; Rosendo José, *Os Meios do CPTA...*, p. 229. Incluindo, também, a melhor aplicação do direito.

[643] Sérvulo Correia, *Direito do Contencioso...*, I, p. 738, alude a uma «directriz da tendencial completude da sobreposição da relação jurídica processual à relação jurídica administrativa substantiva».

[644] Cfr. *Os Meios do CPTA...*, p. 226.

242 *O Recurso de Revista no Contencioso Administrativo*

a formação de julgamento do STA deve conhecer tudo o que respeite a esses pressupostos, ainda que não tenha sido alegado ou não tenha constituído matéria de apreciação no tribunal central, daqui inferindo que a recusa desta percepção produziria uma «decisão *contra natura* ou completamente frustrada e frustrante» e teria o efeito de nada resolver[645]. De um modo singularmente generoso, conclui que daí deriva o alargamento dos poderes de cognição do STA a todas as questões de direito que se insiram na relação jurídica[646], ainda que sejam acessórias à questão principal, contanto que respeitem à finalidade do recurso, agregando também como justificação para o conhecimento de todas as questões jurídicas, a circunstância de caber ao tribunal a emissão de uma decisão que substitua a impugnada (artigo 150.º, n.º 3), o que impõe a resolução do litígio em toda a sua amplitude[647]. Provindo do seio da judicatura, a posição assim enunciada abre uma possibilidade de, pelo menos, passar a ser suscitada a sua aplicabilidade, sublinhando-se a assertividade com que vem pronunciada, talvez sem considerar todas as dificuldades que daí derivam.

Por outro lado, ainda que em termos menos definitivos, AROSO DE ALMEIDA considera que, quando a admissão se funde na relevância social da questão de importância fundamental, é imposta a apreciação de todos os pontos jurídicos relativos aos interesses em conflito[648]. Analisando no *Comentário* a questão com maior detenção, aí se exprime o entendimento de que o julgamento não se deve circunscrever estritamente à reponderação da decisão impugnada, apesar desta solução não resultar do direito positivo. Agudiza-se a sua necessidade nos processos urgentes, em especial nos cautelares, em que o tribunal tem de realizar um novo juízo sobre os pressupostos de concessão da providência cautelar, ponderando os interesses (públicos e privados) em causa. É neste contexto que concluem pela inadequação da restrição do objecto do recurso apenas às questões anali-

---

[645] Cfr. ROSENDO JOSÉ, *Os Meios do CPTA...*, p. 229, referindo ainda que o entendimento expresso no texto se lhe depara como absolutamente impositivo.

[646] O próprio STA já reconheceu que «somos chamados a rever "de jure" e em toda a sua possível latitude, a decisão do TCA». Cfr. acórdão de 6 de Abril de 2006, relator MADEIRA DOS SANTOS, processo 035/06, disponível em www.dgsi.pt.

[647] Cfr. ROSENDO JOSÉ, *Os Meios do CPTA...*, pp. 229 s. O autor considera que nesse âmbito cabe também o conhecimento de todas as questões de direito processual e, começando por restringir esta ampliação da cognição aos pressupostos indicados no texto, adiante insere nessa concepção o pressuposto da relevância jurídica da questão de importância fundamental, quando aí se incluam direitos fundamentais ou outros direitos (p. 231).

[648] Cfr. *Recursos Jurisdicionais*, p. 241.

sadas na decisão recorrida[649] (ou, somente, na questão em que assentou a admissão). Parece, assim, que se vai formando uma corrente doutrinária consistente, que sustenta o alargamento dos poderes de cognição do STA em sede de revista, ainda que não se possam ter por ultrapassadas todas as dificuldades emergentes de tal posicionamento.

Em sexto lugar, a necessidade de interpretar as normas processuais administrativas no sentido mais favorável à pronúncia de uma decisão de mérito global do litígio, decorre também da observância do princípio da igualdade das partes. Como se depreende, numa hipótese em que tenha sido avaliada e decidida uma estrita e exclusiva questão, decidindo o litígio de uma certa maneira (ou até deixando de o decidir), quando para uma resolução diversa poderia (e deveria) ter sido atendida a outra ou outras questões, anteriormente suscitadas no processo, não ficam adequadamente salvaguardadas as posições das partes, em termos de se poder concluir que obtiveram um tratamento equilibrado. Deve entender-se, pelo contrário, que o conhecimento do litígio tem de ser efectuado de forma equilibrada para ambas as partes, de modo a que não se produza uma desigualdade entre elas[650]. Sendo que do artigo 6.°, CPTA, decorre a constituição do tribunal no encargo de assegurar uma efectiva igualdade. Esta imposição parece conduzir, em função do estado do processo e da sua configuração pelas partes, a que, no cumprimento desse dever (de igualdade efectiva), o tribunal conheça todas as questões invocadas que o habilitem à resolução total e final do litígio, desse modo ampliando o âmbito dos seus poderes de cognição (ou exercendo-os de uma forma favorável ao processo). Em função da igualdade das partes também se mobiliza outro apoio para justificar a aludida ampliação. Esta deve ocorrer apenas quando se justifique, sublinhando-se que nenhum dos argumentos a este respeito aduzidos visa genericamente conferir à formação de julgamento os mais amplos poderes de cognição, capazes de transformar o modelo de recurso adoptado.

SÉRVULO CORREIA, que nesta matéria abriu caminho e deu um contributo absolutamente relevante, acrescenta que a essência do recurso excepcional de revista não permite a sua instrumentalização e da correspondente

---

[649] Cfr. AROSO DE ALMEIDA/FERNANDES CADILHA, *Comentário...*, pp. 752 s. Foi, aliás, no âmbito de uma providência cautelar que foi suscitado o alargamento dos poderes de cognição do tribunal de revista por SÉRVULO CORREIA, *O princípio pro actione...*, pp. 36 ss.

[650] Cfr. SÉRVULO CORREIA, *O princípio pro actione...*, p. 49.

relação processual a um aspecto restrito de entre outros igualmente controvertidos tendo por estrito suporte um fim objectivo de melhor realização do Direito[651]. Exemplifica que, estando em causa a relevância social da questão de importância fundamental, devem ser apreciados todos os aspectos jurídicos que conferem espessura e dimensão aos interesses em conflito, e, mesmo se se visar a melhor aplicação do Direito, esta deve envolver a «conformação da situação jurídico-administrativa controvertida», o que decorre do recurso ser substitutivo[652].

Em sétimo lugar, razões de política legislativa justificam que o STA, em terceira instância, possa julgar os processos em que se suscitem questões de importância fundamental pela sua relevância jurídica ou social, e, quando tenha sido apenas invocada uma questão, devem ser reponderadas todas as que relevem no caso concreto[653].

Em último lugar, este alargamento dos poderes de cognição do STA em sede de revista decorre da necessidade de conceder efeito útil à decisão, de modo a, que transposto o filtro de admissão e reconhecida a relevância da questão subjacente, esta venha a encontrar uma solução definitiva e completa. O efeito útil do recurso de revista e a racionalidade inerente ao sistema de recursos também conduzem ao desiderato que se vem defendendo.

48. Contra, podem também enumerar-se alguns argumentos, o mais forte dos quais se traduz num aspecto já aflorado e que consiste no afastamento do caso julgado em relação a partes não recorridas da decisão impugnada[654]. Além de se afastar tal efeito em face da adaptabilidade ao ambiente próprio do direito administrativo das normas processuais civis, podem ainda invocar-se outras considerações que reforçam essa solução e permitem o afastamento do núcleo mais complexo de questões que poderia objectar à extensão dos poderes de cognição aqui defendida.

A identificação entre o âmbito de cognição e a situação jurídica administrativa encontra já indícios no direito anterior, em que se cominava ao STA, em sede de recurso, o poder de conhecer toda a matéria da im-

---

[651] Cfr. *O princípio pro actione...*, p. 50.

[652] Cfr. SÉRVULO CORREIA, *O princípio pro actione...*, p. 50.

[653] Cfr. SÉRVULO CORREIA, *O princípio pro actione...*, p. 49, o que permite diferenciar a revista do reenvio prejudicial no qual apenas se decide uma única questão de direito.

[654] Cfr. artigo 684.°, n.° 4, CPC.

pugnação do acto administrativo, ainda que o julgamento tenha sido parcialmente favorável ao recorrente[655].

Entrando nos óbices directamente resultantes do caso julgado, podem ainda alegar-se a favor do entendimento expresso outros argumentos. O caso julgado não é um valor em si próprio, baseando-se com maior preponderância em determinações de carácter político, do que estritamente jurídicas, do que decorre que pode sucumbir perante o valor da justiça, quando a verdade deva prevalecer sobre a segurança. O que, a ocorrer, apenas pode ser aceite em situações muito excepcionais[656]. Repita-se, de novo, que o recurso de revista no contencioso administrativo é verdadeiramente excepcional e que as hipóteses em que este tipo de questão se colocará tenderão, do mesmo modo, a revelar um carácter excepcional. No fundo ocorre numa escala de excepcionalidade, cingindo-se a um patamar superior ao da própria e geral excepcionalidade do recurso.

O recurso para uniformização de jurisprudência comporta um contributo assinalável neste âmbito. Apesar de legalmente ser configurado como um recurso ordinário, em desvio ao típico tópico de destrinça entre os recursos ordinários e extraordinários, passou, com a reforma do contencioso administrativo, a ser interposto apenas após o trânsito em julgado da decisão impugnada. O que significa que, sendo um recurso ordinário na qualificação legal, essa acaba por não ser a sua verdadeira natureza. Mas ainda assim, e considerando que as probabilidades de interposição de um recurso para uniformização de jurisprudência são mais frequentes e menos justificadas do que aquelas que admitem o recurso de revisão, foi aberta uma via de vulgarização no afastamento do caso julgado. O artigo 152.º, CPTA, transmite claramente que nas situações de divergência jurisprudencial, com as condicionantes nele previstas, passou a ser admissível destruir o caso julgado, isto é, o grau de exigência antecedente, no que respeita às situações em que aquele pode ser suprimido, diminuiu. Esta redução constitui um duro golpe na teoria geral do caso julgado, na medida em que passa a ser genericamente admitido que, por razões atinentes à tutela objectiva da legalidade, o caso julgado possa ser destruído. A solução agora consignada em matéria de uniformização de jurisprudência diverge frontalmente da vigente no processo civil, em que o julgamento ampliado da revista, para além de constituir uma mera vicissitude da fase de julga-

---

[655] Artigo 110.º, alínea c), LPTA. Cfr. SÉRVULO CORREIA, *O princípio pro actione...*, p. 51.

[656] Cfr. AMÂNCIO FERREIRA, *Manual...*, p. 76.

mento, não logra afectar os limites do caso julgado. Trata-se de uma via que se afasta drasticamente de qualquer outra solução existente no direito português. A configuração que foi gizada para o recurso para uniformização de jurisprudência no contencioso administrativo é um argumento importante na revelada intenção de alterar o sentido e o grau de exigência na jurisdição administrativa, no que respeita aos limites do caso julgado. Esta é a norma mais categórica e assertiva que sustenta a viragem na percepção da função e dos limites do caso julgado, indiciando a construção de um posicionamento diferenciado no âmbito do contencioso administrativo, o que também encontra justificação no próprio ambiente diferenciado de direito público.

Não questionando que a definitividade (e imodificabilidade) das decisões dos tribunais é algo natural, imanente à função jurisdicional, tem de reconhecer-se que a modificabilidade ou revogabilidade de uma decisão com força de caso julgado, pode ocorrer, contanto que se limite a situações excepcionais. Assim, decorre da jurisprudência do Tribunal Constitucional que o legislador detém uma ampla margem de liberdade na escolha das decisões que constituem caso julgado, na determinação dos limites deste e na determinação dos requisitos do trânsito em julgado[657]. Já se tem entendido que o princípio da imodificabilidade do caso julgado vale apenas em relação aos recursos ordinários, não ocorrendo no que toca aos extraordinários[658], daqui se retirando que, sendo a revista um recurso ordinário, mas denotando uma elevada excepcionalidade, é possível aproximar o recurso de revista (ordinário), em face da sua excepcionalidade, da linha de inserção dos recursos extraordinários no que tange a este estrito efeito. No quadro daquela formulação admite-se, porém, que com um carácter excepcional, o caso julgado pode sofrer afectações, limitadas pela fonte, isto é, apenas uma nova decisão jurisdicional logrará modificar outra decisão já transitada em julgado, configurando a garantia constitucional do caso julgado, em primeiro lugar, como um impedimento à alteração dele por actos jurídicos provenientes do legislador ou da Administração[659]. A derrogação do caso julgado é vedada, em geral, pelo princípio

---

[657] Cfr. ISABEL ALEXANDRE, *O Caso Julgado na Jurisprudência Constitucional Portuguesa*, in AA.VV., *Estudos em Homenagem ao Conselheiro José Manuel Cardoso da Costa*. Coimbra, 2003, pp. 61 s.

[658] Cfr. PAULO OTERO, *Ensaio sobre o Caso Julgado Inconstitucional*. Lisboa, 1993, p. 41.

[659] Cfr. PAULO OTERO, *Ensaio...*, pp. 45 e 51.

O recurso excepcional de revista 247

do Estado de Direito, sendo que, do mesmo modo, é com sustentação neste princípio que se admite a sua afectação por outra decisão jurisdicional, com base em critérios de estrita excepcionalidade[660]. Emerge, assim, que mesmo quem parte da afirmação da «intangibilidade do caso julgado como regra geral do Direito português»[661], acaba por conceder a incisão de rasuras com base na excepcionalidade dos motivos. Destas asserções decorre que, sendo possível qualificar a hipótese em apreço como excepcional, ela se insere no quadro constitucional que admite a preterição do caso julgado, no que concerne à modificação ou revogação de decisões jurisdicionais e também que, detendo o legislador ordinário uma ampla margem de liberdade na escolha das decisões que constituem caso julgado, – atente-se na alínea c), do artigo 110.º, LPTA, já revogado – lhe é constitucionalmente lícito prever – directa ou indirectamente – a preterição do caso julgado, nas situações em que dos critérios de admissão do recurso resulte necessariamente a decisão global do litígio submetido a apreciação e não apenas uma simples resolução da questão colocada, eventualmente inútil. O que significa que não pode invocar-se sequer a inconstitucionalidade da solução que se vem preconizando.

Na ponderação do Tribunal Constitucional como última instância de recurso e numa perspectiva assente nos seus poderes de cognição, foi já considerado como irrelevante o valor de caso julgado no processo principal como condicionante à admissão do recurso para aquele tribunal, isto por se considerar que a constitucionalidade ou a legalidade de uma norma legal tem «interesse e valor objectivo»[662]. Não tendo sido aditados outros argumentos além do indicado, parece daí deduzir-se que assumindo a constitucionalidade ou legalidade um valor objectivo, este apresenta capacidade para afastar o valor da segurança jurídica e assim preterir a força do caso julgado. Também no recurso excepcional de revista se deparam valores objectivos – em função da dimensão justificativa da admissão do recurso – que podem conduzir à mesma preterição. Esta não é, apesar disso, necessariamente exigida, podendo ocorrer situações em que ela não se torne concebível ou útil. O mesmo é dizer que a preterição do caso julgado, nos termos acima expostos, apenas é necessária quando se revele conveniente para a resolução definitiva do litígio no âmbito do qual se suscitou uma questão de direito capaz de fundar a admissão do recurso de

---

[660] Cfr. PAULO OTERO, *Ensaio...*, p. 52.

[661] Cfr. PAULO OTERO, *Ensaio...*, p. 50.

[662] BLANCO DE MORAIS, *Justiça Constitucional*, II. Coimbra, 2005, p. 592.

248 *O Recurso de Revista no Contencioso Administrativo*

revista, ou seja, não está em causa a afirmação de uma regra geral verificável em qualquer circunstância, mas antes uma possibilidade que só no quadro concreto em análise se pode tornar exercitável. Esta restrição acentua ainda mais o seu verdadeiro carácter excepcional e com isso permite afastar os obstáculos com que uma eventual generalização sem delimitação se poderia confrontar.

A justaposição entre relação substantiva e relação processual coloca diversas dificuldades, devendo a resposta passar pelo equacionar entre os limites do caso julgado e as determinações emergentes dos princípios do dispositivo, do inquisitório e do contraditório[663]. Parece que os maiores engulhos emergirão do princípio do dispositivo, pelos efeitos decorrentes do não cumprimento do ónus de alegar e de recorrer e da restrição inicial do objecto do recurso. Aspectos que solicitam uma mais detida ponderação, que não se insere no presente âmbito. Do acima exposto decorre que os limites do caso julgado não se revelam intransponíveis e que as funções atribuídas ao recurso excepcional de revista se reportam capazes de conformar os princípios do dispositivo e do inquisitório ao âmbito dos poderes de cognição. Já o princípio do contraditório consegue prevalecer, se necessário for, por via do princípio da adequação formal.

Pretendeu-se, neste ponto, exclusivamente, colocar em saliência que o critério de admissibilidade do recurso de revista pode ter relevância na definição do âmbito dos poderes de cognição do tribunal de revista. No que respeita a esta pressuposição apenas se deixam, tanto quanto o momento reflexivo o permite, subsídios enunciadores de caminhos e pistas a ponderar, não se pretendendo fornecer uma solução final quanto à complexa questão da justaposição da relação jurídica administrativa substantiva à relação jurídica processual.

9. Apreciação preliminar sumária: critérios para a recusa de preenchimento dos pressupostos de admissão

49. A partir de uma análise casuística de várias dezenas de acórdãos[664], em que a formação específica que efectua a apreciação preliminar sumária tem decidido não admitir o recurso excepcional de revista, pro-

---

[663] Equação traçada por SÉRVULO CORREIA, *O princípio pro actione...*, p. 51.
[664] Todos os acórdãos mencionados no n.º9 deste § encontram-se disponíveis em www.dgsi.pt.

O *recurso excepcional de revista* 249

curar-se-á formular uma síntese capaz de identificar os padrões de recusa do tribunal, ponderando a sua adequação com a previsão legal. A análise a que se procede tem subjacente o tratamento global das decisões, procurando nelas identificar os parâmetros que foram sendo construídos. Pode adiantar-se desde já que a jurisprudência desta formação específica tem evoluído nem sempre na mesma linha, aqui e acolá podem ser identificadas divergências entre os relatores que ficaram apenas entrelinhadas. Também se detectam diferenças no estilo de argumentação adoptado por cada um dos relatores, sendo que neste ponto apenas se atenderá topicamente aos fundamentos da não admissão e às diversas formas de verificação da não concretização dos conceitos indeterminados que suportam a admissão do recurso, apesar de nem sempre a actividade da formação a que alude o artigo 150.°, n.° 5 se confinar à verificação desses pressupostos, mas se inserir no quadro da admissão por via da qual se lhe conferiram os poderes que exerce.

Um dos pressupostos de admissão baseia-se na apreciação de uma questão que, pela sua relevância jurídica ou social, se revista de importância fundamental, o mesmo é dizer na apreciação de uma questão de importância fundamental pela sua relevância jurídica ou social. Este pressuposto acaba por se traduzir em dois, num estará em causa a relevância jurídica e noutro a relevância social. Atender-se-á em separado a cada um deles na apreciação dos critérios utilizados para fundar a sua não verificação. Seguindo a ordem da lei, começa-se pela questão de importância fundamental pela sua relevância jurídica.

Tendo sido já constatado que os dois índices de aferição deste pressuposto consistem na complexidade das operações lógicas e jurídicas necessárias à resolução da questão e à capacidade de expansão da controvérsia, não se fará aqui menção à afirmação conclusiva, inúmeras vezes registada, de que não está em causa qualquer desses indícios. Tem-se por assente que na construção que parte da aferição desses dois elementos concretizadores fica também esclarecida a sua ausência.

Na jurisprudência já emanada são em número muito substancial as decisões de não admissão, nelas se invocando de modos variados as vias adoptadas para a demonstração do não preenchimento deste pressuposto. Importa começar pelo enunciado das proposições constantes desses arestos: a relevância jurídica é afastada pelo facto da questão já ter sido apreciada por duas instâncias[665]; a existência de uma abundante jurisprudên-

---

[665] Acórdãos de 23 de Setembro de 2004, processo 0869/04, e de 13 de Janeiro de 2005, processo 019/05, de ambos foi relator ANTÓNIO SAMAGAIO.

cia do STA, do TCA e do Tribunal Constitucional sobre a questão, impede a sua qualificação como de importância fundamental[666]; a invocação de uma omissão de pronúncia das instâncias não logra uma hipótese de importância fundamental[667]; a suscitação de uma questão de constitucionalidade não funciona como parâmetro de relevância jurídica da questão de importância fundamental[668]; a divergência entre as decisões da primeira e da segunda instâncias e a frontal discordância do recorrente quanto a esta segunda decisão não constituem indícios suficientes para atribuição de relevância jurídica à questão de importância fundamental[669]; a nulidade da sentença impugnada não configura uma situação de importância fundamental[670]; uma questão atinente com a inutilidade superveniente da lide não revela importância fundamental, porque está sujeita a pressupostos objectivos e porque a produção jurisprudencial sobre a matéria é abundante[671]; existindo uma solução recente para a questão colocada e que foi tomada por toda a 1.ª secção, tal questão perde relevância jurídica[672]; uma questão relativa à existência ou não de um deferimento tácito de um pedido de loteamento e à ocorrência de revogação por indeferimento expresso, é matéria que resulta da prova produzida, não tendo especial relevância jurídica[673]; a relevância jurídica «não é uma relevância teórica medida pelo exercício intelectual, mais ou menos complexo, que seja possível praticar sobre as normas discutidas»[674]; a relevância jurídica é afastada quando os critérios de fixação dos pressupostos de suspensão de eficácia de um despacho que determinou um encerramento de um snack-

---

[666] Acórdão de 23 de Setembro de 2004, relator SANTOS BOTELHO, processo 0891/04.

[667] Acórdão de 23 de Setembro de 2004, relator AZEVEDO MOREIRA, processo 0889/04.

[668] Acórdão de 9 de Dezembro de 2004, relator SANTOS BOTELHO, processo 01257/04, uma questão desse tipo encontra adequada tutela por via de recurso para o Tribunal Constitucional.

[669] Acórdão de 3 de Fevereiro de 2005, relator AZEVEDO MOREIRA, processo 084/05.

[670] Acórdão de 16 de Fevereiro de 2005, relator SANTOS BOTELHO, processo 0157/05.

[671] Acórdão de 16 de Fevereiro de 2005, relator ANTÓNIO SAMAGAIO, processo 0172/05.

[672] Acórdão de 12 de Abril de 2005, relator ANTÓNIO SAMAGAIO, processo 0368/05.

[673] Acórdão de 19 de Maio de 2005, relator ANTÓNIO SAMAGAIO, processo 0547/05.

[674] Acórdão de 24 de Maio de 2005, relator AZEVEDO MOREIRA, processo 0579/05, antes devendo ter como referência uma relevância prática assente na utilidade jurídica da revista.

bar não têm suscitado dúvidas na jurisprudência[675]; a natureza intrínseca do caso (textura do interesse) e a singularidade da situação concreta, dificilmente repetível, (excludente de importância doutrinária) afastam a relevância jurídica da questão[676]; a circunstância da controvérsia exegética se situar ao nível de normas regulamentares e não de normas legais singulariza as questões, retirando-lhes a projecção necessária à qualificação como de importância fundamental[677]; o pressuposto processual da legitimidade do requerente de uma providência cautelar, havendo duas decisões no mesmo sentido e tratando-se de uma decisão provisória, não constitui uma questão de importância fundamental[678]; a questão não tem um particular relevo jurídico, na medida em que existe um assinalável labor jurisprudencial no qual se recorta com facilidade uma linha claramente dominante[679].

É possível agrupar os argumentos utilizados nas decisões de não admissão tendo por padrão dois tópicos, num, a configuração geral da recusa de admissão, noutro, a identificação de hipóteses concretas em que a admissão foi recusada. Neste último grupo incluem-se apenas aquelas situações em que o argumento se reconduz à própria hipótese versada, sendo que em relação a todos os casos se poderia invocar o aspecto processual em causa.

Ao nível da configuração geral da não admissão, o argumento determinante na fundamentação dessa decisão consiste na antecedente jurisprudência do STA e de outros tribunais (TCA e Tribunal Constitucional), indo desde a abundância à inexistência de dúvidas nela manifestadas e ao facto de existir decisão do pleno da 1.ª secção sobre a questão em causa. Em todos os casos em que a jurisprudência, além de abundante se manifeste com clareza num determinado sentido, a submissão de uma questão no âmbito de uma decisão concordante com essa orientação terá dificuldades de monta em conseguir ser admitida. A preponderância da jurisprudência existente sobre a questão que é colocada revela-se, inclusive, pela invocação daquela que provém do TCA e do Tribunal Constitucional,

---

[675] Acórdão de 6 de Dezembro de 2005, relator ANTÓNIO SAMAGAIO, processo 01146/05.

[676] Acórdãos de 5 de Julho de 2005, relator AZEVEDO MOREIRA, processo 0781/05, e de 7 de Julho de 2005, relator SANTOS BOTELHO, processo 0795/05.

[677] Acórdão de 4 de Janeiro de 2006, relator AZEVEDO MOREIRA, processo 01196/05.

[678] Acórdão de 25 de Janeiro de 2006, relator ANTÓNIO SAMAGAIO, processo 045/06.

[679] Acórdão de 2 de Fevereiro de 2006, relator SANTOS BOTELHO, processo 066/06.

252 *O Recurso de Revista no Contencioso Administrativo*

como que a insinuar o carácter pacífico e consensual do sentido interpretativo das normas em causa e por isso da decisão impugnada. Com a utilização deste argumento, o STA acaba por correr o risco de cristalizar o sentido da decisão assente em anterior produção jurisprudencial de vários tribunais. Apesar disso não se tem por incorrecto o argumento assim invocado, dele resulta que seria improfícuo admitir um recurso quando, à partida, era possível antever com elevado grau de probabilidade o sentido da decisão. Ocorre assinalar, no entanto, que a lógica deste argumento pode conduzir à apreciação da viabilidade da pretensão apresentada, aproximando-se de uma decisão sumária do objecto do processo, aspecto que não parece caber no âmbito dos poderes de cognição da formação que efectua a apreciação preliminar de admissão (e não de decisão sumária de fundo)[680].

Tem também sido atendido o sentido da decisão das instâncias precedentes no âmbito do mesmo processo com direcções diferentes, alegando-se que, o facto das duas decisões das instâncias (de julgamento e de recurso) terem o mesmo sentido, permite sustentar a inexistência de importância fundamental pela sua relevância jurídica, acabando por se invocar que mesmo no caso de se apresentarem divergentes, tal não se revelar como suficiente para demonstrar aquela relevância. Bem a dizer, como se depreende, que o argumento pode ser utilizado em ambos os sentidos e que não representa uma via fundamental na asserção da não admissão. Parece poder concluir-se que, quer nas hipóteses de concordância entre as decisões do TAC e do TCA, quer nas de divergência, pode a questão, se para tanto existirem argumentos viáveis, não ser admitida.

A aferição da relevância jurídica da questão de importância fundamental não pode assentar num patamar de relevância teórica mensurável através de um exercício intelectual. Com base numa ponderação deste tipo poderiam, eventualmente, ser admitidos recursos que se restringiriam à resolução de questões académicas e não à conveniente decisão de questões concretas, com repercussão real na situação das partes. A aferição e a reso-

---

[680] A decisão sumária está prevista no artigo 27.º, n.º 1, alínea i), CPTA, enquanto poder do relator e encontra previsão noutras áreas, como sejam o processo constitucional e o processo civil. À formação de admissão do recurso não é permitido proferir decisões desse tipo, seja pelo relator, seja em formação de três juízes. O carácter sumário da apreciação preliminar respeita tão só à verificação dos pressupostos de admissão do recurso assente no preenchimento valorativo de conceitos indeterminados.

O recurso excepcional de revista 253

lução de questões teóricas não cabe, por si, aos tribunais, mas à doutrina, àqueles deve ser exigida a resolução dos casos concretos que lhe são submetidos, e isto não significa que para a decisão destes não seja necessário dissipar dúvidas e problemas abstractos, mas sempre com um fito de encontrar uma resolução para o litígio. A configuração da questão que se pretende objecto da revista em termos exclusivamente teóricos constitui motivo de não admissão por não lograr demonstrar a efectiva repercussão que a sua solução apresente no litígio em apreço.

Por último, são ainda invocados dois tópicos que apresentam alguma ligação com os indícios de admissão do recurso, e o STA apresenta-os de forma sugestiva: a natureza intrínseca do caso (textura do interesse) e a singularidade da situação concreta dificilmente repetível (excludente de importância doutrinária). A textura do interesse reporta-se à relevância que a questão concreta assume, tem que ver com a intrínseca natureza nela contida, isto é, a questão apresenta-se de tal ordem, que dela emana a não admissão do recurso. A textura do interesse comporta um carácter englobante que remete para o contexto, este congrega na ponderação do caso as circunstâncias e os diversos factores que condicionam ou determinam esse interesse. A tarefa de apreensão dessa textura (ou trama) constitui uma das missões atribuídas à formação específica de apreciação preliminar sumária, traduzindo-se, ao fim e ao cabo, no preenchimento valorativo do conceito indeterminado identificado.

A exclusão de importância doutrinária é aferida pela não repetibilidade da situação no âmbito da qual a questão é suscitada. A capacidade de expansão da controvérsia tendo por objecto aquela questão é inexistente, não se configura provável que, de futuro, os tribunais venham a ser de novo chamados para a dirimir. Esta improvável repetição do litígio tendo por referência essa questão constitui um argumento determinante para a não admissão, tal como a inversa se apresenta como sustentáculo para a decisão de admissão.

O segundo grupo respeita ao conjunto de situações em que a admissão foi recusada em função do aspecto concreto em causa. Na jurisprudência referem-se a omissão de pronúncia, a nulidade da sentença impugnada, a inutilidade superveniente da lide, a legitimidade processual do requerente em providência cautelar e matéria atinente à prova produzida. São hipóteses em que a situação como se apresenta configurada não é susceptível de congregar a relevância jurídica suficiente para justificar a admissão do recurso. Nesses casos a formação do STA entendeu, por referência ao tipo de hipóteses em presença, que a admissão não era

254   *O Recurso de Revista no Contencioso Administrativo*

justificada, antevendo-se que essa questão não era susceptível de se vir a repetir em ocasiões futuras.

50. A questão de importância fundamental funda também a admissão do recurso pela sua relevância social. A respeito do preenchimento deste pressuposto também é possível identificar na jurisprudência elementos caracterizadores da sua inexistência: a relevância social é afastada pelo facto da questão já ter sido apreciada por duas instâncias[681]; a relevância social é aferida em função do momento em que se aprecia a admissão do recurso e não da existente anteriormente, nas hipóteses em que o decurso do tempo tem por efeito atenuar essa relevância[682]; em questão suscitada num processo cautelar, tendo as instâncias concluído pela falta de fundamento da pretensão a formular no processo principal, tal evidência conduz à inexistência de especial relevância social[683]; a relevância social é afastada pelo facto da questão suscitada ter sido objecto de decisão recente tomada pelo pleno da 1.ª secção[684]; a inexistência de importância ou repercussão social da questão[685]; a não projecção dos efeitos da questão para além da esfera jurídica do recorrente[686]; a moderada relevância social da questão[687]; a natureza intrínseca do caso (textura do interesse) e a singularidade da situação concreta dificilmente repetível (excludente de importância doutrinária) afastam a relevância social[688]; a admissão do recurso não é reclamada em prol da realização de interesses comunitários de grande relevo[689]; nada no processo permite concluir pela existência de

---

[681] Acórdão de 13 de Janeiro de 2005, relator ANTÓNIO SAMAGAIO, processo 019/05. O argumento é usado para afastar a relevância jurídica e a social.

[682] Acórdão de 16 de Fevereiro de 2005, relator ANTÓNIO SAMAGAIO, processo 0172/05.

[683] Acórdão de 24 de Fevereiro de 2005, relator SANTOS BOTELHO, processo 0191/05.

[684] Acórdão de 12 de Abril de 2005, relator ANTÓNIO SAMAGAIO, processo 0368/05. Argumento também utilizado na justificação da perda de relevância jurídica da questão.

[685] Acórdão de 28 de Abril de 2005, relator ANTÓNIO SAMAGAIO, processo 0475/05.

[686] Acórdãos de 19 de Maio de 2005, processo 0547/05, de 24 de Maio de 2005, processo 0567/05, de 5 de Julho de 2005 e processo 0782/05. De todos foi relator ANTÓNIO SAMAGAIO.

[687] Acórdão de 24 de Maio de 2005, relator AZEVEDO MOREIRA, processo 0579/05.

[688] Acórdão de 5 de Julho de 2005, relator AZEVEDO MOREIRA, processo 0781/05, e acórdão de 7 de Julho de 2005, relator SANTOS BOTELHO, processo 0795/05.

[689] Acórdão de 10 de Novembro de 2005, relator SANTOS BOTELHO, processo 01080/05.

uma questão susceptível de se considerar como tendo especial relevância social[690]; a inexistência de interesses comunitários de largo alcance[691]; de um ponto de vista social a questão não excede os estreitos limites do caso individual[692].

São dois os tópicos determinantes na verificação do não preenchimento do conceito indeterminado da relevância social da questão de importância fundamental: a não projecção de efeitos para além da esfera jurídica do recorrente, o mesmo é dizer, a evidência da redução da questão aos estreitos limites do caso individual, e a não realização de interesses comunitários de grande relevo ou de largo alcance. Acabando por se reencontrar um no outro, a questão que se restrinja ao recorrente tenderá a não envolver interesses comunitários de relevo.

Devem ser referidos outros dois aspectos aflorados, em primeiro lugar, o facto de se aludir ao momento de aferição da relevância social, concluindo-se que esta se deve reportar à data em que a questão é submetida a apreciação do STA e não a um período anterior. A hipótese é formulada em termos de se reconhecer que a relevância social da questão existiu num determinado momento, mas que na data da sua submissão a decisão de admissão da revista já não se tem por verificada. O que tem o condão de, por mero atraso na apreciação da admissão da revista, até se apenas negligente, permitir diluir a dimensão social (e pública) que a questão assuma[693]. Regista-se, no entanto, pelo menos um caso – greve aos exames do 9.º e 12.º anos – em que a admissão ocorreu já após a realização dessas provas.

Em segundo lugar, cabe mencionar que na justificação da não admissão do recurso por inexistência de relevância social da questão são utilizados argumentos que fundamentam simultaneamente a não verificação da relevância jurídica. Ocorre uma fusão ao nível dos tópicos utilizados na constatação do não preenchimento valorativo de ambos os aspectos. São recorrentemente invocados como justificação para a irrelevância social da questão argumentos que atendem ao anterior posicionamento dos tribunais sobre a matéria e à mera desqualificação da questão. O que parece induzir

---

[690] Acórdão de 2 de Fevereiro de 2006, relator SANTOS BOTELHO, processo 066/06.

[691] Acórdão de 9 de Fevereiro de 2006, relator AZEVEDO MOREIRA, processo 094/06, e acórdão de 16 de Março de 2006, relator SANTOS BOTELHO, processo 0214/06.

[692] Acórdão de 27 de Abril de 2006, relator AZEVEDO MOREIRA, processo 0340/06.

[693] A este respeito não pode ignorar-se o efeito comunicacional como veículo de criação da relevância social sobre determinada questão.

256 · *O Recurso de Revista no Contencioso Administrativo*

que no âmbito da relevância (jurídica ou social) se revelará complexo, ou pelo menos tarefa muito demorada, formatar uma completa e exacta distinção ao nível dos argumentos de suporte. Não pode, também, ignorar-se que da cristalização da jurisprudência, seja pela fixidez dos argumentos, seja pela incomunicabilidade entre eles, não resultaria qualquer mais valia.

51. Outro dos pressupostos de admissão consiste no recurso ser claramente necessário para uma melhor aplicação do direito. Apesar de nas decisões de não admissão caber verificar do preenchimento dos pressupostos constantes da lei, no que respeita a este em concreto deve assinalar-se que o esforço construtivo não tem sido muito dilatado. A preocupação da formação específica concentra-se essencialmente na verificação da existência de uma questão de importância fundamental pela sua relevância jurídica ou social, do que no critério da melhor aplicação do direito.

Foram já apresentadas duas formulações quanto a este pressuposto, que se podem apresentar do ponto de vista da sua ausência: não «poder afirmar-se que o acórdão recorrido aplicou manifestamente mal o direito ao caso» ou que a decisão «não se mostra clara e objectivamente contrária à lei»[694], de ambas se deduzindo que a clara necessidade de uma melhor aplicação do direito é pressuposto que se cinge à correcção legal da decisão, à existência de um erro de direito, o que, do prisma em apreço, é dizer que não está em causa a correcção legal da decisão, nem ocorre um erro de direito.

São várias as vezes em que a expressão «claramente» é substituída por «manifestamente», indicando-se que a admissão não é «manifestamente necessária para uma melhor aplicação do direito»[695]. Ocorre perguntar se o uso do termo «manifestamente» representa a introdução de um critério interpretativo de índole acentuadamente restritivo, além do que encontra suporte legal. Se, impressivamente, seria possível tentar perceber um carácter mais restritivo na utilização do advérbio "manifestamente", considerada a dúvida nos estritos termos do seu significado linguístico não parece que se possa atribuir ao advérbio referido um efeito mais constringente do que àquele que foi legalmente utilizado ("claramente"). Do uso

---

[694] Cfr., respectivamente, acórdão de 28 de Abril de 2005, processo 0475/05 e acórdão de 6 de Dezembro de 2005, processo 01146/05, ambos relatados por ANTÓNIO SAMAGAIO.

[695] Cfr. acórdãos de 13 de Janeiro de 2005, processo 019/05 e de 14 de Dezembro de 2005, processo n.º 01171/05, relatados por ANTÓNIO SAMAGAIO.

O *recurso excepcional de revista* 257

de qualquer deles não decorre que se transborde do mínimo contido na expressão legal, ficando a decisão dentro do âmbito da sua previsão normativa; se se ultrapassar esse patamar e se pretender estreitar ainda mais a capacidade de admissão de que depende a verificação dos pressupostos enunciados no artigo 150.°, então estar-se-á a actuar sem cobertura legal.

Os acórdãos de não admissão no que a este pressuposto respeita revelam alguma dificuldade em lidar com a sua concretização, o que, por uma via, leva a que se evite identificar tópicos ou pistas da sua inexistência e se parta antes de uma afirmação concludente e, por outra, conduzem a uma mistura entre os elementos caracterizadores de um dos outros pressupostos. Num conjunto de acórdãos tem sido apontado como modo de não preenchimento da clara necessidade de uma melhor aplicação do direito a não evidência de uma qualquer especial complexidade das operações lógicas e jurídicas para a resolução do caso[696]. Ora, a especial complexidade das operações lógicas e jurídicas tem sido sempre apontada como um dos parâmetros de verificação da questão de importância fundamental pela sua relevância jurídica, não fazendo sentido que o mesmo indício constitua critério aferidor do preenchimento de diferentes conceitos indeterminados. Uma tal pressuposição acabaria por redundar na fusão entre dois pressupostos (relevância jurídica da questão de importância fundamental e clara necessidade de melhor aplicação do direito), o que não encontra qualquer sustentação legal. Andou mal o relator dos arestos por último citados, ao confundir argumentos já sedimentados com outro fito e não andaram melhor os restantes juízes, que acabaram por relevar tal confusão pelo seu voto conforme. É certo que se pode invocar como justificação o facto da clara necessidade para uma melhor aplicação do direito se fundar num erro ou má aplicação do direito decorrente da complexidade das operações lógicas e jurídicas necessárias à sua resolução, mas este grau de dificuldade pode ajudar a explicar a admissão, não deve servir é para afastar a melhor aplicação do direito. Como noutros acórdãos se lavrou, a melhor aplicação do direito justifica-se pela errada aplicação de uma norma legal, pela prolação de uma decisão em sentido contrário ao direito, sendo que estas verificações podem ter sido induzidas pela elevada complexidade das operações lógicas e jurídicas necessárias para a resolução do

---

[696] Cfr, entre outros, acórdãos de 9 de Novembro de 2004, processo 01121/04, de 9 de Dezembro de 2004, processo 01257/04, de 10 de Fevereiro de 2005, processo 0124/05 e de 10 de Novembro de 2005, processo n.° 1080/05, de todos foi relator SANTOS BOTELHO.

258   *O Recurso de Revista no Contencioso Administrativo*

caso. Não é a complexidade das operações em si que alicerça a admissão do recurso de revista pela clara necessidade de uma melhor aplicação do direito, é a errada aplicação deste que pode ter sido motivada pela sua complexidade que justifica (ou não) a admissão.

Um outro argumento leva também ao afastamento de uma suposta fusão ao nível dos indícios de concretização que seja. Se tivesse sido vontade do legislador fixar dois critérios, um relativo à relevância social e outro à aplicação do direito, ter-lhe-ia cabido manifestar esse propósito de modo expresso e imperativo, não pode ter-se por admissível que caiba ao intérprete ou ao aplicador proceder à fusão de segmentos da norma. Tem a este respeito de entender-se que o legislador consagrou as soluções mais acertadas e soube exprimir o seu pensamento em termos adequados[697], o que significa a impossibilidade de ter como modo de preenchimento de um conceito indeterminado exactamente o mesmo critério do de outro conceito, sob pena da fusão se obter ao nível dos modos de preenchimento, acabando por significar o mesmo ao nível dos conceitos. A alegação dos mesmos modos de preenchimento para conceitos diversos não encontra pois qualquer apoio legal, devendo ser recusada.

A confusão que tem sido gerada pela própria formação específica de apreciação preliminar sumária não contribui para a correcta percepção dos indícios que o STA utiliza no preenchimento daqueles conceitos indeterminados, não definindo com algum grau de certeza o sentido provável de decisão em sede de admissão da revista. Esta mistura de critérios conduz inclusive a uma diminuição da tutela jurisdicional efectiva por via da afectação da aceitação social das decisões que neste âmbito sejam tomadas.

Mas as dificuldades com que o STA se tem defrontado no preenchimento valorativo do conceito indeterminado consistente na clara necessidade de uma melhor aplicação do direito não são facilmente superáveis e são até compreensíveis. Atente-se em mais algumas das justificações utilizadas para negar o preenchimento do conceito: o acórdão recorrido se conformar com a jurisprudência[698] ou pelo contexto jurisprudencial excluir liminarmente a hipótese de melhor aplicação do direito[699]; não se evidenciar a necessidade de uma melhor aplicação do direito porque o

---

[697] Artigo 9.º, n.º 3, do Código Civil.

[698] Acórdãos de 23 de Setembro de 2004, processo 0869/04, e de 16 de Fevereiro de 2005, processo 0172/05, de ambos foi relator ANTÓNIO SAMAGAIO.

[699] Acórdão de 24 de Maio de 2005, relator AZEVEDO MOREIRA, processo 0579/05.

O *recurso excepcional de revista* 259

TCA confirmou a decisão do TAC[700]; a discordância quanto ao fundo da decisão torna a questão controvertida, mas não implica a necessidade clara de uma melhor aplicação do direito[701]; a decisão das instâncias não se mostra objectivamente contrária à lei[702]; à decisão impugnada não é apontado qualquer erro de julgamento ostensivo, gritante, que imponha uma imperiosa intervenção correctiva do STA[703]; não é suficiente a invocação do carácter erróneo da decisão impugnada, porque, se tal fosse bastante, a admissão do recurso seria automática[704]; a decisão ser contrária à pretensão do recorrente não é suficiente para o preenchimento deste pressuposto[705]; a adesão à orientação jurisprudencial maioritária do STA afasta a intervenção deste tribunal para uma melhor aplicação do direito[706]; a fundamentação da decisão impugnada na jurisprudência e na doutrina correntes afasta a necessidade clara de uma melhor aplicação do direito[707]; a existência de jurisprudência do STA sobre as matérias versadas[708]; a lei determina de modo claro, explícito e inflexível o sentido da resolução da questão[709]; o TCA avaliza a decisão da primeira instância[710]; a decisão impugnada decidiu a questão em conformidade com a doutrina constante de um acórdão do STA[711]; a discordância entre a decisão impugnada e alguma doutrina não legitima a intervenção do tribunal para uma melhor aplicação do direito[712].

Do exposto decorre que a clara necessidade de uma melhor aplicação do direito não ocorre quando a decisão impugnada se conforma com

---

[700] Acórdão de 29 de Junho de 2005, relator António Samagaio, processo 0722705.

[701] Acórdão de 6 de Dezembro de 2005, relator Azevedo Moreira, processo 01174/05.

[702] Acórdão de 14 de Dezembro de 2005, relator António Samagaio, processo 01171/05.

[703] Acórdão de 4 de Janeiro de 2006, relator Azevedo Moreira, processo 01262/05.

[704] Acórdão de 12 de Janeiro de 2006, relator Santos Botelho, processo 01164/05.

[705] Acórdãos de 25 de Janeiro de 2006, processo 045/06, e de 2 de Fevereiro de 2006, processo 067/06; de ambos foi relator António Samagaio.

[706] Acórdão de 2 de Fevereiro de 2006, relator Santos Botelho, processo 066/06.

[707] Acórdão de 16 de Março de 2006, relator António Samagaio, processo 0216/06.

[708] Acórdão de 27 de Abril de 2006, relator Santos Botelho, processo 0339/06.

[709] Acórdão de 27 de Abril de 2006, relator António Samagaio, processo 0378/06.

[710] Acórdão de 27 de Abril de 2006, relator Azevedo Moreira, processo 0340/06.

[711] Acórdão de 27 de Abril de 2006, relator Azevedo Moreira, processo 0349/06.

[712] Acórdão de 10 de Maio de 2006, relator Santos Botelho, processo 0427/06.

260 *O Recurso de Revista no Contencioso Administrativo*

a jurisprudência existente ou se insere no contexto da jurisprudência, quando a decisão impugnada confirma a decisão de primeira instância, quando a decisão não seja objectivamente contrária à lei, quando a solução legal seja clara, explícita e inflexível, quando se verifique uma discordância entre essa decisão e alguma doutrina. Não basta igualmente que a decisão impugnada se revele errada, porque, se esse fosse um motivo suficiente para a admissão do recurso, então esta seria automática e não é esse o caso. Antevê-se que estes serão tópicos recorrentes nas decisões de admissão do recurso de revista, quando nelas se pretenda afastar a verificação deste pressuposto.

Da enunciação dos pontos já arguidos na aferição do preenchimento deste pressuposto indeterminado sobressai a afirmação de que não é suficiente que a decisão impugnada se revele errada, da qual decorre que o fim do recurso de revista não é, em geral, assegurar a conformidade das decisões jurisdicionais com o direito, mas apenas garantir que, algumas (ousa-se dizer, poucas) decisões jurisdicionais passem a ser enquadradas numa situação de regularidade jurídica. O legislador não visou garantir que o STA, enquanto tribunal de revista, desempenhasse uma função genérica de reposição da legalidade, tendo valorizado, pelo contrário, a selecção das decisões de maior relevância e de mais acentuada exigência correctiva para o fazer intervir. Quer parecer que apenas se revelará ajustado ignorar erros não grotescos, o que acaba por permitir a consolidação de um elevado número de situações jurídicas em que a resolução judicial transitada em julgado pode não respeitar a ordem jurídica vigente. Revela-se, assim, uma manifestação de um princípio que descura o valor do Direito em benefício da segurança jurídica. Esta solução, que não se contenta com a mera afirmação do carácter erróneo da decisão impugnada, coaduna-se com os termos da previsão legal (artigo 150.º) e com a intenção expressa do legislador, mas comporta um perigo na compartimentação, dentro das decisões que são contrárias à lei, entre aqueles erros que permitem a revista e os que a não concedem, o que acaba por significar, num provavelmente significativo número de casos, a consolidação jurídica de decisões erradas e contrárias à lei.

A recusa no preenchimento deste pressuposto exige especial cuidado e rigor, talvez superior ao da relevância jurídica ou social, por claramente imbricar com a legalidade das decisões (a exigir uma melhor aplicação do direito), não assente na relevância da questão, mas sim na clara necessidade de corrigir a solução jurídica impugnada.

O recurso excepcional de revista

Alinhavados alguns indícios que podem alicerçar o preenchimento deste conceito indeterminado que condiciona a admissão do recurso de revista, cabe aferir qual a diferença essencial que o distingue da questão de importância fundamental pela sua relevância jurídica e estabelecer o tipo de relação que entre estes dois conceitos se estabelece.

A diferença essencial entre a relevância jurídica da questão de importância fundamental e a necessidade de uma melhor aplicação do direito, consiste em a primeira atender à importância da questão a submeter a recurso, está em causa a sua concreta relevância em função de um padrão jurídico, enquanto que a necessidade de melhor aplicação do direito assenta num desvio à correcta aplicação do direito, justificando a admissão do recurso quando o erro ou a má aplicação do direito a reclamem de um modo claro. Neste último caso não se atende à relevância da questão, mas à dimensão do erro na aplicação do direito; no primeiro, o fulcro da admissão reside na avaliação da relevância da questão, de cuja configuração e alcance depende a admissão da revista. De um lado, apresenta-se uma perspectiva de importância da questão e de outro, a dimensão do erro.

A relação entre estes dois conceitos pode ser de prevalência, de alternatividade ou de complementaridade. Ou um prevalece em termos absolutos sobre o outro, com precedência em termos de análise, ou funcionam em termos alternativos, tanto podendo verificar-se um como outro, ou se complementam, havendo de verificar-se ambos, numa relação que se aproxima da dependência. A última hipótese não tem qualquer suporte legal, a enunciação da norma não permite uma interpretação que assente numa perspectiva cumulativa, de necessário preenchimento de ambos os conceitos. O que não impede que em determinadas situações se possa concluir pela sua verificação cumulativa, mas tal ocorrência não é necessária.

A prevalência de um deles, apesar de estar insinuada nos acórdãos interlocutórios conhecidos que, em regra, se detêm primeiro na aferição da relevância jurídica da questão fundamental, também não encontra suporte, na medida em que os dois pressupostos em análise têm áreas de acção distintas. Não se ignora a eventual maior facilidade de verificação da relevância jurídica por comparação com a melhor aplicação do direito, até pelos riscos que esta última envolve, mas uma facilidade ou preferência práticas não logram transformar-se numa preferência jurídica. De tudo resulta que a relação entre os dois conceitos só pode ser de alternatividade, podendo ocorrer, em face da concreta situação, qualquer deles de forma autónoma, para o que se encontra suporte no elemento literal da norma (artigo 150.°, n.° 1).

52. Tem sido firmada jurisprudência no sentido de reforçar o rigor da exigência no preenchimento dos pressupostos de admissão, quando a decisão impugnada não é a decisão final do tribunal central sobre o litígio, mas antes uma providência cautelar cuja vigência está temporalmente condicionada[713]. A elevada incidência de tentativas deste tipo em aceder ao tribunal de revista justifica-se quer pelos condicionamentos da aplicação da lei no tempo, quer pela crescente procura de tutela cautelar. Trata-se de situações em que está em causa a tutela provisória de um direito ou interesse legítimo do recorrente que tem alcance apenas até ao momento da decisão que vier a ser tomada no processo principal. A precariedade da tutela conferida no âmbito cautelar que se traduz numa fragilidade do interesse é compensada, em sede de recurso de revista, por um reforço do rigor na apreciação dos pressupostos de admissão[714]. Esta concepção genérica é concretizada por via da afirmação de que, numa providência cautelar antecipatória, é especialmente reforçado o rigor na verificação dos pressupostos de admissão do recurso, por não estar em disputa a definição final da situação do recorrente que só ocorrerá mais tarde, significando isto que, somente em situações excepcionalíssimas, um interesse que comporte uma tal precariedade pode ser motivo suficiente de admissão no âmbito da revista excepcional[715].

Os tópicos argumentativos aduzidos pela formação específica para, em regra geral, afastar do âmbito do recurso de revista aqueles que sejam interpostos em sede cautelar, por via do reforço do rigor na apreciação dos pressupostos de admissão, apresentam-se fundados e equilibrados. Além do mais justifica-se pela necessidade de conferir celeridade processual à decisão das questões de fundo, a tutela jurisdicional efectiva e a preferência por decisões de mérito apontam claramente na direcção de caber aos tribunais superiores um papel relevante na dissipação de dúvidas de questões que permaneçam, fazendo pouco sentido colocar em marcha uma terceira instância para apreciação de questões que não configuram uma

---

[713] Acórdão de 25 de Janeiro de 2006, relator Azevedo Moreira, processo 034/06.

[714] Acórdão de 2 de Fevereiro de 2006, relator Azevedo Moreira, processo 057/06, citando acórdão de 29 de Setembro de 2005, processo 884/05; acórdão de 27 de Abril de 2006, relator Azevedo Moreira, processo 0340/06.

[715] Acórdão de 5 de Julho de 2005, relator Azevedo Moreira, processo 0781/05; acórdãos de 7 de Julho de 2005, processo 0795/05, e de 10 de Maio de 2005, processo 0419/06, de ambos foi relator Santos Botelho.

resolução definitiva do objecto do processo[716]. Se o recurso de revista já é por natureza excepcional, quando estejam em causa questões surgidas no âmbito de processos cautelares ainda será mais excepcional. Esta reforçada excepcionalidade encontra cobertura na previsão legal e na razão de ser do recurso de revista como segundo grau de recurso jurisdicional. Tenha-se presente que, até ao momento em que se suscita a admissão da revista, já foram emitidas duas decisões jurisdicionais por dois tribunais distintos e que essas decisões foram proferidas em sede cautelar, à qual se seguirá ainda a decisão de fundo no processo principal, no qual se poderá, com relativa facilidade, obter também uma dupla apreciação do objecto do processo e, em função das circunstâncias, uma eventual admissão de revista ou, posteriormente ao trânsito em julgado, a interposição de um recurso para uniformização de jurisprudência. A sucessiva interposição de recursos nos diversos tipos de processos pode atingir um nível tal que ponha em causa a efectividade da tutela jurisdicional administrativa, cabendo ao STA efectuar uma ponderação dos pedidos de admissão que lhe sejam formulados, em sede de revista, capaz de, pelo menos, não fazer perigar em excesso aquela tutela efectiva.

Afigura-se, nestes termos, adequado e proporcional o reforço da exigência e do rigor na apreciação do preenchimento dos pressupostos de admissão do recurso de revista quando em causa esteja uma questão inserida em processos cautelares, em face da precariedade da tutela nestes conferida e da delimitação temporal das decisões que no seu âmbito são proferidas. É a própria razão de ser do recurso de revista como recurso em terceira instância que impõe à formação específica de apreciação preliminar sumária a adopção de critérios de recusa de preenchimento dos conceitos indeterminados utilizados adequados ao tipo de tutela que cada tipo de processo deve conferir.

No reforço do grau de exigência do preenchimento dos pressupostos de admissão em processos cautelares revela-se decisivo o argumento que acentua o seu carácter de provisoriedade. Este traduz-se na duração temporalmente limitada da providência cautelar e na sua inadequação para resolver definitivamente a causa[717], sendo a tutela que com elas é conferida distinta da que derivará da decisão definitiva. Não pode, pois, em face

---

[716] Em processo civil, não é admissível recurso para o STJ das decisões proferidas no âmbito dos procedimentos cautelares (artigo 387.º-A, CPC).

[717] Cfr., entre outros, TEIXEIRA DE SOUSA, *Estudos...*, p. 228; ANA MARTINS, *A Tutela...*, pp. 48 ss. e 418 ss.; ISABEL FONSECA, *Dos Novos Processos...*, p. 89.

264 O Recurso de Revista no Contencioso Administrativo

das finalidades do recurso de revista, equiparar-se uma questão de direito surgida no âmbito cautelar a uma outra que se tenha suscitado no processo principal. A clara diferença entre ambas constitui suporte suficiente para admitir o tratamento diferenciado pela formação específica de apreciação preliminar sumária.

53. Mas a não admissão do recurso de revista também tem tido por base fundamentos diversos do não preenchimento dos pressupostos de admissão previstos no artigo 150.º, n.º 1. São, pelo menos, três as situações em que o STA se tem socorrido de outros fundamentos e em qualquer desses casos, colocam-se duas questões: a primeira tem a ver com a extensão dos poderes legitimamente exercidos pela formação específica de apreciação preliminar sumária, a segunda com o facto de esses fundamentos poderem já ter fundado uma decisão de não admissão do recurso no tribunal *a quo*, dada inclusive a sua evidência, o que sugere que provavelmente não estarão nesse âmbito a ser exercidos com o devido rigor os deveres que incumbem ao tribunal recorrido.

Quanto à primeira questão, relativa à competência da formação específica de admissão, cabendo-lhe o exercício da função de admissão do recurso parece dever exercê-la em moldes suficientemente exaustivos para que não venha a ser necessário voltar a apreciar questões que já deveriam estar ultrapassadas. Não se esqueça que no tribunal *a quo* são aferidas a legitimidade, a tempestividade e a recorribilidade (em termos não globais, limita-se a confirmar a existência da decisão impugnada) e fixado o efeito do recurso, a que se segue, no tribunal *ad quem*, a apreciação preliminar sumária do preenchimento dos conceitos indeterminados que facultam a admissão do recurso. Não parece fazer muito sentido que a formação de julgamento volte a apreciar aspectos relativos à admissão, o que, a ser admissível, significaria que seria possível existirem três decisões relativas a um aspecto preliminar do recurso. Foi já decidido que a formação de julgamento no STA não detém quaisquer poderes em sede de admissão do recurso e que, nesse sentido, a decisão de admissão, pela formação específica de apreciação preliminar sumária, é definitiva e vinculante[718]. A ser assim, como parece correcto, ocorre uma preclusão de poderes da formação de julgamento que não pode alterar o sentido da decisão de admissão, nem a qualificação do recurso. Cabe então inquirir se outros aspectos que

---

[718] Acórdão de 6 de Abril de 2006, da 1.º Subsecção do Contencioso Administrativo do STA, relator MADEIRA DOS SANTOS, processo 035/06.

O *recurso excepcional de revista* 265

não os estritamente conexos com a apreciação dos pressupostos enunciados no artigo 150.°, n.° 1, podem ser utilizados como fundamento da não admissão do recurso. A resposta, atenta a lógica do sistema criado, parece dever ser positiva, isto é, a formação específica de apreciação preliminar sumária deve, além de apreciar a ocorrência de qualquer dos pressupostos, aferir se existem quaisquer outros obstáculos que determinem a não admissão do recurso, sendo que estes se desligam daqueles pressupostos, mas continuam intimamente relacionados com o cerne da função desta formação específica. A solução assim preconizada vai para além dos termos literais da norma do artigo 150.°, n.° 5, inserindo-se, no entanto, na lógica do sistema de recursos instituído e na matriz enformadora do contencioso administrativo na formulação da reforma de 2002/2003.

Em segundo lugar, o STA tem recusado a admissão do recurso de revista excepcional com base na verificação da existência de outro meio processual adequado a tutelar a questão colocada, tendo-se considerado que, nas diversas situações em apreço, o meio processual adequado seria o recurso para uniformização de jurisprudência e não o recurso de revista. Estas decisões não se apresentam isentas de dificuldades e problemas, desde logo indiciam a manifestação de uma preferência de um recurso em preterição do outro em termos da sua precedência lógica e jurídica ou, então, uma delimitação do objecto da revista que ficaria excluída em todos os casos em que exista contradição entre decisões jurisprudenciais. A matéria é de ampla complexidade. A primeira hipótese formulada não se compagina com o facto do recurso para uniformização caber apenas de decisões transitadas em julgado, o que interfere de modo objectivo com o tipo de relação entre ambos os recursos. A segunda retira da revista um significativo conjunto de matérias em que a relevância jurídica da questão de importância fundamental ou a clara necessidade de uma melhor aplicação do direito assentam na existência de divergências jurisprudenciais, acabando por coarctar uma parte do papel que lhe foi reservado. O Supremo Tribunal acabou por ainda complexificar mais a questão ao ter determinado a baixa de dois processos ao tribunal *a quo* para que este aferisse da eventual admissão do recurso para uniformização de jurisprudência, solução que se afigura discutível. Não cabe proceder à abordagem da questão neste, ponto na medida em que o seu desenvolvimento terá lugar no § 6, n.° 3.

Por último, em determinado processo foi interposto recurso de revista invocando-se uma questão nova que não havia sido objecto de discussão nas instâncias, introduzindo na lide nova matéria de facto, suscitando-se a não admissão da revista, com base nos artigos 1.º e 150.º, n.ᵒˢ 1 e 5, CPTA e nos artigos 676.º e 684.º, CPC[719]. Foram noutra situação invocadas questões, parcialmente atinentes a matéria de facto que não pode constituir suporte do recurso (artigo 150.º, n.ᵒˢ 3 e 4)[720]. A competência do STA enquanto tribunal de revista para apreciar matéria de facto foi já analisada, cabendo apenas aferir se a formação específica de apreciação preliminar sumária pode levar em consideração o desrespeito das normas referidas. Parece dever valer aqui o mesmo entendimento antes sufragado, admitindo-se que outras questões, não relacionadas com a estrita verificação dos fundamentos de admissão, como sejam a inclusão de matéria de facto, continuam intimamente ligadas ao cerne da função daquela formação específica, sendo-lhe exigível (e possível) que profira decisão de não admissão do recurso por tal se inserir na lógica do sistema instituído, até porque a presença de matéria de facto nova terá por si o efeito de não permitir o preenchimento de qualquer dos pressupostos de admissão. Seria completamente destituído de sentido permitir a admissão do recurso por se constatar o preenchimento de um dos conceitos indeterminados que o facultam, para depois a formação de julgamento se ver compelida a indeferir o recurso por este implicar a apreciação de nova matéria de facto. Quer o princípio da tutela jurisdicional efectiva, quer o princípio da celeridade processual, vedam tal ocorrência, à qual não resta sequer a mínima lógica e, muito menos, adequado fundamento material.

10. Apreciação preliminar sumária: ónus de alegação dos pressupostos de admissão do recurso

54. No processo civil encontra-se cominado um ónus de alegação que rege em relação a todos os recursos jurisdicionais. O recorrente tem de alegar os fundamentos do recurso interposto, sendo que na sua falta o recurso é logo julgado deserto (artigo 690.º). Esta última decisão é tomada pelo juiz do tribunal recorrido, o que se infere do disposto no artigo 699.º, aplicável em sede de revista por força do artigo 724.º, n.º 1. Este ónus de alegação conexiona-se com a existência de dois momentos distintos para a interposição do recurso e para a apresentação das alegações; omitido

---

[719] Acórdão de 27 de Abril de 2006, relator AZEVEDO MOREIRA, processo 0377/06.

[720] Acórdão de 12 de Janeiro de 2006, relator ANTÓNIO SAMAGAIO, processo 01258/05.

o último, o recurso tem-se naturalmente por deserto, pois não estão identificados quaisquer fundamentos para que possa ter continuidade.

Em diversos arestos a formação específica de apreciação preliminar sumária vinha fazendo referência à omissão de alegação quanto ao preenchimento dos pressupostos de admissão do recurso, sem daí extrair qualquer conclusão. Este posicionamento veio a sofrer alterações que primeiro indiciavam a não admissão do recurso nas situações em que não viessem alegados os fundamentos da sua admissão, mas que também contemplavam uma apreciação sumaríssima da inexistência de condições de admissão, passando pela estrita não admissão e, por fim, pela constatação de constituir obrigação do tribunal suprir a omissão do recorrente, procurando encontrar os fundamentos justificativos da admissão. Algumas das decisões revelam-se algo contraditórias entre si, apesar de terem sido votadas sempre sem votos de vencido, quer quanto aos fundamentos, quer quanto à decisão. Esta capacidade de adesão a fundamentos diversos e por vezes contraditórios entre si, se procura transmitir alguma ideia de unanimidade e pleno entendimento entre os intervenientes, de modo a moldar com maior ênfase a jurisprudência que se vai firmando, acaba por conduzir num caminho contrário. Uma leitura atenta das várias dezenas de acórdãos permite identificar algumas questões de não menor importância em que os juízes vão votando diferentes fundamentos, contrários entre si, sem que daí resulte qualquer mais valia para a consolidação da jurisprudência em matéria de admissão do recurso de revista. Tal comportamento parece fundar-se na procura do momento em que passe a ser possível invocar indiscriminadamente a jurisprudência firme, consolidada, permanente, sobre determinado aspecto. Esta preocupação vai, aliás, de encontro a uma das antevisões relativa à entrada em vigor da reforma do contencioso administrativo: o âmbito do recurso de revista, no que concerne à latitude das situações de admissão, tem um ponto de apoio imprescindível no labor jurisprudencial. Mas este não tem de encarar um fim unanimista apenas como via de facilitação de tarefas futuras. A tentativa de antecipar o momento em que se poderá acenar com a consolidação da jurisprudência e o posicionamento, sem brechas, que uma formação específica, composta por juízes com vasta experiência, tem como dever que se repercute no papel do STA, não se realizam pela manifestação de fundamentos contraditórios e, no entanto, votados por unanimidade, sem qualquer justificação. Em matéria de ónus de alegação quanto aos pressupostos de admissão do recurso de revista é constatado um destes momentos de contradição.

Apesar do curto período de vigência do CPTA, é possível trilhar já uma linha evolutiva do STA quanto à questão do ónus de alegação relativamente aos pressupostos de admissão da revista. A solução por último seguida não está ainda consolidada, importa, no entanto, atender ao percurso já decorrido. Começa-se pela simples verificação da omissão de alegações quanto ao preenchimento dos pressupostos de admissão, sem que daí se retirem quaisquer consequências. Num momento seguinte, faz-se expressa menção à omissão «por completo [de] qualquer referência à verificação dos pressupostos da sua admissibilidade, o que lhe cumpria fazer, já que é a este ponto que se confina o objecto do presente acórdão interlocutório»[721]. Passa a ser manifesta a afirmação de um dever que impende sobre o recorrente, reforçado pelo facto desse ser o objecto daquele específico acórdão. A circunstância do recorrente ignorar ostensivamente a necessidade de oferecer fundamentos que facultem a admissão do recurso, quando esta é objecto de um acórdão interlocutório cujo crivo é essencial transpor, acaba por traduzir uma desresponsabilização das partes. Segue-se a afirmação veemente e inapelável de que, omitindo o recorrente «de forma absoluta, não só qualquer argumentação tendente a demonstrar a relevância jurídica ou social da questão ou a clara necessidade de melhor aplicação do direito, mas até a simples afirmação de que ocorre, no caso, algum dos apontados pressupostos legais»[722], não pode o recurso ser admitido. O trecho final do aresto apresenta a seguinte afirmação: «não vindo alegada nem, consequentemente, demonstrada a verificação de qualquer dos pressupostos da admissão do recurso, acorda-se em não o admitir». O tribunal não curou de efectuar qualquer esforço no sentido de encontrar nas alegações quanto ao fundo um indício que justificasse a admissão, limitou-se a constatar a omissão e a daí retirar a conclusão de não admissão. Optou por adoptar como entendimento o princípio de que cabe ao recorrente fundamentar o preenchimento dos pressupostos, sendo que na sua falta o tribunal se considera desvinculado de tentar verificar, por sua iniciativa, o preenchimento dos pressupostos. Esta linha não encontra na redacção literal da norma (artigo 150.º, n.ºs 1 e 5) um claro suporte, obrigando a procurar noutro local o seu fundamento. Anote-se que o acórdão em causa é totalmente omisso quanto ao fundamento legal

---

[721] Acórdão de 25 de Janeiro de 2005, relator AZEVEDO MOREIRA, processo 01307/04, disponível em www.dgsi.pt.

[722] Acórdão de 2 de Março de 2006, relator AZEVEDO MOREIRA, processo 0183/06, disponível em www.dgsi.pt.

O recurso excepcional de revista   269

da sua conclusão, tendo para si que a decisão se enquadra no âmbito dos poderes legais que lhe estão conferidos.

Não demoraria muito a que a posição exposta viesse a ser atenuada, continuando a ser afirmado o dever do recorrente «expor ao Tribunal *ad quem* as razões» de admissão do recurso, imposição que ainda se reforça pelo «apertado quadro legal e jurisprudencial», apesar disso é a esse respeito totalmente omisso, «esquece, por completo, o essencial»[723]. Acontece que, e aqui o esforço integrativo do tribunal foi mais longe, tal tentativa de demonstração estaria sempre votada ao insucesso, conclusão que pressupõe uma prévia ponderação da verificação daqueles pressupostos. Entendeu, assim, o tribunal não se limitar à argumentação formal já expendida, sendo que, apesar de a reafirmar, vem, em poucas linhas, aduzir que de qualquer modo o recurso estaria votado ao insucesso no que respeitava à sua admissão.

Pouco depois, verifica-se uma importante oscilação no sentido até aí afirmado da jurisprudência do tribunal, pois, continuando a constatar-se que incumbe ao recorrente alegar os motivos que justificam a admissão do recurso, afirma-se «dever o Tribunal colmatar tal lacuna»[724], tarefa que aí vai ser desenvolvida. Lacuna «que será oficiosamente colmatada pelo Tribunal (art. 7.º do CPTA)»[725], identificando-se nesta decisão expressamente o fundamento de tal dever do tribunal que assenta no princípio de promoção do acesso à justiça. Sendo a reforma do contencioso administrativo enformada pelo princípio da tutela jurisdicional administrativa e pela afirmação da prevalência de decisões de mérito sobre decisões de forma, não poderia deixar de recair sobre o tribunal a tarefa, que não se apresentará especialmente difícil, de indagar dos fundamentos da admissão do recurso de revista. A apreciação a realizar é qualificada como preliminar e sumária, não exigindo de magistrados judiciais com largos anos de experiência um esforço desmesurado e muito menos inexigível em face dos valores que enformam o sistema de recursos. O simples e irremediável afastamento do recurso pela verificação de uma falha técnica suprível não se coadunaria com a razão de ser da reforma do contencioso adminis-

---

[723] Acórdão de 16 de Março de 2006, relator Azevedo Moreira, processo 0215/06, disponível em www.dgsi.pt.

[724] Acórdão de 23 de Março de 2006, relator Azevedo Moreira, processo 0245/06, disponível em www.dgsi.pt.

[725] Acórdão de 27 de Abril de 2006, relator Azevedo Moreira, processo 0349/06, disponível em www.dgsi.pt.

trativo, nem ligaria com os princípios que a sustentam. Interessante é ainda notar que pela mão do mesmo Conselheiro é efectuada a evolução da posição do STA, passando de uma linha intransigente para um entendimento favorável ao recorrente e à tutela jurisdicional efectiva, sem que destes derivem engulhos para a justiça administrativa.

Na mesma data (27 de Abril de 2006) são proferidas mais duas decisões que vão no mesmo sentido, em ambas se afirmando que «sobre o recorrente impende o ónus de alegação dos pressupostos de admissibilidade do recurso excepcional de revista», pois do incumprimento de tal ónus decorre a não admissão do recurso[726]. Este entendimento dimana dos sumários e encontra correspondência nos fundamentos das decisões, apesar de nestas se introduzir um elemento adicional que atenua o efeito daquela afirmação de princípio, diz-se ainda que «como quer que seja» não se verifica que a admissão seja claramente necessária para uma melhor aplicação do direito. Acaba assim por não se afirmar de forma efectiva a existência de um ónus de alegação capaz de impedir por si a admissão do recurso, sugerindo-se por outro lado que não vigora um tal ónus, apesar de se ter por curial que o recorrente faça um mínimo esforço para fundamentar a admissão do recurso, ainda mais por esta, a ocorrer, ser verdadeiramente excepcional.

O sentido inicial é reafirmado pouco depois em aresto no qual se lavra que «o recorrente silenciou, em absoluto, os pressupostos de que o n.º 1 do art. 150.º do CPTA faz depender a admissibilidade do recurso, o que só por si era suficiente para não o admitir»[727]. Esta conclusão defronta alguma dificuldade em encontrar sustentação legal apropriada e contraria outros acórdãos em que se focava a questão, mas se seguia uma via superadora. Nesta matéria caminha-se para uma situação de divergência jurisprudencial a reclamar uma clarificação que não pode ocorrer por via do recurso para uniformização de jurisprudência – das decisões relativas à admissão não há recurso – mas que pode derivar ou de um aprofundamento da questão por parte da formação específica que efectua a apreciação preliminar sumária, com a consequente prolação de votos divergentes, se existirem, ou por eventual ponderação de um recurso de constitucionalidade na vertente em que a não admissão de um recurso,

---

[726] Acórdãos de 27 de Abril de 2006, processos 0333/06 e 0372/06. De ambos foi relator ANTÓNIO SAMAGAIO, disponíveis em www.dgsi.pt.

[727] Acórdão de 18 de Maio de 2006, relator ANTÓNIO SAMAGAIO, processo 0428/06, disponível em www.dgsi.pt.

O *recurso excepcional de revista*

271

tendo por base um fundamento que não encontra suporte legal, desrespeita o princípio do Estado de direito. O constante saltitar entre sentidos jurisprudenciais quanto à existência ou não de um ónus de alegação e das consequências legais da sua omissão não prestigia o STA, nem contribui para um bom desempenho do papel que lhe está atribuído.

Partindo de um outro prisma também se registou que, «não se densificando os conceitos de relevância jurídica e social ou de importância fundamental, a sua mera enunciação em abstracto é juridicamente irrelevante, tudo se passando como se se tivessem silenciado tais pressupostos de admissibilidade do recurso de revista, o que é fundamento da sua não admissibilidade»[728]. Neste caso seguiu-se a verificação do não preenchimento de nenhum dos pressupostos de admissão. No acórdão é dado mais um passo na concretização do ónus de alegação, referindo-se que não basta invocar a presença de qualquer daqueles pressupostos, mas é ainda necessário proceder à sua densificação, sob pena de se concluir que a sua menção abstracta equivale à sua omissão. A esta afirmação seguiu-se a constatação da inexistência de qualquer dos pressupostos de admissão, parecendo que a construção jurisprudencial do ónus de alegação tanto avança como recua, sendo que se fazem afirmações conclusivas das quais se não retiram todas as consequências. Ocorre questionar: se a referência abstracta equivale à omissão de alegação quanto à verificação dos pressupostos e se esta é suficiente para justificar a não admissão do recurso, porque é que foi ainda ponderada a presença de um desses pressupostos? A resposta talvez seja que, se a omissão de alegação pode fragilizar a posição do recorrente, dificilmente se justificará como critério de não admissão, sobretudo quando a lei é clara na identificação dos pressupostos que conferem ou recusam a admissão da revista.

Uma primeira dificuldade na afirmação de um ónus de alegação quanto aos pressupostos de admissão da revista reside na inexistência de norma legal específica para o efeito. Não é aplicável o preceito que regula a matéria no processo civil, até porque este se encontra formulado em termos globais, à falta de alegações corresponde a deserção do recurso, hipótese em que não existe a peça processual que as deveria conter (artigo 690.º, CPC). No recurso de revista no contencioso administrativo não pode concluir-se pela inexistência da peça processual que é de apresentação obrigatória, de forma autónoma ou não, no momento da interposição

---

[728] Acórdão de 18 de Maio de 2006, relator ANTÓNIO SAMAGAIO, processo 0443/06, disponível em www.dgsi.pt.

do recurso. Isto significa que o juiz relator na segunda instância admite o recurso de revista, verificando que nele existem alegações, sem curar se estas se apresentam escalonadas em função das fases de admissão e de julgamento do recurso. Parece que não lhe resta outra possibilidade, não encontraria aliás respaldo em qualquer norma legal que lhe permitisse decisão inversa, raciocínio que se transpõe para o STA. Não existindo no processo civil nem no processo administrativo norma que atribua o poder de rejeitar a admissão do recurso de revista quando, estando prevista uma fase prévia de admissão, o recorrente não indique as razões pelas quais entende que aquele deve ser admitido, não pode a formação específica decidir nesse sentido.

Conceder que seria possível não admitir um recurso de revista tendo por base o não cumprimento de um referenciado ónus de alegação, significaria aditar aos pressupostos de admissão existentes um novo de cariz estritamente formal. Ora, o legislador não quis e não introduziu esse critério, não parecendo que deva caber à formação específica composta por três juízes a faculdade de criar um outro pressuposto bem mais fácil de aferir.

Contra a possibilidade de existir um indeferimento liminar do recurso por falta de alegações quanto ao preenchimento dos pressupostos de admissão, pode também invocar-se a matriz enformadora da reforma do contencioso administrativo que, assentando na efectividade da tutela jurisdicional administrativa, determina que a interpretação das normas existentes se faça tendo por critério aferidor e complementador a plena execução daquele princípio. Na omissão ou na dúvida a decisão jurisdicional deve procurar acautelar a realização da tutela e não abrigar-se na formalidade que serve fins estatísticos, mas não a justiça. Do mesmo modo, o princípio da promoção da justiça traduzindo um sentido das normas processuais que conduza à emissão de pronúncias sobre o mérito das pretensões formuladas (artigo 7.°) impõe ao tribunal de recurso um esforço de indagação que determine uma decisão efectiva sobre o pedido de admissão do recurso. Este argumento tem sido por último invocado nos arestos de admissão como justificativo para o facto de recair sobre o tribunal o dever de colmatar a lacuna em sede de alegações da admissibilidade da revista. Parece ser este o entendimento correcto, até porque das alegações quanto ao fundo da questão será relativamente fácil extrair o fundado ou não da admissão. Também deve ser tido em conta que, por um lado, quando são indicados fundamentos para a admissão, estes não auxiliam especialmente a tarefa dos decisores, como pode ser constatado nas diversas decisões disponíveis; por outro lado, o carácter resumido como são referenciados indicia que ou têm pouco valor ou representam apenas um mero cumprimento de uma formalidade sem consequências. Quer parecer que a invocação de um ónus de alegação, nos termos em que foi efectuada, se apresenta como um resquício de práticas antigas, em que se lobrigava encontrar um pormenor de forma, que fosse capaz de encerrar o processo. A correcção da doutrina expendida e a sua recondução ao juízo que se revela adequado em face das normas processuais constitui uma esperança, apesar de não ser ainda certa por não representar uma prática consolidada. As oscilações, bem se viu, têm sido variadas.

Acresce ainda que o princípio da auto-responsabilidade das partes[729] determina que são as partes que conduzem o processo com o risco inerente, tendo certos ónus impostos por lei e dos quais podem derivar consequências. A este respeito parece dever entender-se que a não indicação de motivos que justifiquem a admissão é um risco que o recorrente corre por força da auto-responsabilidade decorrente da sua iniciativa de interpor um recurso jurisdicional, risco que se reforça pelo facto de, com a não menção desses elementos, poder contribuir de modo decisivo para a não admissão do recurso, deixando de acentuar determinados aspectos capazes de fundar essa decisão e que, por qualquer motivo, a formação específica de apreciação preliminar sumária não tenha identificado (recorde-se que contra a decisão relativa à admissão não há qualquer outro recurso na jurisdição administrativa). O que significa que às partes cabe o risco e a conformação pelo eventual insucesso da sua tentativa se não esgrimirem de modo expresso as razões que podem fundamentar a admissão do recurso.

A não distinção entre alegações de admissibilidade e de fundo pode ter contribuído para a menor atenção conferida às primeiras, pelo que talvez tivesse sido preferível exigir uma interposição de recurso acompanhado das alegações de admissibilidade e só em caso de admissão ser então conferido um prazo, curto, para as alegações de fundo. Este entendimento é reforçado pela nota de excepcionalidade que a lei dá ao recurso, a significar, como a prática tem revelado, que serão em número muito reduzido os casos de admissão, o que significa não ser relevante o tempo de demora decorrente da posterior apresentação de alegações quanto à

---

[729] Cfr. SOVERAL MARTINS, *Direito Processual Civil*, 1.º vol., p. 174; LEBRE DE FREITAS, *Introdução…*, pp. 145 ss. Afirmado no processo administrativo por VIEIRA DE ANDRADE, *A Justiça…*, p. 411; cfr., também, WLADIMIR BRITO, *Lições…*, pp. 90 ss.

questão de fundo[730]. A solução vigente parece ser adequada para as hipóteses em que a revista, no quadro do sistema de recursos, se apresente como um recurso corrente, de admissão assente em critérios objectivos, mensuráveis e não com a configuração que o CPTA lhe deu.

A concentração na mesma peça processual de argumentos relativos à admissão do recurso e ao fundo do processo não se revela a via mais adequada em face da construção do recurso. Além de se exigir um esforço superior ao recorrente que, sem saber se alcança a admissão, tem de apresentar desde logo os argumentos para a decisão de fundo, acaba por desvalorizar a própria exposição dos motivos que fundam a admissão do recurso, misturando e baralhando planos distintos. É certo que se pode invocar que esta exigência visa desincentivar a sistemática interposição de recursos com intuitos dilatórios, induzindo a que só tentem a admissão aqueles que razoavelmente se encontrem, na sua perspectiva, em condições de obter vencimento. Verifica-se, na prática, que este desincentivo não tem funcionado, na medida em que os recorrentes têm insistido em tentar a sorte mesmo quando estão em causa questões de menoríssima relevância. Basta-lhes, aliás, repetir as alegações do recurso para o tribunal central!

Esta solução acaba por facilitar a tarefa aos recorrentes por não se lhes exigir um esforço efectivo na fundamentação do preenchimento dos pressupostos de admissão, talvez, por outra via, se pudesse suplantar o problema do ónus da alegação. Poderia passar pela existência de duas fases separadas, em que o recorrente primeiro interpõe o recurso e junta as alegações relativas à sua admissibilidade e, só em caso de obter a admissão, é notificado para apresentar alegações quanto ao fundo da causa. Deste modo faria sentido cominar com a não admissão, em rigor julgar deserto o recurso[731], por falta de alegações – hipótese em que o recorrente se tivesse limitado a interpor o recurso e depois de admitido não apresentasse as alegações de fundo, sem mais – pois estas não existiriam de todo. Com uma vantagem adicional a dificuldade em apresentar fundamentos razoáveis para a admissão do recurso poderia com maior sucesso desincentivar a litigância processual. Por um lado, seria maior a exposição do recorrente ao alegar exclusivamente quanto à admissão do recurso, por outro obrigaria o recorrente a explorar com maior profundidade as razões justificativas da admissão e, em caso de insucesso, sujeitando-se às res-

---

[730] Poder-se-ia, por exemplo, reduzir o prazo para interposição do recurso e alegações quanto à sua admissibilidade.

[731] Artigo 690.°, n.° 3, CPC.

O *recurso excepcional de revista* 275

pectivas consequências económicas. Ambas as circunstâncias teriam como resultado um aumento na dificuldade em aceder ao recurso excepcional de revista, contribuindo para a sua recondução ao fim que visa alcançar.

11. Apreciação preliminar sumária: exigências de fundamentação

55. A partir da revisão constitucional de 1982 a Constituição passou a prever, genericamente, que as decisões dos tribunais são fundamentadas quando e no modo que por lei se determine (então, artigo 210.°, n.° 1). Por um lado deixaram-se para posterior regulação legal as situações e a forma a que obedeceriam certas decisões judiciais, sem se impor um dever geral de fundamentação das decisões judiciais[732], mas por outro enunciou-se em termos determinativos a necessidade dessa regulação legal ser emitida. Na revisão de 1997 introduziu-se um limite de carácter negativo, por via do qual se excluíram do âmbito da fundamentação a fixar por lei as decisões de mero expediente (actual artigo 205.°, n.° 1). A evolução na redacção da norma traduz uma delimitação na obrigatoriedade de fundamentação das decisões, conferindo-se cobertura constitucional à previsão da não fundamentação de decisões de mero expediente, sem que se tenha eliminado a menção aos casos em que a fundamentação deve ter lugar, induzindo que ao legislador ordinário ficou confinada a tarefa de definir a forma da fundamentação e, retirando as decisões de mero expediente, fazendo recair em todas as outras decisões judiciais a necessidade de fundamentação. Mesmo a luxação no dever de fundamentação tem de se limitar estritamente a matérias de expediente, que não afectem a posição substantiva e processual das partes ou que se traduzam no exercício de poderes vinculados por imposição legal. Até porque a regulação do dever de fundamentação, além do disposto no artigo 205.°, n.° 1, também encontra um padrão aferidor no princípio do Estado de direito democrático[733]. As deci-

---

[732] Cfr. GOMES CANOTILHO/VITAL MOREIRA, *Constituição...*, p. 799. Este dever geral admitia naturalmente a existência de decisões que não careciam de fundamentação. A opinião destes autores é anterior à alteração da redacção do n.° 1, efectuada em 1997, mas na sequência desta foi já considerado que a norma consagra um dever geral de fundamentação das decisões judiciais. Cfr., neste sentido, AMÂNCIO FERREIRA, *Manual...*, p. 16, remetendo para diversos acórdãos do Tribunal Constitucional.

[733] Cfr. GOMES CANOTILHO/VITAL MOREIRA, *Constituição...*, p. 798, referindo-se ao dever de fundamentação como «uma garantia integrante do próprio conceito de *Estado de direito democrático*».

sões de mero expediente correspondem aos despachos que se destinam a prover o andamento regular do processo, não interferindo no conflito de interesses entre as partes (artigo 156.°, n.° 4, 1.ª parte, CPC), e a sua exclusão encontra ainda explicação pelo facto destes despachos não admitirem recurso (artigo 679.°), o que afasta uma das apontadas funções da fundamentação.

A doutrina já problematizou o sentido da inserção de uma garantia constitucional de fundamentação das decisões judiciais, distinguindo entre uma função endoprocessual como instrumento de racionalização técnica do funcionamento do processo (relevante para efeitos de impugnação da decisão) e uma função extraprocessual que abrange mas supera a anterior e visa assegurar um controlo externo e geral sobre o fundamento factual, lógico e jurídico da decisão, verificando-se uma alteração dos seus destinatários (o povo)[734]. A apontada garantia constitucional de motivação constitui um valor instrumental que visa permitir a observância de vários princípios fundamentais do Estado de direito, como sejam o respeito do princípio da legalidade na decisão jurisdicional, o princípio da independência do juiz e da imparcialidade das decisões que toma e o princípio do direito de defesa das partes (permitindo verificar a eficácia da defesa apresentada pelas partes sobre a convicção do julgador)[735]. Conclui o autor que a garantia constitucional de motivação das sentenças detém uma posição central no sistema de valores em que se deve alicerçar a administração da justiça, o que deriva da função do processo e do controlo democrático que recai sobre aquela administração, além de permitir verificar o cumprimento de outros princípios fundamentais[736].

O dever de fundamentação está enunciado no artigo 158.°, CPC, por via do qual se determina que as decisões que tenham por objecto um pedido controvertido ou dúvidas suscitadas no processo são sempre fundamentadas, podendo considerar-se que esta previsão engloba a generalidade das decisões jurisdicionais[737]. A doutrina nacional tem indicado diversas funções à fundamentação das decisões jurisdicionais; por um

---

[734] Cfr., no sentido exposto, TARUFFO, *Note sulla garanzia costituzionale della motivazione*, in BFD, vol. LV, 1979, pp. 31 ss. O autor assinala que a função extraprocessual comporta a exigência de fundamentação das decisões proferidas pelos tribunais supremos, p. 32.

[735] Cfr. TARUFFO, *Note sulla...*, pp. 34 ss.

[736] Cfr. TARUFFO, *Note sulla...*, p. 37.

[737] Cfr. TEIXEIRA DE SOUSA, *Estudos...*, p. 213.

O recurso excepcional de revista

lado, uma função de pacificação social que visa persuadir as partes quanto à legalidade da solução, por outro, uma função que se conecta com o assegurar da recorribilidade assente no conhecimento dos fundamentos de direito que apoiam a decisão[738]. Também se aponta a fundamentação como um requisito interno da decisão, mas que vai produzir efeitos externos por via da permissão de controlo do exercício da função jurisdicional pela opinião pública, constituindo um factor de motivação e pressão incidentes sobre os tribunais cujas decisões podem ser apreciadas em sede de recurso e combatendo a adopção de actos arbitrários sobre a forma de sentenças ou acórdãos[739].

Atente-se um pouco mais no regime processual civil no que concerne às consequências da falta de fundamentação e da fundamentação contraditória. A falta de fundamentação, consistente na não especificação dos fundamentos de facto e de direito que justificam a decisão, determina a nulidade desta (artigo 668.°, n.° 1, alínea b), CPC). No que aos fundamentos de direito toca, basta que se enunciem as «razões jurídicas que servem de apoio à *solução adoptada pelo julgador*», não sendo sequer imprescindível que se identifiquem as disposições legais que suportam a decisão, bastando a menção aos princípios e normas em que ela se funda[740]. Também se encontra ferida de nulidade a decisão em que os fundamentos se encontrem em oposição com ela (alínea c), n.° 1, artigo 668.°); trata-se de uma contradição real e não apenas de uma aparência de oposição[741].

A enunciação do vício que afecta a decisão jurisdicional que não seja fundamentada ou esteja em contradição com os fundamentos nela indicados tem por fito a compreensão do significado que é atribuído à fundamentação dessas decisões, ao ponto da sua falta ou contradição ser apodada com a nulidade. Bem a dar a entender que o legislador teve e tem a fundamentação das decisões emitidas no exercício da função jurisdicional como uma exigência com carácter fundamental.

É ainda relevante anotar em suma o regime de arguição e apreciação das duas hipóteses de nulidade da decisão acima referenciadas. Elas têm de ser arguidas por qualquer das partes, não sendo de conhecimento oficioso pelo tribunal, devendo ser efectuadas perante o próprio tribunal que

---

[738] Cfr. ANTUNES VARELA/BEZERRA/SAMPAIO E NORA, *Manual...*, p. 689.

[739] Cfr. AMÂNCIO FERREIRA, *Manual...*, pp. 16 s.

[740] Cfr. ANTUNES VARELA/BEZERRA/SAMPAIO E NORA, *Manual...*, p. 688.

[741] Cfr. ANTUNES VARELA/BEZERRA/SAMPAIO E NORA, *Manual...*, p. 689.

proferiu a decisão nula, a menos que esta admita recurso ordinário, cabendo argui-la como seu fundamento. Invocadas perante o tribunal que emitiu a sentença, a secretaria promove oficiosamente a notificação da parte contrária para responder, seguindo-se a decisão. O indeferimento não admite recurso e a decisão que a deferir considera-se complemento e parte integrante da sentença. A decisão que, apesar de nula, não for contestada, transita em julgado, na medida em que a nulidade não é de conhecimento oficioso[742].

De decisões tomadas pelo mais alto tribunal em sede de revista caberá apenas a arguição da nulidade perante a própria formação que decidiu por inexistir recurso ordinário, no âmbito do qual ela pudesse ainda ser invocada. Em tal patamar parece dever admitir-se que a falta de fundamentação ou a fundamentação contraditória constituirão hipóteses meramente académicas, de real verificação muito rara. No entanto, se a parte vencida constatar, fundadamente, a ocorrência de uma das nulidades enunciadas no artigo 668.°, CPC, (no que aqui interessa as previsões das alíneas b) e c), do n.° 1), pode argui-las perante a formação que proferiu a decisão, a menos que fosse admitido recurso ordinário, o que na hipótese em apreço não é possível. Este regime de arguição de nulidades regulado no processo civil é aplicável ao contencioso administrativo, por via da expressa remissão supletiva com adaptações do artigo 1.°, CPTA. O mesmo é dizer que, quer a formação específica de apreciação preliminar sumária, quer a formação de julgamento da revista, podem ser solicitadas a apreciar a existência de uma nulidade nas decisões por si proferidas, dependendo sempre de expressa arguição da parte vencida, por se tratar de nulidade que não é de conhecimento oficioso do tribunal. Quanto à decisão de apreciação preliminar que expressamente não admite recurso, esta será a única via de obstar aos efeitos por ela produzidos, desde que efectivamente se verifique uma das causas de nulidade enunciadas no artigo 668.°, CPC. Adiante se terá ocasião de aferir se nas decisões conhecidas, tomadas nesse âmbito, é deixada alguma margem de possibilidade na arguição de uma daquelas duas hipóteses de nulidade da decisão.

---

[742] Cfr. TEIXEIRA DE SOUSA, *Estudos...*, pp. 219 ss., em especial p. 224, e artigos 202.°, 203.°, 668.° e 670.°, CPC. Cfr., também, ANTUNES VARELA/BEZERRA/SAMPAIO E NORA, *Manual...*, pp. 691 ss., assinalando que o juiz pode preferir redigir de novo a decisão, eliminando o vício detectado (p. 693).

O *recurso excepcional de revista*   279

56. Sem esquecer que as exigências de fundamentação aqui em causa se reportam às decisões relativas à não admissão do recurso excepcional de revista, é relevante atender, ainda que sumariamente, às concepções de fundamentação das decisões jurisdicionais em geral de alguns direitos estrangeiros, referindo a sua especificidade em sede de decisões de admissão de um recurso do tipo da revista ou cassação, para aferição da eventual conjugação entre as diferentes soluções encontradas.

Em Espanha, o dever de motivação é imposto por via constitucional, determinando-se que as sentenças serão sempre motivadas[743]. Este amplo dever de motivação não impede que as sentenças sejam motivadas de forma sucinta ou por remissão, desde que se revelem proporcionadas e congruentes com o litígio resolvido e transmitam as razões da decisão[744]. O dever de motivação integra o princípio da tutela jurisdicional efectiva, impondo a interdição da arbitrariedade das decisões judiciais e desempenhando uma dupla missão: garantir o controlo jurisdicional por via de recurso e facultar aos cidadãos as razões das decisões tomadas[745]. A motivação como decorrência imediata do direito à tutela judicial efectiva ainda deve ser avaliada de forma mais exigente se provocar a inadmissibilidade de um recurso[746]. Este dever não está sequer dispensado nas decisões tomadas no exercício de um poder discricionário legalmente atribuído, a utilização dessa faculdade está condicionada pela sua motivação, que constitui a única possibilidade de posteriormente poder ser objecto de um controlo jurisdicional que verifique o seu eventual carácter arbitrário[747]. A exigência de motivação das decisões judiciais não significa que seja necessário responder a todas as alegações ou argumentos aduzidos pelas partes ou que o tribunal deva enunciar de forma exaustiva o processo intelectual que conduziu a uma certa decisão, do mesmo modo que não existe qualquer disposição legal que determine a extensão ou o modo de justificar a decisão, basta que se possa aceder aos critérios jurídicos fundamen-

---

[743] Artigo 120.°, n.° 3, da Constituição espanhola.

[744] Cfr. GONZÁLEZ PÉREZ, *Manual*..., p. 368, citando sentença do Tribunal Constitucional.

[745] Cfr. GONZÁLEZ PÉREZ, *El Derecho*..., p. 270, citando decisões do Tribunal Constitucional.

[746] Cfr. GONZÁLEZ PÉREZ, *El Derecho*..., p. 272.

[747] Cfr. GONZÁLEZ PÉREZ, *El Derecho*..., p. 274, citando decisão do Tribunal Constitucional, na qual se considera que a opção entre uma ou outra decisão não constitui justificação suficiente da via que vier a ser adoptada.

280   *O Recurso de Revista no Contencioso Administrativo*

tadores da decisão[748]. Sem prejuízo de resultar evidente que nas decisões que directamente afectem o direito à tutela jurisdicional efectiva, seja no acesso à jurisdição, seja no acesso a vias de recurso, é requerida uma motivação mais exigente que ultrapasse o teste da arbitrariedade e da razoabilidade, validando a decisão judicial.

No processo civil espanhol vigora uma regra que, impondo a motivação das sentenças, estabelece que esta deve incidir sobre os elementos de facto e de direito, individualmente e em conjunto, observando sempre as regras da lógica e da razão[749]. Neste segmento do direito processual é também determinante a produção jurisprudencial do Tribunal Constitucional enquanto aferidor dos parâmetros adoptados pelos restantes tribunais.

No processo administrativo, a preparação do recurso de cassação perante a Sala que emitiu a decisão impugnada deve ser acompanhada de exposição sucinta da verificação dos requisitos de forma exigidos (artigo 89.º, n.º 1, LJCA); se estes não ocorrerem e a decisão não for susceptível de recurso de cassação, será emanado auto motivado, negando a continuação do processo (artigo 90.º, n.º 2). Na hipótese de na Sala que emitiu a decisão impugnada ser dada marcha ao recurso, cabe ainda ao Tribunal Supremo aferir da sua admissão, verificando se ocorre alguma das situações enumeradas no n.º 2 do artigo 93.º, com base nas quais o recurso interposto não deve ser admitido. Entre estas contam-se a não observância dos requisitos exigidos e o facto da decisão impugnada não ser susceptível de recurso de cassação, se tiverem sido rejeitados quanto ao fundo da questão outros recursos substancialmente idênticos, se o recurso carecer manifestamente de fundamento ou se a questão não revelar interesse cassacional (artigo 93.º, n.º 2, alíneas a), c), d) e e), LJCA). Esta decisão de não admissão toma a forma de auto que tem de ser motivado (artigo 93.º, n.º 4). Ou seja, os dois momentos, primeiro perante o tribunal recorrido e depois perante o tribunal de recurso, em que o recurso pode não ser admitido, sujeitam esta decisão à competente motivação, devendo entender-se que a motivação que aí é desenvolvida deve obediência aos princípios acima enunciados em geral. Este dever de motivação das decisões de não admissão ainda mais se acentua, tornando clara a sua necessidade, pelo facto de ser possível ao tribunal *ad quem* não admitir o recurso por falta

---

[748] Cfr. GONZÁLEZ PÉREZ, *El Derecho...*, pp. 275, 277 s.; TAPIA FERNÁNDEZ, *El Objeto del Proceso. Alegaciones. Sentencia. Cosa juzgada.* Madrid, 2000, pp. 92 s.

[749] Cfr. TAPIA FERNÁNDEZ, *El Objeto...*, p. 94 e artigo 218.º, n.º 2, da Ley de Enjuiciamiento Civil.

O *recurso excepcional de revista* 281

de interesse cassacional ou manifesta falta de fundamento, bem a enunciar que, mediante um juízo perfunctório, se ajuizará de imediato se a questão objecto do recurso de cassação tem aptidão para gerar uma decisão relevante para o ordenamento jurídico. No recurso de cassação ordinário espanhol as decisões de não admissão do recurso estão obrigatoriamente sujeitas a motivação também em função do direito à tutela jurisdicional efectiva, sendo que esta exigência ainda mais se acentua quando nos autos que a determinem no tribunal *ad quem* não seja admissível a interposição de qualquer recurso pela parte prejudicada (artigo 93.º, n.º 6).

A motivação das decisões jurisdicionais em França, no que ao contencioso administrativo respeita, encontra-se consignada no artigo L-9, CJA, apesar da jurisprudência já entender que existia um dever de motivação de qualquer decisão em matéria contenciosa, ao ponto de, em 1924, pelo *arrêt Legillon*, o Conselho de Estado ter declarado a existência de uma regra geral de motivação das decisões da jurisdição administrativa, mesmo na ausência de normal legal que a determinasse[750]. A motivação desempenha diversas funções: contribui para a aclaração do estado do direito, permite às partes uma avaliação das hipóteses de sucesso da interposição de um recurso e concorre para a boa administração da justiça[751]. A motivação das decisões prende-se também com o afastamento do carácter arbitrário que se consegue pela enunciação do percurso do pensamento do juiz que permitiu proferir determinada decisão e não apenas a menção a esta[752]. Apesar desta obrigação de motivação das decisões, o Conselho de Estado não tem por hábito efectuar grandes desenvolvimentos nos motivos que fundam as decisões que toma, ficando bem longe de formular as suas decisões com a precisão e o rigor da *Cour de cassation*[753]. O facto das decisões do Conselho de Estado se apresentarem concisas não significa que sejam incompletas ou imprecisas, tornam é necessário que se efectue uma leitura entrelinhas e que se atente na utilização de certas fórmulas carregadas de sentido[754]. Alega-se que essa motivação se

---

[750] Cfr. DEBBASCH/RICCI, *Contentieux...*, p. 608 e CHAPUS, *Droit du contentieux...*, p. 181.

[751] Cfr. CHAPUS, *Droit du contentieux...*, p. 1000.

[752] Cfr. DEBBASCH/RICCI, *Contentieux...*, pp. 610 s.

[753] Cfr. DEBBASCH/RICCI, *Contentieux...*, p. 609.

[754] Cfr. CHAPUS, *Droit du contentieux...*, p. 1001, apesar de se verificar uma certa evolução que leva o Conselho de Estado a desenvolver os motivos da decisão de forma a excluir o risco de enigmas ou de subentendidos, não sem que este autor anteveja um sentimento de perda relativamente ao charme misterioso da jurisprudência de outros tempos (p. 1002).

282   O Recurso de Revista no Contencioso Administrativo

apresenta como elíptica, ainda a denunciar a sua origem administrativa, mas também que, comportando menos palavras do que as decisões dos tribunais judiciais, se revela mais explícita do que estas. Este carácter sucinto da motivação das decisões do Conselho de Estado é ainda justificado pelo facto de tais decisões não serem submetidas à apreciação de qualquer outro tribunal[755].

No processo prévio de admissão da cassação, apenas é pronunciada uma decisão jurisdicional em caso de não admissão do recurso; ocorrendo a admissão, é tomada uma decisão de instrução que não assume esse carácter. As decisões de não admissão são extremamente sucintas, por recurso a meras fórmulas em que se refere que nenhum dos meios invocados se apresenta capaz de permitir a admissão ou que não apresenta um carácter sério. O que significa que na prática o recorrente fica sem conhecer quais os motivos que fundaram a não admissão do recurso, pelo que esta circunstância chegou a motivar diversas discussões atinentes à eventual distinção entre o carácter dos meios invocados[756]. A justificação para a brevidade da decisão prende-se com a razão de ser que motivou a introdução do processo prévio de admissão, que consistiu em retirar ao Conselho de Estado a sobrecarga da instrução e o julgamento de processos cujo resultado final seria improfícuo. Se a subsecção que efectua a admissão prévia fosse motivar as razões da não admissão, estaria a decidir o fundo[757] do processo e portanto a contrariar completamente o sentido da sua existência. A via adoptada acaba por constituir uma forma de suprir as deficiências que soluções anteriores não foram capazes de prevenir[758]. O resultado emergente deste tipo de decisões jurisdicionais não motivadas ou com uma motivação neutra e sucinta é a inexistência de um sentido jurisprudencial quanto à interpretação do conceito *«moyens sérieux»* e quanto à própria compreensão das restantes linhas interpretativas adoptadas, assim como uma incapacidade em transmitir, às partes prejudicadas pela decisão de não admissão, as razões da recusa[759].

---

[755] Cfr. DEBBASCH/RICCI, *Contentieux...*, p. 611. Os autores enunciam, no entanto, que uma melhoria da motivação das decisões do Conselho de Estado seria capaz de facilitar e fazer crescer a influência da sua jurisprudência sobre os outros tribunais da ordem administrativa.

[756] Cfr. MASSOT/FOUQUET/STAHL/GUYOMAR, *Le Conseil...*, p. 64.

[757] Atentos os critérios de admissão fixados, cfr. supra § 2, n.º 2, alínea b).

[758] Cfr. MASSOT/FOUQUET/STAHL/GUYOMAR, *Le Conseil...*, p. 64.

[759] Cfr. MASSOT/FOUQUET/STAHL/GUYOMAR, *Le Conseil...*, p. 64 s.

O recurso excepcional de revista 283

Na medida em que as decisões de admissão não assumem carácter jurisprudencial, apenas em relação às de não admissão do recurso de cassação se justificaria aplicar o princípio geral de motivação acima enunciado. Acontece que, nesta circunstância concreta e tendo por base as razões que fundaram a instituição do processo prévio de admissão, foi excepcionada a aplicação dessa regra geral, sendo proferida uma decisão sucinta e neutra, cuja motivação é praticamente inexistente, por se limitar a declarar não verificado qualquer dos requisitos que admite o acesso ao Conselho de Estado em sede de cassação. A tutela jurisdicional assim conferida à não admissão do recurso revela-se bastante reduzida ao ponto de fazer perigar a aceitação da decisão pelo visado e pela própria comunidade, à qual não são fornecidos os critérios da linha jurisprudencial seguida, que se encontram na posse exclusiva dos juízes que decidiram, conduzindo à incerteza do direito[760]. Resta aferir se uma tal solução, compreensível pelo fim que a justifica, se apresenta compatível com o princípio da tutela jurisdicional efectiva e com os fundamentos que justificam a motivação das decisões jurisdicionais.

Na Alemanha, a admissão da *revision* carece do preenchimento de um de três requisitos expressamente enunciados na VwGO, (§ 132, n.º 2). Sendo referenciado que a não admissão do recurso deve sujeitar-se a uma fundamentação qualificada, de modo a evitar a inconstitucionalidade da solução legal[761].

No âmbito da acção administrativa especial o CPTA contém um artigo que respeita ao conteúdo da sentença ou acórdão, já na acção administrativa comum a tramitação do processo segue o disposto no Código de Processo Civil quanto ao processo de declaração (artigo 42.º, n.º 1). No que respeita a este último valem as notas acima aduzidas, quanto à acção administrativa especial cabe enunciar algo mais. No artigo 94.º identificam-se os elementos que compõem a sentença ou acórdão, fazendo-se referência aos fundamentos (n.º 1), incluindo-se nestes os factos provados e a indicação, a interpretação e a aplicação das normas jurídicas correspondentes (n.º 2), admitindo-se que estes podem ser apresentados sob a

---

[760] Cfr. Tunc, *La Cour de cassation en crise*, in *Archives de Philosophie du Droit*, 30, 1985, pp. 165 ss., em que fornece um exemplo de uma situação desse tipo.

[761] Cfr. Vieira de Andrade, *A Justiça...*, p. 384, que, analisando a solução portuguesa dá nota da mesma discussão na Alemanha, em que se admitiu a conformidade da solução constante do § 132 VwGO desde que a decisão de não admissão fosse objecto de fundamentação qualificada.

284 *O Recurso de Revista no Contencioso Administrativo*

forma de considerandos. Constitui, assim, elemento essencial das decisões jurisdicionais a fundamentação de facto e de direito. A norma referenciada respeita às decisões dos tribunais em primeira instância, mas constitui uma referência atendível em geral.

57. O recurso excepcional de revista só é admitido quando se preencham os pressupostos indicados no n.° 1 do artigo 150.°, sendo que a decisão quanto à questão de saber se tal se verifica compete a uma formação específica do STA, à qual cabe proceder à designada apreciação preliminar sumária (n.° 5). A norma que prevê esta fase prévia é omissa quanto à existência de um dever de fundamentação dessa apreciação preliminar, apesar de dela decorrer, de algum modo, implicitamente a sua necessidade, no mais aplicam-se os princípios gerais de fundamentação das decisões jurisdicionais. O n.° 5 do artigo 150.° contém um segmento com o seguinte teor: «devendo ser objecto de apreciação preliminar sumária». Da imposição de realização de uma apreciação decorre que a decisão a emitir, que resulta dessa tarefa, deve ao menos verbalizar o resultado alcançado. Reconhece-se que é pouco e talvez até forçado, mas representa um indício que não se deve negligenciar no sentido da fundamentação da decisão sobre a admissão. Pode já adiantar-se que a decisão em causa não é uma decisão de mero expediente, pelo que não cabe na excepção consignada no artigo 205.°, n.° 1, da Constituição, trata-se de uma decisão jurisdicional que delimita de modo definitivo o acesso das partes ao tribunal supremo em sede de revista, pelo que deve ficar vinculada a todas as regras que regulam a prática de actos jurisdicionais. Solução contrária teria a sorte de brigar com o princípio da tutela jurisdicional administrativa efectiva, o que também aconselha que a decisão seja tomada em observância daquelas imposições.

Não estando integrada na excepção relativa às decisões de expediente, resulta claro que se trata de uma decisão jurisdicional sujeita a fundamentação por força da determinação constitucional e na forma que legalmente for definida. A previsão constitucional é parca na enunciação substantiva do alcance da fundamentação e a norma própria ao caso aplicável apenas permite induzir essa necessidade, pelo que o referencial passa pelo dever geral de fundamentação das decisões judiciais[762]. A fundamentação de decisões relativas à não admissão tem de ser capaz de

---

[762] Cfr. AMÂNCIO FERREIRA, *Manual...*, p. 16, remetendo para diversos acórdãos do Tribunal Constitucional.

O *recurso excepcional de revista* 285

desempenhar com sucesso as aludidas funções, endoprocessual e extraprocessual[763]. Para este fito importa avaliar a fundamentação das decisões de não admissão disponíveis, de modo a verificar da sua conformidade com aquelas funções. Não se trata aqui de repetir a análise já realizada, mas tão só de avaliar a fundamentação aduzida, aferindo da sua compatibilidade com as exigências constitucionais.

As decisões de não admissão adoptam, em geral, uma estrutura semelhante, que assenta na enunciação teórica dos pressupostos de admissão do recurso de revista, para em seguida concluírem pela não verificação desses pressupostos no caso concreto em análise; nesta última componente agregam-se alguns dos tópicos antes aduzidos e que respeitam à qualificação da questão submetida a apreciação preliminar. Nas decisões de não admissão consideradas constata-se que a fundamentação é suficiente e adequada, não se vislumbrando a possibilidade de ser arguida qualquer nulidade a esse respeito.

Deve atender-se a que, por um lado, o desvalor generalizado das questões submetidas à apreciação preliminar sumária é de molde a facilitar a decisão e a exigir um menor grau de exigência na sua fundamentação, ao que, é óbvio, pouco mais se pode (ou deve) acrescentar; por outro lado, um esforço desmesurado na aferição do preenchimento dos pressupostos de admissão, além de brigar com o princípio da celeridade processual, também colide com o carácter sumário da apreciação. A sumariedade da apreciação tem naturalmente de se reflectir no grau de exigência da fundamentação, sob pena de, com esta, se ignorar aquela imposição de brevidade.

Os padrões argumentativos utilizados na generalidade dos acórdãos de não admissão do recurso excepcional de revista revelam-se aceitáveis e adequados ao fim em vista, não carecendo de um maior esforço ou desenvoltura ao nível da respectiva fundamentação. O grau de fundamentação destas decisões é conforme à exigência constitucional, na medida em que aquela não foi eliminada e que a sua desenvoltura é matéria que incumbe ao legislador ordinário e que se encontra adequadamente acautelada.

As hipóteses em que o recorrente não desenvolveu qualquer esforço de fundamentação significativo na demonstração da existência de um dos pressupostos de admissão conduzem à dispensa de desenvolvimento na fundamentação da não admissão, por força do princípio da auto-respon-

---

[763] Cfr. TARUFFO, *Note sulla...*, pp. 31 ss.

sabilização das partes. A incúria consistente em não alegar e demonstrar o preenchimento de um dos pressupostos de admissão, se não se apresenta capaz por si de determinar a rejeição do recurso, permitirá à formação específica de apreciação preliminar uma diminuição do esforço argumentativo na fundamentação da decisão sobre a admissão. Esta ficará inclusive livre para decidir, sem ter que atender a algum dos argumentos ou modos de preenchimento invocados pelo recorrente, a ausência de alegações fragilizará a posição do recorrente, podendo, em situações limite, funcionar como factor impeditivo à admissão. A apresentação de alegações demonstrativas do preenchimento de um dos pressupostos de admissão constitui um elemento facilitador da fundamentação da decisão de admissão, constrangendo os juízes a avaliar esses argumentos e a tê-los em conta na decisão. A omissão de alegações quanto aos pressupostos de admissão não significa que fique precludida a obrigação de apreciar o fundado da admissão da questão colocada, mas antes, que ao tribunal se exigirá um maior esforço cognitivo dela e da sua dimensão por referência aos pressupostos de admissão.

Pode admitir-se que uma decisão de admissão do recurso de revista, dado o seu carácter excepcional, deve comportar um maior esforço argumentativo, que também deriva da sua menor frequência, do que quando estejam em causa decisões de não admissão que, muitas vezes, são vias tentadas pelos recorrentes como meios de dilação temporal do trânsito em julgado da decisão impugnada. O carácter muitas vezes pouco sério e pouco fundado das questões que se pretende ver discutidas em sede de revista, acaba também por dispensar a necessidade de uma aturada fundamentação da não admissão. A necessidade constitucional de fundamentar as decisões jurisdicionais não significa que esta não se realize com economia de fundamentos, contanto que sejam proporcionados e congruentes com a decisão[764]. Sublinhe-se que a motivação das decisões não impõe uma «exaustiva descrição do processo intelectual» do juiz ou do tribunal que conduz a uma determinada decisão[765].

Pode conceber-se que, em face da qualificação do recurso de revista como excepcional, o que transmite de modo claro que a sua admissão não será corrente, o maior esforço de fundamentação incida sobre as decisões

---

[764] Cfr. GONZÁLEZ PÉREZ, *El Derecho...*, p. 270, citando decisão do Tribunal Constitucional.

[765] Cfr. GONZÁLEZ PÉREZ, *El Derecho...*, p. 278, citando decisão do Tribunal Constitucional.

O recurso excepcional de revista 287

de admissão (por serem excepcionais), reduzindo-se nas hipóteses comuns – por muito mais frequentes – a fundamentação exigida.

Invoca-se, por outro lado, na doutrina, a exigência de uma fundamentação qualificada da rejeição, como forma de escapar à inconstitucionalidade da solução adoptada em matéria de admissão do recurso de revista[766]. Sem que se negue a adequação da fundamentação que as decisões de não admissão devem comportar, importa atenuar esta rigidez pela consideração de um argumento de carácter constitucional relevante. A tutela jurisdicional efectiva não salvaguarda o direito a um recurso jurisdicional de primeiro grau, (exceptuando em matérias sancionatórias), verificando-se um diferente grau de intensidade do princípio *pro actione*, consoante se esteja perante o acesso inicial à jurisdição ou quando esteja em causa o acesso a um recurso jurisdicional[767]. A situação ainda mais se matiza quando se discute o acesso a um segundo grau de recurso jurisdicional a dirimir em terceira instância. O princípio enformador do Código de Processo não impõe a sua existência, nem a sua generalização, acabando por se conferir ao legislador liberdade para conformar a sua previsão em obediência às finalidades que com ele se visem prosseguir. O grau de fundamentação das decisões de não admissão, se bem que deva minimamente acolher os princípios constitucionais na matéria, não pode assumir um carácter especialmente reforçado em face de outras decisões jurisdicionais, sob pena de ficar mais protegida a tutela jurisdicional conferida em terceira instância do que aquela que é atribuída no acesso inicial à jurisdição, sem que aquele princípio da tutela jurisdicional efectiva o determine.

O nível de exigência que a fundamentação das decisões de não admissão atinge é determinado pela necessidade da sua compreensão e da sua aceitabilidade, mas não deriva de qualquer norma constitucional ou legal uma fundamentação qualificada que, no extremo, poderia significar o exercício de uma tarefa jurisdicional para além dos poderes concretos que a formação específica de apreciação preliminar detém. Estando em causa uma decisão jurisdicional, é suficiente a fundamentação que esse tipo de decisões carece, não mais.

Da avaliação das menções de direito comparado, no que respeita ao dever de fundamentação das decisões de não admissão, resulta que em

---

[766] Cfr. VIEIRA DE ANDRADE, *A Justiça...*, p. 384.
[767] Cfr. GONZÁLEZ PÉREZ, *El Derecho...*, p. 308, citando decisão do Tribunal Constitucional.

288   O Recurso de Revista no Contencioso Administrativo

França praticamente não há fundamentação, mas que em Espanha a fundamentação é necessária e, quando esteja em causa a não admissão de um recurso, a motivação, como decorrência imediata do direito à tutela judicial efectiva, ainda deve ser mais exigente[768].

Pelo estilo de argumentação, mas também pelo percurso cognoscitivo e pelos elementos aduzidos, pode identificar-se a existência de três linhas de orientação jurisprudencial quanto à fundamentação em função do respectivo relator, parecendo que a maioria que forma a decisão atende mais ao sentido desta do que a alguns dos tópicos aduzidos para a fundamentar. Esta afirmação é possível na medida em que não é conhecido nenhum acórdão em que se tenha registado um voto de vencido.

Tenha-se em conta que apenas o Conselheiro SANTOS BOTELHO menciona a eventual atribuição de um poder discricionário à formação específica de apreciação preliminar sumária para o afastar e, depois, o mesmo juiz lavra acórdão no qual refere que a apreciação dos pressupostos de admissão «se insere, em grande parte, no âmbito de poderes discricionários». Estar-se-á perante uma evolução da linha jurisprudencial do STA ou, simplesmente, perante um posicionamento diferente de um relator concreto? Nenhum dos outros relatores faz, nos arestos por si exarados, qualquer menção à existência ou não de um poder discricionário, certo é que votaram favoravelmente os acima invocados, sem qualquer manifestação contrária.

Nesta matéria é aplicável o disposto no artigo 713.°, n.° 1, por remissão do artigo 726.°, ambos do CPC, por via do artigo 140.°, CPTA, que determina que o vencido deve, quanto à decisão ou quanto aos simples fundamentos, assinar em último lugar, com a sucinta menção das razões de discordância[769]. Isto significa que a discordância pode consistir apenas nalgum dos fundamentos invocados e não na decisão, com a qual pode estar de acordo. A manifesta desagregação de posições entre os conselheiros é constatada em diversos arestos. Num determinado processo considerou-se que o meio processual adequado para a apreciação da questão colocada era o recurso para uniformização de jurisprudência, tendo o processo sido mandado baixar à instância; noutras hipóteses, em que também se entendeu ser esse o meio adequado, o recurso de revista não foi admitido sem mais. Em certos processos foi entendido que existia um ónus de alegação quanto ao preenchimento dos pressupostos de admissão, deter-

---

[768] Cfr. GONZÁLEZ PÉREZ, El Derecho..., p. 272.
[769] Cfr. AMÂNCIO FERREIRA, Manual..., pp. 215 s.

O *recurso excepcional de revista* 289

minando a sua inexistência a não admissão do recurso, noutras situações considerou-se que essa omissão devia ser suprida pelo tribunal, por aplicação do artigo 7.º do CPTA. Nestas situações e na acima referida quanto à existência ou não de poder discricionário foram tomadas decisões com base em fundamentos diferentes, sem que qualquer dos conselheiros tenha feito exarar a sua discordância quanto a qualquer deles. Estas divergências não contribuem para uma plena homogeneidade nos argumentos utilizados, contribuindo para a difusão de fundamentos contraditórios entre diversos acórdãos que adoptam a mesma decisão. Assim se perde uma das razões da atribuição a uma formação exclusiva da tarefa de apreciação preliminar sumária.

12. A formação de juízes que efectua a apreciação sumária

58. A verificação dos pressupostos de admissão do recurso de revista foi inicialmente atribuída à formação de três juízes, à qual caberia o julgamento do recurso. Era esta a formulação legal constante da primeira versão do CPTA, aprovada pela Lei n.º 15/2002, de 22 de Janeiro, revelando uma clara influência da (actual) solução francesa[770]. A via aí adoptada correspondia à cumulação de funções na formação de três juízes no que respeitava à apreciação preliminar sumária e ao julgamento do recurso. A solução assim gizada era passível de críticas, nomeadamente por poder constituir um desincentivo à admissão do recurso tendo por base o acréscimo de trabalho, pelo facto da dissiminação da tarefa de apreciação preliminar ser susceptível de desfavorecer a estabilidade e a consonância na concretização dos pressupostos de admissão e, por fim, por não se harmonizar com o disposto no artigo 93.º, n.º 3, relativamente ao reenvio prejudicial cuja admissão estava sujeita a um controlo por três juízes dos mais antigos da secção de contencioso administrativo do STA[771].

Esta solução não chegou, no entanto, a ser implementada, a Lei n.º 4--A/2003, de 19 de Fevereiro, no conjunto de alterações introduzidas no CPTA, abarcou também a modificação desta norma, o que, conjugado com o adiamento da entrada em vigor da reforma, não logrou permitir o teste

---

[770] Cfr., entre outros, MASSOT/FOUQUET/STAHL/GUYOMAR, *Le Conseil...*, 5.ª edição, pp. 59 ss.

[771] Criticas apontadas por SÉRVULO CORREIA, *Direito do Contencioso...*, I, p. 697, nota 413.

da opção inicial. A nova redacção do n.° 5, do artigo 150.°, conferiu o encargo da verificação em concreto dos pressupostos de admissão da revista a uma formação constituída por três juízes de entre os mais antigos da secção de contencioso administrativo, assim realizando a harmonização com a solução prevista em sede de reenvio prejudicial.

Ficou, ainda assim, em aberto, o modo de escolha e designação dos três juízes que integram essa formação específica e exclusiva de apreciação preliminar sumária da existência dos pressupostos de admissão do recurso de revista. A norma não determina que ela seja constituída pelos três juízes mais antigos, o que seria uma operação de simples verificação, sem margem para qualquer discricionariedade. Antes determina que sejam três dos mais antigos, formulação que, conferindo alguma latitude na escolha, também pode produzir efeitos indesejáveis. Parece de todo indiscutível que os juízes recém-chegados ao Supremo ou com poucos anos de exercício não devem fazer parte desta formação de carácter exclusivo, resta afinar é em que margens pode a antiguidade variar.

Passado e ultrapassado este critério de acesso à formação exclusiva de apreciação preliminar sumária, em que se assentou na antiguidade como fonte de legitimidade em prejuízo de outros factores, quiçá com maior ou igual preponderância, falta aferir a quem cabe a escolha desses juízes. A doutrina tem-se debruçado sobre a questão. Por um lado, entendeu-se que a designação cabia ao presidente do STA e não por via de uma distribuição restrita[772]; por outro, defendeu-se que a competência da designação caberia ao Conselho Superior dos Tribunais Administrativos e Fiscais, por proposta do presidente do STA, fazendo valer, em termos paralelos, o disposto na alínea c), do n.° 1, do artigo 23.°, ETAF, em que se dispõe que compete ao presidente do STA propor ao CSTAF os critérios que devem presidir à distribuição, no respeito pelo princípio do juiz natural[773]. A ideia subjacente a esta última posição incide no facto de se compreender dentro daquele poder genérico de proposição dos critérios que devem presidir à distribuição dos processos, a competência – em certo sentido paralela e conexa – relativa à designação dos juízes que comporão a formação a que se atribui a apreciação preliminar sumária. Tem de se ir mais além do que a mera definição ou concretização do critério da anti-

---

[772] Cfr. MÁRIO e RODRIGO ESTEVES DE OLIVEIRA, *CPTA/ETAF*, I, p. 543, em anotação ao artigo 93.°, relativo ao reenvio prejudicial no âmbito do qual funciona uma formação restrita que aprecia a respectiva admissão ou recusa.

[773] Cfr. SÉRVULO CORREIA, *Direito do Contencioso...*, I, p. 697, nota 413.

O *recurso excepcional de revista*

guidade, que já está legalmente fixado, importa outrossim indicar concretamente aqueles que desempenharão a tarefa em causa. A opção que se vier a tomar assume relevância, nomeadamente pela necessária observância do princípio do juiz natural.

Importa também atender a que, a posição que considera dever ser envolvido na escolha o CSTAF, é aquela que melhor acautela o exercício da função jurisdicional, por não fazer recair nas mãos de um único magistrado, mesmo que seja o presidente do Supremo Tribunal, o poder de escolher livremente os juízes que integrarão a formação específica e exclusiva em causa. Assim, parece de aceitar como mais ponderada e adequada à função a desempenhar pela referida formação de três juízes, dos mais antigos da secção de contencioso administrativo, a posição que faz intervir nesse processo o CSTAF, pelas garantias que essa intervenção confere aos designados e aos interessados nos processos por estes apreciados.

A solução adoptada de atribuir exclusivamente a uma formação específica, composta por três juízes, apresenta similitudes com a via seguida em França, na sequência da reforma de 1987/88[774]. Discutiu-se nessa altura que vantagens e inconvenientes decorreriam da atribuição das funções de admissão a uma comissão criada para o efeito ou a sua distribuição às diferentes sub-secções. A via adoptada foi a de criar uma comissão de admissão, composta por três membros, mas que apenas vigorou até 1997, momento em que se transferiu a tarefa de admissão para as sub-secções. A atribuição da função de admissão do recurso de cassação a uma comissão específica assentou em três obstáculos apostos à outra possibilidade: um duplo exame por parte da mesma formação de julgamento, o risco de fazer sobressair divergências entre as várias sub-secções no que respeita à concretização dos critérios de admissão e o risco de transpor para o processo de admissão as insuficiências existentes no âmbito dos processos urgentes[775]. No entanto, esta solução foi abandonada com efeitos a 1 de Janeiro de 1998, tendo a função de admissão do recurso sido atribuída às sub-secções em decorrência das imperfeições detectadas na formulação da comissão de admissão. Esta comissão traduziu-se num factor de complexificação do recurso e de lentidão dos processos, por isso a atribuição às sub-secções da função de admissão do recurso de cassação

---

[774] Assinale-se que nos casos em que o tribunal recorrido não admita o recurso é a *House of Lords* que, através de uma comissão composta por três juízes, decide sobre a admissão. Cfr. Lord WILBERFORCE, *La Chambre...*, p. 89 e supra § 4, n.º 4.

[775] Cfr. THÉRY, *Les nouvelles...*, p. 792.

O *Recurso de Revista no Contencioso Administrativo*

visou suplantar os atrasos que a existência da precedente comissão de admissão havia originado[776]. A experiência francesa demonstrou que, nas concretas circunstâncias da sua implementação, a solução de centralização da admissão do recurso de cassação numa comissão criada com esse fito não funcionou e veio a acarretar maior lentidão na tramitação dos processos judiciais.

Em termos teóricos, parece mais adequada a ponderação dos obstáculos que a reforma de 1987/88 identificou na distribuição daquela tarefa de admissão às diversas sub-secções, motivando a adopção de uma solução que visava alcançar uma maior harmonização e unidade na concretização dos pressupostos de admissão do recurso de cassação. A prática até agora conhecida na aplicação do artigo 150.°, CPTA e o funcionamento daquela formação restrita não permitem concluir, à semelhança da experiência francesa, que a solução é inviável ou que traduz um acréscimo de demora significativo na análise dos processos submetidos ao STA e uma consequente dilação na formação de uma decisão definitiva, isto é, na formação do caso julgado. Parece, outrossim, poder afirmar-se que a via seguida é a que melhor protege os interesses das partes nos processos, por, de forma uniforme, fornecer uma concretização constante e consonante dos pressupostos de admissão do recurso de revista, não fazendo perigar a tutela jurisdicional pela oscilação e variabilidade dos seus modos de concretização. Para a celeridade na apreciação dos ditos pressupostos contribuiu naturalmente a expressa previsão de sumariedade da verificação, que desobrigou os juízes de um esforço além do mínimo claramente exigido pela norma.

A diferenciação da experiência francesa também decorre do carácter diverso das soluções. Como já se acentuou, em França é aferida a potencialidade da procedência do pedido formulado, em Portugal está em causa apenas a verificação de certos pressupostos que admitem a discussão da questão, mas não se reconduzem a uma prévia apreciação do possível êxito da demanda. O elevado número de decisões proferidas em sede de apreciação sumária parece traduzir que o STA não descura a necessidade de permitir uma tão rápida quanto possível formação do caso julgado, assim como a necessidade de, enunciando os critérios de preenchimento dos conceitos indeterminados utilizados, conformar os potenciais interessados na interposição do recurso à evidente desnecessidade de utilização de uma via

---

[776] Cfr. Massot/Fouquet/Stahl/Guyomar, *Le Conseil...*, pp. 59 s.

que se revelará infrutífera e economicamente desvantajosa. As conclusões a este respeito não se podem ter por definitivas, na medida em que importa deixar consolidar a jurisprudência emanada nesta sede e as repercussões da sua aparente firmeza em não deixar vulgarizar um recurso de revista que se pretendeu excepcional.

Apenas o tempo se dirá bom juiz da prática jurisprudencial. Nesta altura pode adiantar-se que a atribuição da tarefa de verificação preliminar sumária foi correctamente conferida a uma formação restrita e exclusiva (no sentido em que nenhuma outra formação pode exercer o poder que a ela está atribuído, e isto apesar dos juízes que dela fazem parte continuarem a desenvolver todas as outras funções inerentes à sua qualidade). Os juízes que integram a formação restrita que permite o acesso ao STA, enquanto tribunal de revista, não estão nessa posição em regime de exclusividade, continuam a sua demais actividade, o que pode significar duas coisas: uma, que o volume de trabalho decorrente da apreciação preliminar sumária é diminuto e não obriga à dedicação exclusiva, para que atempada, a essa função; outra, visa permitir que os juízes que desempenham essa tarefa de selecção continuem embrenhados na discussão de fundo das causas submetidas ao STA, inclusive em sede de revista, e não se afastem do contínuo desenvolvimento jurisprudencial do direito. Atente-se em que os juízes intervenientes na formação restrita de apreciação sumária podem intervir na própria decisão de fundo do processo por si admitido. Situação que aliás já ocorreu, no conhecido caso do Túnel do Marquês.

Esta possibilidade de dupla intervenção, na apreciação preliminar e, depois, na decisão de fundo do recurso, pode gerar algumas perplexidades, na medida em que os juízes que admitem o recurso podem ser chamados a julgá-lo, incutindo-se, eventualmente e de forma implícita, a recusa de admissão como forma de diminuição da carga de trabalho. Mais relevante do que este argumento será o facto de relevar em qualquer caso a destrinça entre funções, para que no exercício de ambas os titulares da jurisdição sejam livres e isentos.

Nos casos conhecidos de admissão foram proferidos dois acórdãos no mesmo processo (que mantém o número de entrada), um primeiro de admissão, com carácter interlocutório, e um segundo de julgamento do recurso. Sendo um único processo e atendendo a que a formação específica não avalia do sucesso da pretensão, mas apenas da relevância da questão ou dimensão do erro, não parece existir obstáculo sério à sua participação no julgamento. Trata-se de uma função similar àquela que seria exercida pelo relator da formação de julgamento se não tivesse sido criada a formação específica e houvesse que preencher conceitos indeterminados para a admissão do recurso (ou mesmo quando a admissão assenta no valor da causa). Não se configura, inclusive, como enquadrável nas hipóteses de impedimento enunciadas no artigo 122.°, CPC. Atente-se que, após a admissão, o processo vai para distribuição, seguindo-se o princípio do juiz natural. Outra solução teria o efeito reflexo negativo de afastar três dos juízes mais experientes (e assim, provavelmente, mais habilitados) da decisão das questões de maior relevância e dimensão, todas aquelas que, ao fim e ao cabo, poderiam justificar a admissão do recurso, restringindo-se a sua intervenção a uma tarefa exclusiva (ou quase) de admissão de recursos através de acórdãos interlocutórios!

A escolha de três juízes dos mais antigos da secção de contencioso administrativo tem conexão directa com o carácter indeterminado dos conceitos cujo preenchimento lhes cabe averiguar. A função da formação específica revela um largo espectro, na medida em que condiciona de forma indelével o acesso ao STA enquanto tribunal de revista. A não ultrapassagem desta fase preliminar significa a impossibilidade de aceder à revista, com base numa decisão de que não há recurso na jurisdição administrativa, o que implica a consolidação da posição das partes tendo por referência a decisão proferida pelo tribunal central. As decisões tomadas por esta formação específica vão ter repercussões a vários títulos e por isso é imprescindível assegurar que os autores da decisão preenchem, eles próprios, determinados requisitos que se traduzem numa mais valia para as decisões por eles tomadas.

O critério de escolha dos juízes que integram a formação restrita que efectua a apreciação preliminar sumária assenta, exclusivamente, na antiguidade, exige-se que os escolhidos sejam dos mais antigos da secção. Este critério não se baseia, no entanto, simplesmente nessa voragem do tempo e na pontuada marcha da luz, antes traduz uma plêiade de requisitos implícitos. Um determinado estádio da carreira profissional de um magistrado no mais alto tribunal da jurisdição administrativa não revela apenas isso, mas mais.

A razão de ser da selecção dos juízes que integram a formação de julgamento que em exclusivo exerce a função de admissão dos recursos excepcionais de revista tendo em conta a sua antiguidade, envolve a prossecução de outros princípios que se supõem cumulados com essa situação de avaliação temporal, sendo eles a independência e a imparcialidade. Decorre do estatuto profissional de um juiz titular num Supremo Tribunal que, a partir de certo momento, se atinge uma situação de estabilidade e consolidação da situação estatutária que não requer a sujeição a fases de avaliação. Nessa situação as garantias de independência e de imparcialidade afiguram-se de grau superior e susceptíveis de assegurar que as decisões tomadas revelam essas qualidades.

A estas características que emanam do estatuto do juiz ainda acrescem, como factores implícitos da antiguidade como critério de selecção, o facto desta se traduzir numa maior experiência no trato dos assuntos jurídicos e da vida em geral, uma mais significativa maturidade, contribuindo de igual modo para a credibilidade das decisões proferidas em sede de apreciação preliminar sumária. Esta é absolutamente necessária, na medida em que o acesso ao STA em sede de revista assume carácter excepcional e nas hipóteses em que o acesso é negado não é conferido aos interessados qualquer recurso dessa decisão, com excepção da invocação de qualquer motivo de inconstitucionalidade, em que se poderá aceder ao Tribunal Constitucional.

A credibilidade dos acórdãos emanados em apreciação sumária tem imbricada a própria credibilidade dos seus subscritores, ambas conduzindo (ou não) à aceitação social dessas decisões. O reconhecimento pela comunidade jurídica e pela comunidade em geral, *maxime* os próprios interessados, das decisões em que se conclui pelo não preenchimento dos pressupostos de admissão do recurso de revista e em que, por isso, este não é admitido, constitui um factor essencial à aferição da valia da solução adoptada. Uma eventual contestação generalizada da doutrina e da própria realidade subjacente aos processos em questão poderia colocar em causa a adequação da previsão legal prescrita em matéria de acesso ao STA enquanto tribunal de revista. Não se afigura, no entanto, e tanto quanto se conhece da produção doutrinária e da repercussão das decisões do STA em formação específica de admissão do recurso de revista que se tenha gerado algum movimento de repúdio à solução vigente ou que esta tenha vedado, de modo ostensivamente grave e iníquo, o acesso ao Supremo Tribunal, em hipóteses em que ele se justificasse de sobremodo. Aliás, apesar da ainda reduzida experiência de aplicação do normativo em causa e sem ignorar a sua existência noutros ordenamentos jurídicos, no âmbito da reforma do sistema de recursos em processo civil, tem sido acentuada a possibilidade de se introduzir no direito processual matriz restrições de acesso ao STJ no mesmo registo do processo administrativo. O que por um lado também assinala o modo relativamente pacífico como foi aceite a restrição de acesso ao STA em sede de revista.

O *Recurso de Revista no Contencioso Administrativo*

Não se deve, no entanto, tentar visualizar nos juízes conselheiros que efectuam a apreciação preliminar sumária uma espécie de juiz Hércules, dotado de habilidade, erudição, paciência e perspicácia sobrehumanas[777], antes neles assentando uma figuração estritamente humana e falível.

---

[777] Cfr. DWORKIN, *Los derechos en serio*. Barcelona, 2002 (5.ª reimpressão), p. 177.

§ 5

O RECURSO DE REVISTA *PER SALTUM* PARA O SUPREMO TRIBUNAL ADMINISTRATIVO

1. Recurso jurisdicional directo da primeira instância para o tribunal supremo. Critério de admissibilidade: questões de direito

59. A transformação dos tribunais centrais em instâncias normais de recurso em segundo grau de decisões provindas dos tribunais administrativos de círculo levou a que fosse admitido um recurso de revista directo da primeira instância para o STA quando, pretendendo-se impugnar uma decisão de mérito, estivessem em causa apenas questões de direito. Estariam em causa situações em que a delimitação do objecto do recurso restrito à matéria de direito permitiria a superação de uma instância, aquela que mais sobrecarregada está com a apreciação de questões de facto e de direito, visando dois objectivos: o alívio da carga de trabalho dos tribunais centrais, de modo a que a sua capacidade de resposta e de tutela jurisdicional efectiva corresponda às necessidades da procura e a celeridade processual na própria acção a tramitar, conseguida pela subida directa à mais alta instância da jurisdição administrativa.

O recurso *per saltum* é interposto de decisão de mérito proferida por um tribunal administrativo de círculo. Decisão de mérito é aquela que incide sobre a relação material controvertida[778]. A restrição às decisões de mérito, com lugar comum no processo civil, traduz uma limitação no acesso ao STA por esta via, que bem se compreende, na medida em que a preferência manifestada pelo Código de Processo vai no sentido de promover uma justiça material, capaz de dirimir substancialmente os litígios e não arreigada como anteriormente às decisões de forma que não defi-

---

[778] Cfr. Lopes do Rego, *Comentários...*, I, p. 588.

niam nada. Para as situações em que na primeira instância seja proferida uma decisão de forma que ponha termo ao processo, a parte prejudicada apenas pode recorrer para o tribunal central, nos termos geralmente permitidos para esse efeito, estando vedada a faculdade de recurso *per saltum*, apesar de daquela última decisão ser admissível, se preenchidos os pressupostos, interpor recurso excepcional de revista. Isto significa que é igualmente vedado no contencioso administrativo o recurso de agravo em segunda instância, que tem guarida no processo civil (artigos 754.º ss., CPC). Quando esteja em causa uma das nulidades do artigo 668.º e 716.º ou a violação ou errada aplicação da lei de processo[779], o recurso de agravo está limitado ao tribunal central (segunda instância). Desta decisão não é possível interpor recurso de agravo em segunda instância para o STA, desde logo porque essa via não está prevista nas competências atribuídas ao STA, que funciona como tribunal de primeira e segunda instâncias quanto ao contencioso de um certo número de entidades e como tribunal de revista (umas vezes em segunda instância, noutras em terceira instância).

Este salto do tribunal de primeira instância para o Supremo Tribunal só é possível por não estar em disputa matéria de facto, os factos da causa têm-se por assentes, não suscitando dúvidas a qualquer das partes[780].

A exposição de motivos da proposta de lei que aprovou o CPTA é totalmente omissa quanto à razão de ser da introdução do recurso de revista *per saltum* no contencioso administrativo, facto que pode indiciar o grau de relevância que lhe foi atribuído e as (reduzidas) expectativas que terá gerado.

O recurso *per saltum* agora introduzido no processo administrativo teve inspiração no seu equivalente existente no processo civil[781], apesar de em relação a ele comportar algumas diferenças. No âmbito do processo civil o seu uso está condicionado pela verificação do valor da causa ou da sucumbência superior à alçada dos tribunais judiciais de segunda instância, à invocação restrita de questões de direito, à inexistência de agravos

---

[779] Artigo 755.º, n.º 1, CPC, que não é aplicável no contencioso administrativo, razão pela qual os fundamentos aí enumerados para agravar apenas podem ser invocados no agravo em primeira instância, não já na segunda instância, em que, na jurisdição administrativa, o recurso de agravo não é admitido.

[780] Cfr. AROSO DE ALMEIDA/FERNANDES CADILHA, *Comentário...*, p. 757.

[781] Cfr. LEBRE DE FREITAS/RIBEIRO MENDES, *CPC Anotado*, 3.º vol., p. 129; VIEIRA DE ANDRADE, *A Justiça...*, p. 383. Cfr. ainda referências no § 2, n.º 1.

O recurso de revista per saltum *para o Supremo Tribunal Administrativo*   299

retidos e a requerimento de uma das partes (artigo 725.°, n.° 1, CPC). Esta estruturação na admissão do recurso conduziu necessariamente ao seu desaproveitamento, as referências estatísticas à sua utilização permitem concluir pela prática inexistência do recurso de revista *per saltum* na jurisdição comum[782].

À luz dos entraves que têm dificultado a sua utilização na jurisdição comum, no processo administrativo foram tidos em conta os obstáculos estritamente processuais de admissão, gizando-se uma solução que facilita, quando não promove, o desanuviamento da segunda instância (tribunal central). Mas mais do que isso, a promoção do recurso *per saltum*, quando se reúnam os respectivos requisitos, também decorre de ser mais fácil aceder ao STA por sua via do que, depois de duas decisões das instâncias, conseguir a admissão, através da formação específica que realiza a apreciação preliminar sumária, do recurso excepcional de revista. Discutindo-se estritamente questões de direito – presentes os restantes requisitos – a tramitação do recurso como revista *per saltum* é, aliás, obrigatória[783]. O que, vistas as coisas, constitui uma nova forma de distribuir o trabalho pelas instâncias.

A admissão do recurso excepcional de revista não alcançará números surpreendentes – de 1 de Janeiro de 2004 a 18 de Maio de 2006: 14 processos – e assim se verá fortemente reduzida a intervenção do STA na decisão de questões que não envolvam actos ou omissões das (poucas) entidades que lhe cabe apreciar em primeira instância; não sendo instância normal de recurso em segundo grau senão neste último caso ou das ínfimas decisões tomadas em primeira instância dos tribunais centrais, o contacto do Supremo Tribunal com as questões que derivem do funcionamento de um elevado número de entidades, *maxime* das autarquias locais (municípios e freguesias), será praticamente nulo. A forma encontrada para facilitar esse contacto assentou também, mas não só, na obrigatoriedade do recurso de revista *per saltum* quando se tratem exclusivamente questões de direito e desde que se verifiquem os restantes requisitos.

---

[782] Os recursos *per saltum*, atento o número total de recursos de revista, variaram dos dois em 1997 e os dez em 2000, representando 0,11 % e 0,5 % do total de revistas findas. Cfr. AA.VV., *O Sistema de Recursos...*, p. 141, onde se conclui que pelo peso referido se está perante «a sua quase inexistência prática».

[783] Suspeita-se que este carácter pode ser disfarçado pela colação de questões de facto que não permitam, na apreciação perfunctória do relator, atender à ínsita natureza de direito da lide a dirimir.

300 *O Recurso de Revista no Contencioso Administrativo*

O recurso *per saltum* no processo administrativo é obrigatório, portanto, desde que se verifiquem os requisitos estipulados na lei. Um recurso que se fundamente em questões de direito é admitido como recurso de revista *per saltum*, obedecendo daí em diante à tramitação deste recurso específico. Ao contrário do processo civil, não depende de alegação por uma das partes, nem carece da concordância de ambas. Este carácter de obrigatoriedade é também cunhado com menção a uma remissão oficiosa[784] do processo da primeira instância para o Supremo Tribunal, o que acaba por traduzir a mesma ideia noutros termos. O efeito da remissão oficiosa – ao fim, carácter obrigatório – do recurso *per saltum* é atenuado pelos rigorosos requisitos de admissibilidade, apenas se estes se verificarem é que o salto terá lugar, o que acaba por induzir uma obrigatoriedade selectiva, isto é, só determinado tipo de decisões jurisdicionais, em função do seu objecto e valor, é que podem vir a ser catapultadas para o STA, identificando-se estas como «decisões qualitativamente mais importantes»[785].

A esta revista são aplicáveis algumas das regras que regem na revista excepcional; assim, o fundamento consistirá apenas na violação de lei substantiva ou processual, o tribunal de revista aplicará definitivamente o regime jurídico aos factos fixados pelo tribunal recorrido, o erro na apreciação das provas e na fixação dos factos materiais da causa só poderá ser objecto da revista em certas situações específicas (artigo 150.°, n.° 2 a 4). A respeito de cada um destes aspectos remete-se para o § 3, no qual se tratou esta matéria.

2. Requisitos: valor da causa superior a 3 milhões de euros ou indeterminável e não se tratar de questões de funcionalismo público ou relacionadas com a protecção social

60. Não basta, no entanto, tratar-se de uma decisão de mérito impugnada exclusivamente em matéria de direito, é ainda necessário que se verifiquem dois outros requisitos, um positivo e outro negativo. O requisito positivo traduz-se na exigência da causa apresentar um valor superior a três milhões de euros ou indeterminável, o requisito negativo impõe que

---

[784] Cfr. VIEIRA DE ANDRADE, *A Justiça...*, p. 383, nota 807; CATARINA CASTRO, *Organização e Competência...*, p. 63.
[785] Cfr. AROSO DE ALMEIDA/FERNANDES CADILHA, *Comentário...*, p. 757.

O recurso de revista per saltum *para o Supremo Tribunal Administrativo*   301

não estejam em causa questões relativas ao funcionalismo público ou relativas à protecção social.

Com a reforma do contencioso administrativo passou a ser obrigatório atribuir a todos os processos um valor certo correspondente à utilidade económica imediata do pedido (art. 31.°, n.° 1)[786], apresentando este valor a virtualidade de desempenhar diversas funções, entre as quais a de definir se da sentença proferida em primeira instância cabe recurso e de que tipo (artigo 31.°, n.° 2, alínea c), CPTA). A dependência do recurso do valor atribuído à causa constitui uma alteração significativa por comparação com o direito anterior, em que os recursos eram sempre admitidos independentemente do valor[787]. Assim sendo, o valor da causa acaba também por interferir na definição da competência do tribunal de recurso (*ad quem*)[788], o que ocorre de modo especial na hipótese que aqui se detalha. O denominado requisito positivo de admissão deste recurso *per saltum* corresponde à necessidade do valor da causa ser superior a três milhões de euros ou ter um valor indeterminável. No que respeita à fixação do valor da causa, nas hipóteses em que se revela possível, são de aplicar as regras enunciadas nos artigos 32.° e 33.° CPTA e supletivamente o disposto no processo civil[789].

A introdução da alçada na jurisdição administrativa, que constitui uma completa novidade em relação ao regime até aí vigente, visou desempenhar três funções: a determinação da forma do processo na acção administrativa comum (ordinária, sumária e sumaríssima), a determinação do julgamento em tribunal singular ou em formação de três juízes, nos processos que seguem a acção administrativa especial e, por fim, a determinação da existência de recurso de sentença proferida em primeira instância e o seu tipo (artigo 31.°, n.° 2). Esta via de determinação da forma dos processos, da composição da formação de julgamento e da admissibilidade de recurso não passou incólume a objecções. Importa aqui atender, de uma forma breve, às principais menções relativas à utilização do valor da causa como forma de restrição de acesso à jurisdição administrativa ou, de outro modo, ao direito de reapreciação de uma decisão de primeira instância. Numa enunciação genérica, anterior à entrada em vigor da reforma, foi

---

[786] Redacção literalmente igual à do artigo 305.°, n.°1, CPC.
[787] Cfr. Mário e Rodrigo Esteves de Oliveira, *CPTA/ETAF*, I, p. 241.
[788] Cfr. Mário e Rodrigo Esteves de Oliveira, *CPTA/ETAF*, I, p. 241.
[789] Cfr. Mário e Rodrigo Esteves de Oliveira, *CPTA/ETAF*, I, p. 243 ss.; Aroso de Almeida/Fernandes Cadilha, *Comentário…*, p. 162.

denunciada a «dependência de critérios de utilitarismo económico» quanto à fixação de alçadas e aos valores das causas, traduzindo desigualdades de tratamento entre pobres e ricos, quer na admissibilidade de recurso de decisões de mérito, quer ao nível de modalidades de simplificação processual[790]. Já atendendo especificamente ao contencioso administrativo e num sentido muito crítico à adopção da alçada e do valor da causa, foi-se adiantando a possibilidade do valor da causa colidir com o princípio da tutela jurisdicional efectiva e com o princípio da igualdade dos cidadãos perante a lei, qualificando-se esta *summa gravaminis* como «uma técnica legislativa muito discutível»[791]. Invoca-se que esta opção pela restrição do recurso jurisdicional em função do valor da causa decorre dos ensinamentos de CALAMANDREI, assentes na ideia de interesse público que rege a actuação dos tribunais superiores, nomeadamente de um supremo tribunal, acompanhado da implementação da celeridade processual[792]. Em alternativa à «centralidade do dinheiro», é sugerida a adopção de critérios como os valores subjacentes ou a dimensão axiológico-normativa dos direitos, perspectivados do interesse público e dos direitos dos particulares, tendo em conta a ambiência que caracteriza o direito administrativo e a via de uniformização da jurisprudência[793]. A proposta alternativa assenta na ampliação dos poderes do juiz administrativo, conferindo-lhe capacidade interventiva na fixação do valor da causa[794].

Se as situações em que é possível atribuir um valor à causa são solucionáveis por via daqueles preceitos, em função do objecto do processo, já em relação às situações em que o seu valor não é determinável cabe aplicar o artigo 34.º. Quando tenha sido proferida decisão de mérito por tribunal administrativo de círculo, em processo cujo valor seja indeterminá-

---

[790] Cfr. SOARES MARTINEZ, *A Injustiça das Alçadas*..., pp. 993 ss.

[791] Cfr. COLAÇO ANTUNES, *Brevíssimas*..., pp. 83 s.

[792] Cfr. COLAÇO ANTUNES, *Brevíssimas*..., pp. 84 ss. O autor alerta para o inconveniente «da centralidade do dinheiro na concreção do princípio da efectiva e plena tutela jurisdicional», p. 86.

[793] Cfr. COLAÇO ANTUNES, *Brevíssimas*..., p. 86. Parece resultar do exposto a defesa da adopção de conceitos indeterminados como via de determinação das possibilidades de recurso jurisdicional de decisões dos tribunais administrativos, generalizando a opção do artigo 150.º.

[794] Cfr. COLAÇO ANTUNES, *Brevíssimas*..., p. 90, algo distinto do referido na nota anterior. A posição do autor visa retirar da disponibilidade das partes o poder de delimitação do acesso ao recurso jurisdicional, que poderia originar situações de desigualdade ou injustiça.

O recurso de revista per saltum *para o Supremo Tribunal Administrativo* 303

vel, é sempre admissível recurso de revista para o STA, nos termos e em conformidade com o artigo 151.º. Processos de valor indeterminável, diz a lei, são aqueles que tenham por objecto bens imateriais e normas emitidas ou omitidas no exercício da função administrativa (artigo 34.º, n.º 1). Acções sobre bens imateriais respeitam a «bens (utilidades ou posições jurídicas) insusceptíveis de avaliação pecuniária»[795] ou, de outro modo, destinam-se «à declaração ou à efectivação de direito extrapatrimonial»[796]. Podem qualificar-se como revestindo esse relevo imaterial acções relativas ao reconhecimento da dominialidade pública de um bem, acções que visem proteger a saúde pública, os direitos dos consumidores, a qualidade de vida, a preservação do ambiente e os processos de intimação para protecção de direitos, liberdades e garantias[797].

No contencioso administrativo espanhol também se considera a existência de pretensões com valor indeterminado quando está em causa a impugnação directa de normas gerais, nelas se incluindo os instrumentos normativos de planeamento urbanístico, ou se refiram a funcionários públicos, desde que não respeitem a direitos ou sanções avaliáveis economicamente e quando a pretensão susceptível de avaliação económica se cumule com outras não quantificáveis[798]. As pretensões de valor indeterminável são as que, por facto ínsito na sua natureza, não têm valor económico, sendo o caso da defesa de certos valores – em regra com presença constitucional – que não são susceptíveis de uma valorização material, atente-se na honra, na dignidade e na liberdade pessoal[799]. Outras situações em que a pretensão será qualificada como de valor indeterminado assentam na impossibilidade de lhes atribuir um valor por aplicação das regras gerais e na previsão legal específica de a certa pretensão ser atri-

---

[795] Cfr. MÁRIO e RODRIGO ESTEVES DE OLIVEIRA, *CPTA/ETAF*, I, p. 254, fornecendo diversos exemplos de alterações em que estão em causa bens imateriais: autorização ou proibição de manifestações na via pública, encerramento de uma via pública ao trânsito, licença de carta de condução, pedido de inscrição numa associação pública profissional ou de admissão num curso universitário.

[796] Cfr. AROSO DE ALMEIDA/FERNANDES CADILHA, *Comentário...*, p. 160.

[797] São alguns dos exemplos fornecidos por AROSO DE ALMEIDA/FERNANDES CADILHA, *Comentário...*, pp. 160 s.

[798] Artigo 42.º, n.º 2, LJCA. Cfr. GONZÁLEZ PÉREZ, *Manual...*, p. 228; SENDRA/ /CATENA/SÁNCHEZ, *Derecho Procesal...*, p. 78; GARRIDO FALLA, *Tratado...*, p. 183.

[799] Cfr. GONZÁLEZ PÉREZ, *Manual...*, p. 228, que ressalva a possibilidade da demanda consistir num pedido de indemnização por danos sofridos, hipótese em que será este o valor da pretensão.

buído valor indeterminado[800]. No contencioso espanhol remete-se directamente para a aplicação da lei processual civil na determinação do valor das pretensões formuladas, com as especificidades introduzidas pela LJCA[801].

Como se compreende, são de valor indeterminável os processos em que estejam em causa normas emitidas ou omitidas no exercício da função administrativa, nesta área se incluindo, por menção legal, os planos urbanísticos e de ordenamento do território (artigo 34.°, n.° 1, 2.ª parte, CPTA)[802]. Estão assim em presença regulamentos administrativos (ou a sua omissão). Na doutrina nacional existem várias noções de regulamento administrativo, sendo, no entanto, suficiente para apreensão adequada da dimensão do preceito a referência a uma dessas construções. O regulamento é «a norma jurídica de carácter geral e execução permanente, de grau hierarquicamente inferior ao dos actos legislativos, dimanada de uma autoridade administrativa sobre matéria própria da sua competência»[803].

O contencioso das normas regulamentares é, por natureza, como se compreende, um contencioso de valor indeterminável, em função do carácter geral e abstracto que essas normas revelam, não se ignorando que, em certos casos, se poderá estar perante uma aparente norma administrativa que, na verdade, é um acto administrativo sob forma regulamentar, havendo nestas hipóteses que aplicar as regras gerais quanto à determinação do valor do processo.

Considerando que na doutrina se identificam diversas correntes quanto à natureza jurídica dos instrumentos de planeamento e, para evitar que se viessem a verificar decisões de forma contrárias ao sentido balizador da reforma do contencioso que visa a promoção de decisões sobre o mérito das pretensões apresentadas a juízo, o legislador optou por, com o mesmo fim pedagógico com que o fez noutras circunstâncias, considerar como fazendo parte da função administrativa regulamentar os planos urbanísticos e de ordenamento do território, tomando uma

---

[800] As menções são de GONZÁLEZ PÉREZ, *Manual...*, p. 228.

[801] Artigo 42.°, n.°1, LJCA.

[802] Cfr. MÁRIO e RODRIGO ESTEVES DE OLIVEIRA, *CPTA/ETAF*, I, p. 255, que discordam desta inclusão por considerarem que uma «expropriação do plano» se encaixa no critério do n.° 2 ou do n.° 5 do artigo 32.°.

[803] A noção é de SÉRVULO CORREIA, *Noções...*, I, p. 95. Podem ver-se outras definições, entre outros, em FREITAS DO AMARAL, *Curso...*, II, pp. 151 s.; AFONSO QUEIRÓ, *Lições de Direito Administrativo*, I. Coimbra, 1976, p. 409 e *Teoria dos Regulamentos*, in *Estudos de Direito Público*, vol. II, tomo I. Coimbra, 2000, p. 214; JOÃO CAUPERS, *Introdução...*, p. 207.

posição de princípio que, não sendo consensual na doutrina, clarifica o regime jurídico-processual aplicável.

Os planos urbanísticos «definem as regras e condicionamentos a que ficam sujeitas as áreas urbanizadas e urbanizáveis de uma dada circunscrição administrativa, com vista ao correcto ordenamento e expansão de um aglomerado urbano»[804]. É apontada aos planos urbanísticos uma pluralidade de funções, a partir das quais também se obtém uma percepção capaz de indiciar a formulação de um conceito de plano. São elas a inventariação da realidade urbanística, a conformação do território, a conformação do direito da propriedade privada e a gestão do território[805]. As referidas funções permitem a compreensão do papel desempenhado pelos diversos instrumentos de planeamento cujo conteúdo é também delimitado pela Constituição (artigo 65.°, n.° 4), na qual se estipula que as regras de ocupação, uso e transformação dos solos urbanos, são definidas através dos planos urbanísticos e de ordenamento do território.

Os planos podem ser classificados em função de diversos critérios, na síntese que aqui se formula, bastará atender à sua caracterização tendo por critério a produção de efeitos jurídicos. A classificação é tripartida: na autoplanificação o plano produz efeitos jurídicos em relação à própria pessoa colectiva de direito público à qual é imputado; na heteroplanificação o plano vincula outras entidades públicas que não apenas a que o elaborou e aprovou; na planificação plurisubjectiva o plano produz efeitos jurídicos que vinculam directa e imediatamente os particulares[806]. Tudo a significar que se acabará por distinguir entre planos com e sem eficácia plurisubjectiva no que respeita à sua natureza jurídica e ao consequente regime jurídico-processual a que estarão submetidos.

Detecta-se na redacção do artigo 34.°, n.° 1, CPTA, uma confluência do disposto no artigo 42.°, n.° 2, LJCA, qualificando-se como de valor indeterminável as pretensões que tenham por objecto os planos urbanísticos e de ordenamento do território ou os instrumentos normativos de planeamento urbanístico, respectivamente. Esta integração dos planos (por simplificação) no âmbito do exercício do poder regulamentar pela função

---

[804] É a noção de FREITAS DO AMARAL, *Direito do Urbanismo (Sumários)*. Lisboa, 1993, p. 104.

[805] Cfr. ALVES CORREIA, *O Plano Urbanístico e o Princípio da Igualdade*. Coimbra, 1997 (reimpressão), pp. 181 ss., e *Manual de Direito do Urbanismo*, I. Coimbra, 2001, pp. 246 ss.

[806] Cfr. ALVES CORREIA, *O Plano...*, p. 208 e *Manual...*, I, p. 261.

306 O Recurso de Revista no Contencioso Administrativo

administrativa, comporta uma tomada de posição no que respeita à sua natureza jurídica, que constitui matéria não consensual[807].

A natureza jurídica dos planos com e sem eficácia plurisubjectiva vai determinar o regime contencioso a que ficarão sujeitos. Existem várias construções doutrinais que qualificam de diferentes maneiras o plano urbanístico com eficácia plurisubjectiva; esta quer significar que o plano é susceptível de produzir efeitos jurídicos directos e imediatos na esfera dos particulares, na medida em que conforma o conteúdo do direito de propriedade do solo[808]. Estes planos são legalmente qualificados como instrumentos de natureza regulamentar[809], no entanto, a natureza jurídica de um instituto jurídico não é decalcável de uma determinação legal, antes derivando dos seus efeitos jurídicos e conteúdo[810], o que conduz à necessidade de indagar com mais alguma profundidade da sua estrutura. Enumeram-se na doutrina posições variadas quanto à natureza jurídica dos planos com eficácia plurisubjectiva, seja como um acto administrativo individual e concreto, como um acto administrativo geral, como regulamento administrativo, como acto misto e como um instituto próprio não inserido nas formas típicas de actuação da Administração[811]. Esta não é, no entanto, matéria que caiba aqui desenvolver.

Os planos sem eficácia plurisubjectiva assumem a natureza de normas jurídicas, por estarem dotados de generalidade e de abstracção[812], estando neste caso o programa nacional da política de ordenamento do território[813] e os planos sectoriais[814].

---

[807] Cfr., por todos, os tópicos da discussão sobre a natureza jurídica dos planos com eficácia plurisubjectiva, ALVES CORREIA, *Manual...*, I, pp. 372 ss.

[808] Cfr. ALVES CORREIA, *Manual...*, I, p. 372.

[809] Artigo 8.º, alínea b), da Lei n.º 48/98, de 11 de Agosto (instrumentos de planeamento territorial), e artigos 42.º, n.º 1 (planos especiais de ordenamento do território) e 69.º, n.º 1, (planos municipais de ordenamento do território), do Decreto-Lei n.º 380/99, de 22 de Setembro, na redacção actual.

[810] Trata-se da posição de EVERS, *Bauleitplanung, Sanierung und Stadtentwicklung*, 1972, p. 34, citado por ALVES CORREIA, *Manual...*, I, p. 373.

[811] Cfr., expositivamente, ALVES CORREIA, *Manual...*, I, pp. 375 ss. e do mesmo autor *O Plano...*, pp. 219 ss.

[812] Cfr. ALVES CORREIA, *Manual...*, I, p. 371.

[813] Cfr. artigo 26.º, do Decreto-Lei n.º 380/99, de 22 de Setembro, na redacção actual.

[814] Cfr. artigo 35.º, n.º 1, do Decreto-Lei n.º 380/99 de 22 de Setembro, na redacção actual.

Atendendo a que os planos têm uma natureza jurídica regulamentar, por determinação legal, o seu contencioso é um contencioso de normas jurídicas[815]. É usual designar-se essa componente como contencioso dos planos, distinguindo-se entre impugnação indirecta ou incidental e impugnação directa; na primeira hipótese, trata-se de uma excepção deduzida no âmbito da impugnação de um acto administrativo que se fundamente numa norma desse plano, na segunda, é impugnada uma ou mais normas de planos dotadas de eficácia plurisubjectiva[816]. Em sede do contencioso das normas regulamentares, sob a forma de acção administrativa especial, podem ser emitidos vários tipos de pronúncias: de declaração de ilegalidade com força obrigatória geral, de declaração de ilegalidade sem força obrigatória geral e de declaração de ilegalidade por omissão[817], todas hipóteses que podem ser suscitadas na impugnação de planos urbanísticos e de ordenamento do território dotados de eficácia plurisubjectiva.

Nas situações jurídicas em que se discutam os planos urbanísticos e de ordenamento do território, não requer um elevado esforço de fundamentação a compreensão da sua qualificação como pretensão de valor indeterminado, atendendo-se desde logo aos valores subjacentes às opções constantes desses instrumentos de planificação, cujo lastro vem desde a Constituição até à legislação ordinária sobre a matéria. A problemática poderá assumir contornos diversos quando esteja em causa a apreciação jurisdicional de actos administrativos de execução dos planos, mas aqui parece que o objecto do processo consistirá na apreciação desse acto e não directamente do plano, com a possibilidade de este ser impugnado de forma indirecta através de excepção de ilegalidade a deduzir no mesmo processo[818], cabendo aplicar as regras gerais quanto à determinação do valor do processo em função da delimitação do seu concreto objecto.

A opção legislativa assenta num pressuposto que é o da afirmação do contencioso dos planos urbanísticos e de ordenamento do território como um contencioso de valor indeterminável, em função do qual é sempre

---

[815] Cfr. ALVES CORREIA, Manual…, I, p. 248.

[816] Cfr., neste sentido e também fornecendo uma visão genérica do contencioso do urbanismo, ALVES CORREIA, *O Direito do Urbanismo em Portugal*, RLJ, n.º 3937, Março-Abril de 2006, pp. 227 ss.

[817] Cfr. artigos 72.º ss. CPTA e AROSO DE ALMEIDA, *O Novo…*, pp. 219 ss.; VIEIRA DE ANDRADE, *A Justiça…*, pp. 216 ss.; ALVES CORREIA, *O Direito…*, RLJ, n.º 3937, pp. 228 ss. Quanto ao contencioso dos planos no anterior estádio do direito processual administrativo, cfr., por todos, ALVES CORREIA, *Manual…*, I, pp. 448 ss.

[818] Cfr. ALVES CORREIA, *O Direito…*, p. 227.

308   *O Recurso de Revista no Contencioso Administrativo*

admissível, se se reunirem todos os requisitos, interpor um recurso de revista *per saltum*, no âmbito do qual se possam dirimir, pelo mais alto tribunal da jurisdição administrativa, questões de direito que envolvam esses planos.

61. Não basta a verificação do requisito positivo acima detalhado para que o recurso da decisão de mérito restrito a matéria de direito do tribunal administrativo de círculo suba directamente ao Supremo Tribunal, o salto está ainda condicionado pela observância do requisito negativo, isto é, não podem estar em causa questões de funcionalismo público ou relacionadas com formas públicas ou privadas de protecção social (artigo 151.º, n.º 2).

A exclusão destes dois conjuntos de matérias de um acesso directo (e mais facilitado) ao STA é justificado por diversos factores. Primeiro, por se tratar de questões que não assumem relevância suficiente para serem objecto de tratamento pelo Supremo Tribunal. Segundo, por representarem uma parcela importante do conjunto dos litígios submetidos à jurisdição administrativa, o que acarretaria um sobrepeso para o STA, sem qualquer mais valia. Terceiro, por se tratar de matérias em que é preferível seguir outras opções processuais, como sejam a dos processos em massa, por via das quais se alcança uma uniformidade jurisprudencial susceptível de assegurar a igualdade num conjunto de problemas, que podem perfeitamente justificar a dispensa de intervenção do tribunal supremo. Quarto, nesse tipo de processos é preferível seguir o percurso normal e submeter o processo a reapreciação do tribunal central e, só então, se subsistirem razões admissíveis, tentar aceder ao STA por via do recurso excepcional de revista. Os conceitos indeterminados que permitem esse acesso podem funcionar como filtro que assegura a admissão de processos em que as questões a resolver assumam verdadeira relevância a exigir a intervenção daquele Supremo Tribunal. Quinto, quando se justifique a intervenção do STA no que a estas estritas matérias diga respeito, ela também pode ser obtida através do mecanismo de reenvio prejudicial, pelo qual aquele emite uma pronúncia vinculativa[819]. Sexto, a transformação do STA num tribunal quase apenas de revista implica que as matérias sobre que se debruça atinjam um grau qualitativo e de projecção condizente com esse

---

[819] Cfr., neste sentido, AROSO DE ALMEIDA/FERNANDES CADILHA, *Comentário...*, p. 758.

O recurso de revista per saltum *para o Supremo Tribunal Administrativo* 309

estatuto, o que poderia estar em perigo com a admissão irrestrita de questões de funcionalismo público e de protecção social.

As indicadas razões de interdição das questões de funcionalismo público e de protecção social do âmbito do recurso de revista *per saltum* podem, de algum modo, ser postas em causa se se atender ao facto do STA deter competências directas (ou em primeira instância) quanto a actos praticados por algumas entidades, enumeradas no artigo 24.º, n.º 1, ETAF, em que podem estar incluídas questões daquela jaez. Apesar disto, não se tem por incorrecta ou desnecessária a interdição do recurso *per saltum* quando estejam em discussão certas matérias, trata-se também de adequar a distribuição de competências pelos diversos tribunais da jurisdição administrativa, tendo como um dos critérios aferidores a relevância do objecto do processo definido pela área funcional em que se integra.

Para plena compreensão do âmbito da exclusão, importa atender, de modo sucinto, à abrangência das matérias consideradas. O conceito de funcionalismo público havia já sido utilizado para delimitar a competência do Tribunal Central Administrativo, criado pelo Decreto-Lei n.º 229/96, de 29 de Novembro, que concentrava em primeira instância um conjunto de competências relativas ao funcionalismo público (especialmente de actos dos membros do Governo), assim como em sede de recurso de decisões dos tribunais administrativos de círculo no mesmo âmbito, (artigo 40.º, alíneas a) e b), ETAF/84). Na mesma ocasião foi lavrada uma noção de actos e matérias relativos ao funcionalismo público, como aqueles que tivessem por objecto a definição de uma situação decorrente de uma relação jurídica de emprego público, (artigo 104.º, ETAF/1984)[820]. Com a aprovação do novo ETAF esta norma foi revogada, não se encontrando qualquer lugar comum em que subsista.

A construção do conceito de função pública (do qual deriva o de funcionalismo) apresenta dificuldades com que a doutrina se tem confrontado. Não sendo este o lugar para especiais desenvolvimentos, é importante enunciar algumas notas caracterizadoras, de modo a apreender na plenitude o seu significado. Na doutrina são apresentadas diversas tentativas que passam nomeadamente pelo prisma de visão;

---

[820] Com a redacção conferida pelo referido Decreto-Lei de 1996. O STA, sob a vigência desta norma, considerou que nela se incluíam os concursos realizados para a constituição da relação jurídica de emprego público e a relação de aposentado, já não o acto de adjudicação num concurso para aquisição de serviços em regime de avença. Cfr. VIEIRA DE ANDRADE, *A Justiça...*, 1.ª edição, p. 82.

310   O Recurso de Revista no Contencioso Administrativo

em sentido restrito, abarcam-se na noção de função pública «os trabalhadores ligados por uma relação jurídica de emprego a pessoas colectivas de direito público»[821], a este se contrapondo sentidos amplos ou latos cuja abrangência acaba por ser pouco compreensiva do conceito que se pretende formular. Ainda de um modo mais pormenorizado se formula um conceito estrito assente em três pontos: o conjunto dos trabalhadores públicos, que prestam trabalho a entidades públicas e que é regido por um regime jurídico próprio (plasmado em alguns diplomas legais determinantes)[822]. Alinhando pela via da «tradição legislativa», é incluído no âmbito da função pública «o trabalho dependente regulado pelo direito público»[823].

A jurisprudência tem também sentido necessidade de dar resposta à sua abrangência, referindo-se que o conceito de funcionalismo deve ser entendido num sentido amplo, de modo a incluir não só os funcionários públicos *stricto sensu*, mas ainda todos aqueles com quem é estabelecida uma relação jurídica de emprego cuja constituição é regida pelo direito administrativo e em que a Administração assume uma posição de predominância em função do interesse público que prossegue e de que decorre um vínculo de subordinação[824].

Por junto decorre que nas questões de funcionalismo público se incluem, entre outros, processos disciplinares, concursos de acesso e de pro-

---

[821] Cfr. GOMES CANOTILHO/VITAL MOREIRA, *Constituição…*, p. 944. Os autores, em anotação ao artigo 47.°, consideram que o conceito constitucional de função pública aí consignado corresponde ao seu sentido amplo no direito administrativo, assente em três componentes: qualquer actividade ao serviço de uma pessoa colectiva pública, qualquer que seja o regime jurídico da relação de emprego, sem consideração pelo seu carácter provisório ou definitivo (p. 264).

[822] Cfr. ANA NEVES, *Relação Jurídica de Emprego Público*. Coimbra, 1999, p. 24. A autora traduz o regime jurídico assente na constituição, modificação e extinção da relação jurídica em função do interesse público subjacente.

[823] LIBERAL FERNANDES, *Autonomia Colectiva dos Trabalhadores da Administração. Crise do Modelo Clássico de Emprego Público*. Coimbra, 1995, p. 132.

[824] Cfr. acórdão do STA de 8 de Junho de 2004, processo n.° 454/04, citando acórdão do mesmo tribunal de 5 de Maio de 1998 e acórdão do Tribunal de Conflitos de 16 de Maio de 2000, disponíveis em www.dgsi.pt. O acórdão declarou a incompetência do STA para apreciação e decisão de recurso que lhe foi dirigido pelo Comandante Geral da GNR, visando a revogação da providência cautelar de suspensão de eficácia do acto que aplicou uma pena disciplinar de 15 dias de suspensão, que havia sido deferida pelo Tribunal Administrativo e Fiscal de Loulé. Foi interposto recurso *per saltum* em relação ao qual não estavam preenchidos os pressupostos legais.

O *recurso de revista* per saltum *para o Supremo Tribunal Administrativo* 311

moção, classificações de serviço, contagem de tempo, reclassificação profissional dos funcionários e agentes administrativos[825].

Os trabalhadores cujo vínculo decorre do contrato individual de trabalho na Administração Pública[826] estão colocados, perante a jurisdição administrativa, numa perspectiva dualista, em parte estão a ela submetidos e noutra parte não. Tenha-se presente que está excluída do âmbito da jurisdição administrativa «a apreciação de litígios emergentes de contratos individuais de trabalho, que não conferem a qualidade de agente administrativo, ainda que uma das partes seja uma pessoa colectiva de direito público», (artigo 4.º, n.º 3, alínea d), ETAF), tendo esta norma introduzido «um sistema de dualidade jurisdicional»[827] quanto a este tipo de contratos. É apontada, inclusive, a existência de uma antinomia legislativa entre a norma já citada, cujo propósito é afastar o contrato individual de trabalho da jurisdição administrativa e uma outra norma do mesmo preceito, que submete a essa jurisdição o contencioso de contratos que são celebrados na sequência de um procedimento pré-contratual (artigo 3.º, n.º 1, alínea e), ETAF), conduzindo à sua ultrapassagem por via de uma designada «repartição de tarefas». A jurisdição administrativa será competente no que respeita ao contencioso pré-contratual dos contratos individuais de trabalho e a jurisdição dos tribunais judiciais abarcará os litígios emergentes desses contratos[828]. Esta questão é particularmente importante num momento em que se implementa uma reforma da Administração Pública

---

[825] Enumeração exemplificativa parcialmente retirada de AROSO DE ALMEIDA/FERNANDES CADILHA, *Comentário...*, pp. 757 s.

[826] Cfr. PALMA RAMALHO/MADEIRA DE BRITO, *Contrato de Trabalho na Administração Pública*. Coimbra, 2.ª edição, 2005; PALMA RAMALHO, *O contrato de trabalho na reforma da Administração Pública: reflexões gerais sobre o regime jurídico instituído pela Lei n.º 23/2004, de 22 de Junho*, in *Questões Laborais*, n.º 24, 2004, pp. 121 ss.

[827] Cfr. PEREIRA DA SILVA, *O Contencioso Administrativo...*, p. 461.

[828] A identificação da antinomia legislativa e a solução para o problema são de PEREIRA DA SILVA, *O Contencioso Administrativo...*, pp. 462 ss. O autor é muito crítico quanto à introdução desta dualidade jurisdicional. Cfr., no mesmo sentido, M. e R. ESTEVES DE OLIVEIRA, *CPTA/ETAF*, I, pp. 68 s., alegando que «o legislador sentiu-se na necessidade de dizer que a regra de jurisdição administrativa da alínea e) do n.º 1 deste art. 4.º não se aplicava a esses casos», para logo em seguida aditarem que, «como é evidente, (...), os litígios suscitados nos procedimentos de direito administrativo que antecedem estes contratos de trabalho pertencem à jurisdição administrativa», o que se afigura contraditório, na medida em que se o legislador – na perspectiva destes autores – considerou a necessidade de não aplicar a regra do artigo 4.º, n.º 1, alínea e), ETAF, como é que depois se justifica a sujeição do contencioso pré-contratual à jurisdição administrativa.

312 O Recurso de Revista no Contencioso Administrativo

que passa pela reestruturação, fusão e extinção de um número significativo de organismos[829], com as inevitáveis consequências daí decorrentes para os trabalhadores que aí laboram ao abrigo do contrato individual de trabalho (atente-se nas situações de despedimento colectivo e de extinção de postos de trabalho por razões de economia, eficácia e eficiência, previstas no artigo 18.º, da Lei n.º 23/2004, de 22 de Junho, além dos outros casos previstos no Código do Trabalho). Não se tem, no entanto, por líquida, qual a solução que melhor se ajustará no que respeita à escolha de uma jurisdição que congregue todos os litígios deste tipo de contratos[830].

Isto significa que a cláusula excludente, em matéria de recurso de revista *per saltum*, no que respeita aos litígios emergentes de contratos individuais de trabalho na Administração Pública, apenas logra aplicação nos estritos aspectos (de contencioso pré-contratual) que se enquadram no âmbito da jurisdição administrativa[831], sendo uma parcela que se revela relativamente marginal no cômputo desses contratos e na matéria aqui em análise. Em Espanha, para efeitos da definição da competência do Tribunal Supremo, a expressão «funcionários de carreira» não abrange os nomeados interinamente, os contratados, o pessoal laboral e o pessoal eventual ou os funcionários «en prácticas»[832], cujas relações jurídicas assim ficam excluídas do recurso de cassação perante o Tribunal Supremo[833].

Enquanto critério restritivo de acesso ao mais alto tribunal, esta previsão do recurso de revista *per saltum* encontra um lugar comum na definição genérica das competências da Sala Terceira do Tribunal Supremo espanhol, para o qual só se admite recurso de cassação ordinário de sentenças que afectem o nascimento ou a extinção da relação de serviço de funcionários de carreira, excluindo todas as restantes ques-

---

[829] Cfr. Resolução do Conselho de Ministros n.º 39/2006, de 21 de Abril, que aprova o Programa de Reestruturação da Administração Central do Estado.

[830] PEREIRA DA SILVA, *O Contencioso Administrativo...*, p. 462, opta pela jurisdição administrativa por ser «a mais indicada, em face do nosso ordenamento».

[831] Está aqui subjacente o entendimento expresso pelo Tribunal Constitucional, a propósito da aplicação do regime do contrato individual de trabalho, anteriormente à lei de 2004, assente na ideia de que os trabalhadores de um instituto público, que exerce «poderes de autoridade pública através dos seus órgãos e agentes» desempenham *uma função pública* em sentido material». Cfr. acórdão n.º 140/02, de 9 de Abril, relatora HELENA BRITO, citado no acórdão n.º 406/2003, de 17 de Setembro, relator PAMPLONA DE OLIVEIRA, disponível em www.tribunalconstitucional.pt.

[832] Cfr. SENDRA/CATENA/SÁNCHEZ, *Derecho Procesal...*, p. 171.

[833] Cfr. GONZÁLEZ PÉREZ, *Manual...*, p. 627.

tões[834], se bem que neste não se esteja perante um recurso *per saltum*, mas sim defronte de um recurso de cassação ordinária. A sua menção reporta-se simplesmente ao facto de constituir uma situação em que inúmeras questões relativas ao funcionalismo público são excluídas de apreciação em sede de cassação ordinária e, portanto, com um significado real bem mais relevante do que a mera interdição vigente no recurso *per saltum* do CPTA. No caso do recurso de cassação ordinário espanhol, podem ser discutidas questões relativas ao nascimento e à extinção da relação de serviço de funcionários de carreira, só no que respeita a estes e não a qualquer outro pessoal com vínculo diferente, sendo que no conceito de nascimento da relação de serviço cabem todos os actos integrados no procedimento prévio de selecção[835]. O que quer dizer que são excluídas questões relativas ao conteúdo da relação de serviço (direitos, deveres, produtividade), ao posto de trabalho (classificação profissional, horário de trabalho, transferências) e às incompatibilidades[836].

Isto significa que, não sendo o recurso de revista *per saltum* o recurso normal das decisões proferidas em primeira instância, em relação às quais a regra parece ser a sua recorribilidade para os tribunais de segunda instância, com as delimitações constantes da lei, justifica-se a restrição do âmbito do recurso *per saltum* derivada da exclusão de questões de funcionalismo público, na medida em que nestes casos não é desguarnecida a tutela jurisdicional dos trabalhadores da função pública. A consequência directa desta impossibilidade de salto nas matérias em causa é a não remessa oficiosa do processo para o STA, mas sim a admissão do recurso de apelação, nos termos gerais. O que se visou, ao fim e ao cabo, foi não sobrecarregar o STA com processos nesta área, mesmo que esteja em discussão apenas uma questão de direito e os factos se tenham por completamente assentes. Assim sendo, a comparação com o regime geral de acesso das questões da função pública ao Tribunal Supremo espanhol permite concluir que, quando esteja em causa o nascimento ou a extinção da relação jurídica, dois dos seus momentos mais importantes, está garantido o recurso de cassação ordinária, enquanto que nos outros aspectos já não será assim. No recurso de revista *per saltum* as questões do funcionalismo público estão totalmente excluídas, o que não significa que não sejam rea-

---

[834] Artigo 86, n.º 2, alínea a), LJCA. Cfr. González Pérez, *Manual*..., p. 627; Sendra/Catena/Sánchez, *Derecho Procesal*..., pp. 171 e 173.

[835] Cfr. González Pérez, *Manual*..., p. 627.

[836] Cfr. Sendra/Catena/Sánchez, *Derecho Procesal*..., p. 171.

314   *O Recurso de Revista no Contencioso Administrativo*

preciadas por um tribunal superior, se observados os requisitos gerais, sendo objecto de recurso de apelação e, se a sua relevância o justificar, acedendo eventualmente ao STA por via do recurso excepcional de revista. Fica demonstrado que a introdução de restrições de acesso ao Supremo Tribunal em matéria de funcionalismo público não constitui uma originalidade portuguesa, encontrando directas ocorrências noutros países por via de uma menção directa, mas também se se atender à concepção global do regime de admissão do recurso de revista, como é o caso alemão, no qual se atende à importância fundamental da questão jurídica[837].

A redacção dos n.os 1 e 2 do artigo 151.° é susceptível de induzir que a exclusão do n.° 2 se justifica apenas pela inclusão das questões relativas ao funcionalismo público nas situações a que se atribui um valor indeterminável. Isto decorre da dimensão valorativa insignificante em face do padrão adoptado – três milhões de euros – que os aspectos pecuniários das relações jurídicas de emprego público à partida parecem poder atingir. Não parece que a generalização enunciada seja completamente exacta. Num conjunto de questões que se poderiam discutir ao abrigo do conceito de funcionalismo público, seria possível fixar um valor ao processo, valor que só por si se revelaria suficiente para vedar o acesso ao recurso de revista *per saltum*, (por exemplo, quando estivesse em causa o pagamento de trabalho extraordinário, actos relativos à progressão de escalões, indemnizações por férias não gozadas ou por outros actos lesivos). Pode assim concluir-se que foi por uma opção de tratamento conjunto e uniforme que se excluiu globalmente um conjunto de questões, quando algumas delas estariam à partida necessariamente excluídas.

As questões de funcionalismo público a que pudesse ser atribuído um valor certo representativo da utilidade económica imediata do pedido, dificilmente preencheriam o requisito positivo de se cifrarem num valor superior a 3 milhões de euros, o que significa que nestes casos o recurso de revista *per saltum* já estaria excluído sem necessidade de uma previsão expressa nesse sentido, cuja razão de ser se cinge às questões a que fosse atribuído um valor indeterminável. Já por outro lado, se fosse concebível uma questão de funcionalismo público com valor superior a três milhões de euros, é provável que se justificasse a sua apreciação em sede de revista, podendo esta ocorrer, mas apenas no âmbito da revista excepcional e não na revista *per saltum*, porque o legislador parece ter excluído mais do que pretendia.

---

[837] Cfr. § 132, n.° 2.1., VwGO e supra § 2, n.° 2, alínea a).

O recurso de revista per saltum *para o Supremo Tribunal Administrativo* 315

As formas públicas ou privadas de protecção social têm que ver com a relação jurídica de previdência[838] ou de segurança social[839], respeitando ao contencioso relativo à aposentação e à protecção na doença, invalidez, viuvez e orfandade, estribado na respectiva garantia constitucional (artigo 63.°).

A norma encontra-se redigida em termos pouco claros, porquanto expressando-se por referência a questões relacionadas com formas públicas ou privadas de protecção social, induz a ideia de que é esta protecção social que é assegurada por recurso a formas públicas ou privadas, solução que, a ser admitida sem mais, poderia, quanto àquela última componente, contrariar o âmbito da jurisdição administrativa ao excluir do âmbito de um recurso matérias que por natureza já estariam excluídas do contencioso administrativo.

O modo como foi efectuada a menção à protecção social não constitui uma forma suficiente de expressar o conjunto de situações jurídicas subjacentes e por isso excluídas da revista *per saltum*. Para plena apreensão do significado desta exclusão é necessário tomar por referência as relações jurídicas administrativas de segurança social, no âmbito das quais são asseguradas determinadas prestações sociais (relativas à doença, à aposentação, à invalidez, à viuvez e orfandade, ao desemprego e a outras situações de falta ou diminuição de meios de subsistência, na formulação constitucional já referida).

O raio de acção daquele segmento da norma também tem de ser interpretado à luz da delimitação do âmbito da jurisdição administrativa. No que agora aqui releva só se podem englobar nas relações jurídicas administrativas de segurança social as matérias para as quais sejam competentes os tribunais integrados na jurisdição administrativa.

A definição da jurisdição competente para dirimir litígios entre as instituições da segurança social e os respectivos beneficiários tem sido objecto de atenção por parte do Tribunal de Conflitos[840], à luz do qual se têm considerado tais relações jurídicas como administrativas e assim se integrando na jurisdição administrativa, o que conta com apoio na delimi-

---

[838] Cfr. Aroso de Almeida/Fernandes Cadilha, *Comentário...*, p. 758.

[839] Cfr. Aroso de Almeida, *O Novo...*, p. 324; Vieira de Andrade, *A Justiça...*, p. 383.

[840] Cfr. acórdãos de 14 de Março de 1996, processo 296, de 12 de Outubro de 1995, processo 289, de 11 de Janeiro de 1996, processo 291, todos do Tribunal de Conflitos, sumários disponíveis em www.dgsi.pt.

tação de competência dos tribunais de trabalho. A distribuição de competência entre jurisdições foi variando ao longo do século XX, tendo oscilado entre os tribunais de trabalho por se atender à natureza sucedânea da relação de segurança social face à relação laboral ou, como actualmente, aos tribunais administrativos por se conceder relevo determinante à natureza pública das instituições de segurança social[841]. Foi apenas a partir de 1984 que esta última posição prevaleceu, com a aprovação da lei da segurança social que estabeleceu que a competência para a apreciação de actos de conteúdo negativo quanto a uma prestação devida ou quanto à inscrição de um beneficiário, teria o seu lugar próprio na jurisdição administrativa[842].

O artigo 78.° da Lei n.° 32/2002, de 20 de Dezembro, é a norma determinante para esta análise, nele se determinando que todo o interessado a quem seja negada uma prestação devida, a sua inscrição ou que, por qualquer forma, seja lesado por acto contrário ao previsto na lei de bases, pode recorrer à tutela jurisdicional administrativa com vista à protecção dos seus direitos. A norma abrange no segmento em que se refere à negação de uma prestação devida, a negação total e a negação parcial, incluindo nesta última a divergência quanto ao montante da prestação e quanto ao período de tempo em que é devida[843].

Na própria definição de competência cível dos tribunais de trabalho se determina que estes detêm competência para conhecer das questões entre instituições de previdência ou de abono de família e seus beneficiários, quando respeitem a direitos, poderes ou obrigações legais, regulamentares ou estatutárias de umas ou outros, sem prejuízo da competência própria dos tribunais administrativos e fiscais[844]. Partindo da natureza pública das instituições de segurança social, onde se encaixa o Instituto da Segurança Social e a Caixa Geral de Aposentações, são por exemplo de qualificar como relações jurídicas administrativas as que se estabelecem entre a Caixa Geral de Aposentações e um beneficiário quanto às prestações da pensão de reforma[845], as que envolvam um Centro Regional de

---

[841] Cfr., por último, acórdão de 23 de Março de 2006, do Tribunal de Conflitos, relator SIMAS SANTOS, processo 24/05, disponível em www.dgsi.pt.

[842] Artigo 40.°, n.° 1, da Lei n.° 28/84, de 14 de Agosto.

[843] Acórdão de 23 de Março de 2006, já citado.

[844] Artigo 85.°, alínea i), da Lei n.° 3/99, de 13 de Janeiro, (Lei de organização e funcionamento dos tribunais judiciais).

[845] Acórdão de 23 de Março de 2006, do Tribunal de Conflitos, disponível em www.dgsi.pt.

O *recurso de revista* per saltum *para o Supremo Tribunal Administrativo* 317

Segurança Social na prestação de subsídio de desemprego[846], entre um Centro Regional de Segurança Social e um requerente de compensação por cessação de contrato de trabalho[847].

Esta previsão genérica das relações jurídicas administrativas de segurança social tem, pelo menos, uma justificação parcelar nas significativas reformas do regime de aposentação da função pública, por via das quais se procedeu a alterações de monta, entre outras, no cálculo das pensões, no período de trabalho requerido, na idade mínima de acesso, nas regras de antecipação e respectiva sujeição a penalizações. Tudo a adivinhar que esteja encontrado um campo de eleição no contencioso administrativo dos próximos tempos.

Pode assim concluir-se que nas questões relacionadas com a protecção social se incluem todas as relações jurídicas administrativas de segurança social, em que seja parte uma pessoa colectiva pública, regidas sob a égide do direito público, tendo por objecto prestações de segurança social tipificadas na lei (doença, velhice, invalidez, viuvez, orfandade, desemprego e outras situações de falta ou diminuição de meios de subsistência) e como destinatários todos os trabalhadores em geral, do sector público, privado ou social.

Todas estas matérias atinentes às relações jurídicas administrativas de segurança social, pelas mesmas razões aduzidas em relação às questões do funcionalismo público, estão afastadas do perímetro delimitador da acção do recurso de revista *per saltum*. O que, do mesmo modo, se compreende em função da reduzida dimensão material que unitariamente apresentam, sem prejuízo da enormíssima importância pessoal para cada um dos afectados. Mas mesmo nestas matérias a tutela jurisdicional dos lesados não fica desprotegida, na medida em que lhes é facultado o recurso de apelação, reunidos os requisitos legais, e se a questão assumir uma dimensão muito relevante pode ainda ser franqueado o acesso ao próprio recurso excepcional de revista.

Na Alemanha, o recurso de revista *per saltum* (*Sprungrevision*) não assenta em critérios quantitativos (valor da pretensão ou indeterminável), nem na exclusão de certas matérias, atento o seu potencial de multiplicação e de elevada procura. O acesso ao BVerwG directamente do VG

---

[846] Acórdão de 11 de Janeiro de 1996, do Tribunal de Conflitos, disponível em www.dgsi.pt.

[847] Acórdão de 11 de Janeiro de 1996, do STA, processo n.º 38182, disponível em www.dgsi.pt.

assenta em dois critérios que também são requisitos de acesso à *Revision* na sua configuração ordinária, a importância fundamental da questão jurídica e a contradição entre decisões jurisprudenciais, excluindo-se expressamente a ocorrência de vícios processuais (§ 134, n.° 2, VwGO), ambos pressupondo o mesmo esforço de concretização que existe em relação à sua verificação na forma ordinária. A não previsão de critérios de acesso ao BVerwG *per saltum* com uma configuração mais objectiva acaba por transpor para este recurso as mesmas condicionantes existentes na sua tramitação normal, por via da aplicação do § 132. Neste ponto o regime vigente no CPTA diverge da solução alemã, na medida em que não transpôs para a revista *per saltum* os critérios de admissão sujeitos a uma apreciação preliminar sumária, que obrigam ao preenchimento valorativo de conceitos indeterminados. Ao contrário da revista excepcional (art. 150.°), a revista *per saltum* apenas ficou condicionada por critérios objectivos, os dois aludidos requisitos, um positivo (valor do processo ou valor indeterminável) e outro negativo (exclusão de certas matérias: funcionalismo público e protecção social). Não foi, pois, adoptado um critério uniforme, à semelhança alemã, por via do qual o exercício da função de tribunal de revista pelo STA ficasse dependente dos mesmos critérios e graus de exigência. A dualidade de perspectivas adoptada parece visar a promoção do recurso de revista *per saltum* como forma de garantia da efectividade da tutela jurisdicional administrativa, por via da celeridade processual alcançada e da obtenção de uma decisão de mérito definitiva pelo Supremo Tribunal. A utilização dos conceitos indeterminados do artigo 150.°, n.° 1, poderia conduzir à prática inexistência deste recurso *per saltum*, situação que se terá tentado evitar.

O recurso é interposto perante o tribunal que proferiu a decisão de que se pretende recorrer, no caso o tribunal administrativo de círculo, ao qual caberá verificar se a decisão admite recurso e se os seus pressupostos estão reunidos, se o recurso é tempestivo e a legitimidade do recorrente; em caso negativo, o requerimento de interposição é indeferido, não sendo admitido o recurso, (artigo 687.°, n.os 1 e 3, CPC). Do despacho de não admissão pode o recorrente reclamar para o presidente do tribunal que seria competente para conhecer do recurso, na hipótese, o presidente do STA, (artigo 688.°, n.° 1, CPC), devendo a reclamação ser apresentada num prazo de dez dias perante o tribunal recorrido, (artigo 688.°, n.° 2). A este é ainda conferida a possibilidade de admitir ou mandar subir o recurso, alterando a sua posição inicial, assim como a de manter o despacho agora objecto de reclamação (artigo 688.°, n.° 3). Sendo mantido

O recurso de revista per saltum *para o Supremo Tribunal Administrativo* 319

o despacho reclamado, a parte contrária é notificada para responder, em dez dias, sendo posteriormente remetido para decisão do presidente do tribunal superior (artigo 688.°, n.° 4). O processo é decidido em dez dias pelo presidente do STA, a decisão que mantenha o despacho reclamado e assim indefira o requerimento de interposição do recurso é definitiva, não sendo susceptível de qualquer outra impugnação (artigo 689.°, n.° 2, 1.ª parte, CPC). Se o recurso for admitido pelo tribunal recorrido ou, após reclamação, pelo presidente do STA, o processo, em seguida aos trâmites processuais necessários, segue para o STA como revista *per saltum*, sendo objecto do tratamento que aí lhe é devido.

3. Devolução do processo ao tribunal de segunda instância, mediante decisão definitiva do relator. Manifestação do princípio *pro actione*

62. Chegado o processo ao STA, após deferimento do requerimento de interposição do recurso, vai ainda ser objecto de apreciação pelo relator, que voltará a aferir do preenchimento dos requisitos de admissão da revista *per saltum*. A norma inculca a ideia de que a tarefa do relator incidirá apenas na verificação se as questões suscitadas ultrapassam o âmbito da revista, mas não é assim. Ao relator caberá constatar a presença dos requisitos que facultam o acesso à revista *per saltum*, ou seja, ter por fundamento a violação de lei substantiva ou processual, o valor da causa ser superior a três milhões de euros ou indeterminável, o processo não respeitar a questões de funcionalismo público ou relacionadas com formas públicas ou privadas de protecção social[848]. A estes acrescendo ainda a indagação sobre se nas alegações das partes são suscitadas apenas questões de direito ou se nelas restam ainda questões de facto em relação às quais o recurso e o tribunal não serão os competentes.

O n.° 3 do artigo 151.° refere-se apenas à existência de questões que ultrapassem o âmbito da revista para lhe determinar como efeito a baixa do processo ao tribunal central administrativo, para o recurso aí ser julgado como apelação. Esta decisão é definitiva, o que significa que em relação a ela não é admitido qualquer recurso ou reclamação. Deve entender-se que nas hipóteses em que a não admissão assente na não verificação de qualquer dos outros requisitos o processo também deve ser remetido ao tri-

---

[848] Cfr., neste sentido, AROSO DE ALMEIDA/FERNANDES CADILHA, *Comentário...*, p. 758.

bunal central, para aí ser julgado como apelação. Esta solução é sustentada no disposto no artigo 725.°, n.° 3, CPC, que, no recurso *per saltum* do processo civil, estabelece que a decisão do juiz que indefere o pedido e determina a remessa do recurso à Relação, independentemente do motivo de indeferimento, e é justificada por aplicação dos princípios de promoção do acesso à justiça e da cooperação processual (artigos 7.° e 8.° CPTA)[849]. O que é bem compreensível, inclusive à luz do princípio balizador de todo o Código de Processo que assenta na efectividade da tutela jurisdicional administrativa; admitir um resultado diferente em função do motivo de rejeição do recurso *per saltum*, além de não encontrar qualquer argumento substantivo de suporte, iria produzir uma situação de desigualdade e de injustiça entre diferentes contendores processuais, para a qual não existiria qualquer razão de ser aceitável.

Mas, importará ir ainda mais longe. Como se viu no recurso *per saltum*, a decisão impugnada tem de ser uma decisão de mérito. Admita-se que, por percalço ou distracção, o tribunal recorrido admitiu como revista *per saltum* o recurso de uma decisão de forma em relação à qual estava vedado este tipo de recurso; em que termos deveria o relator rejeitar o recurso? Estaria constituído no mesmo ónus de determinar a baixa do processo ao tribunal central para ser julgado como agravo ou limitar-se-ia a não admitir o recurso, nos termos que lhe são conferidos pelo artigo 27.°, n.° 1, alínea j), sem qualquer outra determinação? Atentos os argumentos acima aduzidos a justificar a remessa do processo ao tribunal, nas hipóteses em que um dos requisitos (valor ou matéria) não estivesse preenchido, apesar de inexistir regra processual que o ordene, parece que, pelas mesmas razões e reforçadamente pela promoção do acesso à justiça, também haveria lugar a baixa do processo ao Tribunal Central para aí ser julgado como agravo. Solução diversa teria a susceptibilidade de tratar diferentemente situações que, em certa medida, se tendem a igualar.

A determinação da baixa do processo ao tribunal central administrativo territorialmente competente é uma manifestação do princípio *pro actione*, faz-se prevalecer a promoção da justiça, ou seja, sendo admissível um recurso jurisdicional, ainda que diferente daquele que foi interposto, ou que veio a ser indevidamente admitido pelo tribunal *a quo*, não faz sentido que, com uma motivação estritamente formal, o recorrente perca a possibilidade de recorrer. A ideia de favorecimento do processo consiste

---

[849] É a posição de Aroso de Almeida/Fernandes Cadilha, *Comentário...*, p. 759, à qual se adere.

na «interpretação e aplicação das normas processuais», facultando ou promovendo o acesso à tutela jurisdicional ou impedindo «situações de denegação de justiça»[850].

As questões que ultrapassam o âmbito da revista traduzem o afloramento de matéria de facto e não exclusivamente de matéria de direito, o que constitui um factor impeditivo à submissão do processo ao STA enquanto tribunal de revista (restrito à matéria de direito). A não admissão do recurso *per saltum*, nestes casos, também visa assegurar uma efectiva segunda instância em matéria de facto, que só seria obtida pela baixa do processo ao tribunal central (com competência em matéria de facto e de direito), o contrário implicaria uma menor tutela jurisdicional da parte que seria afectada pela não reapreciação da matéria de facto impugnada.

A não admissão do recurso por despacho do relator constitui decisão definitiva, isto é, uma decisão em relação à qual não é possível apresentar qualquer reclamação ou interpor seja que espécie for de recurso. É uma decisão definitiva que se consolida e que, se não for dado andamento ao recurso de apelação, que, em regra, se lhe segue, pode fazer consolidar a própria situação jurídica subjacente ao litígio a dirimir. Bem se compreende que tenha sido vedada a usual possibilidade de reclamação para a conferência, com o intuito de evitar o prolongamento da controvérsia, num aspecto lateral de um recurso que pela sua natureza se apresenta de verificação condicionada, tendo ainda em vista a preocupação de induzir aos recursos a devida celeridade processual. Trata-se de uma excepção à regra, que preceitua que dos despachos do relator cabe reclamação para a conferência (artigo 27.º, n.º 2). A situação compreende-se se, além do exposto, se se atender a que o recorrente não fica desprotegido, não lhe é pura e simplesmente negada tutela jurisdicional, na vertente de reapreciação de uma decisão jurisdicional de um tribunal de primeira instância. É-lhe, pelo contrário, imposto, em face da racionalidade de funcionamento do sistema de recursos, que a sua causa seja submetida a decisão de um tribunal superior de segundo grau e não directamente ao Supremo Tribunal. A solução é em tudo idêntica à vigente no processo civil, valendo as mesmas razões para ela aduzidas.

A decisão definitiva a que se refere o artigo 151.º, n.º 3, é uma decisão do relator a quem foi distribuído o processo, ou seja, é uma decisão

---

[850] Cfr. VIEIRA DE ANDRADE, *A Justiça...*, p. 416. Este autor identifica diversas normas que concretizam este princípio *pro actione*, nelas incluindo a baixa oficiosa do processo ao TCA, prevista no artigo 151.º, n.º 3, CPTA, (p. 417, nota 874).

322 *O Recurso de Revista no Contencioso Administrativo*

tomada por um juiz individual e não por um colégio de três juízes. Atento o alcance da decisão de não admissão, que não admite reclamação, depara-se uma situação em que se manifesta a afirmação da unipessoalidade na tomada de decisões jurisdicionais ao nível do Supremo Tribunal. Este foi tipicamente configurado como um tribunal colectivo e, em observância do princípio da celeridade processual e da obtenção em prazo razoável de uma decisão judicial, vertente da tutela jurisdicional efectiva, começa a ser projectado como tribunal de juiz singular em matérias nas quais as decisões produzem inevitáveis e relevantes efeitos na posição das partes.

Foram já afloradas outras manifestações da unipessoalidade nos tribunais superiores quer na jurisdição administrativa (artigo 27.º, n.º 1, alínea i), CPTA), quer na jurisdição cível (artigos 700.º, n.º 1, alínea g) e 705.º), quer na jurisdição constitucional (artigo 78.º A, da Lei do Tribunal Constitucional). Em todas estas hipóteses está em causa a pronúncia de uma decisão sumária relativa ao objecto do processo e não à sua admissão. Também por via deste tipo de solução, que se tem generalizado, não se afigura incorrecta a atribuição ao relator do poder de decidir definitivamente a não admissão do recurso de revista *per saltum*, mandando seguir o tipo de recurso adequado. Até porque continua a ser facultada uma reapreciação da decisão impugnada.

Ocorreu já uma situação em que a não admissão do recurso *per saltum* foi tomada pela conferência, o que não vai no alinhamento do disposto literalmente no artigo 151.º, n.º 3. Tal hipótese parece ter-se devido a uma diligência imprópria da secretaria que, após a recepção do recurso, provindo do tribunal central para o qual tinha sido indevidamente interposto, efectuou a notificação do Ministério Público para se pronunciar sobre o mérito do recurso nos termos do disposto no artigo 146.º, n.º 1. Nesta sequência o MP suscitou a extemporaneidade dessa notificação, o que conduziu à decisão que agora se referencia[851]. Coloca-se, portanto, a dúvida de saber se, estando a competência adstrita ao relator, este pode partilhar a tarefa com a conferência. Em termos de resultado, aferido em função das possibilidades de reacção do recorrente ante esta decisão da conferência, não existe qualquer efeito, favorável ou desfavorável. A decisão de não admissão deste recurso e a sua remessa para o tribunal central para tramitar como apelação, é defini-

---

[851] Cfr. acórdão de 11 de Maio de 2005, do STA, relator SIMÕES DE OLIVEIRA, processo n.º 0427/05, disponível em www.dgsi.pt.

tiva, o que significa que, na jurisdição administrativa não é conferida qualquer faculdade de reacção. A definitividade da decisão constitui um argumento não impeditivo da transferência da decisão para a conferência. A não admissão pela conferência em preterição da decisão unipessoal do relator também se revela capaz de fomentar a aceitação social da decisão, diminuindo o seu eventual impacto negativo. Pode fornecer-se, como último argumento, a prática judiciária instituída no STJ a propósito da decisão do seu Presidente que admita um recurso, na sequência de reclamação, podendo ainda o tribunal de recurso (o próprio STJ) vir a decidir em sentido contrário, por via de decisão do relator, sendo esta substituída por decisão da conferência, por uma questão de «cortesia institucional»[852]. Contra, sempre se poderá invocar que, necessariamente, será uma decisão tomada num período de tempo superior ao que decorreria da sua pronúncia pelo relator, mas talvez esta objecção acabe por não deter uma força especial, atenta a simplicidade das questões em análise que impedirá qualquer abalo especial à tutela jurisdicional efectiva. Por outro lado, na situação concreta em que ocorreu, pode legitimamente suspeitar-se que a tomada de decisão pela conferência se deveu à invocação da extemporaneidade da notificação do MP.

Em situações excepcionais, quando a concreta hipótese em presença por qualquer particularidade ou complexidade o aconselhe, pode a decisão de não admissão ser proferida pela conferência, em lugar de o ser apenas pelo relator. Não é, no entanto, admissível a sua generalização e consequente adopção de uma prática jurisprudencial que se revele completamente contrária à lei. A regra tem necessariamente de ser a tomada dessa decisão definitiva pelo relator, por ser essa a solução claramente plasmada na lei.

Como se aludiu no aresto referenciado, é relevante apurar qual o momento da intervenção do Ministério Público. Pode este intervir também na fase da admissão do recurso ou apenas será chamado à lide se aquele vier a ser admitido? O próprio MP pronunciou-se no sentido de apenas lhe ser possível intervir para se pronunciar sobre o mérito do recurso e não acerca de aspectos de legalidade processual ligados à sua admissão[853].

---

[852] Cfr. AMÂNCIO FERREIRA, *Manual...*, p. 91.
[853] Cfr. acórdão de 11 de Maio de 2005, relator SIMÕES DE OLIVEIRA, processo n.º 0427/05, disponível em www.dgsi.pt.

324   *O Recurso de Revista no Contencioso Administrativo*

No mesmo sentido já se tinha pronunciado alguma doutrina, usando a expressão que o MP repete naquele acórdão: o «Ministério Público deixa de poder intervir em defesa da chamada *legalidade processual*»[854].

Diversamente, sendo o recurso admitido pelo relator, pode esta decisão ser objecto de reclamação para a conferência, nos termos gerais, ou seja, ao abrigo da possibilidade conferida pelo artigo 27.°, n.° 2, (artigo 151.°, n.° 4). Esta previsão corresponde à consignada no artigo 725, n.° 5, CPC. Neste aponta-se como justificação para a possibilidade de reclamação para a conferência a «irremediável preclusão das questões suscitadas na alegação e que ultrapassem o âmbito do recurso de revista»[855]. Também, no contencioso administrativo, este parece ser o motivo mais frequente no alicerçar da reclamação contra a admissão, afastando-se uma outra ponderação, assente no interesse egoístico da parte vencida, relativa à duração do processo. Com as limitações de acesso ao STA como tribunal de revista excepcional não parece que seja viável pretender percorrer todos os possíveis recursos até, enfim, muito depois se chegar ao momento final. Seja qual for o prisma de que se parta é muito improvável e arriscado admitir o sucesso numa tal epopeia. Sendo certo que quando estejam em causa apenas questões de direito será, em princípio, mais previsível a obtenção de uma melhor decisão quando ela dimane do Supremo Tribunal, (reconhecendo-se que nem todos os litigantes terão em vista esse propósito).

Na solução do processo civil e na medida em que o recurso *per saltum* depende de requerimento que pode ser apresentado por qualquer das partes, a reclamação para a conferência pode partir da parte que tenha ficado prejudicada com a decisão (por ter interesse em discutir ainda questões de facto ou por estas deverem ser necessariamente apreciadas), ou seja, a reclamação contra a admissão tanto pode ser do recorrente como do recorrido (artigo 725.°, n.° 1). Já no processo administrativo não está reservada às partes a faculdade de optarem pelo recurso de revista *per saltum*, por alternativa com o recurso de apelação. Como se verificou, reunidos os requisitos da revista *per saltum*, será este obri-

---

[854] Cfr. AROSO DE ALMEIDA, *O Novo...*, p. 237, deixando assim de poder suscitar questões que obstem ao prosseguimento do processo; e AROSO DE ALMEIDA/FERNANDES CADILHA, *Comentário...*, pp. 726 s., sugerindo que seria de admitir a intervenção do MP em matéria de legalidade da interposição do recurso, nomeadamente quando este revele qualquer factor justificativo do seu não prosseguimento.

[855] Cfr. LOPES DO REGO, *Comentários...*, p. 620.

O recurso de revista per saltum *para o Supremo Tribunal Administrativo*   325

gatoriamente o recurso apropriado e não qualquer outro. Esta solução não parece, no entanto, impeditiva de que a reclamação seja apresentada por qualquer das partes (recorrente ou recorrido), atendendo-se a que ambas se podem sentir prejudicadas pela impossibilidade de discutir a matéria de facto.

§ 6

O RECURSO DE REVISTA: ALCANCE

1. Força jurídica da jurisprudência do STA em sede de revista

63. As especiais dificuldades em aceder ao STA em sede de revista, por via do preenchimento de conceitos indeterminados efectuado por uma formação específica, são de porte a conferir aos acórdãos proferidos nesse âmbito um valor ou força próprios. Adianta-se que essas decisões apenas têm força vinculativa «nos limites do "caso julgado"», mas esta limitação não significa que os acórdãos provindos de tribunais superiores não acabem por pesar nas decisões jurisdicionais tomadas posteriormente[856].

Na Alemanha, a jurisprudência também não é fonte de direito, não vigora aí uma regra de precedente; mas, na prática, a situação é diferente, podendo dizer-se que existe uma «força psicológica do precedente»[857]. Esta relevância que acaba por ser dada às decisões anteriores é justificada pelo facto de um mesmo juiz, quando toma uma decisão, ter tendência a continuar a adoptá-la em situações semelhantes, pelo facto das decisões publicadas exercerem uma «atracção sobre os outros juízes», pelo facto de, por via da hierarquia judicial, os tribunais inferiores raramente divergirem dos tribunais superiores, sendo que a maior força de persuasão é detida pelas decisões dos supremos tribunais[858]. São regras que visam assegurar a unidade da jurisprudência e que acabam por «camuflar um sistema inoficial de precedente»[859].

HEUSINGER, antigo presidente do Supremo Tribuna Federal alemão, referia que a jurisprudência deste tribunal era caracterizada por duas mis-

---

[856] Cfr. BAPTISTA MACHADO, *Introdução ao Direito...*, p. 162.
[857] Cfr. FROMONT/RIEG, *Introduction au Droit Allemand*, I. Paris, 1977, p. 205.
[858] Cfr. FROMONT/RIEG, *Introduction...*, I, p. 205.
[859] Cfr. FROMONT/RIEG, *Introduction...*, I, pp. 205 s.

328   *O Recurso de Revista no Contencioso Administrativo*

sões essenciais: a salvaguarda da unidade do Direito e o desenvolvimento do Direito[860]. LARENZ concebe que o desenvolvimento judicial do Direito requer «uma fundamentação levada a cabo metodicamente»[861], sendo que é também pela força dessa justificação que se há-de perfilar o carácter da jurisprudência, medido pela sua força jurídica.

Segundo LARENZ os tribunais superiores tendem a seguir as suas «resoluções paradigmáticas», orientação que se apresenta favorável à uniformidade e continuidade da jurisprudência e também à segurança jurídica, acrescentando que o papel desempenhado por essas resoluções, a que chama precedentes, não pode ser sobreavaliado, ou seja, a percepção da sua influência ficará sempre aquém da realidade[862]. Mas, adianta, os tribunais não se encontram vinculados aos seus próprios precedentes, continuando a deter o poder de decidir de forma independente, inclusive ficando obrigados a afastar-se dessas decisões anteriores, se nelas detectarem uma interpretação incorrecta ou «um desenvolvimento do Direito insuficientemente fundamentado»[863]. Ainda que reconheça àquelas designadas resoluções paradigmáticas «uma certa presunção de correcção», ilidível mediante dúvidas fundadas, o que se justifica pelo facto de não ser exigível a um tribunal «seguir irreflectidamente um precedente»[864]. Acaba por concluir que deve ser reconhecida à jurisprudência uma necessária flexibilidade[865].

No direito inglês o ponto central é o caso concreto, «uma vez que na busca do precedente ajustado ao caso decidendo se não perde nunca de vista a individualidade histórico-concreta dos dois casos»[866]. Foi apenas no século XIX que no direito inglês se fixou a imperatividade da regra do precedente, até aí existia uma tendência no sentido de guiar as decisões por casos análogos, mas sem que esta atitude fosse tida como

---

[860] Citado por LARENZ, *Metodologia...*, p. 523.

[861] Cfr. *Metodologia...*, p. 524.

[862] Cfr. *Metodologia...*, p. 611. O autor refere que essa influência é facilitada, no caso das decisões dos tribunais superiores, pela sua publicação, que as torna acessíveis aos tribunais inferiores.

[863] Cfr. LARENZ, *Metodologia...*, p. 612, entender o contrário resvalaria no desrespeito da lei.

[864] Cfr. LARENZ, *Metodologia...*, pp. 613 e 615.

[865] Cfr. LARENZ, *Metodologia...*, p. 618.

[866] Cfr. FERNANDO BRONZE, *«Continentalização» do Direito Inglês ou «Insularização» do Direito Continental?* Coimbra, 1975, p. 152.

O *recurso de revista: alcance* 329

imperativa[867]. Cedo começou, no entanto, a ser firmada a libertação, pela procura de caminhos que atenuassem «o rigorismo da intervenção da *doctrine of binding precedent*»[868]. Em 1966, a *House of Lords*, através do Lord Chancellor, considerou-se desvinculada do dever de observar os seus próprios precedentes. Apesar de reconhecer que a regra do precedente conferia certeza e estabilidade à vida jurídica, admitiu que também acarretava injustiças e constituía um factor de morosidade e de dificuldade na evolução do direito[869]. Ficou assim afirmada a tendência para «atenuar a importância restritiva e balizadora dos precedentes»[870].

Nem pode já afirmar-se uma inalcançável separação entre o direito inglês e o direito continental, as decisões dos supremos tribunais do Continente «são tão acatadas pelas instâncias inferiores (e por eles mesmos) como em Inglaterra», vigora nestes países um designado «regime de *precedente de facto*»[871]. Nos sistemas continentais não se ignora a importância efectiva dos acórdãos dos tribunais superiores, que têm «a eficácia de autênticos precedentes», o que é inegável quando os mesmos tribunais superiores invocam expressamente a sua própria produção jurisprudencial[872].

Apesar das assinaladas destrinças entre sistemas jurídicos, não se ignora ainda assim a presença de linhas de continuidade e, além disso, de um outro aspecto de não menor relevância de um ponto de vista prático. Para um advogado ou jurista, ante a contingência de resolver certos problemas concretos, a posição dos tribunais «tem tanta importância como a lei», sendo por via da jurisprudência que alcança o conhecimento da «autêntica fisionomia dum Direito»[873]. A jurisprudência tanto é perspectivada como progressiva (atenta à evolução das exigências sociais), como

---

[867] Cfr. FERNANDO BRONZE, «*Continentalização*»..., p. 188. O autor, citando ZWEIGERT/KOTZ, assinala que os «tribunais forjaram as suas próprias algemas», revelando de algum modo «falta de uma cultura jurídica de grau elevado».

[868] Cfr. FERNANDO BRONZE, «*Continentalização*»..., p. 190.

[869] Cfr. FERNANDO BRONZE, «*Continentalização*»..., pp. 190 s. Os precedentes continuam a ter carácter vinculativo, mas a *House* pode desvincular-se deles por razões de justiça.

[870] Cfr. FERNANDO BRONZE, «*Continentalização*»..., p. 192.

[871] Cfr. FERNANDO BRONZE, «*Continentalização*»..., pp. 198 s.

[872] Cfr. CASTANHEIRA NEVES, *O Instituto dos "assentos"*..., RLJ, n.º 3488, p. 356, nota 126.

[873] Cfr. ANGEL LATORRE, *Introdução ao Direito*. Coimbra, 1978, p. 89. O autor assinala à jurisprudência uma função «compensadora» no sistema jurídico (p. 90).

330   *O Recurso de Revista no Contencioso Administrativo*

desenvolvendo uma função criadora (atenta a novidade da situação ou a influência de novos posicionamentos da doutrina)[874]. Ressalvando-se que o carácter criador que a jurisprudência pode assumir lograria, em hipótese, fazer perigar a segurança jurídica, por isso, como medida preventiva que o evite, é habitualmente atribuída ao Supremo Tribunal uma «missão unificadora» que assegure «uma orientação unitária ao desenvolvimento da jurisprudência»[875].

Já ALBERTO DOS REIS entendia que o STJ exercia uma função de uniformização de jurisprudência por via do recurso de revista, fazendo-o indirectamente, e isto tendo por pressuposto o facto de ser o mais alto tribunal da hierarquia judicial, por ser um tribunal único e por gozar da presunção de que a sua jurisprudência é adoptada no futuro para situações semelhantes, acabando por dela derivar uma força de persuasão ou, pelo menos, de supremacia[876].

A questão relativa à constitucionalidade dos assentos, apodados de autênticas normas jurídicas legislativas, em que estava atribuído a um tribunal o poder de «prescrever critérios jurídicos universalmente obrigatórios», através de «preceitos gerais e abstractos» destinados a «uma aplicação genérica no futuro»[877], conduziu a um debate que culminou, em 1993, com a declaração de inconstitucionalidade da norma do artigo 2.º do Código Civil, na parte em que conferia aos tribunais competência para fixar doutrina com força obrigatória geral, numa decisão que suscitou críticas dentro do próprio Tribunal Constitucional e na doutrina[878]. De qualquer modo, resulta desta declaração de inconstitucionalidade, mais tarde com força obrigatória geral, e posterior revogação do aludido preceito legal, que não é constitucionalmente admissível conferir força obrigatória geral à jurisprudência dos supremos tribunais, daqui se afirmando uma clara recusa na vinculatividade da jurisprudência desses supremos

---

[874] Cfr. ANGEL LATORRE, *Introdução...*, pp. 106 e 110.

[875] Cfr. ANGEL LATORRE, *Introdução...*, p. 111.

[876] Cfr. *Código do Processo Civil anotado*, vol. VI. Coimbra, 1981 (reimpressão), p. 14, assinalando, no entanto, que esta via indirecta de uniformização da jurisprudência é um «mecanismo lento, mas de resultado seguro» (p. 15).

[877] Cfr. CASTANHEIRA NEVES, *O Instituto dos "assentos"...*, RLJ, n.º 3474, pp. 134 s. e *Assento*, in *Digesta*, vol 1.º. Coimbra, 1995, p. 346.

[878] Cfr. voto de vencido da Conselheira ASSUNÇÃO ESTEVES, no Acórdão n.º 810/93, de 7 de Dezembro e comentário de CASTANHEIRA NEVES, *O Problema da Constitucionalidade dos Assentos*. Coimbra, 1994, pp. 67 ss., ambos propugnando uma posição mais ampla.

O recurso de revista: alcance

tribunais fora do âmbito do estrito processo em que tenha sido decidida mediante um recurso jurisdicional. Do que decorre não caber, também no caso presente, a afirmação de força obrigatória geral (ou carácter vinculativo além do processo em que foi emitida) das decisões do STA em sede de revista.

Na sequência da referida declaração de inconstitucionalidade foi introduzido um novo mecanismo na lei processual civil com vista à uniformização da jurisprudência. A solução escolhida assentou na introdução de uma vicissitude na fase do julgamento do recurso de revista (artigo 732.° A, CPC), atribuindo ao acórdão proferido pelo plenário das secções cíveis o valor de «precedente judicial qualificado», por via da sua natureza meramente «persuasória»[879], com o fito de prevenir divergências jurisprudenciais no STJ, considerando-se que a necessária participação das partes se afigura susceptível de obstar a «um enquistamento ou cristalização excessivos das orientações jurisprudenciais»[880]. Não é este o lugar de analisar detidamente esta via de uniformização da jurisprudência adoptada no processo civil, a sua menção limita-se a constituir um contributo para a compreensão e conclusão em relação à força que se há-de conferir ao acórdão proferido no âmbito de um recurso excepcional de revista (e da revista *per saltum*), ainda que neste não se esteja perante um recurso que vise a uniformização de jurisprudência.

Pode aventar-se se a força jurídica (que se vier a reconhecer) das decisões jurisdicionais proferidas em recurso excepcional de revista, dado o seu exigente critério de admissão, não colide com o princípio da independência decisória dos juízes. Este princípio alberga diversas classificações, ultimamente ponderadas a propósito do instituto dos assentos[881]. A independência judicial está implicada no Estado de Direito e no seu princípio estrutural-funcional da separação ou divisão dos poderes, e nesta linha há-de ser uma independência subjectiva ou directamente decisória ou uma independência objectiva ou especificamente funcional[882]. A indepen-

---

[879] LOPES DO REGO, *A Uniformização...,* pp. 11 e 19, considerando que o aludido valor persuasório assenta na natureza e autoridade do tribunal de que emana. RIBEIRO MENDES, *Os Recursos...*, p. 108, entende que a jurisprudência uniformizada constitui «precedente persuasivo».

[880] Cfr. LOPES DO REGO, *A Uniformização...*, p. 24.

[881] Cfr. CASTANHEIRA NEVES, *O Instituto dos "assentos...*, RLJ, n.os 3496 ss., pp. 101 ss.

[882] Esta é a exacta formulação de CASTANHEIRA NEVES, *O Instituto dos "assentos" ...*, RLJ, n.° 3496, p. 104.

dência subjectiva ou directamente decisória pode ser vista num sentido político-jurídico e num sentido axiológico-jurídico; no primeiro, pretende-se acentuar o carácter da obediência dos juízes à lei, a afirmação da sua independência radica na «proibição de quaisquer "instruções", da imposição de quaisquer critérios e prescrições normativas que não unicamente os da lei»[883], no segundo, a independência é tida como «a garantia, a condição e o meio indispensáveis para a realização do direito e da justiça»[884]. Não pode, nem pretende validamente brigar com este princípio de independência directamente decisória a afirmação de uma expressa intenção de prevalência das decisões de revista excepcional. Antes se sublinha a força manifesta e englobante que, após a sua prolação, as decisões emanadas hão-de ter. Mas os juízes, aos diversos níveis, terão sempre inteira liberdade de apreciar e decidir, sem grilhões decorrentes de anteriores formulações pelo Supremo Tribunal e o próprio Supremo Tribunal terá essa margem de acção.

A qualificação dos acórdãos proferidos pelo STA em sede de revista (excepcional ou *per saltum*) pode estar dependente de uma de duas circunstâncias: ou em o julgamento ter sido realizado pela formação colegial simples composta por três juízes ou ter sido adoptada a forma de julgamento ampliado. Neste ponto apenas se tratará da primeira hipótese, na medida em que a segunda requer a ponderação de outros elementos e apenas terá lugar no número seguinte. Ocorrerá efectuar ainda outra distinção, desta feita entre as decisões proferidas na sequência da admissão de um recurso excepcional de revista, no qual a respectiva fase de admissão comportará efeitos próprios, e as decisões emanadas na sequência de um recurso de revista *per saltum*, que, embora não detendo as características de admissão do recurso excepcional, também apresenta algumas especificidades que devem ser atendidas.

A relevância da questão fundamental e a dimensão do erro, enquanto suportes determinantes da admissão da revista excepcional, apresentam a inevitável virtualidade de gerar repercussões na força jurídica do acórdão final que vier a ser proferido. Por essa relevância e dimensão facilmente se compreende que não está em causa uma simples decisão proferida em primeira ou segunda instância, nos estritos casos da competência do STA, ainda que também aí se apresentem especialmente qualificadas em função

---

[883] Cfr. Castanheira Neves, *O Instituto dos "assentos"*..., RLJ, n.º 3496, p. 105.
[884] Cfr. Castanheira Neves, *O Instituto dos "assentos"*..., RLJ, n.º 3496, p. 106.

da natureza e qualidade do tribunal que as profere, e que aquela específica via qualificada de admissão comportará necessariamente uma diferente força jurídica às decisões na sua sequência emanadas.

Na qualificação dos acórdãos proferidos em sede de revista excepcional opta-se por se lhes fazer menção, enquanto jurisprudência de revista excepcional, na medida em que constitui uma referência mais sóbria e suficientemente elucidativa, qualquer outra menção reportaria sempre o perigo de, em lugar de explicitar, acrescentar mais dificuldades; pense-se, por exemplo, nas ideias de firmeza e de consolidação. Além de que a especial qualificação incidirá sobre essa estrita componente da jurisprudência.

A jurisprudência de revista excepcional goza de uma especial força jurídica, comportando uma intenção de prevalência, em face da excepcionalidade da sua admissão e tendo por substrato os próprios pressupostos que a facultam. Não quadraria bem no sistema de recursos do contencioso administrativo em que se insere, se acabasse por se lhe conferir o mesmo relevo jurídico do que às restantes decisões do STA, não considerando aqui as relativas à uniformização de jurisprudência. Esta força jurídica emerge, de igual modo, das funções do STA, que adiante se terão em conta, mas que, numa das suas aproximações, corresponde a uma função reguladora do sistema e a uma função de válvula de segurança. Inserindo-se num Supremo Tribunal com esta configuração, parece indiscutível que à sua jurisprudência excepcional de revista ter-se-ia que conferir algum valor mais do que à de meras decisões de um tribunal superior.

Atente-se, no entanto, que este carácter não representa efectiva obrigatoriedade de que, fora dos respectivos processos, a jurisprudência em geral não goza e que os tribunais, de qualquer nível hierárquico, podem afastar-se do nela disposto. Mas, ocupando um lugar que é motivado pela excepcionalidade da admissão, tem de ver-se nela um reforço, uma impositividade que vá para além do mero valor de persuasão e se aproxime mais de uma expressa *intenção de prevalência*. Intenção que não chega, no entanto, a alcançar força vinculativa.

A aludida força jurídica dos acórdãos emitidos em sede de revista excepcional sofre, desde logo, uma forte atenuante, por via de inexistir uma obrigatoriedade de cada juiz à «uniformidade pré-estabelecida»[885] (lida, aqui, enquanto jurisprudência de revista excepcional), mas provo-

---

[885] Cfr. BARBAS HOMEM, *O Justo e o Injusto*. Lisboa, 2001, p. 87.

334   *O Recurso de Revista no Contencioso Administrativo*

cando um acrescido dever de fundamentação (dir-se-ia de necessário rebate da jurisprudência anterior).

Já em relação aos acórdãos proferidos por via do recurso de revista *per saltum*, em que estão em causa situações que lograram superar certos patamares conduzindo o processo de forma directa ao Supremo Tribunal, mesmo que se lhes deva atribuir a perspectiva que parte da natureza e autoridade do tribunal, não parece justificável conferir-lhes o mesmo título dos proferidos em revista excepcional, na medida em que os critérios de revista *per saltum* são objectivos, partem do valor da causa, facilmente mensurável ou legalmente atribuído, e da exclusão de certas matérias. A força jurídica deste tipo de decisões parece aproximar-se mais facilmente da relevância das decisões proferidas em sede de recurso em segunda instância, naquelas hipóteses em que o STA detém competências em primeira instância, ainda que mesmo ai se deva atender à diferente formação de julgamento que, nesta hipótese, será o pleno da secção[886], enquanto que naqueles a decisão cabe a uma formação de três juízes, sendo o grau de consensualidade e a abrangência de intervenientes menores nas decisões de revista *per saltum*.

Pode, assim, concluir-se que a jurisprudência de revista excepcional manifesta uma expressa intenção de prevalência, dotada de uma presunção de correcção e de uma força psicológica de precedente[887], não inibidora de futuras eventuais derrogações de sentido, atenta a flexibilidade inerente à jurisprudência e à contingência da sua própria evolução, quadrando assim com o princípio da independência decisória dos juízes, mas suficientemente indiciadora do significado e da intenção que lhe subjaz, em função dos pressupostos de admissão do recurso excepcional de revista. Esta intenção ainda saí mais reforçada (ganhando um efectivo suporte de jurisprudência uniformizada) quando seja adoptado o julgamento ampliado (artigo 148.°).

Já no recurso de revista *per saltum* deve entender-se, algo diferentemente, que a dimensão essencial da força jurídica das decisões, no seu âmbito proferidas, assenta na natureza e na autoridade do tribunal, aproximando-se das restantes decisões do STA, enquanto tribunal de primeira e segunda instâncias (sem curar aqui do objecto de conhecimento), mas mesmo aí revelando duas diferenças. Primeiro, distancia-se das decisões

---

[886] Cfr. artigo 25.°, n.° 1, alínea a), ETAF.

[887] Cfr. Larenz, *Metodologia...*, p. 613; Fromont/Rieg, *Introduction...*, I, p. 205; Alberto dos Reis, *CPC anotado*, vol. VI, p. 14.

O recurso de revista: alcance 335

para que o STA é competente em primeira instância, por, neste caso, eventualmente, se admitir recurso e naquele já só ser admissível o recurso para uniformização de jurisprudência; depois, as decisões do STA em segunda instância, das decisões que tomou em primeira instância, são da competência do pleno da secção do contencioso administrativo e não de uma formação de três juízes. De qualquer modo, parece poder concluir-se que as decisões de revista *per saltum* se aproximam mais do estalão das decisões tomadas pelo STA em segunda instância – como é o seu caso –, o que também se confirma pelo facto de lhe apenas caber conhecer em matéria de direito. Neste sentido a força jurídica destas decisões corresponderá à daquelas outras.

2. **Adopção de julgamento ampliado: por necessidade ou conveniência em assegurar a uniformidade da jurisprudência, reforçado pela importância fundamental da questão e/ou por uma melhor aplicação do direito**

64. Nos recursos cuja decisão caiba ao STA, o seu Presidente pode determinar que no julgamento intervenham todos os juízes da secção, desde que se revele necessário ou conveniente para assegurar a uniformidade da jurisprudência. Nestes recursos incluem-se naturalmente o recurso excepcional de revista e o recurso *per saltum*, cujo julgamento cabe ao STA, razão pela qual importa atender aos condicionamentos que o permitem para, em seguida, se concluir quanto ao seu alcance em sede de revista.

Não é apenas em sede de revista que pode ser adoptada a forma de julgamento ampliado, uma outra hipótese é a do recurso para uniformização de jurisprudência também da competência do Supremo Tribunal. O facto da previsão legal deste julgamento ampliado enunciar como fundamento a uniformidade da jurisprudência, não significa que só em relação ao recurso previsto no artigo 152.° seja possível adoptar essa forma de julgamento. A adopção do mecanismo de julgamento ampliado não se confunde com o recurso para uniformização de jurisprudência, na medida em que no primeiro pode ainda não existir uma contradição entre a jurisprudência, que, por sua vez, é condição de admissibilidade do segundo. O julgamento ampliado do recurso, seja de que tipo for, tem uma finalidade preventiva, que consiste em assegurar a uniformidade da jurisprudência; sem partir de uma situação de efectiva contradição entre decisões jurisdicionais, a sua determinação tem como fito evitar a ocorrência futura de contradições[888].

A adopção do julgamento ampliado do recurso de revista é vista como uma vicissitude da fase de julgamento do recurso[889], não constituindo um outro tipo de recurso que se inclua na enumeração dos recursos ordinários. Este entendimento, que rege e goza de aceitabilidade no processo civil[890], pode ser transposto sem dificuldades para o processo administrativo. Não se está perante um novo tipo de recurso, mas antes em face da alteração da forma de julgamento de um recurso já existente.

O julgamento ampliado do recurso pode ser requerido por qualquer das partes, não resultando do preceito que essa faculdade possa ser exercida pelo MP, ao qual apenas será permitida se assumir as vestes de parte[891]. A iniciativa das partes pode ser exercida a qualquer momento, tendo apenas como limite a possibilidade de ao requerimento ser atribuído efeito útil, o que significa que, desde a interposição do recurso até ao momento imediatamente antecedente ao julgamento do recurso, o recorrente ou o recorrido podem requerer a adopção do julgamento ampliado. Este entendimento decorre, desde logo, do facto do preceito legal não impor qualquer limite temporal à solicitação pelas partes e ainda de poder não ser evidente, no início da tramitação do recurso, a necessidade ou a conveniência do seu julgamento ampliado.

Mas a possibilidade de adopção desta forma de julgamento não está apenas dependente de requerimento das partes. Independentemente da vontade por estas manifestada, é imposto ao relator ou aos adjuntos que proponham o julgamento ampliado. Esta imposição, que recai sobre os juízes que formam a conferência a que cabe o julgamento, bem se compreende pelo facto de ser mais provável que os juízes conselheiros consigam, com maior precisão, identificar a necessidade ou a conveniência de assegurar a uniformidade da jurisprudência. E que, de um outro lado,

---

[888] Cfr., neste sentido, Aroso de Almeida/Fernandes Cadilha, *Comentário...*, p. 733; Aroso de Almeida, *O Novo...*, pp. 319 s.; Vieira de Andrade, *A Justiça...*, p. 391.

[889] Cfr. Lopes do Rego, *A Uniformização...*, p. 21.

[890] Cfr. nota precedente e Lebre de Freitas/Ribeiro Mendes, *CPC Anotado*, vol. 3.°, p. 148; Ribeiro Mendes, *Os Recursos...*, p. 105; Amâncio Ferreira, *Manual...*, p. 280.

[891] Cfr. Aroso de Almeida/Fernandes Cadilha, *Comentário...*, p. 734, assinalando que este impedimento briga com uma das funções do MP, que consiste em assegurar a uniformização da jurisprudência. No processo civil é expressamente admitida a legitimidade do MP para requerer o julgamento ampliado (artigo 732.° A, n.° 2, CPC).

O recurso de revista: alcance 337

tenham uma clara percepção do sentido em que o julgamento do recurso se direcciona e prevejam a contradição com entendimentos anteriores do Supremo Tribunal. Esta proposta do relator ou dos juízes adjuntos também não encontra outro limite temporal que não seja o de assegurar à proposta efeito útil. A proposta deve anteceder o julgamento do recurso, nada parece obstar a que a preparação do sentido da decisão esteja já em estado adiantado e que só aí seja formulada. A atribuição aos adjuntos do mesmo dever que incide sobre o relator também indicia que estes só terão essa possibilidade no momento em que contactam com o processo e não antes[892]. É indicado como critério de apresentação de proposta, pelo relator ou pelos adjuntos, para adopção do julgamento ampliado, ser constatada nas subsecções do STA a possibilidade de ser emanada uma decisão que contrarie anterior jurisprudência desse tribunal, de molde a ferir a uniformidade da jurisprudência ou, pelo menos, a garantir que, quando essas feridas devam ser apostas, a sua autoria seja assumida em forma de julgamento ampliado[893]. Esta ocorrência pode justificar que às partes seja dada a possibilidade de se pronunciarem sobre a questão, se o não tiverem feito já, em relação à qual se avizinhe uma mudança de sentido da jurisprudência, ao abrigo do disposto no artigo 3.º, n.º 3, CPC, que visa evitar as decisões surpresas[894]. Ponto será que as partes não se tenham já manifestado na decorrência do processo sobre o assunto[895]. Se estiver em causa uma questão que constitua o cerne do recurso e que as partes já fustigaram exaustivamente, não parece fazer sentido que se lhes atribua novamente a faculdade de insistirem sobre o dito, por daí não emergirem quaisquer vantagens.

Parece decorrer do regime fixado que, cabendo a decisão ao Presidente do STA, este só a toma se uma das partes o requerer ou se o relator ou os adjuntos o propuserem, recaindo a iniciativa processual em exclusivo nos intervenientes normais do processo, não configurando um poder

---

[892] Esse momento será, em regra, após a decisão das questões que devem ser apreciadas antes do julgamento do objecto do recurso, em que o processo vai com vista aos dois juízes-adjuntos, pelo prazo de 15 dias a cada um, e em seguida ao relator, pelo prazo de 30 dias, com vista à elaboração do projecto de acórdão, de acordo com o artigo 707.º, n.º 1, aplicável ao recurso de revista por força do artigo 726.º, ambos do CPC, e por remissão do artigo 140.º CPTA à revista do contencioso administrativo.

[893] A recomendação é de AROSO DE ALMEIDA/FERNANDES CADILHA, *Comentário...*, p. 735.

[894] Cfr. AROSO DE ALMEIDA/FERNANDES CADILHA, *Comentário...*, p. 735.

[895] Cfr. LOPES DO REGO, *Comentários...*, I, p. 626.

oficioso do Presidente do tribunal supremo. Sem o impulso processual das partes ou dos juízes que formam a conferência não é possível determinar o julgamento ampliado do recurso.

O fundamento para a adopção do julgamento ampliado corresponde literalmente àquele que rege no julgamento ampliado de revista, previsto no artigo 732.º A, do CPC. A fórmula utilizada é a da «possibilidade de vencimento de solução jurídica em oposição com jurisprudência anteriormente firmada no domínio da mesma legislação e sobre a mesma questão fundamental de direito». A formulação da norma é elucidativa quanto à sua natureza não taxativa[896], apenas se assinalou uma hipótese em que pode ser requerida ou proposta a forma de julgamento ampliado, sem excluir outras alternativas. A possibilidade consagrada pode decorrer de diversas vicissitudes, no processo civil, com inteira extrapolação para o contencioso administrativo, são invocadas: prevenção de ocorrência de conflitos jurisprudenciais em consequência de alteração da composição do tribunal de recurso, verificação de debate na doutrina, pondo em causa fundamentadamente anterior entendimento jurisprudencial, invocação de novos argumentos pelas partes que, de modo fundado e inovatório, coloquem em causa a solução que fez vencimento em anterior acórdão[897].

São ainda invocadas duas outras circunstâncias capazes de fundar o julgamento ampliado, como sejam a resolução de um conflito jurisprudencial já ocorrido, pela constatação, num determinado processo, que em situações passadas foram emanados acórdãos contraditórios sobre a mesma questão fundamental de direito, sendo adequado determinar qual o sentido da jurisprudência que deve prevalecer ou pela atribuição ao Supremo Tribunal da faculdade de reponderar a sua própria jurisprudência uniformizada, reponderação motivada pela formulação de críticas fundadas da doutrina, pela necessidade de uma interpretação actualista do direito ou emergente de alterações na composição do tribunal, susceptíveis de alterar uma solução jurídica adoptada por diferença mínima[898].

Quanto à primeira, cabe sublinhar que, no contencioso administrativo, o julgamento ampliado do recurso tem um fim exclusivamente pre-

---

[896] Decorre da utilização do termo «designadamente», cfr. LEBRE DE FREITAS/ /RIBEIRO MENDES, *CPC Anotado*, vol. 3.º, p. 148.

[897] Cfr. LOPES DO REGO, *Comentários...*, I, p. 625; AROSO DE ALMEIDA/FERNANDES CADILHA, *Comentário...*, p. 734.

[898] A enunciação é da autoria de LOPES DO REGO, *Comentários...*, I, p. 625.

O recurso de revista: alcance 339

ventivo[899]; quando se está perante uma actual contradição de decisões, é possível a via de recurso prevista no artigo 152.°, em sede de resolução da contradição ocorrida. Esta destrinça não é posta em causa pela admissão da hipótese figurada acima, o que acontece é que, num certo processo, é constatada a existência de divergências jurisprudenciais sobre a matéria objecto do recurso, em termos de nenhuma das alternativas se ter consolidado. Perante esta situação, que o Supremo só terá conhecido no recurso em análise, verifica-se que, seja qual for a decisão tomada, encontrará na jurisprudência já emanada outras decisões que resolveram a questão em sentido divergente. Não parece, pois, exigir de mais do julgamento ampliado do recurso, previsto no artigo 148.°, ao admitir que uma situação de potencial reforço do conflito jurisprudencial já existente seja dirimida pela forma que melhor se apresenta, como capaz de evitar maiores brechas na uniformidade da jurisprudência, contribuindo do mesmo modo para desincentivar a posterior interposição de recursos com vista à uniformização da jurisprudência[900]. Continua a estar em causa o intuito preventivo que funda a instituição da modalidade de julgamento ampliado do recurso.

No que respeita à faculdade de reponderação da anterior jurisprudência uniformizada, admissível no processo civil, com alguns afinamentos também não se vislumbra vedada tal possibilidade. Importaria alargar o âmbito do objecto motivador da alteração de sentido da jurisprudência, lendo-se aí a jurisprudência consolidada de modo a abarcar uma área mais vasta de hipóteses e permitindo a ponderação de soluções eventualmente não amadurecidas, para não restringir a hipótese a jurisprudência já anquilosada. A percepção de uma mudança de sentido na jurisprudência, uniformizada ou consolidada, já se perfila por si no âmbito da previsão do julgamento ampliado. A norma não qualifica a jurisprudência em contradição com o provável novo sentido da decisão, limita-se a enunciar que seja anterior e esteja firmada. Os motivos capazes de ilustrar o novo sufrágio da questão pelo Supremo Tribunal não configuram mais do que hipóteses

---

[899] Já no processo civil, o julgamento ampliado apresenta em simultâneo um cunho preventivo e resolutivo. Cfr. TEIXEIRA DE SOUSA, *Estudos...*, pp. 556 ss.

[900] Sendo que a decisão emitida por via do julgamento ampliado se enquadrará no conceito de jurisprudência mais recentemente consolidada do STA (artigo 152.°, n.° 3), ficando vedada a admissibilidade do recurso para uniformização de jurisprudência, se o acórdão impugnado se inserir na linha de entendimento daquela decisão, o que será o mais frequente.

exemplificativas, atente-se que a doutrina pode oscilar nas suas críticas e importa não ver o mais alto tribunal da jurisdição administrativa enleado em discussões doutrinárias flutuantes ou cujas maiorias oscilem em função dos estudos que sobre a matéria vão sendo produzidos, com maior ou menor influência externa[901]. Já o juízo sobre a probabilidade de se formarem maiorias em sentido divergente do até aí vigente, além de indiciar uma percepção aritmética da jurisprudência do STA, pode conduzir a contínuas oscilações no tempo, dependentes da composição do Supremo Tribunal. Parece pois de admitir como argumento para adopção do julgamento ampliado da revista a necessidade de reponderação de anterior jurisprudência uniformizada ou consolidada, na medida em que o recurso em apreciação a ponha em causa.

É pois de considerar que o julgamento ampliado do recurso de revista ou do recurso *per saltum*, atenta a exiguidade de hipóteses em que ocorrerá, possa ter como critérios justificativos e argumentos de adopção o leque mais alargado possível, de modo a conferir à jurisprudência por essa via emanada, um maior alcance e projecção. Sem que se ignore que esta interpretação lata pode fazer perigar uma delimitação rigorosa e estanque entre esta forma de julgamento e o recurso para uniformização de jurisprudência, mas, sempre que possível, talvez seja preferível evitar este último recurso se por outra via se puder alcançar o mesmo desiderato.

Além do potencial vencimento de uma solução jurídica oposta à até aí vigente, exige-se que a contradição incida sobre a jurisprudência anteriormente firmada, e esta poderá incluir a jurisprudência uniformizada, a consolidada, a anteriormente objecto de julgamento ampliado. Ou seja, significará jurisprudência anterior que não se tenha por decisão díspar meramente isolada, incapaz de configurar um certo sentido de estabilidade na produção jurisprudencial do STA. Mas a utilização do termo «firmada» induz também que só podem ser consideradas decisões definitivas, já transitadas em julgado, insusceptíveis, no respectivo processo em que foram proferidas, de qualquer modificação. No domínio da mesma legislação quer significar que esteja em causa a aplicação da mesma norma jurídica (na revista, só se apreciam questões de direito), quer se insira no mesmo

---

[901] Assinale-se que, na jurisdição constitucional alemã, a crítica da opinião pública e a crítica da doutrina jurídica lograram, por vezes, alterar a jurisprudência do Tribunal Constitucional Federal. Cfr. OTTO BACHOF, *Estado de Direito e Poder Político: Os Tribunais Constitucionais entre o Direito e a Política*, BFD, vol. LVI, 1980, p. 20.

O *recurso de revista: alcance* 341

diploma legal ou não e contanto que a mudança de inserção sistemática não tenha produzido o efeito de lhe alterar o sentido[902].

Quanto à mesma questão fundamental de direito, foi já alvitrada a manutenção dos mesmos critérios jurisprudencialmente adoptados à luz da LPTA, consistindo na identidade da questão de direito (que pressupõe a identidade dos pressupostos de facto), partindo de decisões expressas e não meramente implícitas. Estando em causa legislação vigente em diferentes ocasiões, as normas em litígio, que podem ser substantivas ou processuais, devem conter uma regulamentação idêntica[903].

Como já se deixou enunciado, a decisão da adopção do julgamento ampliado é do presidente do STA[904], no que respeita ao recurso de revista e ao recurso *per saltum*, sendo uma decisão com carácter jurisdicional e não meramente administrativo, o que se compreende até pelo significado que essa determinação tem na decisão do recurso e inclusive na limitação dos poderes das partes quanto a um possível recurso para uniformização de jurisprudência (artigo 152.°). A determinação da intervenção de todos os juízes da secção não se configura como uma decisão de mero expediente ou que não tenha o alcance de implicar efeitos relevantes na decisão do recurso. É uma decisão definitiva e que não admite a interposição de qualquer recurso pelo facto de ser tomada no exercício de poderes discricionários (artigo 679.° CPC). Incumbe ao Presidente do Supremo Tribunal apreciar se é necessário ou conveniente adoptar a forma de julgamento ampliado para assegurar a uniformidade da jurisprudência, o que se traduz num juízo discricionário, atenta a amplitude conferida pela verificação da necessidade ou conveniência[905].

Com vista a assegurar a praticabilidade desta solução, é fixado o quórum de dois terços, sob pena de se revelar quase impossível e muito improvável a reunião de todos os juízes da secção. Os vistos dos juízes adjuntos, em número muito superior, ocorrem em simultâneo mediante a extracção

---

[902] Cfr. Teixeira de Sousa, *Estudos...*, p. 557; Rodrigues Bastos, *Notas...*, III, pp. 293 s.

[903] A enunciação é de Aroso de Almeida/Fernandes Cadilha, *Comentário...*, pp. 765 s.

[904] A norma também admite o julgamento ampliado ao nível do tribunal central administrativo, mas o estudo dessa matéria não se enquadra no âmbito deste trabalho.

[905] Cfr. Aroso de Almeida/Fernandes Cadilha, *Comentário...*, p. 734; M. e R. Esteves de Oliveira, *CPTA/ETAF*, I, p. 77. No julgamento ampliado de revista do processo civil também não se admite recurso da decisão do presidente do STJ que determine ou indefira o julgamento ampliado. Cfr. Lopes do Rego, *Comentários...*, I, p. 626.

de cópia das peças processuais mais relevantes para conhecimento do objecto do recurso, ficando o processo na secretaria do tribunal para consulta (artigo 148.°, n.° 3), solução que se justifica por conveniência em assegurar celeridade processual ao julgamento. Quando não, a opção pelo julgamento ampliado teria de uma das partes apenas a perspectiva de tentar dilatar ao máximo uma decisão que adivinhasse desfavorável, facto a justificar, desse ângulo, uma proposta sempre presente e a impor ao Presidente do STA um juízo apurado das razões invocadas e das razões reais para a opção pelo julgamento ampliado.

Os acórdãos proferidos pelo STA em julgamento ampliado são publicados na 1.ª série do *Diário da República*, facto que se justifica pela maior divulgação que assim é conferida a uma decisão tomada com o âmbito aqui em causa. Estas decisões, pela sua potencial estabilidade e carácter consensual, que também se verificam no recurso para uniformização de jurisprudência, são publicadas com vista a divulgar no mais largo espectro qual o entendimento que nas matérias em causa o mais alto tribunal da jurisdição administrativa adopta. Pretende-se transmitir à comunidade, por uma via mais formal, utilizando o jornal oficial da República, a posição do STA em julgamento ampliado, que, se não goza de força vinculativa, sempre revela uma intenção de prevalência, nos termos antes expostos, reforçada por se tratar[906] de uma decisão adoptada por uma grande maioria de juízes do Supremo Tribunal.

A adopção do julgamento ampliado da revista, nas duas modalidades consideradas, vai conferir à decisão um alcance que se coaduna com o regime jurídico estribado quanto à sua admissão, pelo que importa aferir dos efeitos da conjugação destas duas particularidades.

65. O recurso de revista é excepcional, como decorre dos estritos conceitos indeterminados que facultam a sua admissão e a correspondente interpretação muito exigente que deles é feita, pela formação específica de apreciação preliminar sumária, e isto significa que, além de ser particularmente difícil aceder ao STA em sede de revista, serão em número muito reduzido os processos em que esse acesso será alcançado. Este ambiente restritivo acentua a especial relevância emergente das questões admitidas e a dirimir, a justificar, não sempre mas com elevada frequência, a adopção do julgamento ampliado do recurso. O preenchimento valorativo dos

---

[906] Cfr. AROSO DE ALMEIDA/FERNANDES CADILHA, *Comentário...*, p. 735, assinalando a sua autoridade e força de persuasão.

conceitos indeterminados utilizados na admissão do recurso constitui um indício determinante para a forma de julgamento ampliado. Tenha-se presente que, nas hipóteses em que já exista uma jurisprudência consolidada do STA sobre dada questão de direito, será menos provável alcançar a admissão da revista, enquanto que na situação contrária, em que a matéria atinja especial complexidade ou relevância ou seja determinante para uma melhor aplicação do direito, será mais facilmente justificável a admissão do recurso. Quer-se assim dizer que a verificação dos pressupostos que justificam a adopção de julgamento ampliado da revista são de molde a contribuir para o preenchimento dos conceitos indeterminados do artigo 150.°, n.° 1, ocorrendo uma intersticial ligação entre a admissão da revista e o seu julgamento ampliado, o que se compreende dadas as finalidades, parcialmente comuns, que ambos visam prosseguir.

O facto da revista excepcional constituir uma terceira instância, no mesmo processo, também significa que a questão que permanece em litígio assume uma especial magnitude, que, determinando a sua admissão, também se assume susceptível de se repercutir em situações futuras, havendo que prevenir potenciais contradições entre decisões jurisprudenciais. Ora, este desiderato também se alcança por uma via totalmente preventiva ou absoluta, em que, pela complexidade da questão e pela sua capacidade de expansão futura, e apesar de não existir ainda produção jurisprudencial a seu respeito, o STA adopta a forma de julgamento ampliado, assim conferindo à solução jurídica que vier a ser dada um carácter de estabilidade e de durabilidade superior ao que resultaria de uma decisão tomada por três juízes conselheiros. O julgamento ampliado da revista excepcional encontra justificação, nos termos expostos, numa índole de prevenção total ou absoluta, isto é, que decida de forma duradoura e estável uma questão de direito, em que poderia ser previsível uma série de decisões jurisdicionais divergentes. Alcança do mesmo modo uma tutela jurisdicional efectiva mais célere nos processos futuros em que a questão venha a ser colocada, funcionando como critério quiçá decisivo das decisões que, logo na primeira instância, venham a ser produzidas, assegurando também a estas uma aceitabilidade superior pelas partes vencidas.

A adopção do julgamento ampliado da revista, não devendo assumir regra geral e universal por dever depender das próprias circunstâncias do caso em análise, encontra respaldo na amplitude dos poderes de cognição do tribunal de revista em função da relevância do critério de admissibilidade fixado e que motivou a sua admissão, atenta a tendencial justaposição da relação jurídica administrativa à relação jurídica processual[907]. As implicações decorrentes do exercício de amplos poderes de cognição, tendo em conta o carácter destabilizador daí emergente para institutos processuais arreigados, podem facilitar, quando não promover, a forma de julgamento ampliado, com vista a uma maior solidificação desse exercício.

A adopção do julgamento ampliado da revista constitui uma forma de limitação do campo de acção do recurso para uniformização de jurisprudência (artigo 152.°), desde logo pelo facto de, com o julgamento ampliado, também se visar, por via preventiva, a uniformidade da jurisprudência e depois por, ocorrendo em recurso de revista uma decisão tomada em julgamento ampliado, ser muito improvável persistir a possibilidade de ser interposto o recurso previsto no artigo 152.°. Nas hipóteses limitadas em que o recurso de revista é admitido, se for adoptada a forma de julgamento ampliado, é reduzida a zero (ou pouco mais) a faculdade de ser ainda interposto um recurso para uniformização de jurisprudência. Sendo que, por outro lado, esta faculdade será exercida quando preenchidos os requisitos legais e não se verifiquem os pressupostos do recurso excepcional de revista.

A decisão de um recurso de revista que tenha sido emanada em forma de julgamento ampliado atribui um carácter mais estável e duradouro à solução adoptada. O que, além de facilitar a sua difusão e implementação sucessiva nas diversas instâncias, constitui motivo de credibilização do STA e indício sério de maior certeza do direito. A menos que a decisão tenha sido votada de modo tangencial, a probabilidade de uma alteração repentina e contemporânea do sentido jurisprudencial nela manifestado é irrisória. Do mesmo modo permite que, se se estiver perante aquelas situações em que é notória a capacidade de expansão da controvérsia, a implementação de uma jurisprudência uniforme e reiterada, cujo grau de aceitabilidade terá tendência para se acentuar, será assegurada por uma tipificação indiscutível do rumo que à questão os tribunais administrativos darão.

As decisões jurisdicionais tomadas pelo STA, em sede de revista, não são publicadas no *Diário da República*, com excepção daquelas que tenham sido proferidas em julgamento ampliado. Só nesta última hipótese é que vai ser conferida à produção jurisprudencial do STA uma divulgação com um carácter oficial compatível com a autoridade que se pretende que

---

[907] Cfr. supra § 4, n.° 8.

ela venha a exercer. A publicação no jornal oficial, em que se editam os diplomas legais, visa transmitir à comunidade o grau de importância que se lhes confere, alertando os interessados para a elevada probabilidade de aquele ser o sentido futuro seguido pela jurisdição administrativa na apreciação dos casos que lhe venham a ser submetidos. O que reforça a relevância atribuída às decisões de revista quando são adoptadas em julgamento ampliado e a menor preponderância que se lhes atribui quando este não é o caminho.

Também se coloca um problema de relação entre as decisões de revista tomadas sob a forma normal (por três juízes conselheiros) e as decisões de revista adoptadas pelo pleno da secção (com um quórum de dois terços). É conferida maior durabilidade (previsível) às segundas, na medida em que a intervenção de um maior número de juízes conselheiros é susceptível de garantir uma menor probabilidade de alteração futura do sentido jurisprudencial alcançado, a menos que a maioria vencedora seja tangencial. Confere-se a estas decisões uma maior projecção no que respeita à difusão e adesão ao sentido adoptado, detendo uma capacidade de influenciar a produção jurisprudencial dos outros tribunais da jurisdição administrativa. O mesmo é dizer que as decisões normais de revista, em conferência composta por três juízes, se apresentam susceptíveis de repercutir de modo mais ténue a sua influência, revelando uma menor capacidade de suscitar adesões. De um outro ponto de vista, importa não desconsiderar que uma decisão de revista, adoptada em julgamento ampliado, continuará a produzir a magnitude dos seus efeitos, mesmo que posteriormente a conferência tenha proferido acórdãos em sentido divergente. Estes detêm o alcance eventual de motivar novo julgamento ampliado da mesma questão, mas não se pode afirmar que a contínua prolação de decisões da conferência, em conflito com uma decisão de revista em julgamento ampliado, possa eliminar os efeitos desta decorrentes. Isto significa que a adopção do julgamento ampliado também se apresenta como uma forma de cristalizar, em certo sentido, a jurisprudência do STA.

Por fim, o julgamento ampliado dificulta a posterior alteração do sentido da decisão da revista, em função da maioria necessária para uma mudança de posição que terá sido maturada e ponderada. Mas permite uma consolidação mais rápida da jurisprudência afirmada, por induzir que, em casos semelhantes que logrem obter o acesso ao STA, a decisão será a mesma, acabando ainda por dificultar a admissão da revista, na medida em que, perante uma jurisprudência consolidada, dificilmente se tornará necessário admitir um recurso em terceira instância, não se logrando que

346 *O Recurso de Revista no Contencioso Administrativo*

a questão em causa tenha a virtualidade de superar o filtro constituído pelos identificados conceitos indeterminados.

3. Relação com o recurso para uniformização da jurisprudência: primazia, complementaridade ou carácter residual

66. Na configuração do papel do STA, que se divide em regulador do sistema de justiça administrativa e em válvula de segurança desse sistema, o conhecimento dos recursos para uniformização de jurisprudência integra-se na função reguladora, enquanto que o recurso de revista cabe nas vestes de válvula de segurança[908]. Já por aqui se visualiza uma função diversa entre ambos, mas, para melhor se apreender o tipo de relação existente entre estes dois recursos, com os quais se visam definições de maior alcance por parte do Supremo Tribunal, importa deixar algumas referências a propósito do recurso para uniformização de jurisprudência.

Na vigência da lei anterior a 1996 era atribuída ao plenário competência para conhecer de recursos de acórdãos das secções que, com o mesmo fundamento de direito, e não havendo alteração substancial da regulamentação jurídica, perfilhassem solução oposta à de acórdão de diferente secção ou do plenário, o mesmo ocorrendo em relação a acórdãos da secção, neste caso sendo da competência do pleno desta, (artigos 22.°, alínea a) e 24.°, alínea b), do ETAF/84). Este estado de coisas sofreu alterações com a criação do TCA, alargando o leque de oposição de acórdãos, que passou a incluir as decisões do pleno da secção e os acórdãos do TCA proferidos em último grau de jurisdição[909].

O recurso para uniformização de jurisprudência previsto no artigo 152.° CPTA contém, desde logo, uma particularidade, que é a de, tratando-se de um recurso ordinário, ser admissível apenas após o trânsito em julgado do acórdão impugnado[910]. A qualificação como recurso ordinário decorre da sua integração no capítulo II, que tem como epígrafe «recursos ordinários», e não de qualquer outra menção. Este não é um traço típico

---

[908] Cfr. MARIA DA GLÓRIA GARCIA, *Do Conselho...*, pp. 143 s. e exposição de motivos da proposta de lei relativa ao ETAF. Cfr. *Reforma do Contencioso...*, III, pp. 16 s.

[909] Cfr. VIEIRA DE ANDRADE, *A Justiça...*, 1.ª edição, p. 155, o que motivou a ampliação de competências do plenário do STA e do pleno da secção.

[910] Fazendo menção a esta especificidade, cfr. VIEIRA DE ANDRADE, *A Justiça...*, p. 385.

dos recursos ordinários, que antes se caracterizam pela não verificação do trânsito em julgado da decisão contestada[911]. Importa aferir se, substancialmente, este é um recurso ordinário ou se se aproxima mais dos recursos extraordinários, tendo a inserção no referido capítulo resultado de um equívoco do legislador. Para tanto, releva perceber as características dos recursos extraordinários, para, depois de apreciado o formato do recurso para uniformização de jurisprudência, se poder concluir qual das vias adoptar.

Os recursos extraordinários apenas podem ser interpostos após o trânsito em julgado da decisão impugnada, são julgados pelo mesmo órgão que proferiu essa decisão (não são devolutivos) e comportam duas fases processuais; a primeira destina-se a suprimir a decisão que havia transitado, a segunda consiste num novo julgamento do processo e consequente emissão de nova decisão, ou, de um outro modo, inicia-se por um juízo rescindente a que se segue um juízo rescisório[912].

O recurso para uniformização de jurisprudência não se confunde com o julgamento ampliado de revista, este configura apenas uma vicissitude da fase de julgamento do recurso de revista[913] (que ao caso interessa) e não um diferente tipo de recurso[914]. Não se negam algumas semelhanças quanto à formação de julgamento competente (o pleno da secção) e quanto à publicação na 1.ª série do jornal oficial, ambas a querer indiciar que o alcance que com eles se visa atingir vai para além da resolução da questão concreta suscitada, conferindo às decisões proferidas um maior carácter (ou expectativa) de durabilidade e de consenso.

Têm legitimidade para interpor o recurso para uniformização de jurisprudência as partes e o Ministério Público; a menção feita às partes, no plural, tem de ser interpretada em consonância com a regra enunciada no artigo 141.º, n.º 1, que concede legitimidade apenas à parte que tenha ficado vencida[915]. O MP, nas situações em que não é parte vencida, detém legitimidade para interpor este recurso quando a decisão impugnada por esta via tenha sido proferida com violação de disposições ou princípios

---

[911] Cfr., entre outros, RIBEIRO MENDES, *Recursos...*, p. 136.

[912] Cfr. AMÂNCIO FERREIRA, *Manual...*, p. 75.

[913] Cfr. LOPES DO REGO, *A Uniformização...*, p. 21.

[914] Cfr., alertando para a distinção, AROSO DE ALMEIDA/FERNANDES CADILHA, *Comentário...*, p. 761.

[915] Cfr., neste sentido, AROSO DE ALMEIDA/FERNANDES CADILHA, *Comentário...*, p. 762.

348 *O Recurso de Revista no Contencioso Administrativo*

constitucionais ou legais, também conforme a enunciação limitativa constante do mesmo n.º 1 do artigo 141.º. A tramitação subsequente do recurso decorre no tribunal recorrido, a admissão é da competência do relator (artigo 27.º, n.º 1, alínea j), CPTA), cabendo reclamação para a conferência no caso de não admissão (n.º 2). A decisão de admissão do relator do tribunal *a quo* não vincula o tribunal *ad quem*.

No que aqui releva, são quatro os requisitos que determinam a admissão do recurso, a saber: a contradição entre dois acórdãos proferidos pelo STA ou entre dois acórdãos do TCA ou entre um acórdão do TCA e um do STA, a verificação de trânsito em julgado em relação a ambos, a contradição identificada incidir sobre a mesma questão fundamental de direito e a orientação perfilhada no acórdão impugnado não estar de acordo com a jurisprudência mais recentemente consolidada do STA (ou que não exista sequer consolidação). Se, quanto à questão fundamental de direito, se mantém válido o entendimento jurisprudencialmente lavrado, já no que respeita à jurisprudência mais recentemente consolidada, haverá que acrescentar algo mais. Desde logo trata-se de identificar, tarefa atribuída ao relator, qual a delimitação temporal que permite fazer inserir a jurisprudência no segmento «mais recentemente». Atente-se que este patamar de oscilação temporal assume especial relevância em períodos, como o actual, em que a produção legislativa é muito elevada e em que, por isso, o critério temporal gizado também assumirá preponderância na definição do requisito em apreço. Depois, a utilização da qualificação consolidada por referência à jurisprudência diverge de outros termos que o Código adoptou em diferentes circunstâncias, no julgamento ampliado da revista refere-se jurisprudência firmada (artigo 148.º, n.º 2), na delimitação das decisões que admitem recurso usa-se jurisprudência uniformizada [artigo 142.º, n.º 3, alínea c)]. Jurisprudência consolidada deve traduzir-se por enunciação de um sentido de decisão firme e repetido de uma certa questão de direito, da qual se possa deduzir com elevado grau de probabilidade a manutenção da mesma linha interpretativa. Na primeira parte do conceito exige-se que a jurisprudência não seja dubitativa ou insegura e que não se limite a uma única decisão; na segunda, atenuando o último aspecto, determina-se que dela se retire a intenção de manutenção da mesma linha interpretativa. Neste último aspecto pode assumir relevo a formação de julgamento adoptada. Se estiverem em causa as decisões tomadas em sede de julgamento ampliado e/ou as decisões emanadas no âmbito do recurso para uniformização de jurisprudência, ambas julgadas pelo pleno da secção, da unanimidade da decisão ou do sentido maioritariamente con-

O recurso de revista: alcance

sensual que tenha sido manifestado, pode emergir mais facilmente a consolidação da jurisprudência; já se estiverem em apreciação várias decisões tomadas por formações compostas por três juízes conselheiros, será mais difícil identificar a intenção de manutenção da mesma linha interpretativa, ou, de outro modo, terá de ser maior o grau de exigência na construção e na identificação da existência de jurisprudência consolidada. A formação de julgamento responsável pela emanação do acórdão fundamento acabará também por contribuir para a formação da jurisprudência consolidada.

Não será de menor relevo anotar que os acórdãos proferidos em sede de revista excepcional, mesmo que julgados por três juízes conselheiros, viram flanqueadas as portas de acesso ao Supremo através de uma apreciação preliminar sumária de elevadíssimo grau de exigência, factor que contribuirá para a potencial consolidação da jurisprudência que o STA venha a proferir em sede de revista, reforçada pelo reduzido número de processos admitidos[916].

Será razoável admitir que a tarefa do relator, na verificação dos requisitos do recurso para uniformização de jurisprudência, nomeadamente do previsto no n.º 3 do artigo 152.º, estará mais facilitada se adoptar por padrão de referência a jurisprudência uniformizada ou emanada por via do julgamento ampliado de revista[917].

O facto de estar em causa um recurso em que quer o acórdão fundamento quer o acordo impugnado já transitaram em julgado, tem dois significados, o primeiro, como se referiu, consiste na decisão do recurso, se favorável à pretensão formulada, determinar a anulação do caso julgado – o designado *judicium rescindens* –, o segundo, no facto dessa anulação apenas afectar o acórdão impugnado e não já o acórdão fundamento. O n.º 5 do artigo 152.º é a esse propósito esclarecedor, uma decisão de provimento que venha a uniformizar a jurisprudência não se apresenta com potencialidade para afectar sentenças anteriores em relação à impugnada nem as situações jurídicas constituídas ao seu abrigo. A anulação da sentença impugnada determinará a resolução definitiva do litígio por via da decisão da questão controvertida por parte do STA, configurando-se o

---

[916] Sem que se ignore que o STA continuará a produzir jurisprudência através do exercício das competências que lhe estão atribuídas em primeira e segunda instâncias.

[917] Cfr., apontando o mesmo caminho, AROSO DE ALMEIDA/FERNANDES CADILHA, *Comentário…*, p. 765.

recurso como substitutivo, ou seja, substitui-se a decisão contestada por uma outra proferida pelo tribunal *ad quem*[918].

A uniformização da jurisprudência é uma ideia que marca, como se desenvolverá adiante, a própria conceptualização do tribunal supremo e, assim, os meios definidos para a realização das funções que justificaram a sua criação.

Cabe, aqui, no estrito enquadramento deste número, alinhavar algumas notas relativas a dois sistemas estrangeiros para, em seguida, se tentar qualificar o relacionamento existente e imposto pelo novo contencioso administrativo aos recursos de revista e de uniformização de jurisprudência.

Na jurisdição administrativa alemã não figura um recurso nominalmente designado de uniformização de jurisprudência, mas o mesmo fito é alcançado no âmbito da *revision* por via do estabelecimento, como critério de admissão, da divergência entre a sentença do OVG e uma decisão do BVerwG ou do Senado Comum dos tribunais federais ou do Tribunal Constitucional federal (§ 132, 2.2., VwGO). Abarcando a *revision* uma simultânea função de revista e de uniformização da jurisprudência, nesta medida e, em parte, a *revision* alemã comunga das finalidades que em Portugal são distribuídas por dois tipos diferentes de recurso, com condicionamentos diferenciados. Como se assinalou, a divergência entre decisões jurisprudenciais, como critério de admissão da *revision*, visa a preservação e a manutenção da uniformidade da jurisprudência no que respeita a uma questão de direito, confrontando-se em termos objectivos com a manutenção da unidade do direito e em termos subjectivos com a igualdade na aplicação da lei[919]. Os objectivos que se alcançam no recurso previsto no artigo 152.º, CPTA, são, na Alemanha, realizados no âmbito da *revision*, com o que, ao mesmo tempo, se obtêm ganhos de simplicidade na estruturação do sistema de recursos e se mantém o recurso na tipologia tradicional dos recursos ordinários. Evita-se a interposição de um recurso que vai introduzir no ordenamento jurídico um factor de desestabilização e de perda de firmeza quanto ao instituto do caso julgado, capaz de ferir a segurança jurídica que com ele se visa prosseguir.

A Lei Fundamental alemã admite, no entanto, que para harmonização da jurisprudência se possa constituir um Senado Comum dos supremos tri-

---

[918] Cfr. Aroso de Almeida/Fernandes Cadilha, *Comentário…*, p. 767 e Ribeiro Mendes, *Recursos…*, p. 141.

[919] Cfr. Pietzner, *VwGO Kommentar*, § 132, p. 24.

O recurso de revista: alcance 351

bunais da Federação (artigo 95.3), remetendo a sua regulação para lei federal. Não está nesta hipótese em causa a harmonização de jurisprudência que conflua e influa exclusivamente na jurisdição administrativa, antes consistindo numa preocupação de harmonização da jurisprudência dos vários supremos tribunais federais que verse sobre a mesma questão.

Em Espanha existe um recurso de cassação para unificação da doutrina[920], que se posiciona de modo excepcional e subsidiário em relação à cassação ordinária, tendo como fundamento a unidade da doutrina; nas expressivas palavras da Sala Terceira do Tribunal Supremo está em causa «reduzir à unidade critérios judiciais dispersos e contraditórios»[921].

Constituem critérios de admissibilidade, a existência de contradição entre a decisão impugnada e outra anterior, que entre essas sentenças se verifique que os factos, fundamentos e pretensões são substancialmente iguais, e que a doutrina correcta seja a da decisão anterior à impugnada[922].

O tribunal competente para conhecer o recurso é o Tribunal Supremo, podendo estar em divergência sentenças emanadas, em única instância, por ele próprio, pela Audiência Nacional e pelos Tribunais Superiores de Justiça. O recurso deve ser interposto no tribunal recorrido, num prazo de 30 dias a contar da notificação da sentença, ao qual cabe admiti-lo se estiverem preenchidos os requisitos legais e desde que a sentença admita a interposição deste tipo de recurso. Se o recurso merecer provimento, não poderão ser afectadas as situações jurídicas conformadas pelas sentenças anteriores que serviram de fundamento ao recurso (artigo 98, n.º 2).

Apesar do recurso de cassação para unificação da doutrina se revelar residual[923], excepcional e subsidiário[924], ele tem como finalidade oferecer «mecanismos correctores» que propiciem a unidade da doutrina (ou jurisprudência), que garante e salvaguarda valores fundamentais como a segurança e a igualdade[925]. É apontado como meio de tutela do direito

---

[920] Substancialmente não existe diferença entre doutrina legal e jurisprudência. Cfr. SAINZ DE ROBLES, *Artículo 96*, REDA, n.º 100, p. 680. No texto usa-se o termo doutrina por corresponder à terminologia adoptada na LJCA (artigos 96.º a 98.º).

[921] Citada por GONZÁLEZ PÉREZ, *Manual...*, p. 650.

[922] Cfr. GONZÁLEZ PÉREZ, *Manual...*, p. 653.

[923] Cfr. SAINZ DE ROBLES, *Artículo 96*, REDA, n.º 100, p. 680. O autor refere que o número de casos de admissão é muito baixo (p. 692).

[924] Cfr. GONZÁLEZ PÉREZ, *Manual...*, p. 649.

[925] Cfr. SAINZ DE ROBLES, *Artículo 96*, REDA, n.º 100, p. 682.

352   *O Recurso de Revista no Contencioso Administrativo*

fundamental à igualdade, conferindo homogeneidade a critérios jurisdicionais dispersos e divergentes[926].

Os moldes de configuração da uniformização de jurisprudência, por via da comparação entre o recurso português e aquelas vias que noutros países com ele se assemelham, levam a concluir que são mais as dissemelhanças do que as parecenças, desde logo por o actual contencioso administrativo marcar de forma indelével o recurso, com a fixação do momento para a sua interposição após o trânsito em julgado da decisão contestada. Ainda assim, e considerando que na Alemanha a uniformização se alcança no âmbito da *revision* e não por outra via de recurso diferenciada, sempre se poderá concluir pela maior aproximação ao sistema espanhol, na tramitação e nos efeitos da decisão tomada.

67. É tempo de avaliar da interligação entre ambos os recursos (de revista e de uniformização). Apesar da lei qualificar o recurso de uniformização como um recurso ordinário, parece que mal andou, na medida em que, no respectivo regime jurídico, logo determinou que a decisão a impugnar apenas pode fundar este recurso se já tiver transitado em julgado. Constituem características dos recursos extraordinários, o facto de se impugnar uma decisão já transitada em julgado[927], traço presente no recurso previsto no artigo 152.°, e estar em causa uma primeira fase que se destina à eliminação da decisão impugnada transitada em julgado (*judicium rescindens*), a que se segue um novo julgamento da questão por via da prolação de uma sentença substitutiva da previamente eliminada (*judicium rescessorium*)[928]. Estas características estão também presentes no recurso para uniformização de jurisprudência, se além disso se atender a que nos recursos extraordinários do processo civil se tem como finalidade a «justiça devida à situação apreciada»[929] ou, dizendo de outro modo, fazer prevalecer a justiça sobre os valores da segurança e da certeza das decisões judiciais[930]. Parece que quer pelas características, quer pela função, o recurso para uniformização de jurisprudência se enquadra de

---

[926] Cfr. SENDRA/CATENA/SÁNCHEZ, *Derecho...*, p. 196.

[927] Cfr. TEIXEIRA DE SOUSA, *Estudos...*, p. 597; RIBEIRO MENDES, *Recursos...*, p. 136; CASTRO MENDES, *Processo Civil*, III, p. 51; AMÂNCIO FERREIRA, *Manual...*, p. 75.

[928] Cfr. TEIXEIRA DE SOUSA, *Estudos...*, pp. 597 s.; RIBEIRO MENDES, *Recursos...*, pp. 136 s.; CASTRO MENDES, *Processo Civil*, III, p. 52; AMÂNCIO FERREIRA, *Manual...*, p. 75.

[929] Cfr. TEIXEIRA DE SOUSA, *Estudos...*, p. 597.

[930] Cfr. AMÂNCIO FERREIRA, *Manual...*, p. 76.

O recurso de revista: alcance 353

forma juridicamente correcta como recurso extraordinário e não, como a lei enuncia, como um recurso ordinário. No CPTA só não ocorre (sempre) o julgamento pelo mesmo órgão, na medida em que, quando a decisão impugnada provém do TCA, o julgamento é efectuado pelo STA, apenas nos casos em que a decisão impugnada é do STA é que este requisito se verifica. No entanto, trata-se de um aspecto menor que não colide com a conclusão formulada. Esta qualificação não poderá deixar de ter significado na definição das relações que estabelece com o recurso de revista.

A solução adoptada, que impõe como fase prévia necessária a destruição do caso julgado, acaba por submeter a uniformização da jurisprudência, por esta via, à necessária eliminação daquele, ou seja, um instituto que visa acautelar valores de segurança e certeza, vai cair para que se assegure a uniformização da jurisprudência, em benefício, não só mas também, das mesmas segurança e certeza. Mais pesada acaba por ser a missão uniformizadora em face desta pressuposição. A via adoptada vulgariza a destruição de efeitos do caso julgado, que pode ser atacado a partir de contradição entre duas decisões de segunda instância, acabando por transmitir – mesmo que não tenha sido essa a intenção – que a força de caso julgado possa ser afastada em diversas circunstâncias, nomeadamente se estiver em causa a tutela objectiva da legalidade, e não apenas, como até aqui, em hipóteses bem delimitadas. Sublinhe-se, no entanto, que os valores prosseguidos pela uniformização da jurisprudência justificam a destruição do caso julgado, constatação que contribui para a percepção acima exposta no que toca à definição (e implicações) do âmbito dos poderes de cognição do tribunal de revista.

Pelo exposto pode concluir-se que o recurso de revista se apresenta com primazia em relação ao recurso para uniformização de jurisprudência, que, pelo seu lado, se revela residual nessa intersecção. A ponderação e a decisão sobre as grandes questões de direito administrativo, processual ou substantivo, serão objecto de tratamento em sede de revista e não por via da contradição de julgados. A actividade de complementação do direito, dotada de rasgos criativos e inovadores, terá sobretudo lugar em sede de revista, direccionando-se para aí em resultado dos pressupostos de admissibilidade utilizados por recurso aos conceitos indeterminados já considerados noutro momento. No fundo o recurso para uniformização visa estabilizar, num dado ponto, o sentido de decisão futuro de uma determinada questão de direito. Já o recurso de revista tem por missão um mais lato perfil do direito.

No entanto, desenhada esta linha de intersecção, poderão ocorrer outras situações em que estes recursos se encontrarão em alternativa, isto é, perante uma decisão negativa de um tribunal central, a parte vencida estará confrontada perante uma opção entre interpor um recurso excepcional de revista, correndo o risco de não conseguir demonstrar o (difícil) preenchimento valorativo dos conceitos indeterminados que permitem o acesso ao STA, ou interpor um recurso para uniformização de jurisprudência[931], contanto que reúna os requisitos exigidos, encontrando nomeadamente um acórdão que sobre a mesma questão fundamental de direito se encontre em contradição com o impugnado, a menos que este se insira na jurisprudência mais recentemente consolidada do STA. A decisão a tomar não se apresenta fácil, em face dos riscos envolvidos. Num caso ou noutro a solução será óbvia, se claras forem as perspectivas de sucesso na admissão do recurso, facto que naturalmente e por si afasta a utilização de um ou de outro. Verificaram-se já situações em que a parte vencida interpôs o recurso para uniformização de jurisprudência, invocando a oposição entre um acórdão do Tribunal Central Administrativo Sul (impugnado) e um acórdão do STA (fundamento)[932], antecipando o fim da cadeia de recursos permitidos.

A existência de alternatividade não significa sempre a impossibilidade de cumulação, mas, feita a opção, fica definitivamente estabelecida a perspectiva futura relativamente a um novo recurso. Se a parte vencida interpuser recurso excepcional de revista e este for admitido, da decisão de fundo que for tomada pode caber recurso para uniformização de jurisprudência, configurando-se assim a possibilidade de um quarto grau de jurisdição[933], limitada por via do pressuposto negativo relativo à inserção na orientação perfilhada pela jurisprudência mais recentemente consolidada do STA. A esse respeito, será pelo não preenchimento dos pressupostos de admissão do recurso para uniformização da jurisprudência que se centrará o debate, que fica dificultado inclusivamente pela própria decisão

---

[931] Não se considera a hipótese em que, por inércia ou incapacidade técnica, a parte vencida deixou transitar em julgado a decisão, situação em que não terá outra via que não seja a do recurso previsto no artigo 152.º, se reunir a perícia necessária ao preenchimento dos requisitos aí mencionados.

[932] Acórdão de 16 de Fevereiro de 2005, relator ANTÓNIO SAMAGAIO, processo n.º 018/05 e acórdão de 29 de Junho de 2005, relator ROSENDO JOSÉ, processo n.º 0863/04, disponíveis em www.dgsi.pt.

[933] Cfr., nestes precisos termos, SÉRVULO CORREIA, *Direito do Contencioso...*, I, p. 702.

da revista, que pode ter sido tomada em pleno da secção. Entende-se que o facto da questão já ter sido resolvida por intermédio de decisão em anterior recurso para uniformização de jurisprudência, em recurso excepcional de revista ou até em reenvio prejudicial, constitui um indício de consolidação da jurisprudência a impedir a admissão de um novo recurso para uniformização de jurisprudência[934]. Tudo a querer dizer que, excepcionadas matérias de elevada complexidade e com uma acentuada imprecisão legal, doutrinária e jurisprudencial, muito dificilmente será conseguida a admissão de um recurso para uniformização de jurisprudência após a prolação de uma decisão em recurso excepcional de revista.

Já em relação às decisões de não admissão da revista, em número bem mais numeroso, está de todo afastada a possibilidade de interposição de recurso para uniformização de jurisprudência por falta de previsão legal nesse sentido; numa hipótese dessas a competência para a decisão de um eventual recurso teria de caber ao pleno da secção[935]. A matéria foi objecto de tratamento jurisprudencial numa hipótese em que, na sequência da não admissão da revista, a parte vencida interpôs recurso para uniformização de jurisprudência, tendo o requerimento de interposição sido indeferido pelo relator. Dessa decisão foi apresentada reclamação para a conferência, que manteve o despacho do relator, aduzindo que da decisão em causa não cabe recurso, a menos que se trate de recurso para o Tribunal Constitucional, na medida em que outra possibilidade de recurso não está prevista na lei[936].

Em teoria, pode ser mais fácil reunir os pressupostos de admissão do recurso do artigo 152.º do que do recurso excepcional de revista, mas, se se obtiver a admissão da revista, esta apresenta-se com maior robustez para, em termos definitivos, resolver a questão de direito, até porque o próprio STA terá em atenção a sua jurisprudência anterior sobre a matéria, se existir, acautelando eventuais contradições ou superando-as justificadamente, sendo que, se o não fizer, será ainda viável, em certas condições, aceder à via de uniformização de jurisprudência.

O modo como está gizado o sistema de recursos em processo administrativo, faz crer que a via preferencial para obter a reapreciação de uma questão de direito decidida em segunda instância será a do recurso de

---

[934] Cfr. SÉRVULO CORREIA, *Direito do Contencioso...*, I, p. 702.

[935] Cfr. AROSO DE ALMEIDA/FERNANDES CADILHA, *Comentário...*, p. 755.

[936] Acórdão de 22 de Fevereiro de 2006, relator SANTOS BOTELHO, processo n.º 0948/05, disponível em www.dgsi.pt.

revista, só em casos marcados se seguirá directamente para o recurso do artigo 152.º, que assume, assim, um carácter residual na concepção do sistema. Até porque é necessário também não ignorar o âmbito indiferenciado da revista – a exigir o preenchimento de certos conceitos indeterminados para ser admitida – e a delimitação em função de uma actual contradição de julgados, campo mais restrito e tendencialmente com menor frequência[937]. A admissão da revista excepcional não está, aliás, condicionada pela ponderação de critérios atinentes à existência de contradições actuais na jurisprudência dos tribunais superiores, a sua ocorrência pode contribuir para o preenchimento de algum dos conceitos indeterminados que determinam o acesso, mas não constitui um factor determinante para esse efeito. Como detalhadamente se analisou acima, as decisões de admissão e de não admissão não se fundaram na existência ou inexistência de contradições entre decisões jurisdicionais. Um outro factor joga a favor da revista excepcional, que é a (eventual) ampliação dos poderes de cognição do tribunal de revista, susceptível de facultar a resolução definitiva do litígio, aspecto que o recurso para uniformização de jurisprudência não se apresenta vocacionado para satisfazer.

Ocorreu já uma situação em que a formação específica de apreciação preliminar sumária não admitiu a revista por considerar que o meio correcto assentaria no recurso do artigo 152.º. Aí afirmou o carácter subordinado do recurso excepcional de revista, ou seja, este só poderia ser utilizado se não fosse possível ao recorrente aceder a outro recurso e apelidando-o de «tábua de salvação», que as partes podem segurar se lograrem preencher os pressupostos de admissão. A este argumento se juntou o facto do recurso para uniformização de jurisprudência assentar em critérios objectivos[938]. Esta perspectiva, que assenta na pressuposição de que se está a comparar um recurso excepcional (de revista) com um ordinário recurso para uniformização de jurisprudência, choca com o carácter deste último que, quando admitido (e procedente), implica a destruição da força de caso julgado do acórdão impugnado. O que bem demonstra não ser possível esgrimir a excepcionalidade de um para fazer prevalecer outro.

---

[937] Atento o novo papel que se reserva para o STA como regulador do sistema, mas que só estará exclusivamente em acção quando os processos vindos do período anterior à reforma do contencioso administrativo se esgotarem.

[938] Cfr. acórdão de 29 de Março de 2006, relator SANTOS BOTELHO, processo n.º 0284/06, disponível em www.dgsi.pt.

Mas esta posição colide ainda com uma dificuldade – que não existia no anterior direito (cuja linguagem o relator ainda utiliza) – relacionada com, se se atender como viável tal hipótese, a aplicação do artigo 687.°, n.° 3, 2.° parte, CPC, no qual se determina que, tendo sido interposto recurso diferente do que competia, mandar-se-ão seguir os termos do recurso que se julgue apropriado. Perante esta norma concreta qual deverá ser a decisão da formação específica de apreciação preliminar sumária? No caso concreto identificado, decidiu ordenar a baixa dos autos ao tribunal *a quo* a fim de «ser perspectivada a eventual admissão do recurso por oposição de julgados». Solução que parece conduzir a um problema complexo, visto que, como a não admissão da revista excepcional forma caso julgado, por que via é que ainda vai ser possível interpor um recurso de uma decisão anterior? E, na medida em que o recurso para uniformização de jurisprudência só pode ser interposto após o trânsito em julgado da decisão impugnada, como é que o tribunal *a quo* pode perspectivar a admissão de um recurso que não foi interposto no tempo próprio e gizado para os fins desse recurso? Parece que, ainda que com riscos de não fazer prevalecer em toda a sua magnitude o princípio *pro actione*, quando é tentada a admissão do recurso de revista excepcional e esta fracassa, a solução mais correcta passa pela perda do direito de recorrer ao abrigo do artigo 152.°.

Tudo indícia que talvez não fosse despropositado eliminar como recurso autónomo o recurso para uniformização de jurisprudência, em face da forma como foi gizado e da eventual incapacidade que revele em alcançar o objectivo visado, e integrar, à maneira alemã, um novo critério de admissão do recurso de revista tendo por suporte a contradição entre decisões jurisprudenciais do STA ou entre uma decisão do TCA (impugnada) e uma decisão do STA (fundamento) e, mesmo, entre decisões do TCA. Por um lado, permitia-se uma utilização mais alargada do recurso de revista numa vertente que corresponde à sua função essencial, por outro lado, simplificava-se o sistema de recursos com evidentes ganhos ao nível da tutela jurisdicional concedida e da celeridade processual; por fim, conjugava-se num recurso único um conjunto de questões que, pela sua própria natureza, merecem aceder ao Supremo Tribunal e permitia-se de igual modo que a efectiva utilização do recurso de revista, respeitando a função do STA, congregasse todas as funções que lhe são inerentes, assim maximizando o papel deste tribunal. É conveniente não ignorar os riscos que se correm quanto ao esvaziamento abrupto do STA, que passou de uma situação de supremacia esmagadora para um tribunal residualmente compe-

358   *O Recurso de Revista no Contencioso Administrativo*

tente em primeira e segunda instâncias e ainda menos solicitado em sede de revista, atento o grau de exigência implementado no preenchimento valorativo dos conceitos indeterminados que facultam o acesso ao STA como terceira instância.

4. O efeito do reenvio prejudicial em sede de revista

68. Em contrabalanço com a transferência de competências para os tribunais administrativos de círculo de quase todas as competências antes exercidas pelo STA e pelo TCA em primeira instância[939], foi instituído um mecanismo de reenvio prejudicial para o STA, para que este emita sobre uma questão de direito nova, que suscite dificuldades sérias, uma pronúncia vinculativa no prazo de três meses (artigo 93.°, n.° 1). Este mecanismo de reenvio prejudicial carece ainda de um aturado estudo, aqui deslocado, mas convoca desde logo a necessidade de apreciação dos efeitos decorrentes da pronúncia emitida pelo STA, no que respeita à sua eventual conexão com um recurso de revista excepcional ou *per saltum*, que se suscite no mesmo processo e à relação entre as pronúncias emitidas pelo STA a título prejudicial e as decisões proferidas em sede de revista.

Não cabendo desenvolver um estudo sistemático deste mecanismo, importa atender às suas características principais para melhor se apreenderem as conexões acima referenciadas. Quando no âmbito da acção administrativa especial, em primeira instância (tribunal administrativo de círculo), se coloque uma questão de direito nova que suscite dificuldades sérias e que revele capacidade para se expandir noutros litígios, pode o presidente do TAC[940] proceder ao reenvio prejudicial para o STA, com vista à emissão de pronúncia vinculativa sobre essa questão (artigo 93.°,

---

[939] Cfr. AROSO DE ALMEIDA/FERNANDES CADILHA, *Comentário...*, p. 476; AROSO DE ALMEIDA, *O Novo...*, p. 249;

[940] A atribuição deste poder ao presidente do TAC pode colidir com o princípio do juiz natural, na medida em que a sua decisão terá como efeito a redução discricionária do âmbito da cognição do juiz da causa, afectando «a exigência da garantia objectiva de que nenhuma manipulação alheia a previsão normativa geral e abstracta possa afectar a distribuição do exercício do poder jurisdicional entre juízes concretos», cfr. SÉRVULO CORREIA, *Direito do Contencioso...*, I, p. 701. O autor alega ainda outra hipótese em que a constitucionalidade das soluções adoptados pode ser questionada, é o caso do carácter vinculativo da pronúncia (artigo 93.°, n.° 1), p. 700.

n.º 1)[941]. A competência no STA é atribuída ao pleno da secção, para o qual está fixado o quorum de dois terços[942]. É ao presidente do TAC que cabe decidir quanto ao reenvio para o STA, a título oficioso ou a requerimento do juiz (ou relator) do processo, nada obstando a que as partes também o possam sugerir. Esta decisão não é definitiva. No Supremo cabe a uma formação específica, composta por três juízes de entre os mais antigos da secção de contencioso administrativo, verificar, através de decisão liminar, se estão preenchidos os pressupostos do reenvio ou se a escassa relevância da questão não justifica a emissão de uma pronúncia. Apesar da redacção da norma (artigo 93.º, n.º 3) não ser clara, parece que a decisão liminar da formação específica ocorre sempre, quer seja no sentido da recusa do reenvio, quer seja no sentido da sua aceitação, de outro modo não se teriam por fundadas as hipóteses de não recusa do reenvio, não sendo possível aferir sequer dos critérios de aferição adoptados pela referida formação específica. Entender de outro modo poderia, inclusive, conduzir à conclusão de que a decisão liminar só existe se o reenvio for recusado, só se apreciando os requerimentos de reenvio quando estes devam ser recusados, restando apurar o modo de identificação dos reenvios que devessem ser recusados. Nesta situação a redacção da norma não acompanhou, por exemplo, os termos da norma relativa à apreciação preliminar sumária do artigo 150.º, n.º 5. Ou seja, solicitada a pronúncia por reenvio prejudicial, deve o requerimento, devidamente instruído, ser submetido a decisão liminar da referida formação específica, daí emergindo uma de duas decisões: aceitação do reenvio ou a sua recusa.

Constituem pressupostos de admissão liminar do reenvio tratar-se de uma questão de direito nova que suscite dificuldades sérias, questão que possa repetir-se em litígios futuros, questão que revista uma relevância que fique acima da qualificação como escassa e contanto que não se trate de um processo urgente. A decisão liminar proferida é definitiva, não admitindo qualquer tipo de recurso.

A pronúncia do pleno da secção do STA deve ser proferida no prazo de três meses, sendo que a sua não ocorrência faz cessar o efeito do reen-

---

[941] Este é um dos pólos da norma, no outro, em alternativa, concede-se ao presidente do TAC que determine que no julgamento intervenham todos os juízes do tribunal, com um quorum de dois terços. Na chaveta formada por estas duas alternativas apenas cabe neste lugar assestar pontaria no reenvio prejudicial.

[942] Artigo 25.º, n.º 2, definindo a competência do pleno da secção e artigo 17.º, n.º 3, estabelecendo o quorum do pleno da secção, ambos do ETAF.

vio[943], restando a alternativa de adoptar o julgamento em formação alargada ou a da decisão ser deixada ao juiz (ou à conferência, se for o caso). Há quem defenda que, se decorridos os três meses ainda não existir pronúncia, se deve continuar a aguardar, mantendo-se o processo suspenso, invocando-se que, em sentido contrário, a decisão na acção administrativa em primeira instância estaria ferida de nulidade, por não ter sido observada a pronúncia vinculativa do STA, em termos de poder influir na decisão tomada[944]. O entendimento por último exposto parece, no entanto, fazer letra morta do prazo estipulado; ora, presume-se que, ao fixar um prazo para a pronúncia vinculativa do STA, o legislador tinha um propósito, que era o de assegurar a tutela jurisdicional efectiva, contribuindo para uma melhoria de qualidade das decisões da primeira instância em face da incisão da pronúncia do STA, e isto sem eliminar a possibilidade conferida às partes de interporem os recursos que julgassem oportunos. Este quadro parece aconselhar que se leia, na fixação de um prazo para esclarecimento de uma questão de direito nova que suscite dificuldades sérias, uma intenção de imperatividade. Se o STA não se pronunciar nesse prazo e atente-se que é um prazo exclusivamente para apreciação da questão de direito, o tribunal não está vinculado à apresentação de alegações das partes ou à realização de quaisquer diligências, então deve considerar-se que a questão foi devolvida de novo à primeira instância sem qualquer pronunciamento. É certo que a solução da ausência de pronúncia pelo STA não é a que melhor salvaguarda os interesses das partes e da administração da justiça, mas a permanência ilimitada da questão, tendo por efeito a paralisação do processo na primeira instância, constitui uma circunstância ainda menos aceitável. Um último argumento pode ainda ser utilizado, o tribunal não pode abster-se de julgar invocando a falta ou obscuridade da lei (artigo 8.º, n.º 1, 1.ª parte, Código Civil), a significar que, por mais complexa e difícil que se revele a questão de direito nova a dissipar para resolver o litígio, o TAC não pode escudar-se no STA para não dar andamento e decisão ao processo. Sem que se ignore que a ausência de resposta no prazo fixado, quando se verifiquem os pressupostos de admissibilidade do reenvio, deveria conduzir à adopção de medidas de censura sobre os responsáveis pela omissão.

A competência do pleno da secção restringe-se à pronúncia sobre a questão de direito que lhe é submetida, não efectua qualquer exame sobre

---

[943] Cfr. M. e R. Esteves de Oliveira, *CPTA/ETAF*, I, p. 542.
[944] Cfr. Manuel Martins, *O Reenvio Prejudicial...*, pp. 520 s.

O recurso de revista: alcance 361

o litígio, sendo que, nesse estrito âmbito de direito, é vinculativa no processo em que foi proferida. O direito, no que à questão diz respeito, deve ser interpretado e aplicado em função da pronúncia do STA, não sendo lícito ao juiz (ou relator) contrariar o sentido por aquele manifestado.

Debate-se, no entanto, a questão de saber se a pronúncia emitida apenas é vinculativa para o TAC no processo em que foi emitida, o que significaria dizer que o STA não fica vinculado às suas próprias pronúncias, seja no próprio processo se dele vier a ser interposto (e admitido) recurso de revista, seja noutros processos em que, por reenvio prejudicial ou por via de recurso, a questão em causa lhe venha de novo a ser submetida.

A doutrina já distinguiu três hipóteses: tratar-se de recurso de revista ou *per saltum* de decisão jurisdicional tomada no mesmo processo em que foi emitida pronúncia em sede de reenvio prejudicial; tratar-se de recurso de revista ou *per saltum* de decisão jurisdicional emitida em processo no qual não tenha ocorrido reenvio prejudicial; e, por fim, tratar-se de recurso para uniformização de jurisprudência[945].

As maiores dificuldades que se fazem sentir a este respeito incidem sobre a relação entre a pronúncia em reenvio prejudicial e um recurso de revista ou recurso *per saltum* no âmbito do mesmo processo e sobre a mesma questão de direito. Se a delimitação do objecto do recurso não coincidir com o objecto do reenvio, não existe qualquer problema. Foram aduzidos três argumentos a favor da vinculação do STA à pronúncia em sede de reenvio prejudicial quando lhe fosse presente um recurso de revista ou *per saltum* no âmbito do mesmo processo: a justificação do reenvio, assente na uniformização da jurisprudência, o desrespeito do princípio da confiança e da certeza do direito e a harmonia do sistema, a impedir que uma pronúncia emitida pelo pleno da secção pudesse ser postergada por uma formação de três juízes[946]. Noutro sentido se conclui que, à face do disposto no n.º 4 do artigo 93.º, é permitido ao STA «revogar uma decisão de primeira instância que tenha sido adoptada na sequência de um reenvio prejudicial»[947], sem aditar qualquer outro argumento e apesar de se entrever como provável que uma situação desse tipo não passaria a fase de admissão preliminar sumária, por não se justificar para uma melhor aplicação do direito, na eventualidade do recurso excepcional de revista.

---

[945] Hipóteses enumeradas por MANUEL MARTINS, *O Reenvio Prejudicial...*, pp. 530 ss.

[946] Cfr. MANUEL MARTINS, *O Reenvio Prejudicial...*, p. 533.

[947] Cfr. AROSO DE ALMEIDA/FERNANDES CADILHA, *Comentário...*, p. 478.

A resposta a dar depende do valor que se atribua à pronúncia emitida em reenvio prejudicial, na medida em que é da sua configuração que dependerá a admissibilidade de decisão contrária à anteriormente proferida. Foi defendido que a pronúncia tem força de caso julgado no processo concreto[948], invocando-se que entendimento diferente contenderia com a razão de ser deste mecanismo, que consiste na prevenção de recursos jurisdicionais desnecessários. Contra a qualificação como caso julgado, foram já aditados diversos argumentos. Apesar de a final se defender o mesmo resultado, destaca-se que, em reenvio, o STA não conhece matéria de facto e se limita a fornecer ao juiz da causa elementos para a interpretação da norma jurídica a aplicar (impede a existência de caso julgado material). O reenvio é «um incidente processual preparatório da decisão final», sem intervenção das partes e que se destina à obtenção de uma pronúncia em abstracto de uma questão de direito (impede a existência de caso julgado formal)[949]. Independentemente da cobertura processual que se lhe atribua, o resultado final não deixa, em ambos os casos, de se revelar idêntico. No âmbito do mesmo processo, a pronúncia emitida em sede de reenvio prejudicial vincula o STA, em termos de lhe impedir que, por via de recurso, de revista excepcional ou *per saltum*, possa adoptar uma linha interpretativa diferente daquela que manifestou na aludida pronúncia. Outro entendimento correria desde logo o risco de, por determinação das regras da distribuição dos processos, caber a três juízes, vencidos (os únicos) na pronúncia em reenvio prejudicial, a alteração de sentido do entendimento do tribunal através de uma decisão tomada num recurso de revista. A melhor forma de evitar estas possíveis divergências será mesmo a alvitrada negação de acesso na apreciação preliminar sumária, por se revelar desnecessária nova intervenção do STA.

As particularidades enunciadas concernem a uma pressuposição em que a questão objecto do recurso corresponde, sem aditamentos ou recortes, à que foi objecto de reenvio prejudicial. Outro circunstancialismo ditaria naturalmente diferentes consequências, valendo, em princípio, o entendimento a seguir enunciado.

---

[948] Cfr. SÉRVULO CORREIA, *Direito do Contencioso*..., I, p. 701.

[949] Cfr. MANUEL MARTINS, *O Reenvio Prejudicial*..., pp. 522 ss., acabando, no entanto, por concluir que a «pronúncia do STA adquire pois uma força inatacável dentro do processo», (p. 524), sem que se deslinde com base em que instituto processual lhe é conferida tal força.

Tratando-se de recurso de revista excepcional ou *per saltum*, que tenha por objecto a mesma questão de direito já objecto de reenvio prejudicial, mas não no mesmo processo, parece que o STA se encontrará a ela tão vinculado como se encontra em relação à sua demais produção jurisprudencial anterior em sede de revista. Nada na lei atribui à jurisprudência do STA carácter vinculativo, tal como nada o impõe em relação às pronúncias emitidas a título de reenvio prejudicial, pelo que a formação de julgamento do recurso de revista ou do recurso *per saltum* não encontra qualquer vínculo especial no que concerne a anterior pronúncia sobre a mesma questão, em sede de reenvio prejudicial. E nem se invoque que, estando em causa uma pronúncia do pleno da secção, estaria a ser permitido a uma formação constituída por três juízes conselheiros o poder de decidir de modo diferente[950]; primeiro, se aquela decisão tiver sido consensual, é pouco provável que estes venham a decidir de modo divergente, apesar de ser curial deixar-lhes liberdade decisória para que o façam, segundo, a evolução e o tempo entretanto ocorridos podem determinar uma mudança de posição, terceiro, é admissível a adopção de julgamento ampliado do recurso, pelo que a formação de julgamento poderá acabar por coincidir.

As relações que se podem suscitar entre o recurso para uniformização de jurisprudência e a pronúncia emitida em sede de reenvio prejudicial, não envolvem especiais dificuldades, em primeiro lugar, pelo facto do argumento relativo à formação de julgamento não ter aplicação, (nas duas hipóteses em presença a competência é do pleno da secção de contencioso administrativo), em segundo, a existência de contradição entre decisões jurisdicionais sobre a mesma questão fundamental de direito vai para além do estrito âmbito de delimitação da pronúncia em reenvio prejudicial, pressupondo outras intervenções de diferentes tribunais sobre a matéria, podendo conduzir, é certo, a uma desconsideração clara do sentido de qualquer pronúncia em reenvio prejudicial anterior.

São ainda alvitradas outras hipóteses de recursos conexos, nomeadamente por desrespeito ou errada aplicação da pronúncia emitida pelo STA e que também poderia chegar ao conhecimento deste tribunal e, na eventualidade da pronúncia estar afectada por erro de direito[951], motivando desse modo o recurso adequado.

---

[950] É o entendimento de MANUEL MARTINS, *O Reenvio Prejudicial...*, p. 534, que apenas considera possível uma alteração do sentido da jurisprudência, se esta for adoptada pela mesma formação de julgamento (o pleno da secção).

[951] Cfr. M. e R. ESTEVES DE OLIVEIRA, *CPTA/ETAF*, I, pp. 543 s.

§ 7

A CONFIGURAÇÃO DO SUPREMO TRIBUNAL ADMINISTRATIVO COMO UM VERDADEIRO SUPREMO TRIBUNAL: UMA APROXIMAÇÃO

69. Na exposição de motivos da proposta de lei relativa ao ETAF, foi lavrado o intuito de uma reconfiguração do contencioso administrativo, realizada por via da alteração das competências a cargo de cada um dos graus da jurisdição administrativa. Neste patamar e tendo sido várias as cambiantes, relembrem-se a concentração de competências em primeira instância nos tribunais administrativos de círculo, a instituição dos tribunais centrais como a instância típica de recurso em segundo grau e, por fim, a consagração de um recurso de revista, que abre a possibilidade de um triplo grau de jurisdição, que se revelam capazes de motivar a reponderação do lugar do Supremo Tribunal Administrativo no quadro da jurisdição por si encimada. Desde logo é necessário que a este Supremo Tribunal se confira, legalmente, a posição e a função que emergem do fito constitucional que lhe está entregue, dado que o STA é o órgão superior da hierarquia dos tribunais administrativos e fiscais (artigo 212.º, n.º 1). A Constituição, dizendo isto, não se limita a qualificar o STA como órgão superior de uma hierarquia de tribunais, antes lhe determina o exercício das funções que derivam directamente desse posicionamento. Não é naturalmente possível que o STA seja mais uma instância de julgamento entre outras instâncias, em que apenas se diferencie a designação e o grau numa escala hierárquica, de pouco significado. Se ao STA couber a função de tribunal de revista, bem longe fica da sua afirmação como tribunal de instância. A dimensão constitucional da função do STA, emergente da sua condição de órgão superior de uma hierarquia de tribunais, estava ainda por realizar integralmente, esse desiderato apenas veio a ser alcançado com a reforma do contencioso administrativo de 2002/2003. Adiante se voltará aos termos dessa mensurável concretização constitucional.

Naquela citada exposição de motivos, que, servindo de elemento histórico de interpretação, tem também valido de constante catálogo argumentativo das decisões jurisprudenciais em matéria de admissão do recurso de revista, deixa-se denunciado o fito da reforma. Esta passou por desligar do STA, em regra, o exercício de competências em primeira instância, antes lhe reservando o novel recurso de revista e focalizando a sua intervenção como meio de orientação dos tribunais inferiores, determinando o sentido da jurisprudência destes. Uma afirmação de tal latitude, e sem as convenientes precisões, tenderia a poder ser interpretada como a institucionalização de um perfil inadequado do STA, que imporia aos tribunais inferiores da jurisdição administrativa o sentido da jurisprudência que por eles deveria ser obedientemente velada. Uma tal pressuposição coarctaria qualquer margem de liberdade e de independência decisória destes tribunais e não lograria passar de uma mera intenção abstracta, envolvida em problemas tipicizados noutras jurisdições. Não parece que se possa alcandorar o STA no tribunal director das decisões (todas) dos tribunais inferiores, fixando-lhes o sentido da sua jurisprudência, em quaisquer hipóteses, e isto, mesmo que naqueles subsistissem entendimentos sólidos e sustentados quanto à adopção de outra solução. As afirmações precedentes não visam, nem em mínimo, desgraduar o lugar próprio da jurisprudência do Supremo Tribunal, mas antes assentam no pressuposto de que, passando a existir pressupostos de admissibilidade do recurso de revista tendo por base conceitos indeterminados, a sua intervenção em terceiro grau de jurisdição não encontrará a intensidade e a frequência que lhe permitam avalizar, em permanência, o sentido jurisprudencialmente adequado das decisões de cada um dos, agora inúmeros, tribunais inferiores. A produção do STA, como se enuncia na citada exposição de motivos, passará a ser menos frequente, no desenvolvimento de uma função típica dos sistemas de revista. Não foi instituído um genérico regime de revista, admissível em quase todos os litígios submetidos à jurisdição administrativa; tal via, se adoptada, entraria em manifesto confronto com o princípio enformador da reforma e acrescentaria tempo à sua resolução em lugar de assegurar a efectividade da tutela jurisdicional.

O STA, no intuito expresso pelo legislador, passará a assumir o papel de válvula de segurança do sistema, em função de um doseamento interventor que lhe cabe ministrar, perante as necessidades e as circunstâncias. A concepção de válvula de segurança funciona plenamente no recurso excepcional de revista, detendo aquele tribunal, através da formação específica de apreciação preliminar sumária, o encargo de concretizar a sua

A configuração do Supremo Tribunal Administrativo 367

própria competência, ainda que não se encontre plenamente livre para o fazer. A sua própria definição de competência em matéria de revista assenta no preenchimento valorativo dos conceitos indeterminados consignados pelo legislador no artigo 150.°, n.° 1, o que, permitindo alguma latitude, acaba afinal por circunscrever de modo relativamente seguro as hipóteses de admissão do recurso.

No entanto e apesar da acentuação do exercício de funções em terceiro grau de jurisdição, o STA continua a deter competências de primeira instância, em função de critérios reveladores da importância e significado dos interesses em presença. Não se ignora o óbice a esta implicação de competências, em vários níveis, no âmbito do Supremo Tribunal, apesar de constituir um aspecto que encontra pleno suporte nos diversos sistemas estrangeiros antes analisados. Mesmo quando a família jurídica é diversa, pode identificar-se uma constante de presença de competências em primeira instância nos supremos tribunais. A dimensão quantitativa oscila, mas a mescla existe. Mesmo em relação ao STJ não pode concluir-se que a situação do STA é incompreensível ou insustentável, ainda que aquele detenha, em primeira instância, competências muito residuais. Se se recolher a experiência externa, com maior facilidade se chegará à conclusão de que a variedade de níveis de competência do STA não constitui uma experiência única e original. Quer o *Bundesverwaltungsgericht*, quer o *Conseil d'État*, quer o *Tribunal Supremo* espanhol, quer a *Supreme Court* norte-americana, são tribunais supremos, de índole diversa, mas em que se detectam competências de primeira instância. Mais acentuadamente, é certo, no *Conseil d'État* francês, mas não negligenciáveis nos restantes. Se coubesse, ainda que impressivamente (o momento não permite maior detença), ajuizar da realidade circundante, ter-se-ia de concluir que não é invulgar, nem despropositado, que os supremos tribunais detenham competências em primeira instância. Acontece que, no caso português, estas competências em primeira instância decorrem do «relevo ou dimensão dos interesses em conflito» e não de quaisquer considerações estatísticas ou de prestígio da parte pública[952]. Pode já adiantar-se que esta ocorrência não prejudica o entendimento quanto à principal e agregadora função que se encontra atribuída ao STA, enquanto órgão superior de uma hierarquia de tribunais.

Em moldes diferenciados, foram também inscritos no âmbito do STA dois outros meios capazes de influir na sua caracterização, um é novo no

---

[952] Cfr. SÉRVULO CORREIA, *Direito do Contencioso...*, I, p. 705.

direito nacional, o outro, apesar de já existir, sofreu uma fractura assinalável na sua estruturação. Está em causa a faculdade de reenvio prejudicial para o STA de uma questão de direito nova que suscite dificuldades sérias e possa vir a ser suscitada noutros litígios, por iniciativa de um tribunal administrativo de círculo (artigo 93.º). Por esta via abre-se a porta a uma outra função do tribunal supremo, que é a de regulador do sistema, desta feita em vista à promoção da uniformização da jurisprudência e atenta a necessidade de garantir que, em face da descarga de competências para os tribunais de círculo, algumas das dificuldades mais sérias e frequentes possam merecer uma intervenção prévia do STA, permitindo e acelerando a tutela jurisdicional dos visados. Esta porta de regulação do sistema franqueia soluções diferentes das abertas nas vestes de válvula de segurança, ainda que a revista que nesta se integra também acabe por realizar uma função reguladora, sobretudo quando a decisão é tomada sob a forma de julgamento ampliado, que reveste uma dupla feição, quer de válvula, quer de regulação.

Abrangido na formulação de regulador do sistema fica também o recurso para uniformização de jurisprudência, ou não fosse esta uma das áreas de eleição dos supremos tribunais. Adiante se acrescentará algo mais, agora cabe sublinhar a função em que se integra e a tal acrescer o significado da sua adopção futura em face da fractura introduzida na sua estruturação. Este recurso, anteriormente designado de oposição de julgados, passou a exigir como requisito de admissão o trânsito em julgado da decisão impugnada, o que, obrigando a dois juízos, um rescindente e outro rescisório, determina que a uniformização de jurisprudência passará a pressupor sempre a destruição do caso julgado do acórdão impugnado.

O duplo papel atribuído ao STA foi objecto sublinhado na doutrina[953], assinalando – em proximidade com a apresentação de motivos da reforma, que também se seguiu – a titularidade de duas funções: a de regulação do sistema, na qual se integra a de dirimir conflitos de competência (artigo 24.º, n.º 1, alínea g), ETAF), agora mais frequentes em face do aumento do número de tribunais e também da concorrência com os juízes liquidatários dos até então únicos tribunais de círculo, a de uniformizar a jurisprudência e a de pronúncia em sede de reenvio prejudicial, assinalando-se por esta via uma função de orientação dos tribunais inferiores. Tendo por padrão a «senioridade» dos juízes conselheiros, quer parecer que esta função de orientação dos tribunais inferiores – no caso de pri-

---

[953] Cfr. MARIA DA GLÓRIA GARCIA, *Do Conselho…*, pp. 143 s.

A configuração do Supremo Tribunal Administrativo   369

meira instância – quadra melhor com o instituto do reenvio prejudicial, do que com o recurso excepcional de revista, como antes se sublinhou. Já a função de válvula de segurança agrega, de modo unívoco e exclusivo, o recurso de revista. Para uma tal tarefa foram adiantadas diversas explicações, a sobressair nelas uma vontade intrínseca de equilíbrio no âmbito da jurisdição administrativa, sobretudo assente na perspectivação do duplo grau de jurisdição, em que intervêm os tribunais de círculo e os tribunais centrais, na recusa de sobrecarregar o Supremo com minudências jurídicas e na permissão (e interesse), no acesso a esse tribunal, das questões de direito que marcam o seu tempo e requerem o tempero de um alto tribunal.

Quer no recurso excepcional de revista, quer por via do reenvio prejudicial, confere-se ao STA, através de uma formação específica para o efeito constituída, a competência para decidir quanto à sua competência, o que, como já foi sublinhado, consiste numa aproximação ao modelo anglo-saxónico[954]. Não deixando de reconhecer esta nova habilitação para decidir sobre a sua própria competência, não pode dizer-se que o legislador levou longe de mais o intuito ou que introduziu uma via de discricionariedade. A decisão quanto à própria competência está cativa do preenchimento valorativo de conceitos indeterminados, legalmente cominados, e nalguns aspectos conhecidos e desenvolvidos nos direitos estrangeiros mais próximos. O preenchimento destes conceitos não concede a vasta liberdade que por vezes se insinua, nem oferece, como noutro ponto anterior se demonstrou, qualquer perigo adicional, que, por exemplo, uma absurda sobrecarga e atolamento do Supremo Tribunal, por consideração de um critério quantitativo, poderia constituir. A instituição de um princípio de selecção[955], por via do qual se confere uma habilitação válida, para o Supremo avaliar e decidir, fundamentadamente, que questões merecem e justificam a sua mobilização, parece corresponder às expectativas do tempo e congregar nesse tribunal aquilo que dele não deve ser retirado. Mas a aludida aproximação ao modelo anglo-saxónico não se apresenta completamente exacta; em primeiro lugar, por neste existir uma decisão discricionária que não ocorre no direito nacional e, depois, porque (como

---

[954] Cfr. Maria da Glória Garcia, *Do Conselho…*, pp. 143 s.

[955] Princípio cuja aplicação foi defendida para o STJ por Castanheira Neves, *O Instituto dos "assentos"…*, RLJ, n.º 3705, p. 353 e *O Problema da Constitucionalidade…*, pp. 96 e 113. Cfr. Tunc, *La Cour Suprême Idéale*, RIDC, 1978, p. 445, referindo a verdadeira unanimidade na sua consagração.

370 O Recurso de Revista no Contencioso Administrativo

anteriormente assinalado) também nos sistemas continentais – Alemanha, França, Espanha – é conferida aos supremos tribunais a faculdade de decidirem sobre a sua própria competência, nalguns casos não em função da relevância da questão ou da dimensão do erro, mas tendo por base uma antecipação do juízo sobre o fundo da questão (Espanha) ou a mera consideração da seriedade dos motivos invocados (França). Deve, ainda, assinalar-se de novo que é evidente a influência da previsão alemã (*Grundsatzrevision*) no que respeita à «questão que, pela sua relevância jurídica ou social, se revista de importância fundamental» (artigo 150.°, n.° 1), do que decorre o suficiente enraizamento deste tipo de soluções no direito comparado. De um modo geral, começa a verificar-se que é manifesta a tendência de ir, de modo faseado ou global, implementando a via da selecção[956] como única solução capaz de concentrar nos supremos tribunais uma função verdadeiramente útil e de deles retirar um contributo efectivo para a unidade e o desenvolvimento do direito.

A capacidade das soluções legais alcançarem o fim com que foram instituídas, depende não só do equilíbrio que com elas se tiver visado, mas também da prudência e da consequente autoridade que o Supremo Tribunal souber imprimir a essas novas vias ou novos modos de exprimir e experimentar as mesmas funções. O êxito, e, nessa medida, de forma inversa, o demérito, das vias adoptadas para implementar as funções (regulador e válvula de segurança) atribuídas ao STA, acabarão, de forma indelével, por recair sobre o próprio e, o que é o mesmo, sobre os juízes conselheiros que o compõem.

É tempo de voltar à dimensão constitucional do STA enquanto órgão superior de uma hierarquia de tribunais, para concluir que só podem ser assacadas a um tribunal que se constitua como o vértice mais elevado de uma dada jurisdição, as funções de regulador do sistema e a sua válvula de segurança. O próprio significado dos termos aferidores das funções envolvidas conduz à sua colocação no órgão superior, no vértice do sistema. Não poderia sequer antepor-se uma perspectiva de sistema se não se partisse do seu ponto mais alto, sendo que qualquer das vias de agregação do sistema requer um posicionamento perante ele que não se vislumbra da primeira ou da segunda instância. O sentido daquela dimensão – o órgão

---

[956] Cfr. Recomendação n.° R (95) 5, de 7 de Fevereiro de 1995, do Conselho da Europa e AA.VV., *Conference of the Chief Justices of the Supreme Courts and Attorney-Generals of the Countries of the European Union*, DDC/BMJ, n.ᵒˢ 59/60, 1994, pp. 177-333.

A configuração do Supremo Tribunal Administrativo 371

superior – transmite o seu carácter único e a sua institucionalização como Supremo Tribunal, «supremo pela sua unicidade no vértice» da jurisdição administrativa, faz ressaltar a unicidade do tribunal supremo no quadro da jurisdição em que se situa[957], além de único, comportando uma específica plêiade de funções próprias da sua posição. Configurando o ordenamento judiciário como uma grande pirâmide ideal, como uma estratificação sobreposta, o tribunal supremo fica colocado como vértice e centro do ordenamento judiciário[958], bem a sugerir a sua colocação no sistema. A unicidade é também necessária para o bom funcionamento do tribunal[959]. Este afirmado princípio da unicidade orgânica, que confere uma maior qualificação funcional, determina, no exercício da função específica direccionada à unidade do direito, que essa unidade seja alcançada pela formação de julgamento mais elevada dentro do concreto Supremo Tribunal, de modo a conferir-lhe uma mais acentuada autoridade[960].

A admissibilidade do terceiro grau de jurisdição constitui uma escolha do próprio STA, que se quer sedimentada na antiguidade dos juízes, aos quais foi entregue a tarefa de apreciação preliminar sumária, no que se configura uma delegação lata do legislador ordinário constitucionalmente conforme. A razão de ser para a preferência por juízes de entre os mais antigos da secção de contencioso administrativo, comporta uma manifestação que, sem se querer redutora, visa mais o conservadorismo do que a inovação. O que, por outro lado, também se compreende por via da formulação legal que atribui um significativo poder ao próprio STA e é neste sentido que se enuncia a ideia de delegação lata do Parlamento. A referida delegação ocorre por via dos conceitos indeterminados, em cuja concretização está envolvida uma espécie de figuração que se tem designado por «legislador complementar»[961]. Parece, outrossim, que o legislador pretendeu, com estes meios e em face dos seus assinalados intuitos, conferir ao STA uma verdadeira possibilidade de escolha entre as inúmeras solicitações com que se depara, sempre, é certo, tendo em atenção certas justificações e as funções que prossegue.

A competência para decidir sobre a própria competência, com base no preenchimento valorativo de conceitos indeterminados, passa o teste da

---

[957] Cfr. CASTANHEIRA NEVES, *O Instituto dos "assentos"*..., RLJ, n.º 3703, pp. 292 s.
[958] Cfr. CALAMANDREI, *La Cassazione Civile*, II. Milão, 1920, p. 77.
[959] Cfr. MARTY, *La Distinction du Fait et du Droit* Paris, 1929, p. 368.
[960] Cfr. CASTANHEIRA NEVES, *O Instituto dos "assentos"*..., RLJ, n.º 3704, pp. 325 s.
[961] Cfr. BAPTISTA MACHADO, *Introdução ao Direito*..., pp. 162 s.

372 — O Recurso de Revista no Contencioso Administrativo

determinabilidade, da proporcionalidade, da igualdade e da compatibilidade com o princípio da efectividade da tutela jurisdicional administrativa. Aquela reside na afirmação do princípio da selecção, como critério definidor do exercício do poder jurisdicional em sede de revista, não se revelando, no entanto, um critério irrestrito e habilitador de uma máxima liberdade na escolha dos processos que são apreciados. A selecção há-de necessariamente implicar um fim e basear-se em certos pressupostos, estes respeitando à matéria, à medida e à dimensão. A ideia de selecção foi já formulada como via de exercício da função específica do Supremo Tribunal, apresentando como finalidade a unidade do direito e gozando de um juízo de autonomia na admissão, «em função da importância dos problemas jurídico-jurisprudenciais» para a prossecução daquela unidade[962]. Neste ponto particular reside uma diferença entre o que seja adoptar uma via de selecção, no que respeita à função específica dirigida à unidade do direito, e adoptar o mesmo critério, no que concerne ao exercício da função jurisdicional do STA, em sede de revista. É concebível direccionar a actividade jurisdicional de um tribunal supremo pelo ângulo da sua função específica, que perpassaria em toda ela, sendo também admissível destrinçar a actividade jurisdicional de revista da outra actividade concebida na função específica. Na primeira hipótese, a selecção seria o critério de admissão impulsionador da actividade jurisdicional, na segunda, estar-se--ia perante uma conjugação de obrigatoriedade de conhecimento de certos recursos com a selecção dos processos propulsores da unidade do direito. Ambas as vias apresentam vantagens e inconvenientes[963]. No caso do STA, a selecção apenas foi instituída em relação à actividade jurisdicional de revista (e à do reenvio prejudicial), excluindo-se dela a via da uniformização de jurisprudência, aqui referenciada ao recurso com essa designação. Parecendo que todas as hipóteses franqueadas constituem vias dirigidas à unidade do direito[964], alterou-se o esquema enunciado, implementando a selecção nas vestes do tribunal de revista, sendo que este se deve ter como manifestação das duas funções referenciadas aos supremos tribunais (jurisdicional e específica).

É também da aludida dimensão constitucional – nas vestes do órgão superior da hierarquia – que deriva a atribuição ao Supremo Tribunal da

---

[962] Cfr. CASTANHEIRA NEVES, *O Instituto dos "assentos"...*, RLJ, n.° 3705, p. 353.

[963] Cfr. CASTANHEIRA NEVES, *O Instituto dos "assentos"...*, RLJ, n.° 3705, pp. 354 s.

[964] Como se verá em seguida, existe uma incindibilidade normativa da função específica com a função jurisdicional.

A configuração do Supremo Tribunal Administrativo 373

habilitação para actuar como «intérprete qualificado e garante» do juízo de oportunidade jurídica, de que se reveste o critério da «exigência normativa da unidade do direito»[965]. Ao fim e ao cabo, para decidir sobre a sua própria competência. Apesar de não ser matéria abundantemente tratada na doutrina, foi já afirmado que os tribunais estaduais possuem a competência da sua competência, formulação que emana de inúmeras disposições do Código de Processo Civil[966]. Do que decorre que o próprio Supremo Tribunal, detendo o poder de rever as decisões de admissão de recursos tomadas pelo tribunal *a quo*, por via de reclamação, acaba por ter o poder de decidir quais os recursos que admite e, posteriormente, apreciará[967].

A selecção como critério para o exercício da função específica de um supremo tribunal, concebendo-se como um juízo de oportunidade jurídica, assenta na «exigência normativa da unidade do direito», podendo esta ocorrer em diversas hipóteses: estabilização de uma orientação jurisprudencial já amadurecida, confronto entre diferentes perspectivas, sobretudo quando uma tende a prevalecer sobre outras, delimitação entre orientações abstractamente contrárias, mas na prática compatibilizáveis, superação de divergência jurisprudencial já não justificada, estimulação de novo sentido jurisprudencial em relação a certos problemas, colocação de novos problemas jurídicos, assimilação de novos princípios jurídicos emergentes de forma implícita da jurisprudência, abertura a novos valores, princípios e critérios jurídicos[968].

Até ao momento, e partindo-se do quadro legal e da assimilação das anteriores asserções, formulou-se um princípio de entendimento quanto à configuração do STA globalmente como tribunal de revista, ao qual se assacam, de igual modo e para o efeito, aqui se inserindo nesse perfil, as suas vestes de tribunal de reenvio prejudicial e de tribunal de uniformização de jurisprudência[969]. Cabe, por fim, aquilatando da função jurídica dos supremos tribunais[970], apurar se o STA nela se enquadra.

---

[965] Cfr. CASTANHEIRA NEVES, *O Instituto dos "assentos"*..., RLJ, n.° 3705, p. 355.

[966] Cfr. GALVÃO TELLES, *A Competência da Competência do Tribunal Constitucional*, (n.° 4), disponível em www.tribunalconstitucional.pt.

[967] Cfr. GALVÃO TELLES, *A Competência*..., (n.° 11).

[968] Os exemplos são de CASTANHEIRA NEVES, *O Instituto dos "assentos"*..., RLJ, n.° 3705, p. 355.

[969] Cfr., enunciando este triplo papel, SÉRVULO CORREIA, *Direito do Contencioso*..., I, p. 702.

[970] Nesta formulação seguir-se-á de perto CASTANHEIRA NEVES, *O Instituto dos "assentos"*..., RLJ, n.os 3705 ss., pp. 353 ss.

Um supremo tribunal participa necessariamente na função jurídico-materialmente jurisdicional e, assim, no «desenvolvimento jurisprudencialmente criador do direito»[971]. Não pode pois restringir-se exclusivamente a uma função de revista, mas deve comportar outras funções relacionadas com a jurisprudência em geral[972]. A estas corresponderá a uniformidade da jurisprudência, entendida enquanto manifestação jurisprudencial da unidade do direito, mas no sentido de «unidade de normativa ordenação dinâmica e a posteriori». Fazendo convergir «o objectivo da unidade do direito e o objectivo da justa decisão concreta»[973]. A unidade do direito, que constitui a função específica dos supremos tribunais, realiza-se simultaneamente (por ocasião) com o exercício da função jurisdicional (de revista), no que se designa como princípio da incindibilidade normativa da função específica com a função jurisdicional, acrescido de uma exigência de não diferenciação quanto ao objecto[974]. A conclusão do autor que se vem acompanhando vai claramente enunciada no sentido de conceber um supremo tribunal com «uma função exclusivamente jurisdicional, acompanhada de uma «intenção jurídica» exercida como uma sua função específica, que visa a unidade do direito[975-976].

---

[971] Cfr. CASTANHEIRA NEVES, O Instituto dos "assentos"…, p. 291, RLJ, n.° 3703, p. 291.

[972] Cfr. CASTANHEIRA NEVES, O Instituto dos "assentos"…, RLJ, n.° 3703, pp. 292 s.

[973] Cfr. CASTANHEIRA NEVES, O Instituto dos "assentos"…, RLJ, n.° 3704, p. 323.

[974] Cfr. CASTANHEIRA NEVES, O Instituto dos "assentos"…, RLJ, n.° 3704, p. 324.

[975] Cfr. CASTANHEIRA NEVES, O Instituto dos "assentos"…, RLJ, n.° 3705, p. 358. O autor conclui que um supremo tribunal há-de ser convocado «a uma intenção normativo-jurídica de relevo transdecisória que concorra para a constituição jurisprudencial da unidade do direito», RLJ, n.° 3706, p. 9.

[976] A unidade do direito, sem ser o objecto do presente trabalho, estando implicada na função jurídica do Supremo Tribunal, requer algumas precisões meramente compreensivas da posição que vem sendo enunciada. Acompanhando o pensamento de CASTANHEIRA NEVES, A unidade do sistema jurídico: o seu problema e o seu sentido, in Digesta, vol. 2.°, pp. 95 ss., pode dizer-se que a forma mais elementar de unidade é a simples ausência de contradição (p. 119), mas a questão é bem mais complexa, na medida em que se trata de uma «unidade que assimile a dinâmica normativa do próprio sistema» (p. 134). A unidade é, enfim, «o esforço de realização histórica de uma consciência jurídica» (p. 179), com três níveis de intencionalidade, o primeiro nível, inclui «os princípios normativos e critérios jurídicos positivados no direito vigente e que são o resultado da assimilação ou conversão jurídica de valores e postulados ético-sociais, de padrões normativos dominantes (…), assim como das aspirações de oportunidade sócio-económica e político-ideológica que marcam a teleologia da organização social» (p. 175); o segundo nível, objectiva-se pelos «princípios normativo-jurídicos fundamentais e em que a determinação da própria intenção

A configuração do Supremo Tribunal Administrativo

Tem-se assim que a um Supremo Tribunal é conferida uma função jurisdicional que comporta a decisão concreta dos recursos de revista, mas não se limita a ser um tribunal que decide esses recursos, congrega também, já inclusive imbricada nessa actividade jurisdicional, uma função específica que visa a unidade do direito. Não pode concluir-se que o STA esteja distante deste tipo de enquadramento, sendo certo que lhe subjaz uma função jurisdicional e, além desta e nela incluída, uma função específica, que se dirige à uniformidade da jurisprudência lida enquanto unidade do direito. É este o fito congregador do Supremo Tribunal Administrativo, a sua razão de ser, a sua concreta e mensurável posição no topo de uma hierarquia, a sua indiscutível unicidade, estas últimas com efectivo suporte constitucional. Ficou, após a reforma de 2002/2003, recortado um novo tribunal supremo na jurisdição administrativa, sobre o qual recaem novas exigências e do qual se esperam novas modulações. Mais do que verdadeiro tribunal de revista, antes se deve considerar como verdadeiro Supremo Tribunal, encarregado das duas funções que se aquilataram.

Tem na doutrina sido desenvolvida outra figuração para um Supremo Tribunal, ensinamentos que também interessa registar. É apontada por Tunc, referenciando a *Cour de cassation*, uma dupla função: uma função disciplinadora, pela qual controla a aplicação do direito por um tribunal inferior, e uma função de clarificação e modernização do direito[977]. Marty anota uma função propriamente jurídica, que visa assegurar a «unidade da jurisprudência», entendendo o tribunal supremo como uma «autoridade reguladora indispensável à elaboração jurisprudencial do direito», e uma função disciplinadora («*disciplinaire*»), permitindo ao tribunal supremo reagir contra os erros e o abuso de poder ostensivos por parte dos juízes, o que reforça a «sua autoridade de hierarquia superior»[978]. De ambos se retira a atribuição ao Supremo Tribunal de funções condizentes com a sua condição e posicionamento.

As funções que o STA deve assegurar, não só se delimitam por via e nos termos da sua consagração constitucional e legal, mas, de um modo

---

do direito se impõe através dos postulados normativos» (p. 176); e, o terceiro nível, é uma «intenção final de validade», que é «verdadeiramente um absoluto pressuposto de sentido axiológico» (p. 177). Concluindo o autor que o sistema jurídico tem a sua unidade na solidariedade dialéctica com que, os homens-pessoas em diálogo comunitário, vivem a sua axiológica-social realização (p. 180).

[977] Cfr. *La Cour...*, p. 158.
[978] Cfr. *La Distinction...*, pp. 364 ss.

provavelmente mais acentuado, derivarão da sua efectiva implementação e dos tons em que se revele. O mesmo é dizer que não basta a formatação legal, é ainda necessário e determinante atender ao modo como o STA assume a realização das suas funções. Nesta aferição é curial partir da prática discursiva que dimana das decisões jurisdicionais que profere, no quadro daquelas suas tarefas (revista, reenvio prejudicial e uniformização de jurisprudência), não devendo, de igual modo, descurar-se a capacidade produtiva extra-jurisdicional que os conselheiros ainda se manifestem capazes de revelar. Neste último patamar podem contar-se os discursos que o Presidente do STA, de quando em vez, profere e que acabam publicados ora em colectâneas de textos ora em revistas jurídicas, não sendo particularmente significativa a actividade doutrinária dos restantes conselheiros[979]. Adiante se dará nota destas incursões.

Quanto ao desempenho das funções que lhe estão antepostas, deve considerar-se que, em sede de revista, haverá que ponderar quer as decisões da formação específica que efectua a apreciação preliminar sumária, quer as decisões que decidem os recursos. Em relação às primeiras, tentou-se já um estudo detido com vista à percepção do sentido jurisprudencial manifestado. Sem substituir o já exposto, que aqui não caberia, pode concluir-se que os principais tópicos adoptados não se desviam do âmbito das funções do Supremo Tribunal. Estão em causa na relevância jurídica da questão de importância fundamental: a complexidade das operações lógicas e jurídicas e a capacidade de expansão da controvérsia; na relevância social da questão de importância fundamental: o impacto (positivo ou negativo) na comunidade social; e na clara necessidade de uma melhor aplicação do direito: a errada ou má aplicação do direito (erro ostensivo, incontroverso, clamoroso, grosseiro). Existindo este filtro, ele deverá assegurar que não seja desvirtuada a função da revista e do próprio tribunal. De igual modo, no novel reenvio prejudicial, que ainda carecerá de muitos afinamentos e de uma cuidada atenção doutrinal, caberá a uma formação específica para o efeito aferir do preenchimento dos pressupostos que facultam a mobilização desse instituto, recaindo sobre o STA essa tarefa, pela qual lhe caberá assegurar a sua própria missão. O mesmo sucede em relação ao recurso para uniformização de jurisprudência, cuja admissão é da competência do STA, com o efeito de afastar o caso julgado atenta a sua nova formatação. Isto significa que cabe ao próprio Supremo Tribunal,

---

[979] Regista-se o já citado texto de ROSENDO JOSÉ, *Os Meios do CPTA...*, pp. 207 ss., como excepção de relevo.

A *configuração do Supremo Tribunal Administrativo*

377

no seu triplo papel (demarcado em função dos institutos que mobiliza), assegurar o cumprimento das funções que lhe estão incumbidas.

Mas a sua margem de actuação também se pode ver diminuída em resultado da interferência de factores exógenos, cuja aparição decorre da envolvência do direito administrativo. Pode aqui utilizar-se, adaptativamente, uma expressão formulada noutro âmbito e que consiste na afirmação da existência de «*canais comunicativo-discursivos* entre a política e o direito»[980]. Este entendimento é expresso no reconhecimento de que «todo o exercício da função jurisdicional envolve uma dimensão política»[981], ainda que não se ignore que ao STA e aos seus juízes caiba um poder e uma função de «*relevo político*», mas sem uma *intenção política*»[982].

Deve dar-se nota das incursões e contributos dos juízes integrados no STA, na construção do âmbito das funções do tribunal em que julgam. A reforma do contencioso administrativo de 2002/2003 foi antecedida de um amplo debate público, iniciado com a apresentação de anteprojectos cuja última formulação coube a juízes conselheiros e desembargadores[983]. Coube-lhes, nessa medida e tendo presente uma solicitação do governo, um papel relevante na modulação da discussão pública. Se é certo que a solução finalmente aprovada se revela substancialmente distinta e muito melhorada, considera-se relevante, em resumo, atender ao modo como os próprios delimitaram o papel do tribunal de que fazem parte (na componente que aqui interessa). Na nota que antecede o anteprojecto de Código de Processo nos Tribunais Administrativos, é assinalada a necessidade de «reposição da pirâmide hierárquica no seu devido lugar e consequente retoma da original função cognitiva do Direito, que deve ser reservada aos tribunais superiores»[984]. No projecto de texto legal configura-se a admissibilidade de recurso de decisões jurisdicionais para o STA, «quando tal se afigure manifestamente necessário à melhoria da aplicação do direito ou à promoção da uniformidade da jurisprudência» (artigo 134.°, n.° 4, do

---

[980] Cfr. GOMES CANOTILHO, *Jurisdição Constitucional e Intranquilidade Discursiva*, in *Perspectivas Constitucionais*, vol. I. Coimbra, 1996, p. 877 (itálico do autor).

[981] Cfr. SÉRVULO CORREIA, *Direito do Contencioso*..., I, p. 567.

[982] Cfr. CASTANHEIRA NEVES, *O Problema da Constitucionalidade*..., p. 117 (itálicos do autor). Assinalando uma «complexidade político-jurídica do recurso de revista», cfr. ANTUNES VARELA, *A interpretação dos testamentos perante o recurso de revista*, in *Revista de Direito e Estudos Sociais*, 1 e 2, 1948, p. 84.

[983] Cfr. *Intervenção* do Ministro da Justiça, in *Reforma do Contencioso*..., I, p. 22, na qual se identificam os intervenientes.

[984] Cfr. *Reforma do Contencioso Administrativo*, II. Coimbra, 2003, p. 414.

378 *O Recurso de Revista no Contencioso Administrativo*

anteprojecto). Esta solução traduzia uma cumulação entre determinações objectivas de admissão de recursos e a adopção de conceitos indeterminados, com a virtualidade de àqueles aditar outras hipóteses neles mensuráveis. É eliminado o anterior recurso por oposição de julgados, substituído, por influência do processo civil, pela incisão de uma vicissitude na formação de julgamento, instituindo-se a faculdade de julgamento ampliado do recurso, «quando tal se revele necessário ou conveniente para assegurar a uniformidade da jurisprudência» (artigo 142.° do anteprojeto). Esta solução é justificada na apresentação do anteprojecto do ETAF, como visando instituir «um mecanismo para prevenir a oposição e para resolver as diferenças entre as várias correntes de opinião»[985]. Desta breve enunciação parece decorrer já uma intenção de alterar o estado de coisas, procurando reconduzir o STA a um diferente tipo de função, tendo por comparação o regime jurídico então vigente. Sublinhe-se, no entanto, o recuo consistente na eliminação do recurso por oposição de julgados, substituído por um mecanismo impróprio, por si, para alcançar o desiderato pretendido. Os anteprojectos submetidos à discussão pública, foram, na primeira sessão daquela, apresentados através de intervenções de diversos conselheiros. No que agora releva, aquela previsão do artigo 134.°, n.° 4, assente em conceitos indeterminados foi apelidada de recurso de suplicação [986], bem a induzir a ideia subjacente.

Estando já em execução os diplomas constituintes da reforma, é chegado o momento de apreender o modo como, do lado dos juízes que se integram no STA, aquela é avaliada, a título representativo recorre-se a uma intervenção do seu Presidente. Num primeiro balanço é constatado o abandono, em regra, por parte do STA, de competências em primeira instância, substituídas pelo exercício das «competências típicas de *tribunais superiores*», reivindicando-se que aquele tribunal «assume finalmente a sua natural vocação de Tribunal *regulador* do sistema». Esta vocação apresenta-se como dependente da apreciação de questões com especial relevância jurídica ou social, comportando a intenção de «assegurar a *fixação de jurisprudência*». Conclui pela recondução do STA à «sua essência de *tribunal de revista*, com uma crucial *função reveladora do Direito*»[987]. Se

---

[985] Cfr. *Reforma do Contencioso...*, II, p. 492.

[986] Cfr. *Intervenção* do Conselheiro Rosendo Dias José, in *Reforma do Contencioso...*, I, p. 53.

[987] Cfr. *Intervenção* do Presidente do STA e Presidente do CSTAF, Juiz Conselheiro Manuel Santos Serra, in *A Nova Justiça Administrativa*. Coimbra, 2006, p. 28 (itálico e sublinhados do autor).

A *configuração do Supremo Tribunal Administrativo* 379

se aparenta incólume a afirmação da nova distribuição de competências e a atribuição de uma função reguladora (ainda que não exclusiva), já parece menos precisa a identificação da relevância das questões de importância fundamental como vias, (únicas?), para fixação de jurisprudência, quando esta se alcança, de igual modo, por outros meios que não exclusivamente por esses pressupostos de admissão do recurso de revista (atente-se na melhor aplicação do direito – o outro pressuposto da revista, no recurso para uniformização de jurisprudência, no novel reenvio prejudicial). De um outro ponto de vista e seguindo asserções antes aduzidas, da reforma do contencioso administrativo resulta em primeiro lugar a identificação do STA como um verdadeiro Supremo Tribunal, e não exclusivamente como um tribunal de revista, sem prejuízo da importância emergente desta componente essencial da sua actividade jurisdicional. Não cabe restringir o âmbito de acção que o STA passa a congregar, o que acaba por significar uma passagem brusca da acumulação de excessivas competências em primeira instância, verificável até há não muitos anos, para o encargo de assegurar um duplo papel, seja referenciado a uma função reguladora e a uma função de válvula de segurança, seja entendendo o seu papel à luz das funções jurisdicional e específica (:direccionada à unidade do direito). Em qualquer caso, e indo além da formulação do seu Presidente, assumindo as vestes de um verdadeiro Supremo Tribunal, com uma clara inserção no seu lugar próprio na pirâmide hierárquica. Por esta amostra, dir-se-ia que aos principais intérpretes e garantes da implementação pelo STA do seu novo duplo papel, cabe uma maior ambição e uma adequada projecção global das funções adstritas a um Supremo Tribunal e, em concreto, ao Supremo Tribunal Administrativo. Não vá o legislador adiante e sucumba o poder jurisdicional ante a dimensão da tarefa que lhe pesa nos ombros.

As notas antecedentes, longe de constituírem uma demonstração definitiva, representam tão só uma primeira aproximação ao papel que o STA deve desempenhar, ou à multiplicidade de papéis que lhe ficaram adstritos com a reforma do contencioso administrativo de 2002/2003. A sua formulação nesta sede visa conferir um enquadramento mais global à sua inserção na jurisdição, indo mais além do que uma mera avaliação do recurso de revista e aproveitando os contributos que deste decorrem. As suas vestes de tribunal de revista revelar-se-ão, provavelmente, das mais significativas na projecção futura do Supremo Tribunal e na ponderação que deste cabe efectuar, não podendo, ainda assim, obnubilar-se os restantes institutos que têm uma função própria.

A perspectiva de enquadramento do recurso de revista nas funções entregues ao STA exige a avaliação das outras componentes que por ele se manifestam, sendo certo que nalguns casos será ainda necessário aguardar pela sua manifestação concreta; tenha-se presente, nomeadamente, a prática na manobra do instituto do reenvio prejudicial ou a nova estruturação do recurso para uniformização de jurisprudência, a requerer a destruição do caso julgado. Este é ainda um tempo em que, da efectiva aplicação prática de cada um deles, se retirarão ensinamentos e implicações, em todos, incluindo o recurso de revista. Também por estas condicionantes se tentou apenas uma aproximação, não sendo ainda a hora de concluir definitivamente.

CONCLUSÕES

§ 1

1. A instituição do recurso de revista constitui uma das novidades decorrentes da reforma do contencioso administrativo, com uma repercussão que se antevê determinante na estruturação da jurisdição administrativa e no desenvolvimento do direito administrativo material.

2. Em 1989, com a segunda revisão constitucional, dá-se uma significativa transformação da Constituição jurisdicional, o Supremo Tribunal Administrativo ganha o foro de se apresentar expressamente mencionado nas categorias de tribunais e definido como «o órgão superior da hierarquia dos tribunais administrativos e fiscais».

3. A reforma do contencioso administrativo de 2002/2003 é suportada pelo princípio da tutela jurisdicional administrativa efectiva, que traduz um conjunto de axiomas cuja concretização legal e jurisprudencial condiciona o intérprete e o aplicador da lei, constituindo «o principal eixo axiológico estruturante do Direito Processual Administrativo» (SÉRVULO CORREIA).

4. O STA tem registado uma evolução no que respeita às competências jurisdicionais por si exercidas em primeira instância e, não desconsiderando a existência das mutações ocorridas, pode assinalar-se como um elemento de permanência o facto de continuarem entregues ao mais alto tribunal da jurisdição administrativa competências directas (ou em primeira instância).

5. Em diversos ordenamentos estrangeiros é comum a atribuição de competências em primeira instância a tribunais superiores ou mesmo ao mais alto tribunal; esta reserva de competências assenta na «dimensão dos

interesses em conflito» e não em qualquer consideração atinente ao tratamento privilegiado das autoridades demandadas. Esse é o caso do *Bundesverwaltungsgericht*, do *Conseil d'État* francês, do *Tribunal Supremo* espanhol e da *Supreme Court* norte-americana.

6. A Constituição não impõe que certas competências sejam exercidas pelo STA em primeira instância, trata-se de uma decisão do legislador ordinário que, em face das circunstâncias e das opções políticas que pretenda implementar, detém uma relativamente ampla margem de liberdade na conformação das funções do STA.

<h2 style="text-align:center">§ 2</h2>

7. Existe uma dupla remissão para o processo civil, por um lado genérica, afirmando o carácter supletivo do disposto na lei processual civil e, por outro, traduzindo-se numa concreta aplicação do disposto na lei processual civil, no que concerne aos recursos ordinários das decisões jurisdicionais, em ambos os casos com as necessárias adaptações.

8. O recurso de revista na jurisdição comum é um recurso ordinário, delimitando-se pelo objecto e pelo fundamento específico. O objecto é a decisão que julga o mérito da causa, em regra, proveniente da Relação, sendo indiferente que se trate de acórdão proferido em recurso de apelação ou em recurso de agravo, o fundamento específico é a violação da lei substantiva. Também é admitido o recurso de revista *per saltum*, quando esteja em causa uma decisão de mérito proferida em primeira instância e se suscitem apenas questões de direito.

9. O STJ apenas exerce um controlo sobre a matéria de direito, tal significa que, em regra, não pode alterar os factos que tenham sido fixados pelo tribunal recorrido (não conhece matéria de facto).

10. A admissão da revista, numa situação de normalidade, passa por dois crivos, primeiro, do relator do tribunal *a quo* e, em seguida, pelo relator do tribunal *ad quem*. Se o recurso não for admitido no tribunal *a quo*, é possível apresentar reclamação para o Presidente do STJ, ao qual caberá decidir da admissão; se o admitir, o tribunal *ad quem*, (o próprio STJ), pode ainda decidir em sentido contrário.

Conclusões 383

11. A *revision* tem por objecto sentenças do *Oberverwaltungsgericht*, cabendo a sua admissão ao tribunal recorrido ou ao *Bundesverwaltungsgericht*, perante queixa por não admissão.

12. São três os critérios de admissão da *revision*: tratar-se de uma questão jurídica de importância fundamental (*Grundsatzrevision*), a sentença recorrida divergir de uma decisão do BVerwG ou do Senado Comum dos tribunais supremos federais ou do Tribunal Constitucional federal (*Divergenzrevision*), ser invocado um vício no processo, no qual se tenha baseado a decisão (*Verfahrensrevision*).

13. A eventual caracterização da admissão do recurso como discricionária é afastada quer pela expressa previsão legal dos critérios em que assenta o acesso à instância de revista, quer porque o controlo da sua verificação será realizado pelo BVerwG.

14. O eventual sucesso da pretensão não constitui um quarto critério de admissão ou, de outra forma, não se inclui como a parte oculta de cada um dos critérios claramente enunciados.

15. O carácter de importância fundamental da questão jurídica concretiza-se através de ideias de força, como a segurança jurídica, o desenvolvimento do direito, a necessidade de aclaração e a importância da questão, que se eleva acima do caso específico de que emana.

16. A divergência entre decisões jurisprudenciais constitui critério de admissão da *revision*, tendo presente a necessidade de assegurar a manutenção da unidade do direito, o que se justifica pelo facto de existir uma divergência de teor substancial entre a sentença impugnada e outra anterior.

17. No caso da existência de um vício processual, a sua capacidade de provocar a admissão da *revision* implica que a eliminação do vício possa conduzir a uma decisão diferente da impugnada, o mesmo é dizer que, se da supressão do vício não decorrer, com alguma probabilidade, a alteração do sentido da decisão, a *revision* não será admitida.

18. É admissível o recurso de *revision* directamente do tribunal administrativo (primeira instância) para o BVerwG, se ambas as partes no

processo (recorrente e recorrido) nisso acordarem e o VG o admitir na própria sentença ou, posteriormente, através de auto. A *revision per saltum* apenas é admitida se se tratar de uma questão jurídica de importância fundamental ou de divergência entre decisões jurisdicionais.

19. O recurso de cassação perante o *Conseil d'État* tem por objecto as decisões das *Cours Administratives d'Appel* e todas as decisões tomadas em última instância das jurisdições administrativas.

20. Por lei de 31 de Dezembro de 1987 foi estabelecido um processo prévio de admissão, recuperando parcialmente uma anterior regulação no âmbito da *Cour de Cassation*. A instituição de um processo prévio de admissão não significa a adopção de uma forma de selecção discricionária dos processos que podem ser apreciados por via do recurso de cassação.

21. A partir de 1 de Janeiro de 1998 foi suprimida a comissão de admissão, passando a função por esta exercida a caber às dez subsecções do Conselho de Estado. A sub-secção apenas emana uma decisão jurisdicional no caso de recusa de admissão do recurso. Na hipótese de admissão, a decisão não assume forma jurisdicional, traduzindo-se no prosseguimento normal do recurso.

22. Constituem motivos de recusa de admissão do recurso o facto de este ser inadmissível («*irrecevable*») ou de não se fundar sobre algum meio sério («*n'est fondé sur aucun moyen sérieux*»).

23. As justificações para a não admissão do recurso são, em regra, sucintas, chegando ao ponto de apenas se mencionar que os meios invocados não apresentam um carácter sério, não sendo uma tão breve e lata enunciação de porte a consentir ao recorrente a percepção clara sobre as razões pelas quais a sua tentativa de aceder ao juiz de cassação foi recusada.

24. O Conselho de Estado não controla a apreciação dos factos efectuada pelo juiz de fundo, apesar de ser difícil fornecer uma definição do que seja apreciação de factos. O juiz de cassação exerce um controlo sobre a qualificação técnica, quando verifica se o juiz de fundo desnaturou os factos.

Conclusões 385

25. Se o Conselho de Estado se pronunciar no sentido da cassação da decisão contestada e proceder à sua anulação, fica deparado com a necessidade de efectuar ou não o reenvio da questão à instância precedente. O não reenvio do processo pode resultar do facto de, com a anulação da decisão, a pretensão do recorrente ficar de imediato resolvida por não ser necessário qualquer novo julgamento.

26. O Conselho de Estado é obrigado a decidir sobre o fundo quando se trata de um segundo recurso de cassação no mesmo processo, sendo de exercício facultativo quando o recurso de cassação tenha sido apresentado pela primeira vez; nesta última hipótese a decisão de fundo apenas será adoptada se for justificada pelo interesse numa boa administração da justiça.

27. A cassação, classificada como recurso extraordinário, foi introduzida no contencioso administrativo espanhol por uma lei de 30 de Abril de 1992. A cassação ordinária é da competência da 3.ª Sala do Tribunal Supremo, que é o tribunal superior da ordem jurisdicional espanhola.

28. Podem ser objecto de recurso de cassação as decisões tomadas em única instância pelas salas da Audiência Nacional e dos Tribunais Superiores de Justiça, assim como todas as sentenças que tenham por objecto a validade de uma disposição geral. A cassação visa em geral a apreciação de sentenças e não de autos, apesar de, em certos casos, os autos, pela sua relevância, poderem ser objecto de cassação.

29. Em determinadas situações, a decisão de não admissão deve ser tomada por unanimidade, o que se compreende, por se tratar de avaliar e concluir se foram indeferidos em termos substanciais outros recursos com conteúdo igual (1), se o recurso carece manifestamente de fundamento (2) ou se o objecto do recurso não tem interesse, para pronúncia em sede de cassação, por não afectar um grande número de situações ou por não possuir suficiente generalidade (3). Trata-se de uma segunda fase de avaliação, agora da seriedade e da oportunidade na continuidade do recurso.

§ 3

30. Em matéria de aplicação da lei no tempo foi adoptada uma solução que logrou igualar a situação processual dos utentes do sistema de justiça, na medida em que se limitaram os efeitos da entrada em vigor de uma reforma processual significativa, de modo a não prejudicar as legítimas expectativas existentes, em face do direito até aí vigente.

31. O objecto do recurso jurisdicional é, em regra, a decisão recorrida, o que, nesta sede, não se excepciona enquanto princípio geral, apesar de se dever atender, em função do discurso posterior, aos efeitos do critério de admissibilidade instituído para o recurso excepcional de revista no âmbito dos poderes de cognição do tribunal de revista e, consequentemente, na definição do seu objecto.

32. No âmbito do recurso de revista foram estabelecidas diferenças quanto ao tipo de decisão de que se pode recorrer; se, no caso do artigo 150.° (recurso excepcional de revista), o objecto do recurso são quaisquer decisões proferidas em segunda instância pelos tribunais centrais, já no artigo 151.° (recurso de revista *per saltum*), o objecto é restringido às decisões de mérito.

33. Este alargamento do âmbito do recurso de revista vigente no processo administrativo encontra justificação igualmente na impossibilidade jurídica de, nesta área do direito, ser interposto um recurso de agravo em segunda instância. O recurso de revista no contencioso administrativo consome dois tipos de recurso existentes no processo civil, o recurso de revista e o agravo em segunda instância.

34. A admissibilidade de violação de lei processual como fundamento da revista tem como justificação a magnitude da reforma legislativa implementada, que carece de um forte e adequado empenhamento dos tribunais integrados na jurisdição administrativa, muito em especial do STA, para consolidar e unificar os entendimentos decorrentes das dificuldades interpretativas que a nova lei processual possa suscitar.

35. Nos termos do artigo 141.°, n.° 1, do CPTA, detém legitimidade para recorrer quem tenha ficado vencido numa decisão jurisdicional proferida por um tribunal administrativo, com as precisões enumeradas nos

números seguintes, e o Ministério Público, se a decisão tiver sido proferida em violação de disposições ou princípios constitucionais ou legais. A redacção mais sintética do CPTA logra incluir, tal como resultava anteriormente de modo expresso, tanto as partes processuais como as que, não o sendo, são prejudicadas pela decisão.

36. Foi consagrada uma abertura no âmbito da acção administrativa especial, nos processos impugnatórios, numa dupla perspectiva. Do lado do autor, apesar da invocação de várias causas de invalidade do acto impugnado, quando não tenha obtido provimento em relação a alguma delas, desde que essa, se tivesse sido reconhecida, impedisse ou limitasse a possibilidade de renovação do acto anulado. Já o demandado pode ainda deter legitimidade para que seja reconhecida a inexistência de uma das causas de invalidade que conduziu à anulação do acto administrativo, apesar desta se manter, na medida em que o reconhecimento da inexistência dessa causa de invalidade se traduza na possibilidade do acto anulado vir a ser renovado.

37. O recurso de revista tem efeito suspensivo da decisão recorrida, o que significa que não é (nem pode ser) dada execução à decisão recorrida, admitindo-se a possibilidade de alteração desse efeito. São também admitidas hipóteses em que o efeito é meramente devolutivo, traduzindo-se na execução imediata da decisão impugnada. A formação específica, que procede à apreciação preliminar sumária, não detém poderes para alterar o efeito do recurso, admitindo-se que essa tarefa possa caber ao relator do julgamento (após a admissão e consequente distribuição), com a faculdade de reclamação para a conferência.

38. Pode ser apresentada reclamação do despacho que não admita o recurso, para o presidente do tribunal que seria competente para dele conhecer. Ou seja, do despacho do relator, no tribunal central, que não admita o recurso de revista, cabe reclamação para o Presidente do STA, o mesmo ocorrendo, no recurso *per saltum*, do despacho proferido no tribunal administrativo de círculo.

39. No recurso excepcional de revista existirão duas fases de admissão: a primeira, efectuada no tribunal recorrido, respeita à legitimidade, tempestividade e efeitos do recurso (exercendo o relator os poderes que lhe são conferidos no processo civil e da decisão deste havendo reclama-

ção para o presidente do STA); a segunda efectuada, no tribunal de recurso, concerne ao preenchimento dos pressupostos de admissão enunciados no artigo 150.°, n.° 1, CPTA.

40. Numa hipótese em que a intempestividade seja flagrante, mas não tenha sido detectada pelo relator *a quo*, a formação encarregue da apreciação preliminar pode (e deve) rejeitar o recurso com base nessa falta óbvia; ainda que a solução assim preconizada possa ir para além dos termos literais do artigo 150.°, n.° 5, insere-se na lógica do sistema de recursos instituído e na matriz enformadora do contencioso administrativo.

41. Em certas condições o Ministério Público pode assumir a qualidade de recorrente, desde logo, quando sendo parte no processo, nele tenha ficado vencido, depois, mesmo sem a qualidade de parte, é-lhe conferida a faculdade de impugnar uma decisão jurisdicional que tenha sido proferida com violação de disposições ou princípios constitucionais ou legais (artigo 141.°, n.° 1), mas a sua intervenção processual, em matéria de recursos, não se restringe a essa faceta, pode ainda intervir em defesa dos direitos fundamentais dos cidadãos, na defesa de interesses públicos especialmente relevantes e na defesa de algum dos valores ou bens referidos no n.° 2, do artigo 9.°. O MP actua, nesta última sede, em defesa de interesses meta-individuais materialmente qualificados.

42. A intervenção processual do MP, ao abrigo do artigo 146.°, n.° 1, é controlada pelo relator do tribunal de recurso, ao qual cabe aferir da sua admissibilidade, rejeitando essa intervenção se ela não se enquadrar nos patamares definidos.

43. O STA em sede de revista apenas conhece em matéria de direito, tal determinação legal é impeditiva da interferência da formação de julgamento quanto à apreciação da matéria de facto. As duas excepções previstas respeitam ao direito probatório material e permitem a apreciação pelo STA, em sede de revista, de erros na apreciação das provas e na fixação dos factos materiais da causa, por ofensa de uma disposição expressa de lei que exija certa espécie de prova para a existência do facto ou que fixe a força de determinado meio de prova.

Conclusões 389

44. No recurso de revista propende-se para a adopção de um recurso substitutivo, ou seja, o STA deve aplicar definitivamente o regime jurídico que julgue adequado, em termos similares ao previsto no processo civil. Apesar disso, estão também presentes afloramentos do sistema cassatório que derivam da aplicação subsidiária do processo civil.

45. O entendimento tradicional da jurisprudência veda ao tribunal de revista o conhecimento de questões que não tenham sido apreciadas na decisão impugnada, o que se traduz no impedimento do recorrente suscitar questões não abordadas nas instâncias antecedentes, não podendo, de igual modo, voltar a colocar questões que, tendo sido invocadas na primeira instância, foram esquecidas no recurso para a segunda instância. Esta posição colide com a configuração do recurso de revista como substitutivo da decisão recorrida, apresentando-se dificilmente enquadrável com o regime jurídico do recurso de revista no contencioso administrativo. Ilustrativa desta impossibilidade é a apreciação sobre os pressupostos de concessão de uma providência cautelar, em que será necessário aferir dos requisitos indicados no artigo 120.°, situação em que não é adequado restringir o objecto do recurso às estritas questões suscitadas no acórdão impugnado ou à componente da parte dispositiva desse aresto em que o recorrente tenha ficado vencido.

46. No âmbito dos processos em massa foi conferida à parte no processo suspenso a possibilidade de recorrer da sentença, proferida em primeira instância relativamente ao processo seleccionado, em que esse recorrente não é parte. Isto significa que o recorrente (parte no processo suspenso), no recurso interposto de decisão proferida em primeira instância no processo seleccionado é um recorrente atípico, na medida em que não é detentor de legitimidade processual segundo as regras gerais.

47. A única possibilidade que a parte em processo suspenso tem de utilizar o recurso de revista, se preencher os pressupostos, é requerer a continuação do seu próprio processo, com inconvenientes de tempo, porque, apesar de já conhecer o sentido da decisão, vai solicitar que, no seu caso, seja proferida a decisão de primeira instância, para depois poder calcorrear as vias de recurso admissíveis e ainda assim se poder sujeitar à não verificação dos pressupostos de admissão previstos no artigo 150.°, n.° 1.

390 *O Recurso de Revista no Contencioso Administrativo*

48. Estas circunstâncias justificariam uma de duas soluções: ou a possibilidade da parte do processo suspenso requerer a extensão, ao seu caso, dos efeitos da decisão proferida em segunda instância, mesmo quando desfavorável, para que no curso do seu próprio processo lhe fosse facultada a possibilidade de tentar aceder ao recurso de revista ou admitir o recurso de revista interposto pela parte no processo suspenso, no quadro do processo seleccionado, o que requereria uma alteração legislativa, mas teria também refluxo na normal configuração do processo.

49. O autor em processo suspenso pode recorrer da sentença proferida em primeira instância por via de recurso de revista *per saltum*, acedendo directamente ao STA, contanto que se verifiquem os pressupostos de admissão deste recurso.

§ 4

50. A existência de um duplo grau de recurso jurisdicional constitui matéria que se insere no âmbito da liberdade de conformação do legislador ordinário. Não decorre do direito à tutela jurisdicional qualquer imperatividade quanto à consagração de sucessivos graus de jurisdição, não se determinando que, pela existência hierarquizada de vários tribunais, numa ordem jurisdicional deva ser genericamente admissível a tramitação de um processo, em recursos sucessivos perante todos eles.

51. A não imposição constitucional da existência de uma terceira instância na resolução dos litígios submetidos aos tribunais da ordem jurisdicional administrativa constitui a habilitação (necessária) para a utilização de conceitos indeterminados, em sede de admissão. Se este recurso não é exigível em geral, pode ser condicionado à verificação de certos pressupostos de conteúdo indeterminado, que o próprio tribunal cuidará de concretizar e sedimentar.

52. Deve atender-se à distinção entre a discricionariedade e o preenchimento de conceitos indeterminados com base numa diferenciação estrutural; na primeira a abertura da previsão dá lugar a um alargamento conjuntivo, enquanto que a segunda determina um alargamento disjuntivo. O preenchimento valorativo de um conceito indeterminado, que comporta um pressuposto, requer um juízo de valor associado a uma

prognose, de que resultará a conclusão quanto à existência ou não do pressuposto em apreço; no exercício de discricionariedade, além disso, é realizada uma ponderação dos interesses públicos e privados em presença. Estas operações, tendo uma natureza objectivante, são realizadas de modo indiferente, quer por um órgão da Administração, quer por um tribunal.

53. A tarefa de que está incumbida a formação específica de apreciação preliminar sumária reconduz-se à formulação de uma resposta positiva ou negativa, quanto à verificação de um dos indicados pressupostos de admissão e, em consequência, admitir ou não o recurso de revista.

54. Existem outras situações em que se transmutou a regra geral de exercício da competência do tribunal, admitindo-se que, em circunstâncias determinadas, mas que carecem de um preenchimento valorativo, a função jurisdicional seja exercida com base em critérios não objectivos. É o caso da decisão sumária do recurso, configurada no processo civil, no processo constitucional e, inclusive, no processo administrativo. O contencioso administrativo contém ainda outras hipóteses que aí se enquadram, como sejam, a possibilidade de fundamentação sumária da decisão, a modificação objectiva da instância, a decretação de uma providência cautelar e a causa legítima de inexecução de uma sentença administrativa.

55. O recurso de revista no contencioso administrativo configura-se como um recurso com critérios de admissão taxativamente fixados, em decorrência do objecto do processo e da questão que se pretende ver discutida no seu âmbito.

56. A compreensão dos aludidos conceitos fortemente indeterminados está pendente do percurso de concretização e preenchimento valorativo que a formação específica de apreciação preliminar sumária for, ao longo do tempo, efectuando e da estabilidade e da permanência que por essa via se for conseguindo.

57. A importância fundamental, pela sua relevância jurídica, é aferida em função de dois requisitos: a complexidade das operações de natureza lógica e jurídica indispensáveis à resolução do caso e a capacidade de expansão da controvérsia (indo além dos limites da situação em apreço

392   *O Recurso de Revista no Contencioso Administrativo*

e podendo repetir-se num número não determinado de situações futuras), o primeiro, enquanto justificação para a resolução da questão e este desempenhando uma função preventiva.

58. A concretização da questão de importância fundamental pela sua relevância social traduz-se no impacto gerado na comunidade social. O seu papel será acentuado na acção popular e na acção pública, tendo em atenção a congregação de interesses que, nesses meios processuais, se pretendem defender.

59. A ideia subjacente à relevância social comporta, no termo social, uma ampla congregação de aspectos, valorando factores económicos (na vertente de prejuízos públicos e privados), sociais, turísticos e atinentes à qualidade de vida, todos integráveis na concepção abstracta exposta (impacto gerado na comunidade social), podendo ter-se por abrangidos ainda outros factores, tais como a preservação do ambiente e do património cultural, a defesa da saúde pública e o urbanismo.

60. A admissão claramente necessária a uma melhor aplicação do direito, de utilização, até ao momento, muito diminuta, traduz-se na errada ou má aplicação do direito em termos extremos, que justifiquem a intervenção do STA. Não é suficiente a existência de divergências jurisprudenciais ou doutrinárias, nem o mero carácter erróneo da decisão impugnada, a má aplicação do direito tem de impor a sua correcção, o que deriva da dimensão do erro em análise. Já se aduziram qualificações como erro judiciário ostensivo, incontroverso ou clamoroso ou como erro manifesto ou grosseiro.

61. É perigosa a identificação (quase) total do recurso de revista com um recurso de amparo, em que se tutelam direitos fundamentais; sem ignorar o alcance que a expressão detém, não parece crível nem correcto restringir o recurso de revista à tutela dos direitos fundamentais, nem concebê-lo como um recurso de amparo. A simples invocação de uma inconstitucionalidade não é por si motivo bastante para se concluir pela admissão do recurso.

62. A consagração legal de pressupostos de admissão do recurso de revista, assentes em conceitos indeterminados e não estritamente no valor da causa, obrigando a uma fase prévia de preenchimento valorativo para

aferição da sua ocorrência, além de constituir uma tendência no direito processual estrangeiro, também pode (e deve) ser lida como instrumento de racionalidade e de eficácia.

63. A indeterminação e a maleabilidade na admissão da revista excepcional revela-se apta a realizar uma «complementar diferenciação material», que prossiga e comporte uma intenção normativamente material de igualdade e de justiça.

64. Não se configura desrespeitador do princípio da determinabilidade das normas jurídicas a utilização de conceitos indeterminados como critério de acesso ao tribunal de revista. Não se depara qualquer obscuridade ou contradição entre normas ou na própria norma, nem se pode concluir pela falta de clareza dos conceitos adoptados. A utilização de conceitos indeterminados, que requerem um preenchimento «através de representações de valor, que não podem ser submetidas a nenhuma bitola objectiva absolutamente unitária», não redundam numa situação de imprecisão, de não cognoscibilidade ou de incompreensibilidade.

65. A via da selecção dos processos que acedem ao tribunal de revista, assente nos aludidos conceitos indeterminados, revela-se apta e portanto adequada à finalidade que visa atingir e que consiste na concentração, no mais alto tribunal da jurisdição administrativa, dos processos que revelam intrinsecamente valor justificativo para o seu tratamento em terceira instância.

66. A utilização de conceitos indeterminados detém a virtualidade de não se cristalizar, facultando uma evolução natural da jurisprudência de admissão do recurso de revista e, por atender aos casos concretos em análise, constitui uma forma de indispensabilidade em relação ao fim a atingir.

67. A razoabilidade (ou equilíbrio) está assegurada na medida em que o meio utilizado (conceitos indeterminados) não é desproporcionado em relação ao fim (afastar do Supremo Tribunal aquele conjunto de litígios cuja relevância e dimensão se apresentam de tal modo insignificantes, que não justificavam a mobilização do mais alto tribunal).

394   *O Recurso de Revista no Contencioso Administrativo*

68. Em defesa da ampliação dos normais poderes de cognição do tribunal de revista, atenta a referida intenção de excepcionalidade, podem alegar-se vários argumentos:

i) A aplicação do processo civil no contencioso administrativo, estando em causa uma remissão directa para um bloco normativo – que é um momento de injuntividade – deve coadunar-se com um momento de porosidade entre ambos os direitos processuais, a ponto de se poder identificar a existência de um princípio geral de aplicação adaptativa da lei de processo civil, sendo que as adaptações do processo civil serão aquelas que se coadunem com a específica natureza do direito processual administrativo.

ii) A matriz enformadora da reforma do contencioso administrativo, que consiste na efectividade da tutela jurisdicional administrativa, além de não impedir tal extensão, ainda, por outro lado, a reforça e exige.

iii) Na aferição da relevância social da questão de importância fundamental, os interesses comunitários que fundam a admissão do recurso só se podem ter por realizados e assegurados se a questão, que assim se vê admitida, for resolvida na totalidade, aflorando todas as facetas daqueles interesses. Do mesmo modo os outros dois conceitos indeterminados utilizados exigem a plena resolução do litígio. O interesse prosseguido pela revista excepcional, dado o seu carácter e amplitude, é ele próprio um factor condicionante do regime jurídico que a rege, nomeadamente no que respeita à extensão dos poderes de cognição com eventual preterição excepcional do caso julgado.

iv) Os pressupostos de admissão do recurso atribuem à questão uma tal relevância, que só com a sua plena resolução se podem ter por assegurados os fundamentos do acesso ao STA, em terceira instância. O tipo de relevância que qualifica a questão de importância fundamental é susceptível de impor uma resolução efectiva da questão.

v) A existência de uma tendencial justaposição entre a relação jurídica administrativa e a relação jurídica processual significa que ao tribunal de revista caberá dar satisfação ao litígio emergente daquela relação jurídica administrativa.

Conclusões   395

vi) A necessidade de interpretar as normas processuais administrativas, no sentido mais favorável à pronúncia de uma decisão de
mérito global do litígio, decorre também da observância do
princípio da igualdade das partes.

vii) Razões de política legislativa justificam que o STA, em terceira instância, possa julgar os processos em que se suscitem
questões de importância fundamental pela sua relevância juri-
dica ou social, e, mesmo quando tenha sido apenas invocada
uma questão, devem ser reponderadas todas as que relevem no
caso concreto.

viii) O alargamento dos poderes de cognição do STA em sede de
revista decorre da necessidade de conceder efeito útil à decisão,
de modo a que, transposto o filtro de admissão e reconhecida a
relevância da questão subjacente, esta venha a encontrar uma
solução definitiva e completa.

ix) A identificação entre o âmbito de cognição e a situação juri-
dica administrativa encontrava já indícios no direito anterior,
em que se cominava ao STA, em sede de recurso, o poder de
conhecer toda a matéria da impugnação do acto administrativo, ainda que o julgamento tivesse sido parcialmente favorável ao recorrente.

x) O caso julgado não é um valor em si próprio, antes baseando-
-se com maior preponderância em determinações de carácter
político do que estritamente jurídicas, do que decorre que pode
sucumbir perante o valor da justiça, quando a verdade deva prevalecer sobre a segurança. O que, a ocorrer, apenas pode ser
aceite em situações muito excepcionais.

xi) O artigo 152.º, CPTA, transmite claramente que nas situações
de divergência jurisprudencial, com as condicionantes nele previstas, passou a ser admissível destruir o caso julgado, isto é, o
grau de exigência anterior, no que respeita às situações em que
aquele poderia ser suprimido, diminuiu.

xii) Sendo possível qualificar a hipótese em apreço como excepcional, ela insere-se no quadro constitucional que admite a preterição do caso julgado, no que concerne à modificação ou à
revogação de decisões jurisdicionais. Além de que, detendo o
legislador ordinário uma ampla margem de liberdade na escolha das decisões que constituem caso julgado, é-lhe constitucionalmente licito prever – directa ou indirectamente – a prete-

396   *O Recurso de Revista no Contencioso Administrativo*

rição do caso julgado nas situações em que dos critérios de admissão do recurso resulte necessariamente a decisão global do litígio submetido a apreciação e não apenas uma simples resolução da questão colocada, eventualmente inútil.

xiii) Na ponderação do Tribunal Constitucional, como última instância de recurso e numa perspectiva assente nos seus poderes de cognição, foi já considerado como irrelevante o valor de caso julgado no processo principal como condicionante à admissão do recurso para aquele tribunal, isto por se considerar que a constitucionalidade ou a legalidade de uma norma legal tem «interesse e valor objectivo».

xiv) A justaposição entre relação substantiva e relação processual coloca diversas dificuldades, devendo a resposta passar pelo equacionar entre os limites do caso julgado e as determinações emergentes dos princípios do dispositivo, do inquisitório e do contraditório, que não são intransponíveis.

69. Em relação à questão de importância fundamental, pela sua relevância jurídica, é possível agrupar os argumentos utilizados nas decisões de não admissão, tendo por padrão dois tópicos: num, a configuração geral da recusa de admissão (por referência aos sentidos da jurisprudência no e fora do processo), noutro, a identificação de hipóteses concretas em que a admissão foi recusada.

70. A aferição da relevância jurídica da questão de importância fundamental não pode assentar num patamar de relevância teórica mensurável através de um exercício intelectual.

71. São dois os tópicos determinantes na verificação do não preenchimento do conceito indeterminado da relevância social da questão de importância fundamental: a não projecção de efeitos para além da esfera jurídica do recorrente, o mesmo é dizer, a evidência da redução da questão aos estreitos limites do caso individual, e a não realização de interesses comunitários de grande relevo ou de largo alcance.

72. Quanto à clara necessidade para melhor aplicação do direito, são apresentadas duas formulações para identificar a sua ausência: «poder afirmar-se que o acórdão recorrido aplicou manifestamente mal o direito ao

caso» ou que a decisão «não se mostra clara e objectivamente contrária à lei». Não é a complexidade das operações em si que alicerça a admissão do recurso de revista pela clara necessidade de uma melhor aplicação do direito, é a errada aplicação deste, que pode ter sido motivada pela sua complexidade, que justifica a não admissão.

73. Se tivesse sido vontade do legislador fixar dois critérios, um relativo à relevância social e outro à aplicação do direito, ter-lhe-ia cabido manifestar esse propósito, de modo expresso e imperativo, não podendo ter-se por admissível que caiba ao intérprete proceder à fusão de segmentos da norma.

74. A diferença essencial, entre a relevância jurídica da questão de importância fundamental e a necessidade de uma melhor aplicação do direito, consiste na primeira atender à importância da questão a submeter a recurso, estando em causa a sua concreta relevância em função de um padrão jurídico, enquanto que a necessidade de melhor aplicação do direito assenta num desvio à correcta aplicação do direito, justificando a admissão do recurso quando o erro ou a má aplicação do direito a reclamem de um modo claro.

75. Deve ser reforçado o rigor da exigência no preenchimento dos pressupostos de admissão quando a decisão impugnada é uma providência cautelar cuja vigência está temporalmente condicionada. No reforço do grau de exigência do preenchimento dos pressupostos de admissão em processos cautelares, revela-se decisivo o argumento que acentua o seu carácter de provisoriedade.

76. A não admissão do recurso de revista também tem tido por base fundamentos diversos do não preenchimento dos pressupostos de admissão previstos no artigo 150.°, n.° 1. A formação específica de apreciação preliminar deve exercer a função de admissão do recurso em moldes suficientemente exaustivos, para que não venha a ser necessário voltar a apreciar questões que já deveriam estar ultrapassadas. A solução assim preconizada vai para além dos termos literais da norma do artigo 150.°, n.° 5, inserindo-se, no entanto, na lógica do sistema instituído e na matriz enformadora do contencioso administrativo na formulação da reforma de 2002/2003. A formação de julgamento no STA não detém quaisquer pode-

res em sede de admissão do recurso, pelo que a decisão de admissão é definitiva e vinculante.

77. O simples e irremediável afastamento do recurso, pela verificação de uma falha técnica suprível oficiosamente – ónus de alegação do preenchimento dos pressupostos de admissão da revista – não se coadunaria com a razão de ser da reforma do contencioso administrativo, nem se ligaria com os princípios que a sustentam.

78. A não distinção entre alegações de admissibilidade e de fundo pode ter contribuído para a menor atenção conferida às primeiras, pelo que talvez tivesse sido preferível exigir a interposição de recurso acompanhada das alegações de admissibilidade e só em caso de admissão ser, então, conferido um prazo (curto) para as alegações de fundo.

79. Não estando integrada na excepção relativa às decisões de expediente, resulta claro que a decisão sobre a admissão é uma decisão jurisdicional, sujeita a fundamentação por força da determinação constitucional e na forma que legalmente for definida.

80. Os padrões argumentativos utilizados na generalidade dos acórdãos de não admissão do recurso excepcional de revista revelam-se aceitáveis e adequados ao fim em vista, não carecendo de um maior esforço ou desenvoltura ao nível da respectiva fundamentação. Uma motivação muito desenvolvida seria contrária à apreciação sumária legalmente exigida.

81. Pode admitir-se que uma decisão de admissão do recurso de revista, dado o seu carácter excepcional, deva comportar um maior esforço argumentativo, que também deriva da sua menor frequência, do que quando estejam em causa decisões de não admissão.

82. O nível de exigência na fundamentação de uma decisão de não admissão, é determinado pela necessidade da sua compreensão e aceitabilidade. Não deriva de qualquer norma constitucional ou legal uma fundamentação qualificada que, no extremo, poderia significar o exercício de uma tarefa jurisdicional para além dos poderes concretos que a formação específica de apreciação preliminar detém.

Conclusões 399

83. A institucionalização de uma formação específica e exclusiva é a via que melhor protege os interesses das partes nos processos, por, de forma uniforme, fornecer uma concretização constante e consonante dos pressupostos de admissão do recurso de revista, não fazendo perigar a tutela jurisdicional pela oscilação e variabilidade dos seus modos de concretização.

84. A possibilidade de dupla intervenção, na apreciação preliminar e depois na decisão de fundo do recurso, pode gerar algumas perplexidades, na medida em que os juízes que admitem o recurso podem ser chamados a julgá-lo. Outra solução teria o efeito reflexo negativo de afastar três dos juízes mais experientes da decisão das questões de maior relevância e dimensão, todas aquelas que, ao fim e ao cabo, poderiam justificar a admissão do recurso, restringindo-se a sua intervenção a uma tarefa exclusiva (ou quase) de admissão de recursos através de acórdãos interlocutórios.

§ 5

85. A transformação dos tribunais centrais em instâncias normais de recurso em segundo grau, de decisões provindas dos tribunais administrativos de círculo, levou a que fosse admitido um recurso de revista directo da primeira instância para o STA, quando, pretendendo-se impugnar uma decisão de mérito, estivessem em causa apenas questões de direito.

86. O efeito da remissão oficiosa – carácter obrigatório – do recurso *per saltum* é atenuado pelos rigorosos requisitos de admissibilidade, apenas se estes se verificarem é que o salto terá lugar, o que acaba por induzir uma obrigatoriedade selectiva.

87. O recurso *per saltum* está condicionado por um requisito positivo, que se traduz na exigência da causa apresentar um valor superior a três milhões de euros ou indeterminável e um requisito negativo, que impõe que não estejam em causa questões relativas ao funcionalismo público ou relativas à protecção social.

88. A introdução de restrições de acesso ao Supremo Tribunal em matéria de funcionalismo público, não constitui uma originalidade portu-

400   *O Recurso de Revista no Contencioso Administrativo*

guesa, encontrando directas ocorrências noutros países, por via de uma menção directa, mas também se se atender à concepção global do regime de admissão do recurso de revista, como é o caso alemão, no qual se atende, entre outros, à importância fundamental da questão jurídica.

89. As formas públicas ou privadas de protecção social têm que ver com a relação jurídica de previdência ou de segurança social, respeitando ao contencioso relativo à aposentação e à protecção na doença, invalidez, viuvez e orfandade, estribado na respectiva garantia constitucional.

90. O regime vigente no CPTA diverge da solução alemã, na medida em que não transpôs para a revista *per saltum* os critérios de admissão, sujeitos a uma apreciação preliminar sumária, que obrigam ao preenchimento valorativo de conceitos indeterminados. A dualidade de perspectivas adoptada parece visar a promoção do recurso de revista *per saltum* como forma de garantia da efectividade da tutela jurisdicional administrativa, por via da celeridade processual alcançada e da obtenção de uma decisão de mérito definitiva pelo Supremo Tribunal.

91. Perante a existência de questões que ultrapassem o âmbito da revista, é determinada a baixa do processo ao tribunal central administrativo, para o recurso aí ser julgado como apelação. Esta decisão é definitiva, o que significa que, em relação a ela, não é admitido qualquer recurso ou reclamação. Deve entender-se que, nas hipóteses em que a não admissão assente na não verificação de qualquer dos outros requisitos, o processo também deve ser remetido ao tribunal central, para aí ser julgado como apelação, o que constitui uma manifestação do princípio *pro actione*.

92. Sendo o recurso admitido pelo relator, pode esta decisão ser objecto de reclamação para a conferência. Reunidos os requisitos da revista *per saltum*, será este obrigatoriamente o recurso apropriado e não qualquer outro. Esta solução não parece, no entanto, impeditiva de que a reclamação seja apresentada por qualquer das partes (recorrente ou recorrido), atendendo-se a que ambas se podem sentir prejudicadas pela impossibilidade de discutir a matéria de facto.

§ 6

93. A relevância da questão fundamental e a dimensão do erro, enquanto suportes determinantes da admissão da revista excepcional, apresentam a inevitável virtualidade de gerar repercussões na força jurídica do acórdão final que vier a ser proferido.

94. A aludida força jurídica dos acórdãos emitidos em sede de revista excepcional sofre uma forte atenuante por via de inexistir uma obrigatoriedade de cada juiz à «uniformidade pré-estabelecida».

95. A jurisprudência de revista excepcional manifesta uma expressa intenção de prevalência, dotada de uma presunção de correcção e de uma força psicológica de precedente, não inibidora de futuras eventuais derrogações de sentido, atenta a flexibilidade inerente à jurisprudência e à contingência da sua própria evolução, quadrando assim com o princípio da independência decisória dos juízes, mas suficientemente indiciadora do significado e da intenção que lhe subjaz, em função dos pressupostos de admissão do recurso excepcional de revista. Esta intenção ainda saí mais reforçada (ganhando um efectivo suporte de jurisprudência uniformizada), quando seja adoptado o julgamento ampliado.

96. Já no recurso de revista *per saltum* deve entender-se, algo diferentemente, que a dimensão essencial da força jurídica das decisões, no seu âmbito proferidas, assenta na natureza e autoridade do tribunal, aproximando--se das restantes decisões do STA, enquanto tribunal de segunda instância.

97. O julgamento ampliado do recurso pode ser requerido por qualquer das partes, não resultando do preceito que essa faculdade possa ser exercida pelo MP, ao qual apenas será permitida se assumir as vestes de parte.

98. O preenchimento valorativo dos conceitos indeterminados utilizados na admissão do recurso excepcional de revista constitui um indício determinante para a adopção da forma de julgamento ampliado.

99. A utilização do julgamento ampliado da revista constitui uma forma de limitação do campo de acção do recurso para uniformização de jurisprudência, desde logo pelo facto de, com o julgamento ampliado, também se visar, por via preventiva, a uniformidade da jurisprudência e

402   *O Recurso de Revista no Contencioso Administrativo*

depois por, sendo tomada uma decisão em julgamento ampliado de revista, ser muito improvável persistir a possibilidade de ser interposto o recurso previsto no artigo 152.°.

100. O facto de estar em causa um recurso em que, quer o acórdão fundamento, quer o acordo impugnado, já transitaram em julgado, tem dois significados: o primeiro consiste na decisão do recurso, se favorável à pretensão formulada, determinar a anulação do caso julgado – o designado *judicium rescindens* –, o segundo no facto dessa anulação apenas afectar o acórdão impugnado e não já o acórdão fundamento.

101. Na jurisdição administrativa alemã não figura um recurso nominalmente designado de uniformização de jurisprudência, mas o mesmo fito é alcançado no âmbito da *revision*, por via do estabelecimento, como critério de admissão, da divergência entre a sentença do OVG e uma decisão do BVerwG, do Senado Comum dos tribunais federais ou do Tribunal Constitucional federal. Abarcando a *revision* uma simultânea função de revista e de uniformização da jurisprudência, nesta medida e, em parte, a *revision* alemã comunga das finalidades que em Portugal são distribuídas por dois tipos diferentes de recurso, com condicionamentos diferenciados.

102. O recurso de revista apresenta-se com primazia em relação ao recurso para uniformização de jurisprudência, que pelo seu lado se revela residual nessa intersecção. A ponderação e a decisão sobre as grandes questões de direito administrativo, processual ou substantivo, serão objecto de tratamento em sede de revista e não por via da contradição de julgados. A actividade de complementação do direito, dotada de rasgos criativos e inovadores, terá sobretudo lugar em sede de revista, direccionando-se para aí em resultado dos pressupostos de admissibilidade utilizados, por recurso a conceitos indeterminados.

103. Se a parte vencida interpuser recurso excepcional de revista e este for admitido, da decisão de fundo que for tomada pode caber recurso para uniformização de jurisprudência, configurando-se assim a possibilidade de um quarto grau de jurisdição. Já em relação às decisões de não admissão da revista, está de todo afastada a possibilidade de interposição de recurso para uniformização de jurisprudência, por falta de previsão legal nesse sentido.

Conclusões

104. Talvez não fosse despropositado eliminar como recurso autónomo o recurso para uniformização de jurisprudência, em face da forma como foi gizado e da eventual incapacidade que revele em alcançar o objectivo visado e integrar, à maneira alemã, um novo critério de admissão do recurso de revista, tendo por suporte a contradição entre decisões jurisprudenciais do STA ou entre uma decisão do TCA (impugnada) e uma decisão do STA (fundamento) e, mesmo, entre decisões do TCA.

105. No âmbito do mesmo processo, a pronúncia emitida em sede de reenvio prejudicial vincula o STA, em termos de lhe impedir que, por via de recurso, de revista ou *per saltum*, possa adoptar uma linha interpretativa diferente daquela que manifestou na aludida pronúncia.

106. Tratando-se de recurso de revista ou *per saltum*, que tenha por objecto a mesma questão de direito já objecto de reenvio prejudicial, mas não no mesmo processo, parece que o STA se encontrará a ela tão vinculado como se encontra em relação à sua demais produção jurisprudencial anterior em sede de revista.

§ 7

107. O STA, no intuito expresso pelo legislador, passará a assumir o papel de válvula de segurança do sistema, em função de um doseamento interventor que lhe cabe ministrar perante as necessidades e as circunstâncias. A concepção de válvula de segurança funciona plenamente no recurso excepcional de revista, detendo aquele tribunal, através da formação específica de apreciação preliminar sumária, o encargo de concretizar a sua própria competência, ainda que não se encontre plenamente livre para o fazer.

108. O Tribunal Supremo desenvolve também uma função de regulador do sistema, nomeadamente por via dos institutos de reenvio prejudicial e do recurso para uniformização de jurisprudência e ainda pela resolução de conflitos de competência entre os tribunais administrativos.

109. O STA continua a deter competências de primeira instância, em função de critérios reveladores da importância e do significado dos inte-

404   *O Recurso de Revista no Contencioso Administrativo*

resses em presença. Quer o *Bundesverwaltungsgericht*, quer o *Conseil d'État*, quer o *Tribunal Supremo* espanhol, quer a *Supreme Court* norte-americana, são supremos tribunais, de índole diversa, mas em que se detectam competências de primeira instância.

110. Quer no recurso excepcional de revista, quer por via do reenvio prejudicial, confere-se ao STA, através de uma formação específica para o efeito constituída, a competência para decidir quanto à sua competência.

111. A instituição de um princípio de selecção, por via do qual se confere uma habilitação válida, para o Supremo avaliar e decidir, fundamentadamente, que questões merecem e justificam a sua mobilização, parece corresponder às expectativas do tempo e congregar nesse tribunal aquilo que dele não deve ser retirado.

112. É manifesta a tendência de ir, de modo faseado ou global, implementando a via da selecção como única solução capaz de concentrar nos supremos tribunais uma função verdadeiramente útil e de deles retirar um contributo efectivo para a unidade e o desenvolvimento do direito.

113. O sentido da dimensão constitucional – o órgão superior – transmite o seu carácter único e a sua institucionalização como Supremo Tribunal, «supremo pela sua unicidade no vértice» da jurisdição administrativa.

114. A razão de ser para a preferência por juízes de entre os mais antigos da secção de contencioso administrativo, comporta uma manifestação que, sem se querer redutora, visa mais o conservadorismo do que a inovação.

115. A competência para decidir sobre a própria competência, com base no preenchimento valorativo de conceitos indeterminados, passa o teste da determinabilidade, da proporcionalidade, da igualdade e da compatibilidade com o princípio da efectividade da tutela jurisdicional administrativa.

116. É concebível direccionar a actividade jurisdicional de um tribunal supremo pelo ângulo da sua função específica (que perpassaria em

Conclusões 405

toda ela), sendo também admissível destrinçar a actividade jurisdicional de revista da outra actividade concebida na função específica.

117. É também da aludida dimensão constitucional – o órgão superior da hierarquia – que deriva a atribuição ao Supremo Tribunal da habilitação para actuar como «intérprete qualificado e garante» do juízo de oportunidade jurídica, de que se reveste o critério da «exigência normativa da unidade do direito» (Castanheira Neves).

118. A unidade do direito, que constitui a função específica dos supremos tribunais realiza-se simultaneamente (por ocasião) com o exercício da função jurisdicional (de revista), no que se designa como princípio da incindibilidade normativa da função específica com a função jurisdicional, acrescido de uma exigência de não diferenciação quanto ao objecto (Castanheira Neves).

119. Tem-se assim que a um Supremo Tribunal é conferida uma função jurisdicional que comporta a decisão concreta dos recursos de revista, mas não se limita a ser um tribunal que decide esses recursos, congrega também, já inclusive imbricada nessa actividade jurisdicional, uma função específica que visa a unidade do direito.

120. Não basta a formatação legal, é ainda necessário e determinante atender ao modo como o STA assume a realização das suas funções. Aos seus principais intérpretes caberá um papel determinante na projecção global das funções adstritas a um Supremo Tribunal.

BIBLIOGRAFIA

AA.VV. – *Conference of the Chief Justices of the Supreme Courts and Attorney-Generals of the Countries of the European Union*, in DDC/BMJ, n.os 59/60, 1994, pp. 177--333.

AA.VV. – *Reforma do Contencioso Administrativo. O Debate Universitário (Trabalhos Preparatórios)*. Vol. I. Coimbra, 2003.

AA.VV. – *Reforma do Contencioso Administrativo*. Estudo. Relatório. Anteprojectos. Vol. II. Coimbra, 2003.

AA.VV. – *Reforma do Contencioso Administrativo. Exposição de Motivos* [e outros textos]. Vol. III. Coimbra, 2003.

AA.VV. – *O Sistema de Recursos em Processo Civil e em Processo Penal*. Coimbra, 2006.

AFONSO – Orlando Viegas Martins – *Poder Judicial. Independência In Dependência*. Coimbra, 2004.

AYALA, Bernardo Diniz de – *O (défice de) controlo judicial da margem de livre decisão administrativa*. Lisboa, 1995.

– v. CORREIA, José Manuel Sérvulo

ALEXANDRE, Isabel – *Problemas Recentes da Uniformização da Jurisprudência em Processo Civil*, ROA, ano 60, 2000, pp. 102-163.

– *O Caso Julgado na Jurisprudência Constitucional Portuguesa*, in *Estudos em Homenagem ao Conselheiro José Manuel Cardoso da Costa*. Coimbra, 2003, pp. 11-77.

ALMEIDA, Mário Aroso de – *Contributo para a reforma do sistema do contencioso administrativo. Direito e Justiça*, vol. IX, tomo 1, 1995, pp. 103-121.

– *Novas Perspectivas para o Contencioso Administrativo*, in *Juris et de Jure*. Porto, 1998, pp. 529-571.

– *Anulação de actos administrativos e relações jurídicas emergentes*. Coimbra, 2002.

– *Breve introdução à reforma do contencioso administrativo*, CJA, n.º 32, 2002, pp. 3-10.

– *O Novo Regime do Processo nos Tribunais Administrativos*. Coimbra, 2.ª edição, 2003.

– *Recursos Jurisdicionais*, in *A Nova Justiça Administrativa*. Coimbra, 2006, pp. 237-241.

– v. AMARAL, Freitas do

ALMEIDA, Mário Aroso de/CADILHA, Carlos Alberto Fernandes – *Comentário ao Código de Processo nos Tribunais Administrativos*. Coimbra, 2005.

408   *O Recurso de Revista no Contencioso Administrativo*

AMARAL, Diogo Freitas do – *Direito Administrativo*. Vol. IV. Lisboa, 1988.
- *Direito do Urbanismo (Sumários)*. Lisboa, 1993.
- *A execução das sentenças dos Tribunais Administrativos*. Coimbra, 2.ª edição, 1997.
- *Curso de Direito Administrativo*. Coimbra, vol. I, 2.ª edição, 1994 e vol. II, 1.ª edição, 2003.
- *Intervenção*, in *Reforma do Contencioso Administrativo. O Debate Universitário (Trabalhos Preparatórios)*. I, Coimbra, 2003, pp. 57-60.
- *Considerações Gerais sobre a Reforma do Contencioso Administrativo*, in *Reforma do Contencioso Administrativo. O Debate Universitário (Trabalhos Preparatórios)*. I, Coimbra, 2003, pp. 105-116.
- *Conceito e Natureza do Recurso Hierárquico*. Coimbra, 2.ª edição, 2005.
AMARAL, Diogo Freitas do/ALMEIDA, Mário Aroso de – *Grandes linhas da reforma do contencioso administrativo*. Coimbra, 3.ª edição, 2004.
AMARAL, Maria Lúcia – *A Forma da República*. Coimbra, 2005.
AMORIM, J. Pacheco de – v. OLIVEIRA, Mário Esteves de
ANDRADE, José Carlos Vieira de – *A Justiça Administrativa (Lições)*. Coimbra, 1.ª edição, 1998 e 4.ª edição, 2003.
- *Intervenção*, in *Reforma do Contencioso Administrativo. O Debate Universitário (Trabalhos Preparatórios)*. I, Coimbra, 2003, pp. 67-73.
ANTUNES, Luís Filipe Colaço – *Para um Direito Administrativo de Garantia do Cidadão e da Administração. Tradição e Reforma*. Coimbra, 2000.
- *O Direito Administrativo e a sua Justiça no início do século XXI. Algumas Questões*. Coimbra, 2001.
- *Brevíssimas Notas Sobre a Fixação de uma Summa Gravaminis no Processo Administrativo*, RFDUP, I, 2004, pp. 83-100.

BACHOF, Otto – Estado de Direito e Poder Político. Os Tribunais Constitucionais entre o Direito e a Política, BFD, vol. LVI, 1980, pp. 1-23.
BAPTISTA, José João – *Dos Recursos*. Lisboa, 7.ª edição, 2004.
BATISTA, J. Pereira – *Reforma do Processo Civil. Princípios fundamentais*. Lisboa, 1997.
BARJOT, Alain – *Le Recours en Cassation devant le Conseil d'État*, EDCE, n.° 5, 1951, pp. 64-76.
BASSOLS COMA, Martín – *Artículo 95*, REDA, n.° 100, 1998, pp.672-679.
BASTOS, Jacinto Fernandes Rodrigues – *Notas ao Código de Processo Civil*, vol. III. Lisboa, 3.ª edição, 2001.
BEZERRA, J. Miguel – v. VARELA, J.M. Antunes
BONET NAVARRO, Angel – *Los Recursos en el Proceso Civil*. Madrid, 2000.
BORÉ, Jacques – *La Cassation en Matière Civile*. Paris, 1980.
- v. DAMIEN, André
BOTELHO, José Manuel Santos – *A tutela efectiva na reforma do contencioso administrativo*, in *Reforma do Contencioso Administrativo. O Debate Universitário,* I, Coimbra, 2003, pp. 657-662.
BRITO, Pedro Madeira de – v. RAMALHO, Maria do Rosário Palma
BRITO, Wladimir – *Lições de Direito Processual Administrativo*. Coimbra, 2003.

Bibliografia 409

Bronze, Fernando José – *«Continentalização» do Direito Inglês ou «Insularização» do Direito Continental.* Coimbra, 1975.
Buzaid, Alfredo – *Da uniformização da jurisprudência*, in BFD, vol. LVIII. Coimbra, 1982, pp. 127-167.

Cadilha, Carlos Alberto Fernandes – *Ainda a Reforma do Contencioso Administrativo*, CJA, n.º 2, 1997, pp. 3-8.
– v. Almeida, Mário Aroso de
Caetano, Marcello – *Manual de Direito Administrativo*, vol. II. Coimbra, 10.ª edição, 6.ª reimpressão, 1999.
Caianiello, Vincenzo – *Manuale di Diritto Processuale Amministrativo*, 1997, 2.ª edição (reimpressão).
Canotilho, José Joaquim Gomes – *Fidelidade à República ou Fidelidade à NATO?*, in AA.VV., *Estudos em Homenagem ao Prof. Doutor Afonso Rodrigues Queiró*, I. Coimbra, 1984, pp. 131-207.
– *Jurisdição Constitucional e Intranquilidade Discursiva*, in *Perspecticas Constitucionais*, vol. I. Coimbra, 1996, pp. 871-887.
– *Constituição Dirigente e Vinculação do Legislador*. Coimbra, 2.ª edição, 2001.
– *Direito Constitucional e Teoria da Constituição*. Coimbra, 6.ª edição, 2002.
Canotilho, José Joaquim Gomes/Moreira, Vital – *Constituição da República Portuguesa Anotada*. Coimbra, 3.ª edição, 1993.
Castro, Catarina Sarmento e – *Organização e competência dos tribunais administrativos*, in *A Reforma da Justiça Administrativa*. Coimbra, 2005, pp. 29-78.
Cassarino, Sebastiano – *Manuale di Diritto Processuale Amministrativo*. Milão, 1990.
Caupers, João/Raposo, João – Contencioso Administrativo Anotado e Comentado. Lisboa, 1994.
Caupers, João – *Introdução ao Direito Administrativo*. Lisboa, 7.ª edição, 2003.
Chabanol, Daniel – *Une reforme inachevée*, AJDA, n.º 2, 1988, pp. 102-108.
– *Code de justice administrative*. Paris, 2.ª edição, 2004.
Chapus, René – *Les aspects procéduraux*. AJDA, n.º 2, 1988, pp. 93-99.
– *Droit du Contentieux Administratif*. Paris, 10.ª edição, 2002.
Coelho, Alberto Baltazar – *Algumas notas sobre o julgamento ampliado da revista e do agravo*, in *Colectânea de Jurisprudência*-STJ, ano V, tomo I, 1997, pp. 25-32.
Colin, Frédéric – *Le contrôle de la dénaturation dans le contentieux administratif.* RDP, n.º 3, 2000, pp. 779-827.
Combarnous, Michel – *Une étape décisive dans la modernisation du contentieux administratif.* AJDA, n.º 2, 1988, pp. 76-78.
Correia, Fernando Alves – *O Plano Urbanístico e o Princípio da Igualdade*. Coimbra, 1997 (reimpressão).
– *Manual de Direito do Urbanismo*, I. Coimbra, 2001.
– *O Direito do Urbanismo em Portugal*. RLJ, n.º 3937, 2006, pp. 196-235.
Correia, José Manuel Sérvulo – *Noções de Direito Administrativo*. Vol. I. Lisboa, 1982.
– *Legalidade e Autonomia Contratual nos Contratos Administrativos*. Coimbra, 1987.
– *Linhas de aperfeiçoamento da Jurisdição Administrativa*. ROA, Ano 51, 1991, pp. 181-190.

410   *O Recurso de Revista no Contencioso Administrativo*

- *Separation of Powers and Judicial Review of Administrative Decisions in Portugal*, in *Control in Constitutional Law*. Dordrecht/Boston/London, 1993, pp. 163--183.
- *Direito Administrativo II (Contencioso Administrativo). Relatório sobre programa, conteúdos e métodos de ensino*, RFDUL, vol. XXXV. Lisboa, 1994, pp. 57-206.
- *Contencioso Administrativo e Estado de Direito*, RFDUL, vol. XXXVI. Lisboa, 1995, 445-455.
- *A Reforma do Contencioso Administrativo e as Funções do Ministério Público*, in *Estudos em Homenagem a Cunha Rodrigues*. Coimbra, 2001, pp. 295-329.
- *O prazo de alegação no recurso fundado em oposição de acórdãos no Supremo Tribunal Administrativo. Um caso paradigmático do problema da aplicação da lei de processo civil no contencioso administrativo*, in *Estudos de Direito Processual Administrativo*. Lisboa, 2002, pp. 255-279.
- *O princípio pro actione e o âmbito da cognição no recurso de revista*, CJA, n.º 48, 2004, pp. 36-52.
- *Direito do Contencioso Administrativo*, I. Lisboa, 2005.
- *Judicial Resolution of Administrative Disputes (Administrative Procedure in Portugal)*, in AA.VV., *Direito Comparado Perspectivas Luso-Americanas*, vol. I. Coimbra, 2006, pp. 323-336.

CORREIA, J.M. Sérvulo/AYALA, Bernardo Diniz de/MEDEIROS, Rui – *Estudos de Direito Processual Administrativo*. Lisboa, 2002.
- *Vers une protection juridictionelle commune des citoyens en Europe (?)*, in *Estudos de Direito Processual Administrativo*, pp. 7-122.

CORREIA, José Manuel Sérvulo/GOUVEIA, Jorge Bacelar – *Princípios constitucionais do acesso à justiça, da legalidade processual e do contraditório; junção de pareceres em processo civil; interpretação conforme à Constituição do artigo 525.º do Código de Processo Civil*, in ROA, ano 57, 1997, pp. 296-334.

COSCULLUELA MONTANER, Luís – *Manual de Derecho Administrativo*. Madrid, 11.ª edição, 2000.

COSTA, Jean-Paul – *Le Conseil d'État dans la société contemporaine*. Paris, 1993.

CRESPO, Miguel Ângelo Oliveira – *As Sanções Pecuniárias Compulsórias no Código de Processo nos Tribunais Administrativos. A caminho da efectividade da tutela jurisdicional administrativa*. Relatório, inédito, 2004.

DAMIEN, André/BORÉ, Jacques – *Le contrôle du juge de cassation en matière administrative et en matière civile*. RFDA, n.º 6, 1990, pp. 777-791.

DEBBASCH, Charles/RICCI, Jean-Claude – *Contentieux administratif.* Paris, 7.ª edição, 2001.

DEL SAZ, Silvia – *Artículo 91*, REDA, n.º 100, 1998, pp. 645-655.

DUARTE, David – *Procedimentalização, Participação e Fundamentação: Para uma concretização do princípio da imparcialidade administrativa como parâmetro decisório*. Coimbra, 1996.

DUARTE, Maria Luísa – *A Discricionariedade Administrativa e os Conceitos Jurídicos Indeterminados*, BMJ, n.º 370, 1987, pp. 35-73.

DWORKIN, Ronald – *Los derechos en serio*. Barcelona, 2002 (5.ª reimpressão).

Bibliografia   411

ENGISH, Karl – *Introdução ao Pensamento Jurídico*. Lisboa, 6.ª edição, 1988.

FERNANDES, Francisco Liberal – *Autonomia Colectiva dos Trabalhadores da Administração. Crise do Modelo Clássico de Emprego Público*. Coimbra, 1995.

FERNANDEZ, Tomás-Ramón – v. GARCIA DE ENTERRIA, Eduardo

FERREIRA, Amâncio – *Manual dos Recursos em Processo Civil*. Coimbra, 5.ª edição, 2004.

FERREIRA, J.O. Cardona – *Guia de Recursos em Processo Civil*. Coimbra, 2002.
   – *Subsídios para o Estudo do Direito Processual Civil Recursório na Área Judicial com especial ênfase no processo civil*, policopiado, 2005.

FONSECA, Guilherme – *Direito Processual Administrativo – dos Recursos Jurisdicionais - RDP*, n.º 18, pp. 55-88.

FONSECA, Isabel Celeste M. Fonseca – *Dos novos processos urgentes no contencioso administrativo (função e estrutura)*. Lisboa, 2004.
   – *O contencioso administrativo das autarquias locais: um contencioso que se tem revelado urgente...*, SI, n.º 304, 2005, pp. 637-673.

FOUQUET, Olivier – v. MASSOT, Jean

FRANC, Michel – *Commentaires sur une réforme*. AJDA, n.º 2, 1988, pp. 79-84.

FREITAS, José Lebre de – *Introdução ao processo civil. Conceito e princípios gerais*. Coimbra, 1996.
   – *Parecer* n.º 1/06, do Gabinete de Estudos da Ordem dos Advogados (relator), disponível em www.oa.pt.
   – *Intervenção*, policopiado, s/d.

FREITAS, José Lebre de/MENDES, Armindo Ribeiro – *Código de Processo Civil Anotado*, vol. 3.º. Coimbra, 2003.

FROMONT, Michel/RIEG, Alfred – *Introduction au Droit Allemand*, I. Paris, 1977.

GARCIA DE ENTERRÍA, Eduardo/FERNANDEZ, Tomás-Ramón – *Curso de Derecho Administrativo*, II. Madrid, 8.ª edição, 2002.

GARCIA, Maria da Glória F.P.D. – *Da Justiça Administrativa em Portugal. Sua origem e evolução*. Lisboa, 1994.
   – *As Medidas Cautelares entre a correcta prossecução do interesse público e a efectividade dos direitos dos particulares*, in *Reforma do Contencioso Administrativo. O Debate Universitário*, I, Coimbra, 2003, pp. 431-448.
   – *Do Conselho de Estado ao Actual Supremo Tribunal Administrativo*. Lisboa, 2.ª edição, 2005.
   – *Estudos sobre o Princípio da Igualdade*. Coimbra, 2005.
   – *Princípio da igualdade: fórmula vazia ou fórmula "carregada" de sentido?*, in *Estudos sobre o Princípio da Igualdade*. Coimbra, 2005, pp. 29-73.

GARCÌA MACHO, Ricardo – *Artículo 93*, REDA, n.º 100, 1998, pp. 659-666.

GARRIDO FALLA, Fernando – *Tratado de Derecho Administrativo*, III – *La Justicia Administrativa*. Madrid, 2001.

GAUDEMET, Yves – *Traité de Droit Administratif*. Tomo 1. Paris, 16.ª edição, 2001.
   – v. LAUBADÈRE, André de

GIMENO SENDRA, Vicente/MORENO CATENA, Victor/SALA SÁNCHEZ, Pascual – *Derecho Procesal Administrativo*. Madrid, 2.ª edição, 2004.

412   *O Recurso de Revista no Contencioso Administrativo*

GLAESER, Walter Schmitt/HORN, Hans-Detlef – *Verwaltungsprozessrecht*. Estugarda, 15.ª edição, 2000.

GOHIN, Olivier – *Contentieux Administratif*. Paris, 2.ª edição, 2002.

GONÇALVES, Pedro Costa – v. OLIVEIRA, Mário Esteves de

GONZÁLEZ PÉREZ, Jesús – *El Derecho a la Tutela Jurisdiccional*. Madrid, 3.ª edição, 2001.
    – *Manual de Derecho Procesal Administrativo*. Madrid, 3.ª edição, 2001.

GONZÁLEZ RIVAS, Juan José – *El Recurso de Casación en la Jurisdicción Contencioso--Administrativa*. Pamplona, 1996.

GOUVEIA, Jorge Bacelar – v. CORREIA, José Manuel Sérvulo

GOUVEIA, Paulo H. Pereira – *As realidades da nova tutela cautelar adminsitrativa*, CJA n.º 55, 2006, pp. 3-16.

GRISWOLD, Erwin N. – *La Cour Suprême des États-Unis*, RIDC, 1978, pp. 97-110.

GUYOMAR, Mattias – v. MASSOT, Jean

HOMEM, António Pedro Barbas – *O Justo e o Injusto*. Lisboa, 2001.

HORN, Hans-Detlef – v. GLAESER, Walter Schmitt

HUFEN, Friedhelm – *Verwaltungsprozessrecht*. Munique, 2.ª edição, 1996.

HUGLO, Christian – v. JESSUA, Corinne Lepage

JAUERNIG, Othmar – *Direito Processual Civil*. Coimbra, 2002 (tradução da 25.ª edição).

JESSUA, Corinne Lepage/HUGLO, Christian – *La reforme du Conseil d'État vue par les avocats*. AJDA, n.º 2, 1988, pp. 127-133.

JOSÉ, Rosendo Dias – *Os Meios do CPTA Próprios para a Tutela de Direitos Fundamentais e o Recurso do Artigo 150.º*, in *A Nova Justiça Administrativa*. Coimbra, 2006, pp. 207-235.

JULIEN, Pierre – *Droit Judiciaire Privé*. Paris, 2.ª edição, 2003.

JUSTO, Santos – *Introdução ao Estudo do Direito*. Coimbra, 2.ª edição, 2003.

KAUFMANN, Arthur – *Filosofia do Direito*. Lisboa, 2004.

LARENZ, Karl – *Metodologia da Ciência do Direito*. Lisboa, 3.ª edição, 1997.

LAUBADÈRE, André de/VENEZIA, Jean-Claude/GAUDEMET, Yves – *Droit Administratif*. Paris, 17.ª edição, 2002.

LAVILLA RUBIRA, Juan José – *Artículo 88*, REDA, n.º 100, 1998, pp. 638-642.

LEAL-HENRIQUES, Manuel – *Recursos em Processo Civil*. Lisboa, 3.ª edição, 1998.

LÉVY, Michel J./PRÉTOT, Xavier – *Le juge, le justiciable et le tomahawk*, AJDA, n.º 2, 1988, pp. 109-117.

LOPES, J. E. Gonçalves – *Escritos de Direito Público*. Braga, 2002.
    – *O Tribunal Central Administrativo e a IV Revisão Constitucional – Contribuição para uma apreciação crítica do Contencioso Administrativo Português*, in *Escritos de Direito Público*. Braga, 2002, pp. 113-158.

MACHADO, Baptista – *Introdução ao Direito e ao Discurso Legitimador*. Coimbra, 1994.

MACHETE, Rui Chancerelle de – *Contencioso Administrativo, Dicionário Jurídico da Administraçao Pública*. Vol. II. Coimbra, 1972, pp. 683-788.
    – *O Direito Administrativo Português no último quartel do século XX e nos primei-*

ros anos do século XX., in *O Direito Contemporâneo em Portugal e no Brasil*, (coord. Ives Martins e Diogo Leite Campos), Coimbra, 2003, pp. 199-217.

Martinez, Pedro Soares – *A Injustiça das Alçadas e das Simplificações Processuais em Razão do Valor*, in AA.VV., *Estudos em Homenagem ao Prof. Doutor Raul Ventura*, vol. II. Lisboa, 2003, pp. 993-995.

Martins, Alexandre Soveral – *Direito Processual Civil*, 1.º vol., *Noções gerais*. Coimbra, 1995.

Martins, Ana Gouveia – *A Tutela Cautelar no Contencioso Administrativo (Em especial, nos procedimentos de formação dos contratos)*. Coimbra, 2005.

Martins, Manuel – *O Reenvio Prejudicial ao STA no Novo Contencioso Administrativo*, in AA.VV., *Estudos de Direito Público*. Lisboa, 2006, pp. 453-542.

Matin-Laprade, Bruno – *Le "filtrage" des pouvoirs et les "avis" contentieux*, AJDA, n.º 2, 1988, pp. 85-92.

Massot, Jean/Fouquet, Olivier – *Le Conseil d'État, juge de cassation*. Paris, 1.ª edição, 1993.

Massot, Jean/Fouquet, Olivier/Stahl, Jacques-Henri/Guyomar, Mattias, *Le Conseil d'État, juge de cassation*. Paris, 5.ª edição, 2001.

Matos, André Salgado de – v. Sousa, Marcelo Rebelo de

Medeiros, Rui – v. Correia, J.M. Sérvulo

Melo, António Barbosa de – *Parâmetros Constitucionais da Justiça Administrativa*, in *Reforma do Contencioso Administrativo. O Debate Universitário*, I, Coimbra, 2003, pp. 377-400.
– *O presidente dos tribunais administrativos de círculo no novo contencioso administrativo*. CJA, n.º 51, 2005, pp. 7-13.

Mendes, Armindo Ribeiro – *Recursos em Processo Civil*. Lisboa, 2.ª edição, 1994.
– *Os Recursos no Código de Processo Civil Revisto*. Lisboa, 1998.
– *Os Recursos Jurisdicionais no Novo Contencioso Administrativo*, policopiado, s/d.
– *Notas para a Intervenção no colóquio de apreciação do relatório do GPLP sobre "Avaliação do Sistema de Recursos em Processo Civil e em Processo Penal*, policopiado, 2005.
– v. Freitas, José Lebre de

Mendes, João Castro – *Processo Civil*, vol. III. Lisboa, 1999.
– *Introdução ao Estudo do Direito*. Lisboa, 1994, (edição revista por Miguel Teixeira de Sousa).

Merêa, Paulo – *Bosquejo Histórico do Recurso de Revista*. Separata BMJ, n.º 7. Lisboa, 1948.

Miranda, Jorge – *Manual de Direito Constitucional*. Tomo IV. Coimbra, 2.ª edição, 1998 (reimpressão).
– *Os Parâmetros Constitucionais da Reforma do Contencioso Administrativo*, in *Reforma do Contencioso Administrativo. O Debate Universitário*, I. Coimbra, 2003, pp. 363-375.

Morais, Carlos Blanco de – *Justiça Constitucional*, II. Coimbra, 2005.

Moreira, Azevedo – *Conceitos Indeterminados: sua sindicabilidade contenciosa*, RDP, n.º 1, 1985, pp. 15-89.

Moreira, Vital – v. Canotilho, José Joaquim Gomes

Moreno Catena, Víctor – v. Gimeno Sendra, Vicente

414 *O Recurso de Revista no Contencioso Administrativo*

NEVES, Ana Fernanda – *Relação Jurídica de Emprego Público*. Coimbra, 1999.

NEVES, António Castanheira – *O Instituto dos "Assentos" e a função jurídica dos Supremos Tribunais*, RLJ n.° 3474 (ano 105) a RLJ n.° 3706 (ano 116).

– *O Problema da Constitucionalidade dos Assentos*. Coimbra, 1994.

– *Digesta – Escritos acerca do Direito, do Pensamento Jurídico, da sua Metodologia e Outros*, vol. 1.° e vol. 2.°. Coimbra, 1995.

– *Assento*, in *Digesta – Escritos acerca do Direito, do Pensamento Jurídico, da sua Metodologia e Outros*, vol. 1.°. Coimbra, 1995, pp. 345-348.

– *O problema da discricionariedade*, in *Digesta – Escritos acerca do Direito, do Pensamento Jurídico, da sua Metodologia e Outros*, vol. 1.°. Coimbra, 1995, pp. 531-596.

– *A Unidade do Sistema Jurídico: O seu problema e o seu sentido*, in *Digesta – Escritos acerca do Direito, do Pensamento Jurídico, da sua Metodologia e Outros*, vol. 2.°. Coimbra, 1995, pp. 95-180.

– *O Direito hoje e com Que sentido? O problema actual da autonomia do direito*. Lisboa, 2002.

NORA, José Joaquim Sampaio e – *A Reforma do Processo Civil em Sede de Recursos*, in AA.VV., AB VNO AD OMNES. Coimbra, 1998, pp. 401-409.

NORA, Sampaio e – v. VARELA, J.M. Antunes

NOVAIS, Jorge Reis – *As Restrições Aos Direitos Fundamentais não expressamente autorizadas pela Constituição*. Coimbra, 2003.

OLIVEIRA, António Cândido – *Organização Judiciária Administrativa (e Tributária)*. Coimbra, 2003.

– *Apontamentos sobre a reforma do direito processual administrativo*, in *Reforma do Contencioso Administrativo*, I, pp. 97-102.

OLIVEIRA, Mário Esteves de/GONÇALVES, Pedro Costa/AMORIM, J. Pacheco de – *Código do Procedimento Administrativo Comentado*. Coimbra, 2.ª edição (reimpressão), 2001.

OLIVEIRA, Mário Esteves de/OLIVEIRA, Rodrigo Esteves de – *Código de Processo nos Tribunais Administrativos/Estatuto dos Tribunais Administrativos e Fiscais Anotados*, vol. I. Coimbra, 2004.

OLIVEIRA, Rodrigo Esteves de – v. OLIVEIRA, Mário Esteves de

OTERO, Paulo – *Conceito e fundamento da hierarquia administrativa*. Coimbra, 1992.

– *Ensaio sobre o Caso Julgado Inconstitucional*. Lisboa, 1993.

– *Legalidade e Administração Pública*. Coimbra, 2003.

PEISER, Gustave – *Le Recours En Cassation En Droit Administratif Français. Évolution et régime actuel*. Paris, 1958.

PEREIRA, Manuel José Aguiar – *O Direito de Recurso em Processo Civil (Breve reflexão em torno da possível alteração do regime)*, policopiado, 2005

PERROT, Roger – *Institutions judiciaires*. Paris, 2002.

PIETZNER, Rainer – § 132, *Verwaltungsgerichtsordnung Kommentar*, vol. II, 2003.

PINTO, Fernando Brandão Ferreira/FONSECA, Guilherme Frederico Dias Pereira da – *Direito Processual Administrativo Contencioso (Recurso Contencioso)*. Porto, 2.ª edição, 1992.

PRÉTOT, Xavier – v. LÉVY, Michel J.

Bibliografia 415

QUADROS, Fausto – *A Nova Dimensão do Direito Administrativo. O Direito Administrativo português na perspectiva comunitária*. Coimbra, 1999.

QUEIRÓ, Afonso Rodrigues – *Lições de Direito Administrativo*, I. Coimbra, 1976.
– *Os Limites do Poder Discricionário das Autoridades Administrativas*, in *Estudos de Direito Público*, vol. II, tomo I. Coimbra, 2000, pp. 19-33.
– *Teoria dos Regulamentos*, in *Estudos de Direito Público*, vol. II, tomo I. Coimbra, 2000, pp. 213-262.

RAMALHO, Maria do Rosário Palma/BRITO, Pedro Madeira de – Contrato de Trabalho na Administração Pública. Coimbra, 2.ª edição, 2005.

RANGEL, Paulo Castro – *Repensar o Poder Judicial. Fundamentos e Fragmentos*. Porto, 2001.
– *Organização dos Tribunais e Tramitação Processual*, in *Reforma do Contencioso Administrativo*, I, pp. 635-643.

RAPOSO, João – v. CAUPERS, João

REGO, Carlos Francisco de Oliveira Lopes do – *Acesso ao Direito e aos Tribunais*, in AA.VV., *Estudos sobre a Jurisprudência do Tribunal Constitucional*. Lisboa, 1993, pp. 41-96.
– *A Uniformização da Jurisprudência no Novo Direito Processual Civil*. Lisboa, 1997.
– *Comentários ao Código do Processo Civil*, vol. I. Coimbra, 2.ª edição, 2004.
– *O Direito ao Recurso em Processo Civil*, policopiado, s/d.

REIS, José Alberto dos – *Organização Judicial*. Coimbra, 1909.
– *Breve estudo sobre a Reforma do Processo civil e comercial*. Coimbra, 2.ª edição, 1929.
– *Código de Processo Civil anotado*, vols. V e VI. Coimbra, 1981 (reimpressão).

RICCI, Jean-Claude – v. DEBBASCH, Charles

RIVERO YSERN, Enrique – *Artículo 12*, REDA n.º 100, 1998, pp.172-176.

RODRIGUES, Cunha – *Em Nome do Povo*. Coimbra, 1999.

ROUVIÈRE, Jacques – *Les Juridictions Administratives et le Recours en Cassation*. Paris, 1958.

SAINZ DE ROBLES, Federico Carlos – *Artículo 96*, REDA n.º 100, 1998, pp. 679-683.

Sala Sánchez, Pascual – v. GIMENO SENDRA, Vicente

SATTA, Filippo – *Giustizia Amministrativa*. Milão, 3.ª edição, 1997

SCHMIDT-ASSMANN, Eberhard – *La Teoria General del Derecho Administrativo como Sistema*. Madrid, 2003.

SILVA, Vasco Pereira da Silva – *Para um contencioso administrativo dos particulares – Esboço de uma teoria subjectivista do recurso directo de anulação*. Coimbra, 1997.
– *Em busca do acto administrativo perdido*. Coimbra, reimpressão, 1998.
– *Ventos de Mudança no Contencioso Administrativo*. Coimbra, 2000.
– *Todo o contencioso administrativo se tornou de plena jurisdição*, CJA, n.º 34, Julho/Agosto 2002, pp. 24-32.
– *Vem aí a Reforma do Contencioso Administrativo ((!?)*, in *Reforma do Contencioso Administrativo. O Debate Universitário*, I, Coimbra, 2003, pp. 75-95, (incluído em *Ventos de Mudança...*, pp. 97-118).

416   *O Recurso de Revista no Contencioso Administrativo*

– *O Contencioso Administrativo no Divã da Psicanálise. Ensaio sobre as acções no novo processo administrativo.* Coimbra, 2005.

SOUSA, António Francisco de – *«Conceitos Indeterminados» no Direito Administrativo.* Coimbra, 1994.

– *O Controlo Jurisdicional da Discricionariedade e das Decisões de Valoração e Prognose,* in *Reforma do Contencioso Administrativo. O Debate Universitário,* I, Coimbra, 2003, pp. 401-420.

SOUSA, Marcelo Rebelo de/MATOS, André Salgado de – *Direito Administrativo, I – Introdução e princípios fundamentais.* Lisboa, 2004.

SOUSA, Miguel Teixeira de – *Estudos sobre o novo Processo Civil.* Lisboa, 2.ª edição, 1997.

– *Introdução ao Processo Civil.* Lisboa, 2.ª edição, 2000.

STAHL, Jacques-Henri – v. MASSOT, Jean

TAPIA FERNÁNDEZ, Isabel – *El Objeto del Proceso. Alegaciones. Sentencia. Cosa juzgada.* Madrid, 2000.

TARUFFO, Michele – *Note sulla garanzia costituzionale della motiva*zione, BFD, vol. LV. Coimbra, 1979, pp. 29-38.

THÉRY, Jean-François – *Les nouvelles procédures contentieuses au Conseil d'État.* RFDA, n.° 4, 1988, pp. 790-795.

TORRES, Mário – *A reforma do contencioso administrativo: Que metodologia?,* CJA n.° 9, 1998, pp. 3-10.

– *Três "falsas" ideias simples em matéria de recursos jurisdicionais no contencioso administrativo,* in *Estudos em Homenagem a Francisco José Velozo.* Braga, 2000, pp. 753-761.

TUNC, André – *Synthèse,* in RIDC, 1978, pp. 5-84.

– *La Cour de cassation en crise,* in *Archives de Philosophie du Droit,* n.° 30, 1985, pp. 157-169.

TUOT, Thierry – *La cassation sans renvoi devant le juge administratif.* RFDA, n.° 5, 1989, pp. 918-920.

ULE, Carl Hermann – *Verwaltungsprozessrecht.* Munique, 9.ª edição, 1987.

VARELA, Antunes – *A interpretação dos testamentos perante o recurso de revista,* in *Revista de Direito e Estudos Sociais,* n.os 1 e 2, 1948, pp. 75-132.

VARELA, J.M. Antunes/BEZERRA, J. Miguel/NORA, Sampaio e – *Manual de Processo Civil.* Coimbra, 2.ª edição, 1985.

VASCONCELOS, Pedro Bacelar de – *A Separação dos Poderes na Constituição Americana.* Coimbra, 1994.

VAZ, Alexandre Mário Pessoa – *Direito Processual Civil. Do antigo ao novo Código.* Coimbra, 2.ª edição, 2002.

VELASCO CABALLDERO, Francisco – *Administraciones públicas y derecho a la tutela judicial efectiva.* Barcelona, 2003.

VENEZIA, Jean-Claude – v. LAUBADÈRE, André de

VIER, Charles-Louis – *Le contentieux administratif après da loi du 31 décembre 1987,* AJDA, n.° 2, 1988, pp. 118-126.

ÍNDICE

Prefácio 7
Nota Prévia 11
Plano de estudo 13
Abreviaturas 17

§ 1
INTRODUÇÃO

1. Delimitação do tema e plano de estudo 19
2. As funções do Supremo Tribunal Administrativo: da Constituição de 1976 à reforma legal de 2002/2003 24
3. A excepcionalidade do exercício por um Supremo Tribunal de competências em primeira instância. Comparação com o Supremo Tribunal de Justiça. Menção de experiências estrangeiras 40
4. O papel de um Supremo Tribunal. Sequência 50

§ 2
O RECURSO DE REVISTA NA JURISDIÇÃO COMUM
E NALGUNS DIREITOS ESTRANGEIROS

1. O recurso de revista na jurisdição comum 55
2. O recurso de revista nalguns direitos estrangeiros 69
   a) Alemanha 69
   b) França 77
   c) Espanha 100

§ 3
O RECURSO DE REVISTA NO CONTENCIOSO ADMINISTRATIVO:
REGIME GERAL

1. Aplicação no tempo 111
2. Objecto 114
3. Fundamento: violação da lei substantiva ou processual 120

418   *O Recurso de Revista no Contencioso Administrativo*

4. Tramitação processual 126
   4.1. Legitimidade.. 126
   4.2. Efeito 133
   4.3. Interposição do recurso e alegações. Admissão no tribunal *a quo*............. 142
   4.4. Intervenção do Ministério Público....................................... 150
5. Poderes de cognição do tribunal de revista: tendencial sistema de substituição, com afloramentos do sistema de cassação 155
6. Especificidades nos processos em massa 159

§ 4

O RECURSO EXCEPCIONAL DE REVISTA

1. A consagração do duplo grau de recurso jurisdicional: razão de ser. Confronto com a efectividade da tutela jurisdicional administrativa 165
2. A utilização de conceitos indeterminados: ideia geral 172
3. Outras situações processuais em que foram utilizados conceitos indeterminados 184
4. Os conceitos indeterminados adoptados. Concretização jurisprudencial: os casos de admissão.. 192
5. A utilização de conceitos indeterminados como exigência do princípio da igualdade.. 227
6. A (in)determinabilidade de acesso: constitucionalidade 231
7. A utilização de conceitos indeterminados em face do princípio da proporcionalidade.. 233
8. Relevância do critério de admissibilidade no âmbito dos poderes de cognição do tribunal de revista 237
9. Apreciação preliminar sumária: critérios para a recusa do preenchimento dos pressupostos de admissão 248
10. Apreciação preliminar sumária: ónus de alegação dos pressupostos de admissão do recurso 266
11. Apreciação preliminar sumária: exigências de fundamentação 275
12. A formação de juízes que efectua a apreciação sumária............................. 289

§ 5

O RECURSO DE REVISTA *PER SALTUM*
PARA O SUPREMO TRIBUNAL ADMINISTRATIVO

1. Recurso jurisdicional directo da primeira instância para o tribunal supremo. Critério de admissibilidade: questões de direito... 297
2. Requisitos: valor da causa superior a 3 milhões de euros ou indeterminável e não se tratar de questões de funcionalismo público ou relacionadas com a protecção social.. 300
3. Devolução do processo ao tribunal de segunda instância, mediante decisão definitiva do relator. Manifestação do princípio *pro actione*................................. 319

Índice 419

§ 6
O RECURSO DE REVISTA: ALCANCE

1. Força jurídica da jurisprudência do STA em sede de revista............................ 327
2. Adopção de julgamento ampliado: por necessidade ou conveniência em assegurar a uniformidade da jurisprudência, reforçada pela importância fundamental da questão e/ou por uma melhor aplicação do direito.................................... 335
3. Relação com o recurso para uniformização da jurisprudência: primazia, complementaridade ou carácter residual 346
4. O efeito do reenvio prejudicial em sede de revista 358

§ 7
A CONFIGURAÇÃO DO SUPREMO TRIBUNAL ADMINISTRATIVO
COMO UM VERDADEIRO SUPREMO TRIBUNAL: UMA APROXIMAÇÃO
.... 365

Conclusões 381
Bibliografia 407
Índice.. 417